上海人在香港
人物誌

中和出版
OPEN PAGE
中

上 海 總 會
SHANGHAI FRATERNITY ASSOCIATION HONG KONG LIMITED
策 劃

記憶・記錄・記念

　　説起「上海人在香港」的故事，已在香港註冊為慈善團體的上海總會不能不提。

　　我加入上海總會已四十餘年，認識了不少「世叔伯」和「中青代」，他們的其中一個共通點，是自稱為「上海人」。其實他們大部分的祖籍都在江浙一帶，或在上海出生、就學，或是生活和工作，與上海有着密切的關係，然而又因各種不同原因離開上海來到香港，並且在香港展開人生多姿多彩的篇章。在他們成長、成功的經歷中，因為不約而同地加入「上海總會」這個平台，凝聚在一起，同聲同氣，同心同德，將自己成功的「紅利」回饋社會，回饋國家，讓更多社會基層大眾，更多有需要的年青學子得到支援與幫助，實在是極難能可貴，值得頌揚的好事情。

　　《上海人在香港｜人物誌》一書滙集了 40 餘位上海人在香港發展的故事。他們雖然年齡不同，職業不同，經歷不同，但每個人的人生軌跡，折射出香港不同行業興盛和衰退的經歷。他們支撐並養活了一個家庭，一個企業，甚至一個行業，也創造了香港各行各業

的奇跡；他們勤奮努力，克勤克儉，充分發揮聰明智慧，支持着香港社會的發展和進步。這本書讓他們回憶過往的輝煌歷史，將他們的人生故事記錄下來，彙集成冊，算是這部分上海人來到香港之後的點點「歷史印記」，待我們後輩在「尋根思源」的時候，可以在這些小故事中了解、追憶和深思一二，也可以感受這班在香港的上海人難能可貴之處，讓後人留下一點「記念」。

我們希望儘可能平實地將他們的經歷真實嚴謹地清晰描述出來。著名腸胃科專家沈祖堯教授知悉此事後，慎重地推薦了當時在中文大學任教的歷史學家何佩然教授為這批上海人進行口述歷史記錄，本書大部分文章便是由她執筆而成。聯合出版集團成員出版社香港中和出版有限公司也不遺餘力，不厭其煩地為文章進行編輯修改、設計排版，使木書得以順利出版，在此　併表示衷心感謝。

同時值得記錄的是，為了配合當前香港基層社會的需求，為了支持教育和扶持貧窮基層，上海總會系列慈善基金、教育基金也已在本年度隆重推出，本會同仁：竺銀康、周德明、范思浩、高叔平、李德楨、李和聲、曹其東等善長仁翁積極響應，紛紛解囊施援，我們深受感動和鼓舞，謹在此銘記表彰，並致以誠摯而深深的敬意。

本書付印前，上海總會永遠名譽會長、家父李和聲先生不幸逝世，壽享 95 個春秋，緬懷先人的身教言傳，為人做事，定然激發後輩們慎終追遠，踔勵奮發，篤行不怠。

謹將本書獻給中華人民共和國成立 73 周年紀念，香港特區回歸 25 周年紀念，上海總會 45 周年紀念。

祝願我們國家強大昌盛！香港特區「一國兩制」行穩致遠，安定繁榮！

李德麟

2022 年 10 月 27 日

上海｜香港：由族群遷徙書寫的大時代

　　上海，自 19 世紀開埠以來，一直是遠東最繁華的經濟與商貿中心，「十里洋場」的聲色犬馬聞名歐美。這樣一個城市，亦聚集了大批近代中國的資本家，不論是在寧波、紹興，或是無錫、蘇州等地方出生的，都匯聚於此，從事金融、保險、印刷、洋行商貿等多種行業。上海的特殊地位，使其在日本侵華前期，華界淪陷之際，租界依然繁榮。

　　太平洋戰爭爆發後，上海這座僅存的繁榮孤島亦告淪陷；國共內戰席捲全國，上海經濟崩潰。連番戰事，使大批中國人不得不南下避禍，不論是營役求溫飽的小市民，還是曾經叱咤風雲的大商家，都選擇了香港作為他們的避風港。

　　此時的香港，還未成為國際大都會，與曾經輝煌的上海不可同日而語。

　　1945 年香港重光，百廢待舉，適時吸納了南來的人才，這個城市從此奠下騰飛的基礎。一個族群遷徙而來，一個個微小的個人在此奮鬥，聚集起來，便開創了一個大時代，使香港躍升國際都市，

成就「亞洲四小龍」的佳話，其後更成為與紐約、倫敦並稱的「紐倫港」大都會之一。

成立於 1977 年的香港上海總會，於建會 45 周年之際，時任理事長李德麟全力策劃，推動了這項訪談計劃，委託香港中文大學歷史系的何佩然教授，訪問 40 餘位上海總會創會會員及資深成員，透過他們的經歷，記錄了這批離滬來港的上海人，如何在新的地方奮鬥發跡，最終與這個小漁港一起成就傳奇。

上海總會會員、本書受訪者之一的金耀基教授指出，上海族群對香港社會的貢獻和影響，以 1950 年代最為突出。我們在資料中可以發現，二次大戰後南來香港的上海移民，可算是當時全亞洲最國際化的族群，而且不少都是擁有雄厚資本的老闆級人物，部分名字如今已是香港人耳熟能詳的，甚至是傳奇性的人物，例如 1948 年來港的世界船王包玉剛；1949 年有南豐紡織創辦人陳廷驊、航海業巨擘董浩雲；紡織大王王統元亦於 40 年代末來港；著名實業家安子介於 1938 年來港發展，香港淪陷期間曾移居重慶，1949 年重返香港；1950 年來港的則有出身紡織世家的唐翔千。

實力雄厚的資本家來港表示此地的可作為，他們全力興辦企業，帶來的除了資本，還有技術，部分甚至攜同器材南下，為香港的輕工業發展打下堅實的基礎。根據香港浸會大學榮休教授陳慎慶的研究數據顯示，香港的人口從 1945 年的 60 萬，激增至 1950 年的 220 萬（*Changing Church and State Relations in Hong Kong, 1950−2000*，與梁潔芬合著）。大量新移民來自中國內地，當中蘇浙滬一帶的移民數量更是不容忽視。

後來香港經濟開始騰飛，繼而躋身「亞洲四小龍」之列，為了此地發展作出貢獻的，並不只有那些被提及的傳奇人物，還有更多對於大眾來說，並不太熟悉的名字。

如 1948 年來港的鄒星培，來港後先從事黃金買辦工作，其後於 1950 年代進軍製衣行業，成衣出口至歐美等地；1951 年來港的周忠繼，與其他上海實業家一樣，來港後從事紡織行業；曾捐助創

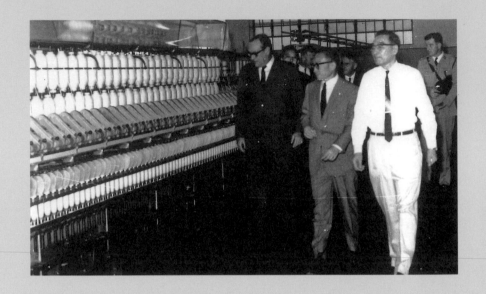

外賓參觀南洋紗廠。

立中文大學和聲書院的李和聲，1950 年來港後先從事黃金經紀工作，其後涉足的行業包括製衣、塑膠花、股票金融等；其他如繼承家業的張浩然、榮智權等亦有從事紡織業。翻查記錄，香港戰後的紡織業自 1947 年開始重新有廠家設廠後，至翌年已有逾千家工廠，至 1957 年，紡織業從業員逾 15 萬人。而紡織、染廠、製衣等上下游工序，形成了一條龍的完整產業，當中上海商人因擁有資金與更先進的技術，於 50、60 年代成為香港紡織業的領頭羊。

或許我們可以稍作澄清，香港人所稱的「上海人」，並不只是來自「上海」這個城市的，而是泛稱來自浙江、江蘇等地的移民。其中一個原因，是上海作為戰前中國最繁榮的城市，不少浙江、江蘇人往上海發展，戰亂時期他們都不約而同南下香港，因此形成了一個「泛上海」的概念。香港上海總會的會員，亦多是蘇浙滬籍的移民，或其後人；近年則打破地域界限，有其他籍貫人士入會。

戰後香港的經濟騰飛率先以輕工業為代表，50 年代冒起的是紡織業，並於 1967 年達至高峰，其時的工廠達一萬多家，從業員逾 45 萬人。製衣業則於 60 年代開始於本地製造業中冒起，全盛時期從 70 年代持續至 80 年代初期。

在本書中接受訪問的上海總會會員中，便有不少是從事紡織與製衣業的。另一個對香港舉足輕重的行業是玩具及塑膠業，1948年來港的竺銀康、丁午壽等，都是行業裡具代表性的實業家，他們分別於 60 年代及 70 年代創業打天下，我們都可以從他們的經歷，看到香港工業的發展軌跡。70 年代香港塑膠業興盛，港產塑膠花佔全世界塑膠花貿易的 80%，我們除了知道李嘉誠的發跡史，書中還點出了如李和聲，或竺銀康等涉獵塑膠行業的上海人在默默耕耘；丁午壽的「椰菜娃娃」玩具風靡全美國的 80 年代，其時亦是香港玩具業的全盛時期。

個人與生活的城市是一個共同體，每一個受訪者的發跡史，都是成就這個大時代的吉光片羽。車越喬從事科學儀器，高叔平從事鐘錶行業，方劉小梅的丈夫方杰，從紡織業跨界至電子產業；竺銀康在從事塑膠業前是印刷業的專家，曾攜帶上海印刷廠的器材來港，成為本地彩色印刷的領軍人物。這一批上海人都在香港不同行業中留下貢獻。

如今作為國際金融都會的香港，金融業的發展亦可見到上海人的努力與貢獻。像鄒星培、李和聲、董偉、鄭仲河等，在南來香港之前已在上海金融業擁有一定資歷與知識，來港後從事有關行業更是得心應手。在他們的故事中，我們可以組織出香港金融發展的部分歷史，例如上海商人與香港黃金貿易市場的關係，甚至香港交易所的成立，亦可遠溯至 1970 年代上海商人及其他華資公司，與英資公司之間的角力。

1969 年華資企業為主的遠東交易所（俗稱遠東會）成功打破英資企業把持的香港證券交易所（俗稱「香港會」）的壟斷局面；1971 年在李和聲等人的推動下，以黃金貿易公司為主的金銀證券交易所（俗稱金銀會）亦成立，成為繼遠東會後另一重要的證券交易所；其後陳普芬創立「九龍會」（九龍證券交易所）。俗稱「四會」的四間證券交易所，為香港的金融行業發展奠下基礎。80 年代「四會」合併成為香港交易所，這個過程，本身便記錄了本地發展成為國際金融都會的軌跡，而上海商人在當中所起的角色十分重要，尤

上
海
聯
誼
會
於
一
九
七
七
年
成
立
。

其是成立已有一百餘年歷史的金銀業貿易場及「金銀會」的發展，
是香港金融發展史上的重要一筆。根據資料顯示，到了 80 年代，
仍然有不少銀行的中高層都是上海人，可見上海族群在行業中的影
響力。

　　而香港命脈之一的地產業，上海人的身影亦到處可見，例如出
身浙江、有「北角地王」之稱的王寬誠，還有李惠利、金如新、周
德明、榮鴻慶等，均在不同行業發展之時，亦涉獵地產投資。

　　無數人的努力可以開創時代，時代亦為所有人提供了發展的
機會。上海人在 50 年代左右南下香港，是避凶自保的本能，不想
卻與香港這個城市一同走在時代的前端；80 年代左右中國改革開
放，也有一批上海人趨吉北上，成為中國開放時代的弄潮兒。如曹
光彪、曹其鏞及曹其東父子，其於香港開創港龍航空已成佳話，其
家族企業於 1978 年中國改革開放後，已率先北上，於內地不同城
市開展業務；1951 年來港的手套大王周德明，也於 1979 年便北上
設廠；車越喬及從事鋼鐵生意的姚樹聲、姚祖輝父子等，亦先後於
90 年代北上闖蕩。北上的在港上海人，同樣以個人經歷，親歷及見
證另一個輝煌時代的誕生。

上海人南下，成為香港崛起的其中一股力量；改革開放後上海人北上，亦為中國經濟騰起注入強大的資本。時代的更迭中，我們都可以看見上海人的身影。

　　作為一個移民城市，香港人口自戰後開始膨脹，當中上海人佔了相當重要的份量。這些上海人尋求生活之餘，亦慢慢形成了地緣組織，如上海總會。

　　上海總會 1977 年成立之時的名字是「上海聯誼會」，顧名思義，是以聯誼作為主要目的。其後組織卻不止步於聯誼，成立初期已開始參與本地慈善活動，如助學、扶老等，逐漸成為今天組織的主要發展方向。1982 年正式更名為「香港上海總會」，定位亦更加清晰地走向非牟利慈善團體。

　　時任理事長李德麟説，在這個 45 周年才去寫這一批上海人，是有點遲了。他略帶惋惜地表示，有許多早期來港的上海人都已辭世，再也無法在歷史中留下他們的事跡。

　　自上世紀 40 年代末來港的上海人，每一個獨立個體的拚搏，都是建設香港的一份微小力量，然而當一個族群的力量凝聚起來，卻可以產生巨大的影響力。這些上海人也許藉藉無名，卻在此城默默耕耘。上海總會邀請專家合作，以總會的動員能力邀請上海人接受訪問，最後挑選了具代表性的訪談，結集而成此書。雖然本書無法涵括所有來港上海人的故事，亦有許多人無法參與這個計劃，但從書中 40 餘位上海人的奮鬥，我們可以見到近代中國的動蕩，香港的蓄勢崛起，及改革開放後中國的欣欣向榮。

　　一個上海族群的個人簡史，串連一個時代滬港兩地的風雲。此書既作人物記錄，亦是呈獻給讀者的時代變遷史。

　　是為記。

《上海人在香港│人物誌》編輯委員會

目錄

第一章

時代中國

第二章

騰飛香江

第三章

奮萃滬港

1930 年代上海南京路。

時代中國

儂上海閑話講得來伐?

聽是聽得懂一眼眼,

講是講勿來個。

鄒星培

亂世中崛起　從中國走向世界

職銜

浙江省寧波市名譽市民

香港甬港聯誼會名譽會長

香港上海總會副會長

香港寧波同鄉會副會長

香港蘇浙滬同鄉會會董

從寧波到上海

　　鄒星培現年 98 歲，祖籍浙江，1924 年生於浙江寧波市，1948 年移居香港。父母皆為寧波人。家中共有七兄弟姐妹，五男二女，他排行第二。原籍上海的太太為從事保險業朋友的女兒，二人在香港認識，1958 年結婚。兩人育有五名子女，大女在 1959 年出生，今年 63 歲；最小的女兒則在 1966 年出生，今年 56 歲。兒女現居於香港並擁有自己的家庭，彼此各有各忙，很少聚首一堂。

教育背景

　　鄒星培年少時在寧波曾分別接受過傳統私塾和新式學校的教育，其 5 歲至 7 歲期間（1929–1931 年）在私塾學習千字文、三字經和尺牘等，7 歲入讀寧波市一私立小學，接受新式的基礎教育。後來由於戰亂關係，無法完成小學，被逼輟學。

加入上海金融界

　　13 歲時（1937 年）因戰亂，從寧波逃至上海，居於上海南市區的法租界（現南市區依黃埔江東西岸，分別併入黃埔區和浦東新區）。上海的租界與天津、廣州等城市一樣，在抗日戰爭初期，歐美國家仍然擁有治外法權，由西方國家管轄，政局相對較安全和穩定。由於戰亂和家道中落，鄒星培抵達上海後，並沒有繼續升讀中學，只能外出謀生。15 歲起（1939 年）在一家股票公司任練習生，主要負責股票買賣交易落盤、買賣和掛牌等工作。

1939 年抗日戰爭期間，上海仍是中國的國際金融中心，股票交易買賣正常運作，交投甚為活躍。上海股票市場主要使用中文，鄒星培雖然沒有完成中學教育，但仍能勝任相關工作，並得到許多工作機會。其每月工資約為 400 元，由於當時幣值不穩定，通貨膨脹嚴重，流通貨幣包括儲備金、法幣、關金券等，工資亦曾以不同類型的貨幣支付。與此同時，父親和弟弟亦移居上海並在銀行上班，一家的收入尚算穩定，收入達中上水平。

南下香港經營黃金和股票買賣

1945 年抗日戰爭勝利後，因爆發內戰，大量上海人南下香港從事黃金貿易生意。24 歲（1948 年）的鄒星培在上海朋友介紹下來到香港，協助打理順隆行的黃金買賣生意，辦公地點位處皇后大道中。自 1946 年起，在香港進行黃金買賣需要持有牌照。（1946 年 4 月以前，有意在香港金銀業貿易場經營黃金買賣者，需要有至少一家金行擔保並繳納保證金 5000 港元方可獲發牌照；但在 1946 年 4

月以後，金銀業貿易場為限制會員數目，便停止發出新的牌照。）

香港的股票市場主要由香港交易所（俗稱香港會）的洋人經紀操控，內地來港的「上海幫」無法參與股票買賣。因此帶同資金來港的「上海幫」，積極購買黃金交易牌照並參與香港的黃金炒賣，從中賺取可觀的利潤。1940 年代末至 1950 年代，香港禁止黃金在市場上自由買賣，對黃金出入口設有限制，不少實體黃金是從倫敦買入，經澳門走私偷運到香港。由於實體黃金付運需時，市場以「紙黃金」做買賣契約。所謂「紙黃金」是一種黃金買賣合約，買方憑合約可以換取實體黃金，倘若賣方不能即時兌換實體黃金，需要支付利息方可延遲結算交貨。

在 1947 年至 1949 年，即解放前夕至朝鮮戰爭爆發前，大量黃金從內地走私到香港，使香港的黃金貿易非常興旺。鄒星培聯同上海商人趁此機遇，在香港的黃金市場中大量購入由本地華資金行「廣東幫」恒生銀號發行的紙黃金，然後在短時間內向恒生銀號要求提取黃金現貨，礙於黃金現貨供應有限，後者被逼透過支付額外利息和平倉費用來換取時間，一眾上海商人從中獲取可觀的利潤。1949 年，香港黃金投機狂熱，近乎失控，故金銀業貿易場曾經停市截價，以冷卻市場氣氛。

1950 年代中至後期，上海人在香港開辦的黃金貿易公司大約有十多家，鄒星培無法記得當年其他貿易公司的名字，只知道自己服務的順隆行是較為有規模的公司。踏進 1960 年代，香港的黃金貿易亦日漸走向下坡，鄒星培亦被逼轉型。

往日本經營製衣業

28 歲時（1952 年）鄒星培在上海朋友的介紹下，往日本東京發展。到達日本後他首先從事了三年會計工作，從日本人身上學懂了企業和人力資源管理技巧，並將之成功應用在其製衣工廠的業務上。在日本生活和工作時，亦成功自學日語。31 歲（1955 年）回到香港，從事香港與日本間的進出口貿易，由日本進口布料，在香港

製造成衣。二戰後朝鮮戰爭爆發，日本因其地理位置，成為美軍戰略物資的主要供應地，使日本戰後經濟迅速起飛，為香港與日本的貿易提供了很好的機會。

34 歲時（1958 年）與上海友人在香港開辦製衣工廠大路實業有限公司，成衣主要的出口地為美國和歐洲，以女性時裝為主，包括上衣、外套等。由客戶提供設計，然後在香港製作。大路實業最初在荃灣租用 6,000 呎的廠房，後來亦設有染紗廠及織布廠，為成衣製造提供了織布、漂染以及縫製的「一條龍」服務。而其所使用的棉紗則主要在香港採購。當時的三間工廠：福源（織布廠）、協和（漂染）以及大路（製衣廠），共僱用六百多名員工，當中以製衣廠的工人人數最多。鄒星培的生意很好，貨如輪轉，基本不存在產品積存貨倉的問題。

由於管理得宜，其製衣的生意亦相當不俗，業務遍及歐美各地，及至 1980 年代時，其營業額每月可達約 2,000 萬美元。1970 年代至 1980 年代是製衣業的全盛時期，亦是鄒星培賺取利潤最豐厚的年代。到了 1990 年代，隨着香港加工工業成本上升，工業北移，他便把自己的成衣出口配額出售套現，淡出成衣出口的生意。他認為經營製衣業最困難的是尋找和留住客戶。至於成衣出口的生意，如何應付全球經濟危機，他認為必須安排六個月以後的生意額，如果一早便洞悉市場的需求，接好訂單，面對經濟危機，亦能平穩過渡。開拓市場是整盤生意成敗的關鍵，也可為公司準備後備的資金。由於懂得未雨綢繆，加上獨具眼光，訂單充足以及懂得選擇可靠的美國客戶，故生意從沒有受過任何經濟風波的衝擊。自己的成功之道是做到老，學到老，願意學習及實踐所學。

香港上海總會與上海地緣網絡

鄒星培認為戰後來香港的「上海人」，是一個泛地域的概念，不少來自華東地區，例如江蘇及浙江一帶的移民在香港皆被視為「上海人」，因此所謂「上海人」並不一定來自上海市。

　　1977 年成立的上海聯誼會（香港上海總會前身）的規模很小，以同鄉會的形式成立，與香港東華三院這本地華人團體本質不同，大家到上海聯誼會主要是消遣。鄒星培是蘇浙同鄉會和上海聯誼會的創會會員，1977 年的入會費只需 500 元。他同時亦是由香港紗廠創辦人王統元所創立的寧波同鄉會的創會會員。為了提高總會的知名度及吸引更多人參加同鄉會的活動，香港上海總會近年開始積極參與社會慈善事務，例如捐助香港中文大學。鄒星培表示自己對香港上海總會的發展沒有特別的期望，只希望總會能繼續其慈善工作。

　　香港中文大學前校長馬臨和沈祖堯均為上海人，也是香港上海總會的會員。鄒星培與沈校長及其父親皆為好友。他與上海人和廣東人皆有合作，但是合作生意的仍然以上海人為主。與本地廣東商人交流的最大困難是語言問題，因為他本身不會說廣東話，而且廣東話比較難學，因此很難說一口流利的廣東話。他雖在寧波擁有3,000 呎大宅，但自己仍喜歡住在香港，因為能與各個同鄉會的同鄉多交流和以同鄉會組織作為交流消遣的地方。

歐陽純美

出身醫護世家　母嬰健康權威

職銜

醫院婦產科總監（一九七〇年代）

已婚婦女醫務人員協會主席（一九七〇年代）

助理醫務署署長（一九八〇年代）

家庭背景及學歷

家庭背景

歐陽純美於 1924 年在湖南長沙出生及成長，父親曾接受高等教育，思想開明，鼓勵女兒讀書；母親是北京協和醫院第一批畢業的護士。家中有一妹（1934 年出生）。在她記憶中，小時候沒有在上海居住過，7 歲時（1931 年）曾隨父親乘船到上海遊玩，品嚐大閘蟹。

　　其丈夫王劍偉（1912 年出生）是香港上海總會的創辦人，出任第一屆至第八屆理事長（任期 1978–1994 年）。兩人育有一女王緒玲（1963 年出生），現出任香港上海總會理事，居於美國。丈夫在家大多說上海話，自己則說普通話，女兒以廣東話溝通。

　　女兒幼時入讀聖保羅男女中學（St. Paul's Co-educational College），歐陽純美身為在職婦女，沒有太多時間兼顧女兒的學業，唯有聘請補習老師為女兒補習物理科，令她的成績大為進步。

　　適逢 1980 年代末香港出現移民潮，為了女兒的學業，舉家移民到美國。女兒在彼邦升讀高中，其後升讀加州大學戴維斯分校（University of California, Davis，簡稱 UCD）的獸醫課程，可是女兒因怕蛇而轉讀脊醫課程。歐陽純美及丈夫因未能適應美國的生活，二人遂返回香港居住。

在內地接受教育

歐陽純美 10 歲（1934 年）入讀由美國基督教傳教士開辦的女子寄宿學校遵道會小學，及後升讀長沙福湘女中。小學學習科目有中文、數學、珠算等，沒有英文科目；中學時代學習湖南話、珠算、體育、美術、家政等，並由女性傳教士任教英文科目。

1937 年其 13 歲時，長沙受抗日戰爭影響，她逃到湘西山區遠離戰禍，在沅陵中學（女子中學）繼續學業。雖然只是中學生，她自願到災場拯救被日軍炸傷的傷者，導致其中一隻手指至今仍留有傷痕。

由於生於醫學世家，除了母親是護士外，姑母是醫生，舅父是冀魯大學醫學院醫生，姨母是全國知名的婦產科醫生，姨父亦是全國知名的耳鼻喉科醫生。因此，歐陽純美對醫科感到興趣，並考獲獎學金入讀貴陽醫學院 [1]，1946 年（22 歲）醫科全科畢業。

懸壺濟世

來港初期

1949 年中國解放後，歐陽純美被派遣到廣州嶺南大學醫學院婦產科工作。1953 年，29 歲的歐陽純美在工會協助下來到香港，在聖公會傳教士的醫療中心（即港中醫院 [2] 的前身）、位於西營盤國家醫院轄下傳染病醫院當醫生助理。由於她只持有內地醫科學歷，不獲香港醫院承認其資歷，一直只能擔任助理之職。

除了透過努力工作獲得經驗外，她明白到要在香港正式當醫生

---

[1] 貴陽醫學院成立於 1938 年，是中國最早的九所國立高等醫學院校之一。

[2] 港中醫院於 1966 年由一群醫生成立。港中醫院大樓原屬聖公會物業，原名叫 Stanton House，為紀念聖公會首名來香港的牧師 Vincent John Stanton 而命名，因戰亂變成傳教士避難所，曾接濟不少由廣州來港的嶺南大學醫學院畢業生，後來租給他們辦醫院。

必須考取香港政府承認的醫科資格，可是她身上沒有太多錢，不能負擔重考的開支，於是決心努力工作，並透過傳染病醫院推薦，成功入讀由香港大學舉辦的兩年制醫科畢業生進修課程。課堂以英語授課，班上以男生為主。最後她於 1958 年遠赴英國倫敦完成倫敦藥劑會內外科執照（LMSSA Lond[3]）考試。

敬業樂業

在香港大學進修期間，她每天早上 6 時上班，直到晚上 9 時放學回家吃晚飯。由於家住香港島，早上啃着三文治趕乘渡海小

3　LMSSA 全寫為 Licence in Medicine and Surgery of the Society of Apothecaries。

輪到尖沙咀，再轉乘巴士前往天文台道的社會衛生科診所（Social Hygiene Clinic）工作，負責替一些為美軍服務的妓女進行身體檢查及注射疫苗，然後記錄在其綠色的病歷卡（Green Card）上；某個下午她被派到元朗診症。進入診所時被一群飛舞的蒼蠅嚇了一跳，仍然硬着頭皮工作。這些工作雖然艱辛，但她從不計較，勇於迎難而上。

正式在港行醫

當考獲香港政府承認的醫科資格後，歐陽純美便加入香港政府醫院任執業醫生，最初加入瑪麗醫院急症室輪班工作。在沒有傳呼機的 1960 年代，醫院與醫生之間的通訊十分不便，當她外出用膳時，便要通知醫院自己所處餐廳的電話號碼，離開餐廳回家時又要通知醫院回家所需的時間，好讓醫院能隨時找到她以便回醫院處理急症。過了一段時間，她面對急症室輪班工作的沉重壓力，以及考慮以家庭為重，希望抽多一點時間陪伴丈夫，於是轉投朝九晚五的門診工作。

適逢 1960 年代香港地區處於嬰兒潮後期，出生率高於台灣地區及日本，歐陽純美與有關部門商討後，在母嬰健康院附設留產所。歐陽於此時轉投母嬰健康門診服務（Maternity and Child Health），負責家庭計劃（family planning）及節育（birth control）工作。

巡查私營留產所

1970 年代，歐陽純美擔任婦產科總監，管理全港婦產醫生、助產士及護士。當年專門培訓助產士的是贊育醫院。在出生率高企的年代，政府醫院的接生服務不足以應付本地的需求，助產士取得執照後大多開設私營留產所謀生，由於收費較政府醫院便宜，吸引一般市民光顧。可是，這些私營留產所的管理鬆散，消毒用具及產後護理方面做得不夠嚴謹，導致較高的嬰兒夭折率。歐陽純美的上司唐嘉良醫生（Dr. THONG Kah-leong, Director of Medical and Health

一 歐陽純美與家人合照。

Services）[4] 便要求她加強監管及巡查私營留產所。1980 年代,歐陽
純美升為助理醫務署署長,管理全九龍新界公立醫生。

　　歐陽純美憶述她曾於灣仔街市一帶查封三所違規經營的私營
留產所,引來經營者埋怨;亦曾於清早在香港仔截獲一名正在偽造

4　唐嘉良醫生是馬來西亞華僑,1928 年出生,1956 年於香港大學醫科畢業,專修公共衛
　　生。畢業後加入新加坡衛生部,1969 年出任衛生部副部長。1970 年加入香港醫務衛生
　　署,1975 年任署理醫務衛生署署長,1976 年至 1989 年出任醫務衛生署署長（Director of
　　Medical and Health Services）。

出生證明的助產士，發現父母一欄的資料並非嬰兒的親生父母，與政府紀錄不符，目的是用作移民加拿大。由於案情嚴重，她即時暫停其助產士資格及交予法庭處分。然而，她見該名助產士已屆 60 歲，不忍其受牢獄之苦，於是向法官求情，希望法官只判處終身吊銷助產士執照。她偶爾回想如自己當時沒有阻止這件事發生，該名小孩的命運會否改寫？

　　隨着贊育醫院停止培訓助產士，以及香港政府提供免費母嬰健康服務，這些私營留產所逐步被市場淘汰。此外，香港政府亦要求護士須持有註冊護士及助產士兩張文憑方可接生。現今香港社會大多選擇由婦產科醫生進行接生，便不再依靠助產士。

母嬰健康工作

　　除了管理留產所外，歐陽純美亦關注兒童健康的工作。她留意到有些小孩說話發音不準確，於是極力遊說上司派遣一名高級護士到英國接受言語治療訓練，以彌補香港有關方面之不足，希望香港小孩在成長的黃金階段獲得適當治療。

爭取男女平等待遇

　　歐陽純美加入香港公營醫療機構初期（1950 年代初），全港只有五名女醫生（除了她外，還有楊紫芝 Rosie Young 等），大部分是男性。由於在辦公室內屬少數，如與男醫生出現意見不合，她便會據理力爭。

　　另外，歐陽純美表示 1950–60 年代間女性公務員的薪酬比男性少 20%。直到 1970 年代，她以「Married Women Medical Officer

Association」主席身份聯同四五名醫生,向政府官員陳方安生[5]反映此不公平待遇,要求同工同酬,並與其他女醫生籌募經費,協助陳方安生(於 1970 年代後期)前往英國,向英政府爭取男女公務員同工同酬的平等待遇。

其 他 醫 療 服 務

1950 年代,香港政府為離島的居民及漁民提供飛行醫生(flying doctor)及醫療船服務,歐陽純美因畏高不敢乘直升機而沒有擔任飛行醫生,故選擇每天到大埔隨醫療船到南丫島、坪洲及長洲,為當地的水上人提供免費普通科醫療服務。診症之餘,她與同僚亦趁機一同品嚐當地海鮮。

香 港 上 海 總 會 醫 療 中 心

除了在政府醫院上班外,歐陽純美在周末下午工餘時間會到香港上海總會醫療中心[6]義務診症。早期香港上海總會醫療中心是位於荃灣,會址是由陳廷驊捐贈的。她在中環下班後,便乘搭地鐵到荃灣診症及處理中心行政工作。縱然感到疲倦,甚至會因在車上小憩而忘了下車,仍堅持到醫療中心義診。一名曾向她求診的香港上海總會職員表示,至今仍記得她身穿長衫披上醫生白袍的外貌。而此習慣一直維持至 1982 年裁縫師傅退休,歐陽純美才改穿西服上班。

從美國回流香港後,歐陽純美再次加入香港上海總會醫療中

5   陳方安生於 1975 年出任首席助理社會事務司,1976 年改任副社會事務司,1979 年升任社會福利副署長。1979 年,為了爭取男女公務員同工同酬的平等待遇,陳方安生與一眾高級女性公務員組成了高級女性政府官員協會,並以她擔任首任主席。在她的大力提倡下,男女同工同酬得以在 1982 年後落實。

6   上海總會醫療中心於 1983 年 12 月 12 日在荃灣南豐中心成立,1986 年遷往灣仔盧押道修頓大廈一樓自置物業。現址已成為香港中文大學 – 上海總會 – 中西醫結合醫務中心(灣仔分部)。

心，全職出任中心主管及婦產科主診醫生。醫療中心提供不牟利門診醫療服務，範圍包括婦產科、皮膚科、內外科、牙科及化驗所服務，還有與商業集團合作（如美心集團），為旗下員工提供門診醫療服務。歐陽純美憶述醫療中心每天約有 100 名病人求診，診金連同三天藥費合共 70 港元。名人白韻琴、謝偉俊和作家亦舒都是醫療中心的病人。

1990 年代中期，已屆 70 多歲的歐陽純美為陪同丈夫再次移居加拿大，正式辭任在醫療中心的職務。直到 2013 年（89 歲），她因年事已高，需要聘請護理照顧日常生活，所以再次回香港定居。

行 醫 生 涯 的 難 忘 點 滴

歐陽純美在政府醫院工作了四十年以上，80 年代末離職時，其上司曾極力挽留，然而她還是決定跟隨丈夫移民到美國。回想行醫四十年，面對的困難是其內地醫科教育的背景，遭個別香港大學畢業的同僚歧視，導致升遷受到阻撓，幸而其努力不懈的表現獲得其他同僚的支持，尤其是上司唐嘉良，歐陽純美感激他從不計較其教育背景，給予發展機會，令她逐步擢升為助理醫務署署長（Assistant Director of Medical and Health Services），負責管理全港的護士，成為個人事業的高峰。

歐陽純美在工作上最滿足的是成功推動節育及母嬰健康工作。除了控制生育率及減低嬰兒夭折率外，亦令本港出生的嬰兒至 5 歲孩童於防疫及發育成長方面得到較全面的照顧。此外，最初被派遣到社會衛生科診所工作時，她根本不知道什麼是社會衛生（Social Hygiene），又不敢向同事查詢，生怕被恥笑，後來到達診所方知是為妓女提供身體檢查。她還記得在尖沙咀社會衛生科診所工作期間，曾遇見一位行動不便的妓女坐在路旁等候注射預防性病藥物時，依靠十多歲的女兒在街上兜搭嫖客光顧，她目睹其悲慘身世而不禁眼淚盈眶。

1960–1970 年代期間，大量越南難民因越戰而逃難到香港，歐

陽純美被派往九龍尖沙咀海運碼頭旁檢查上岸難民的身體，健康的方可送進觀塘的難民營。有一回她不忍心難民擁擠於小艇上在岸邊飄浮，嚴厲地要求岸上的入境處官員妥善安排難民上岸等候檢查。

丈夫王劍偉

丈 夫 的 事 業 發 展

1952 年歐陽純美的丈夫王劍偉前往香港，成立大偉行，初期辦公室選址德成大廈，後遷往南華大廈六樓現址，經營塑膠花出口生意。1966 年，又開拓製衣生意，創立琪娜織品有限公司（Gina Knitters Limited），廠址位於新蒲崗，製造女士服裝出口到英國。她因投身醫療事業，無暇協助丈夫打理業務。

丈 夫 與 香 港 上 海 總 會 的 淵 源

她指出香港上海總會的前身名為「上海聯誼會」，由黃夢花醫生於 1977 年創立，會址位於九龍尖沙咀漆咸道 23 號海景大廈十樓。

王劍偉向黃夢花提議將聯誼會遷往港島區，由他接手管理。1978 年聯誼會便遷往中環雲咸街一帶，中環德己笠街 30 號德仁商業大廈二樓，1980 年才遷到到中環雲咸街一號南華大廈現址，現時會址樓高三層乃自置物業。

丈夫被稱為食家，香港上海總會會所餐廳內有一道名菜「王劍偉翅」就是由王劍偉研發的。王劍偉亦喜歡回家煮菜，歐陽純美從旁協助，拿手菜式包括芹菜炒牛肉、蔥烤鯽魚，而蔥烤鯽魚更獲同為寧波奉化的同鄉邵逸夫喜愛。

從丈夫口中知悉，管理香港上海總會的困難之處是為會所餐廳聘請懂得煮地道海派菜餚的主廚。王劍偉早年聘請了一位朱姓廚師，並一同研發王劍偉翅，可是朱師傅已離職移居多倫多；其後又聘請了來自廣東潮州的郭師傅主理餐廳菜餚，現在已屆高齡退休。

學 習 京 劇

　　王劍偉喜愛京劇，聘請京劇老師到家中教授演唱技巧及彈奏胡琴。歐陽純美亦喜愛聽京劇，卻沒有跟隨丈夫一同學習京劇。

對香港上海總會的感想

　　歐陽純美欣見香港香港上海總會由小規模的上海聯誼會，發展成現時擁有三層自置物業的會所，並且大力推動社會服務，如新年時節派發利是予長者。接任的年輕會長亦十分能幹，令現時的會務發展得有色有聲，期望香港上海總會將來能多作捐獻，回饋社會。

身 份 認 同

　　居港多年，歐陽純美早已認定自己是香港人，最愛仍是香港，因為可以用中文溝通，可隨處吃到中國菜，而且較容易聘請會說中文的助手及看護，惟日常飲食仍保留湖南人喜歡吃辣椒的習慣。

　　由於曾在廣州學習，歐陽純美來港前已懂得說廣東話，夾雜很重的湖南口音，但是不會說上海話，只能聽上海話及寧波土話。

研發電腦輸入法的實業家

周忠繼

　　周忠繼 1925 年生於蘇州，育有六名子女，三名在香港出生，長子及兩名女兒則在上海出生，全部兒女皆在英國或美國接受良好的高等教育，各子女現分別居於香港、新加坡和美國等地。他幼時接受新式小學教育，在上海就讀工業專科學校。兄為周文軒。周忠繼先生四十多歲獲港英政府頒發大英帝國官佐勳章（OBE）及太平紳士勳銜。

從上海移居香港

　　1951 年周忠繼移居香港，時年 26 歲。來港前他已在上海結婚，來港數年後再把太太及兒子接來香港。在上海時他曾研發和製

上海總會第十九屆至第二十一屆永遠名譽會長
——周忠繼先生（已故）。

造 RCA 無線電收音機，然後把自製的收音機出售予小商店。由於家境不是很富裕，因此需要靠自己的努力維持生計。經過多年的努力，生意還算可以。抗日戰爭初期，為逃避戰亂，他沿長江向內陸逃難。1940 年代末期再返回上海，重新投入小型工業產品的生產，例如收音機及電燈泡等產品，並自行營銷。

來到香港後周忠繼發現本地商界的競爭相當大，需要有獨特的產品方能在香港市場突圍。遂選擇投入紡織業，與兄長合作成立了永南公司（即今南聯實業有限公司的前身），以生產燈芯絨起家。永南是當時香港唯一生產燈芯絨布料的紡織廠，創立初期在土瓜灣開業，引入了 48 台織布機及聘用數十名工人投入生產，後來工廠擴展至擁有 1,000 多台織布機和多逾一萬名員工，堪稱是香港最大織布廠。工廠後來遷往葵涌的打磚坪街。

談及從商的困難時，周忠繼指最大的困難是面對同業的競爭。他說克服困難的要訣，是做生意依靠客戶信任，要建立商譽，就不能只顧自己的利益，需要同時照顧自己和客戶的利益。

第一章　時代中國　　　　　　　　　　　　　　　周 忠 繼　　033

研發「縱橫」中文輸入法

1984 年，59 歲的周忠繼從舊同事處獲得人生中第一台電腦，自此對中文電腦輸入法產生了濃厚的興趣。他認為電腦在未來會愈來愈重要，所有人不論甚麼學歷，都應該學習輸入法，而中文輸入法更應為所有中國人所使用。有見及此，他便鑽研新的中文輸入法，目的是將中文輸入法簡化，使一般大眾也能夠使用電腦輸入中文，以方便資訊科技的發展。

經過近十年的研究和發展，1993 年他推出了第一代縱橫碼輸入法。該輸入法以商務印書館前董事長王雲五所創的四角碼檢字法為基礎，把所有漢字的筆劃分類為 0 至 9 共 10 個數字，並配合上「一橫二豎三點捺，叉四插五方塊六，七角八八八九是小，撇與左鈎都是零」這個口訣後，便可以輕易地輸入漢字。即使是教育水平較低的也可輕易上手。

與此同時，周忠繼也致力推動電腦於中國內地的普及化。在 1990 年代，他以蘇浙同鄉會會長的身份往江浙地區如上海、蘇州等地，向當地中小大學，如上海交通大學捐贈電腦。至 2000 年代，

中國內地的生活水平大幅上升，為了進一步向年青一代推廣縱橫輸入法，他繼續在江浙地區大小城市如蘇州、南京、常州、揚州、南通等地舉辦縱橫輸入法比賽及其他推廣活動，出錢出力推動縱橫輸入法。該輸入法漸漸地在中國內地、港澳地區及海外華人社群中流行起來。

與上海地緣網絡組織的關係

周忠繼曾任香港蘇浙滬同鄉會的會長，其後榮任永遠名譽會長。他於 2014 年受時任上海總會理事長的王緒亮邀請，擔任總會永遠名譽會長一職，每年均捐出數十萬元善款以支持上海總會的慈善事業，尤其是每年歲晚的老人利是。他認為像上海總會及蘇浙滬同鄉會這樣的團體，在香港扮演了一個很重要的橋樑角色，培德育才，博施濟眾，默默為香港社會盡一份力。

輓詞

周忠繼（1925–2020）

上海總會永遠名譽會長　第十九屆至第二十一屆（2012–2014）

上海總會名譽會長　第一至第十七屆　（1979–2012）

周室先賢　一代儒商　飽學經綸　溫良恭尚

義舉公學　有教無類　開創縱橫　名震八方

長袖善舞　取才有道　雄視商海　叱咤滬港

樂施好善　廣結良緣　疏財仗義　造福梓桑

蘇浙鄉賢　唯首是瞻　豁達雍雅　後世師表

嗚呼哀哉　伏惟尚饗　逝者如斯　永垂流芳

—— 悼念 ——

先世伯忠繼　先生前輩　千古

晚　德麟　敬輓

庚子八月初三

創辦書院的金融家

李和聲

出身小康家庭

家庭背景

　　1928 年，李和聲生於上海市，與普羅大眾在舊式留產所出世不一樣，他是在上海著名紅房子西醫院[1] 的婦產科[2] 出生的。該醫院至

1　紅房子西醫院的歷史可追溯至 1884 年。當時美國人瑪格利特 · 威廉遜（Margaret Williamson）於上海滬南西門外方斜路創辦醫院，翌年獲美國基督教女公會捐款，命名上海西門婦孺醫院（Margaret Williamson Hospital）。1948 年後，醫院轄下設方斜路 419 號及徐家匯路 850 號兩處院舍。2000 年，醫院改名為復旦大學附屬婦產科醫院。至於「紅房子醫院」一名，則為上海市民及病人對醫院的暱稱。見復旦大學附屬婦產科醫院網站「醫院概況」欄目內「醫院簡介」及「歷史足跡」分頁：https://www.fckyy.org.cn/news/info/id/361.shtml、https://www.fckyy.org.cn/news/info/id/364.shtml，擷取於 2019 年 11 月 5 日。

2　李氏部分兒孫都在此醫院出生。

今仍然屹立於上海，李和聲早年回鄉便曾在該醫院找到自己的出生記錄。

　　童年時居於上海法租界安納金路 296 號[3]，父親是李悟廸[4]，母親是孫祥貞。家中本有十二個兄弟姊妹，五個不幸夭折，最後只剩七人，他排行第二，姊姊居長，2022 年尚有五人健在。李和聲如今四代同堂，有四個兒子，十個孫兒，六個曾孫承歡膝下。

兒 時 回 憶

　　近代的新式教育早在上海開展，李和聲沒接受過傳統的私塾教育，6 歲時（1934 年）入讀官辦的上海實驗小學[5]一年級——此校小學畢業生可直接升讀上海中學，故此能夠入讀該學校並不容易；至

3　安納金路（Rue Hennequin）位於上海法租界（見後頁法租界位置圖）。1946 年，安納金路改名為東台路。見〈上海市新舊路名對照（二）〉，《申報》，1946 年 6 月 8 日，第 8 版。

4　李和聲的祖父在其父親 7 歲時去世，祖母在其父親 12 歲時去世。父親由姑媽、嬸母撫養。由於年少喪失雙親，其父自 13 歲開始自力更生，從事製衣行業。

5　江蘇省立上海實驗小學，於 1928 年改組而成。見〈簡訊〉，《申報》，1947 年 9 月 29 日，第 6 版。

上海法租界位置圖。

小學五年級時因日本侵華而被逼停學，後來有機會在上海中學讀了半年。小學時學校的主要科目包括國文、算術、珠算、美術、常識、社會、體育等，體育科推廣尚武精神，着重武術訓練；小三開始學習英文字母。李和聲在校時尚未能掌握珠算技巧，長大後當練習生時才懂得運用珠算。

　　李和聲自覺年幼時頑皮得很，曾在街上不慎用鞋子打破別人房子的玻璃，丟了鞋子後逕自跑回家。初入學時他並不喜歡讀書，母親管教甚嚴，會嚴厲懲罰，父親卻十分寬鬆，經常帶他外出遊玩。有一次他不願意上學，父親對妻子説要帶兒子上學，其實父子二人從早上 9 時一直到中午 12 時，乘坐着馬車 [6] 在上海市內閒逛，等到差不多下課才回家。

6　　當時只有富有人家才能負擔乘坐馬車的費用。

李和聲小學一年級的學業成績僅僅合格，到了小二下學期才開始努力，主要是受到副班主任趙志龍老師的影響。趙老師是愛國份子，經常向學生講述日本侵華劣跡，影響了李和聲的愛國情懷。趙老師後於八一三戰役時入伍。李和聲當年居於法租界，與華界只隔一扇門，曾親眼目睹大刀隊[7]腳穿草鞋，手持大刀奮力抵抗日本軍隊的情景，但因裝備不足，慘遭日軍擊敗。1937 年 7 月 7 日蘆溝橋事變[8]，日軍以國軍襲擊日本士兵為藉口侵華；1937 年 8 月 13 日淞滬會戰（八一三戰役）[9]，日軍大舉入侵上海。時局變化令李和聲的愛國意識日漸增強，必須發奮圖強。往昔種種，今日依舊歷歷在目，他回想舊事，不禁老淚縱橫。

與杜月笙的淵源

李和聲幼時家境較好，父親在杜月笙[10]門下擔任會計，收入不菲，屬中上階層。由於杜月笙乃上海黑幫，母親對父親的工作頗有微詞，及後父親辭退工作，自創事業。

李父除了替杜月笙辦事外，二人也同樣愛好京劇[11]。李和聲笑

7　大刀隊為中國抗日部隊之一，以使用大刀為主，每隊約五百人，蒙面行事，以奇襲行動為主。見〈大刀隊〉，《申報》，1932 年 5 月 28 日，第 13 版；〈日人盛讚我大刀隊〉，《申報》，1938 年 12 月 1 日，第 28 版。

8　1937 年 7 月 7 日，日本軍隊稱有士兵失蹤，要求進入北平（今北京）附近的宛平縣城搜查，遭中華民國國軍拒絕，在附近的蘆溝橋爆發衝突，史稱「蘆溝橋事變」，展開歷時 8 年的抗日戰爭。

9　1937 年 8 月 13 日，中日雙方開始在上海市郊及市區交戰，至 11 月 12 日日軍佔領上海，歷時三個月，史稱「淞滬會戰」。

10　杜月笙，原名月生，後改名鏞，號月笙，1888 年於上海浦東高橋鎮出生。曾為上海青幫首領，並與蔣介石合作。1937 年日軍佔領上海後曾逃到香港，1941 年香港淪陷後轉到重慶，至 1945 年重返上海。1949 年共產黨解放上海前夕，再次轉到香港，至 1951 年 8 月 16 日於香港堅尼地台寓所去世，享年 64 歲。見〈杜月笙〉，載李新、孫思白主編，《民國人物傳》，第 1 卷，頁 314–319（北京：中華書局，1978）；〈上海聞人杜月笙昨下午病逝港寓〉，《華僑日報》，1951 年 8 月 17 日，第 2 張第 1 頁。

11　據羅蘇文研究，京劇於清末民初由北京傳到上海後，劇目、表演方式等均曾因應上海觀眾而調整，全盛時期曾有 120 多個票房營業，票友人數多於北京。見羅蘇文，《近代上海：都市社會與生活》（北京：中華書局，2006），頁 130–131、140。

言父親五音不全，所以母親很害怕丈夫在家唱京劇樂曲，但他在父親薰陶下亦酷愛京劇，6 歲已開始隨父親外出看戲，因此有機會與杜月笙見面。李母與杜月笙妻孟小冬 [12] 感情要好，杜月笙旅居香港及遷出時期期間亦曾與李和聲會面。

李父自立門戶

李和聲雙親曾中了彩票，獲一萬銀元巨額獎金。1935–1936 年間李父在遠房親戚協助下，創立立興輪船公司，旗下船隊在長江流域城市南京、崑山、瀘州、蘇州、湖州之間經營內河航運業務。公司最高峰時擁有 3 艘貨輪、15 艘拖船，最大的拖船能拖曳 18–20 艘船隻航行，此亦為李家的黃金時期，衣食豐足，生活非常富裕，家裡亦因航運之便，可搜購沿江一帶的美食特產如香瓜子、火腿、茶葉、餅食、水果等。1937 年前的上海及長江一帶城市十分富庶，物產豐盛。

日本侵華舉家逃難

1937 年日本侵華，南京失守，國民黨徵用上海航運公司的輪船，或用作運送軍火及物資，或放置於黃埔江作為阻擋日軍戰艦進入內河。立興所擁有的 3 艘貨輪、15 艘拖船全數被國民黨徵用 [13]，初時以為用作運輸租用，後來才發現船隻用作阻塞日軍戰艦前進，李家家產亦一夜盡失。

李家最初以為戰事可以在兩星期結束，便在上海死守，但三

---

12 孟小冬，著名坤伶、杜月笙之妻。1922 年，孟以 15 歲之齡，曾於無錫、上海大世界劇場、福建、小呂宋等地登台演出。1951 年杜月笙去世後一直在香港居住，六七暴動期間到台灣定居，1977 年 5 月 27 日於台北去世，終年 71 歲。見〈記孟小冬〉，《申報》，1922 年 8 月 22 日，第 18 版；〈杜月笙夫人國劇名鬚生孟小冬抵台〉，《華僑日報》，1967 年 9 月 14 日，第 1 張第 2 頁；〈國劇名伶孟小冬氣喘病逝台北 享壽七十一歲〉，《華僑日報》，1977 年 5 月 28 日，第 1 張第 2 頁。

13 國民政府曾立下借據徵用輪船。可是貨輪及拖船已遭日軍擊沉，至今仍沒有賠償。

個月後戰事仍然持續，遂於 1938 年舉家回鄉避難，首先抵達湖州投靠父親親戚。及後日軍進逼，一家大小再逃到湖州鄉下。李和聲仍記得自己躲在棺材旁邊，抬頭看見許多日軍戰機投下炸彈和發射機關槍，深夜時分一家大小連同姨母、舅父、舅媽及表兄弟妹收拾行裝逃避日軍。有次李和聲險被綁架，幸得姨母及時拯救。其後他們逃往嘉興、杭州，抵達杭州時，所帶盤川幾乎耗盡，於是舉家乘晚間火車重回上海。李和聲憶述當火車駛離大橋後，國民政府軍隊即炸毀大橋，以阻止日軍追擊。這段逃難日子裡，他多次目睹日軍殘殺中國人，種種經歷至今仍記憶猶新。李和聲十分痛恨日軍的暴行，讓中國百姓受盡磨難，同時亦感慨時下香港年輕人不了解戰爭所帶來的痛苦。

家道中落

戰禍令李家家道中落，家中人口眾多，開支甚大，周遭親朋自顧不暇，無力支援。為維持生計，李和聲 13 歲時（1941 年）開始在一間家庭式[14]棉花織布廠當學徒。他一心想學做生意，卻發現實際是當雜役，負責的工作如打掃工廠、替老闆清潔水煙工具及痰盂、協助廚子處理食材等，晚上被安排在老闆的客廳裡，用木椅和木板搭建的臨時木板床睡覺。他晚上聽着每小時敲響的大鐘，徹夜難眠，忐忑不安，想到每月只有 28 元衣服津貼，何以應付家中每月約 80 元的開支？

李母思想傳統，在離家前曾叮囑他，外出工作是為了家計和學習做生意，無論工作有多艱辛和多委屈，絕不可半途而廢，否則會丟了家族的面子。李和聲一方面牢記母親的吩咐，另一方面又擔心工作了三天仍是做雜務，薪水又不足以養家，認為不能長此下去，於是在第四天晚上收拾行李，天亮便毅然回家。

織布廠離家只有半小時路程，李和聲回到家門口，想起母親的

14　老闆的居所作為廠房生產，客廳改為辦公室，後方有廚房，樓上是老闆的寢室。

囑咐，怕被責備，不敢叩門，又折返工廠，回到工廠時又不願回去工作。如是者，他在家門與工廠之間折騰了好幾小時，最後鼓起勇氣回家，母親看見他回來，既驚訝且憤怒，大罵李和聲，不許他入門。李和聲奮力打開大門，跪在母親面前，解釋留在工廠的困境，母子相擁痛哭，最後獲得母親諒解。

經營股票買賣的契機

1930 至 1940 年代的上海金融業

在二次大戰爆發前，上海已經是亞洲地區主要的金融中心，各類金融貿易如黃金、外匯、債券等交投活躍，是資金和人才的聚集地。1940 年代的上海，一般中學畢業生熱衷銀行、會計、政府部門工作，其次是錢莊、銀號。股票買賣屬投機性質，以炒賣金、銀、股票、美鈔、棉花、棉紗現貨及期貨獲利，被視為偏門行業。汪精衛[15] 政府的要員，如陳公博[16]、褚民誼[17]、周佛海[18]、林柏生[19]等人打着「和平愛國救中國」[20]的幌子支持上海發展金融，透過穩定社會經濟，以鞏固政權，很多金融公司在上海紛紛成立，投資氣氛濃厚。

15　汪精衛，原名兆銘，字季新，浙江山陰人，1883 年於廣東三水縣出生，畢業於日本法政大學。中華民國時期，曾任國民政府主席、行政院長等職。日本侵華期間，汪曾於南京成立國民政府，被視為日本傀儡政權。1944 年，汪於日本病逝。

16　陳公博，福建上杭人，1892 年於廣東南海縣出生，日本侵華期間曾任汪精衛政權的立法院長，1946 年被槍決。

17　褚民誼，浙江湖州人，1884 年生，日本侵華期間曾任汪精衛政權行政院副院長兼外交部長，1946 年被處決。

18　周佛海，原名福海，湖南沅陵人，1897 年出生，日本侵華期間曾任汪精衛政權行政院副院長、財政部長等職，1948 年病逝。

19　林柏生，廣東高州府人，1902 年出生，日本侵華期間曾任汪精衛政權中央政治會議委員、宣傳部長等職，1946 年被槍決。

20　民國時期胡漢民等國民黨人曾稱孫中山遺言為「和平，奮鬥，救中國」。見胡漢民，〈和平〉，《申報》，1930 年 10 月 1 日，第 8 版。

從低做起

　　1941 年 3 月，李和聲回家不到一周，姨丈便介紹了新工作給他，就是從事股票買賣。恰巧上海協興元金號招聘大量學徒，由於從事股票買賣可以帶來較高的收入，李和聲很快就答應了。經姨丈引薦，他依傳統禮節拜 1940 年代上海楊家將投機幫之首，上海協興元金號的老闆楊元鴻[21]為師[22]當練習生。最初學習買賣公債，之後學習買賣黃金、股票、棉花現貨及期貨、棉紗，如雙馬紗；17 歲時滿師，然後在師傅的公司工作至 19 歲。

　　協興元金號是汪精衛政府控制上海市內金融買賣的代理，利用股票市場穩定政權。金號的規模相當大，練習生多至三四十人[23]，分別處理不同的投資業務。李和聲跟隨楊元鴻學習珠算、會計及日常買賣業務，每天上午九時上班，下午六時下班，如完成工作可提早於下午五時下班。練習生可利用在工餘時間進修會計、英語等，學費由金號提供資助，他為了家計便選擇進修會計。練習生晚上在上海證券大樓[24]的辦公室留宿，周末才回家。

　　李和聲專心學習，勤奮工作，深受上司賞識，短短三個月內，工資由 50 銀元增至 80 銀元。直到 17 歲（1945 年）滿師，開始外出找新客源，陪大客戶交際應酬喝酒傾談生意，李和聲的酒量亦因應酬而得到鍛煉。期間他協助許多客戶的公司上市，從中賺取佣金。他知道有些同行除了協助客戶公司上市外，亦幫助客戶沽空公司股票，謀取暴利，令一般股民蒙受損失，但自己堅持不做這種服務。

21　楊元鴻為民國時期上海金融界鉅子，1942 年時曾與王承志、李月如等於九江路證券大樓 122 號房間創辦鴻興號，經營雙為廠單、公債、外幣、軍票等業務。見〈鴻興號業務發達〉，《申報》，1942 年 5 月 12 日，第 5 版。

22　李和聲表示當時拜師的儀式很隆重，學徒要跪在紅地毯向師傅敬茶。

23　鄒星培、魏紹相與李和聲同是在證券行當學徒或就職。

24　證券大樓位於漢口路 422 號，初建於 1924 年，為華商證券交易所（1920 年成立）的辦事處。1932 年，原有的三層樓房改建為八層大樓，冠名「證券大樓」。翌年，華商證券交易所與上海證券物品交易所證券部分合併。見〈上海之證券業（續）〉，《申報》，1936 年 3 月 12 日，第 13 版。

他見證了戰前和戰爭期間上海金融業的發展。上海從事金融行業的商號大致分為三等，第一等是銀行，第二等是從事外匯買賣的公司，第三等是同時從事股票、實物（例如棉布和棉紗等）期貨、政府公債等各型投資工具的投機買賣公司。協興元應屬於第三等的金融業服務商，亦是行內俗稱的「油炒飯」。李和聲在協興元工作期間，從事黃金、股票、外匯、國民政府公債和實物期貨的買賣，當中政府公債可以分為甲、乙、丙、丁、戊五種。

1945 年抗日戰爭結束，國民政府重新掌控中國的政經大權，重整因戰爭受嚴重破壞的經濟體系，其中以貨幣改革為主要手段。民國初期，中國的貨幣仍然是銀本位，故有北洋大洋、銀圓、袁大頭等銀造貨幣，此外亦有關金票作為流通貨幣。及後在 1935 年，銀本位的貨幣漸漸由法幣所取代，而宋子文和孔祥熙便是法幣發行計劃的主要推動者。但是在抗日戰爭結束後，由於中國經濟百廢待興，政府根本無力支持法幣的價值，加上內戰爆發後，政府大量印發鈔票，引發惡性通脹。國民政府在 1948 年以金圓券取代法幣，以求維持市場的穩定，穩定物價。

是次幣制改革初期曾為飽受通漲之苦的民眾帶來新的希望，期望新幣能夠平穩物價，讓市場重回軌道。金圓券採用十足儲備的方式發行，與黃金、白銀等國家資產和儲備來支持，希望藉此來平定民心，增加老百姓對新貨幣的信心。然而改革最終失敗，國民對金圓券信心盡失，金圓券大幅度貶值，國家經濟潰敗直至解放。

李和聲 19 歲那年（1947 年）被師父查詢是否有積蓄，鼓勵創業，並願意出資三分二助他成立公司。李和聲遂與友人戚永康合夥創立生大永金號，營運資本大概十萬元，輔助協興元替政府進行股票買賣（包括永安紗廠 [25]、美亞綢廠、景星衫襪、鈣奶生、中聯電

25　永安紗廠由澳洲歸僑、香港永安百貨公司的郭氏家族創辦。1921 年，郭順於上海籌辦紗廠，獲澳洲華僑及港澳商人踴躍投資，資本額達 600 萬元，至翌年投入生產。見郭棣活，〈上海永安紡織公司是怎樣辦起來的〉，載《工商經濟史料叢刊第一輯》，頁 9–10。（北京：文史資料出版社，1983）

影、商務印書館、英美煙草、中法藥房、申新紗廠、鴻生火柴公司）。當時股票市場賣盤是寫在黑板上，李和聲會在下午收市前趁低價購入股票，遇到公司資金不足中央銀行會提供協助，待翌日股票高開時沽出股票，讓協興元承接賣盤。通過低買高賣令他賺取龐大利潤，同時亦幫助政府擊退炒家，穩定市場。20 歲時他的事業已經非常成功。

1949 年，李和聲是生大永金號的東主，金號亦具相當規模，他繼續與其他金號協助國民政府收購黃金。中國解放後，他不信任銀號保險箱，在自己的公司庫房內設置金庫，存放公司及親朋好友的資產。其時他已有能力拿出六七條黃金現貨購買獨立洋房，但正想購房之際，遇上了解放軍進城，大量財產被充公。

1949 年 6 月 19 日，李和聲與當時上海約 238 名資本家被收押在臨時看守所。新中國成立後獲釋，其後李和聲決定離開上海，並由家人籌措微薄的盤川前往香港。自此李和聲逾 20 年沒有回過中國內地，直至改革開放後，他見國家轉變越來越好，才重返內地，並熱心捐助中國有需要的族群。

戰後從事金銀貿易的經歷

戰後初期香港的金銀貿易市場非常熱鬧。1950 年李和聲從上海到達香港後不久，便加入當時由上海人陳亦農[26] 等主理的順隆行打工。由於來港前他已在上海擁有股票和黃金交易的經驗，初時每月工資約 300 港元，屬於中上水平。他和同事住在旺角洗衣街的公司宿舍，每天中午公司提供午餐，晚餐則由宿舍的「媽姐」負責，並處理家務、洗衣和煮飯，他最喜歡的菜式是魚香茄子。這位「媽姐」的工資每月為 60 元。由於戰後初期行內缺乏具經驗的從業員，他很快便受到重用。在順隆行工作需要到黃金市場（金銀業貿易場）

26　是盜金案的主角之一，從上海把黃金帶到香港炒賣。

「出市（當值交易員）」，他因此需要學習廣東話。

剛到市場「出市」時，因「上海幫」的生意很好，遭到本地買賣手和從業員的眼紅及排斥，刻意把他們交易用的電話安排在場內遠處，意圖減慢他們交易的速度。在這情況下，李和聲便設計了一套交易用的手勢以代替語音傳遞，加快買賣指令的傳送，這套手勢亦漸為場內交易員使用。在實際買賣操作時，節奏非常快（1950 年代的黃金價格約為 35 元／安士；李和聲指黃金生意需要政局動盪和價格波動時方可獲利），但李和聲和他的同事從來沒有在做手勢一事上犯錯，而令公司客戶的利益受損。

戰後香港的恒生便已經很有規模。很多洋行例如太古和會德豐都設有金融部門，當時香港的黃金市場有時跟隨國際規例，有時又會因投機分子存在亂來。黃金能夠在國際市場上流通，例如在倫敦的價格是 25 元，香港的價格是 26 至 27 元，金商便能夠賺取中間的差價。當時的恒生便是從事這類生意賺取差價。有些投機分子按國際行情變化來變動黃金價格，因為不但華人，印度人、日本人甚至中東人都很喜歡黃金，而且不少國家都是以黃金作本位的。當時香港炒賣黃金的情況很瘋狂，市場上有很多投機分子。當時香港的金銀業貿易場有一個行規，就是買賣黃金要以現貨作交易，例如買家從倫敦買入黃金可向金商提取現貨，但如果金商無法及時從倫敦運來黃金，便需要向買家支付利息，而這個利息的息率可以很高，如果能夠及時交收，就會出現平息的情況。但若持續無法交出黃金現貨，買家便可以向金商加息，從而賺取更高的利潤。當時黃金是很難進口到香港的，因為香港政府不允許黃金直接入口香港的。

至 1950 年代中後期，香港的黃金交投淡靜，李和聲繼而投身塑膠花加工工業，有一段時間他改為經營製衣業，可惜都不成功，及後再次轉戰股票市場，他看準了股票市場不少本地公司，例如牛奶公司、電車公司等市值遠低於股價，公司資產優良，管理完善，定期派發具吸引力的股息，他因而趁低吸納。同時亦將這些股票推

介給順隆行[27]的客人，以從中賺取佣金，使到順隆行在香港的知名度迅速提升。

及至 1950 年代後期，順隆行東主邵長春，家族出現財政困難，得到何東[28]家族何世儉[29]的幫助，何世儉亦被推舉為金銀業貿易場的副理事長。邵長春在 1958 年中風身亡，李和聲與其好友應子賢因而接替管理順隆的業務及承擔了該公司的巨債。他主要負責外務，而應子賢則主力內務，逐漸還清欠款。

李和聲在順隆工作多年，成功累積了個人的社交資本，結識了為數不少的商界朋友，朋友圈子並非局限於上海人，亦包括了香港本地和來自世界各地、中國各省的菁英。

至 1968 年，李和聲銳意加入香港會（即香港股票交易所，舊稱香港會），遂與好友徐國炯（父親為徐警庸）和應子賢集資購入香港會的交易牌照。因為徐國炯的英語水平較佳，因此成為了順隆在香港會的代理人，順隆因而更積極投入香港股票交易。

香港金融市場的變革

李和聲指出香港的金融業能夠有今天的地位，遠東交易所（遠東會）功不可沒。遠東交易所在 1969 年正式成立，由東亞銀行創辦人李冠春之子李福兆所創立。李和聲指李福兆在美國讀書，於賓夕

27　順隆金行於 1940 年代創辦，經營 K 金買賣業務，1969 年時行址位於皇后大道中 16 號宏興行五樓 446 室。至 1977 年時，順隆行為金銀業貿易場行員、順隆集團轄下機構。順隆集團由徐國炯、應子賢及李和聲約於 1950 年代合資創辦。除順隆行外，順隆集團其他下轄企業包括徐國炯公司（香港證券交易所會員）、德隆投資公司（遠東交易所會員）、新順隆商品有限公司（商品交易所會員）。見〈順隆金行擴張營業〉，《工商晚報》，1969 年 1 月 3 日，第 4 頁；〈順隆集團將榮遷新址加亞厘行〉，《工商日報》，1977 年 11 月 4 日，第 4 頁。

28　何東，本名啟東，字曉生，1862 年於香港出生，1956 年去世，曾為香港首富，父親為荷蘭籍猶太人，母親為上海人，何東曾任怡和洋行買辦，其後創辦何東公司。何鴻鑾著 *Tracing My Children's Lineage*。

29　何世儉，何東三子，曾任港九娛樂有限公司樂宮戲院董事長，1957 年 7 月 2 日去世。見〈何世儉先生今晨逝世〉，《工商晚報》，1957 年 7 月 2 日，第 4 頁。

凡尼亞大學獲得工商管理碩士，1950 年代回到香港當會計師。當年香港的股票交易仍然由香港會所壟斷，由洋人經紀所把持，排斥華人經紀及股票行，對華人經紀及華人公司加入市場多加刁難，有見及此，李福兆便與其朋友王啟銘、馮新聰、胡百熙律師等共十一人，討論開設屬於華人的股票交易所的可能性，與洋人把持的香港會抗衡。

與此同時，李和聲因為黃金股票生意不穩定，轉而開設塑膠花工廠，認識了同樣從事塑膠花行業的李嘉誠。因為塑膠花工廠需要核數，李和聲的塑膠花工廠廠長的同學是李福兆會計師行的「師爺」，他因緣際會下與李福兆認識，受邀請加入創辦遠東交易所的行列之中，並成為其董事之一，時年 41 歲。由李和聲擔任遠東交易所董事的建議為另一董事湛兆霖所反對，認為他不懂英文，不適合當交易所的董事。李和聲指其真正原因是來自廣東的湛兆霖擔心「上海幫」的勢力會不斷擴大，而對這建議有所顧忌。最終李福兆力排眾議，事件擾攘三個月後，李和聲正式當上了遠東交易所的董事。在建立遠東交易所的過程中，當中最大的問題便是設立交易所的章程，由於香港會拒絕分享其章程作參考，但最終的解決方法是由李和聲「想辦法」取得資料，讓遠東交易所可以參考來撰寫章程，從而符合政府的要求。

遠東交易所創立之初，由於交易量不是很大，順隆行便透過不斷賣出買入股票來增加市場交投的活躍程度，增加交易量，李和聲亦發動順隆行的客人在星期六進行股票交易，從而提高遠東交易所的交易量和知名度，與香港會作正面競爭，在 1970 年時遠東交易所的交易額已高於香港會。

遠東會的成功刺激了其他華人證券交易所的設立，在李和聲的支持和推動，胡漢輝於 1971 年設立了金銀證券交易成員所（主要由金銀業貿易場行員組成）。金銀業貿易場的管理層選舉基本上由李和聲和他的友人所主持，包括了「上海幫」、「福建幫」和「小欖幫」等，反映了他廣交朋友，受同業尊重。「九龍會」（由陳普芬創立）亦在 1972 年成立。

由於交易所數量不斷增加，港府最終要求四大會合併以穩定香港的股票市場，在 1986 年，由四大會合併而成的聯合交易所正式成立。李和聲、徐國炯和應子賢三人因其在業內經驗豐富和聲譽卓著而同被選為聯合交易所的理事，可見順隆行在本地股票市場的地位。

聯合交易所成立後，本地股票交易被進一步規範，原有「上海幫」的做法，例如手勢、黑板的寫法等都成為聯合交易所的行規。

八七股災時，李和聲曾深受打擊。1980 年代，本地市場已經出現了孖展交易。馮景禧設立新鴻基證券業務的設立初期，曾派了十六位員工在順隆行接受培訓，學習如何設立股票行和與客戶溝通。可見李和聲交遊廣闊，致力支持香港金融市場的發展，不介意新的競爭者出現。他指做生意講求信任，即使客戶拖欠股票買賣款項，亦要逆來順受，以自己的資金來填平虧損，以維持彼此的良好的關係。

1987 年香港爆發股災，股票大跌，不少銀行和證券行陷入嚴重的資金周轉危機。大量代客買入和賣出股票因股票市場停牌而被凍結，順隆自然無法獨善其身，資金無法周轉，當時公司的應付賬項數而億計，並需在數天內交予交易所，若無法交出，順隆則需交出牌照，等同結業。順隆的三位合伙人聯同妻子共六人開會投票，五票對一票反對以私人資金注入公司。只有李和聲一人堅持以個人資產支付各項交收。李和聲認為誠信至為重要，遂把海外股票賤賣，以及將自己名下及子女的物業全部抵押，及時籌得一億元，用以支付各項到期的賬款，暫時解決公司的危機，亦保住了公司和個人的聲譽。雖然兩位合伙人及其家族已經移民至外國，但至今仍然保持聯繫。

1989 年李和聲與兒子創辦大唐金融集團，2001 年把旗下證券期貨兩家公司與順隆集團合併，2003 年把順隆集團出售予同為上海人的周正毅 [30] 。

30　周正毅，1961 年生於上海楊浦，1994 年與妻子毛玉萍開設阿毛炖品，翌年收購職工股獲利數億，繼而於 1997 年成立農凱集團，先後投資香港股市、上海地產市場，2002 年被美國《福布斯》雜誌列為中國第 11 位富豪，估計資產達 5 億美元。2003 年初收購順隆證券時，旗下有上海地產及上海商貿兩間上市公司。見〈周正毅擬收購順隆證券〉，《太陽報》，2003 年 1 月 20 日，頁 B3；〈周正毅夫婦致富傳奇〉，《文匯報》，2003 年 12 月 3 日，頁 A16。

與上海總會的關係

　　香港上海總會可說是由黃夢花[31]和王劍偉[32]創辦。同是上海人的王劍偉，戰後來港曾經從事金銀貿易業，故與李和聲認識。王劍偉酷愛騎馬，非常熱心公益，有感在港的上海人日多，需要有一個屬於上海人的聯誼組織，故有籌組社團的想法。黃夢花與王劍偉相熟，也同意他的看法和理念。

　　王劍偉雖曾邀李和聲一起籌組該會，礙於事忙，李和聲只在幕後支援，很少直接處理會務。上海聯誼會於 1977 年成立，1978 年遷往港島，其後改名為「香港上海總會」，以貢獻社會、促進教育發展為主要目標，經常捐款支持香港的教育事業，亦曾舉辦國劇義演籌募教育基金經費[33]。香港上海總會第一代的創會會員包括了吳中一[34]、邵逸夫[35]、董浩雲[36]等人。

31　黃夢花，1920 年生於上海，1940 年到香港後任職醫務署。1967 至 1986 年間，黃擔任民選市政局議員，曾參與中文運動、反貪污運動等。1977 年，黃與王劍偉等組織上海聯誼會（香港上海總會前身），並獲選為理事長。2007 年，黃於香港去世。見〈政壇風雲人物黃夢花病逝〉，《成報》，2007 年 8 月 5 日，A7 版；〈上海聯誼會成立 黃夢花任理事長〉，《華僑日報》，1977 年 8 月 1 日，第 2 張第 1 頁。

32　王劍偉，原名王紹福，寧波奉化人，1912 年生於上海。1953 年，王在香港經營大偉行，從事玩具、塑膠花、絲花、針織品、家庭用品等進出口貿易，其後又創辦琪娜織品有限公司。1977 年，曾與黃夢花等組織上海聯誼會，出任副理事長。2000 年，王於溫哥華去世。見〈上海聯誼會成立黃夢花任理事長〉，《華僑日報》，1977 年 8 月 1 日，第 2 張第 1 頁；〈上海總會追悼王劍偉〉，《文匯報》，2000 年 5 月 17 日。

33　1979 年 4 月，上海聯誼會於香港大會堂舉辦國劇義演，以籌募教育基金經費。見《上海聯誼會籌募教育基金國劇義演特刊》。（香港：上海聯誼會，1979）

34　吳中一，別號熙鈞，江蘇無錫人，1911 年出生，1936 年畢業於英國波爾頓專科大學（Bolton Municipal Technical College，今稱 University of Bolton），回國後於上海申新九廠擔任工程師、襄理、協理等職。1942 年，擔任中國紡織工學院副院長、教授。1972 年，到香港探望父親吳昆生期間留港，其後擔任偉綸紗廠有限公司董事長。吳於 2006 年去世。見〈已故上海民建領導傳略之吳中一〉，2008 年 11 月 28 日，《上海民建》網站，http://www.mjshsw.org.cn/shmj2011/node632/node636/u1a15316.html，擷取於 2019 年 11 月 6 日。

35　邵逸夫，浙江寧波鎮海人，1907 年於上海出生，1930 年在新加坡成立邵氏兄弟公司，1957 年到香港發展，成立電視廣播有限公司，至 2014 年去世。見〈邵逸夫生平大事年記〉，《東方日報》，2014 年 1 月 8 日，A17 版。

36　董浩雲，浙江定海人，1911 年出生，畢業於上海聖約翰大學，曾任職天津航業公司、天津船東協會副會長。1937 年日本侵華後，董浩雲轉到香港，先後創立金山輪船公司、東方海外貨櫃有限公司，至 1982 年 4 月 15 日去世。見〈船王董浩雲先生心臟病突發逝世〉，《工商日報》，1982 年 4 月 16 日，第 7 頁。

二〇〇二年，為慶國慶五十三周年、慶回歸五周年，上海總會演出京劇《穆桂英掛帥》。（左起）李和聲、李和聲夫人、陳廷驊、李德麟。

李和聲亦有「神經刀」之稱，樂於在逆境中接受挑戰。其中一個例子是在 2003 年沙士（SARS）期間力排眾議，堅持以 3,000 萬的低價購入香港上海總會南華大廈二層現址，使總會能夠擁有長久穩定的會址。

地緣人際網絡的建立

李和聲認為上海總會在本質上與在上海的寧波人所建立的組織如四明公所不同。四明公所主要是在上海從事慈善工作，較少涉及商業貿易事宜。

李和聲來港後發現，戰後在港的廣東人在中國地理認知上較為薄弱，把所有來自華東地區包括江蘇、浙江一帶的移民皆統稱為「上海人」。因此在香港社會，「上海人」並非單指從「上海市」來的移民，換句話說，「上海」是一個泛地域的概念。另外一方面，這

亦反映出戰後香港的「上海人」網絡也同時包含了來自華東各省和城市的移民。

在順隆行工作期間，李和聲廣交朋友，除了結交同是「上海人」的朋友，亦認識來自中國各省和本地的商界朋友，人際網絡不限於「上海人」圈子。例如他與同是上海人的邵長春熟稔，因而結識了不少上海菁英。邵長春與宋子文[37]關係密切，在戰爭期間亦曾協助嘉道理家族處理其在上海股票及各項資產，亦上海紡織大王王統元（香港紗廠創辦人）[38]及其父親王啟宇[39]交情深厚。順隆行後來賣盤

---

[37] 宋子文，1894 年生於上海，哈佛大學經濟學碩士、哥倫比亞大學經濟學博士，1924 年任廣州中央銀行董事及行長，其後歷任廣東革命政府財政廳長、國民政府財政部長、行政院長等職。1949 年下野後，經香港輾轉移居美國，至 1971 年逝世。

[38] 王統元，王啟宇次子，1962 年時任香港棉紡業同業公會理事長、香港工業總會理事、香港總商會理事、蘇浙同鄉會顧問。見〈王啟宇八秩大慶讌客 中西官紳千餘人到賀〉，《華僑日報》，1962 年 11 月 2 日，第 2 張第 4 頁。

[39] 王啟宇，1910 年代曾在上海先後創辦達豐染織廠、中紡公司、大偉布廠、完成紡織染等。到香港後，曾任香港紡織有限公司董事長、香港棉紡業同業公會首任理事長。1965 年 12 月 24 日，王於香港去世。見〈王啟宇八秩大慶讌客 中西官紳千餘人到賀〉，《華僑日報》，1962 年 11 月 2 日，第 2 張第 4 頁；〈香港紗廠董事長王啟宇出殯哀榮〉，《工商日報》，1965 年 12 月 26 日，第 5 頁。

予邵長春，賣盤後順隆與大德成、大康成等其他由上海人創辦的黃金貿易商共同在香港經營黃金買賣、外匯交易。李和聲也協助了不少的上海人取得在香港經營股票交易的牌照。

捐建和聲書院

　　李和聲受到母親影響，經常協助困苦大眾改善生活。加上他自己並沒有接受完整教育，故希望透過投資教育，讓更多年輕人接受教育，成為一個不自私、對社會有用的人。由於李和聲的家人知道他重視教育，他弟弟與中文大學前校長劉遵義校長接洽，最後決定在家族中集資捐助香港中文大學建立和聲書院，為學生提供了良好的學習環境。李和聲期望學生能夠在書院中「住得好」、「吃得好」而且「書讀得好」，成為一個有愛心和無私的社會領袖，貢獻國家和社會。

周德明

白手興家的手套大王

個人背景

在上海渡過童年

周德明 1929 年農曆 3 月生於上海浦東，家有兩兄一姊一妹，排行第四。由於家貧，兩歲多（1931 年）被父母送予開設藥材店的張氏夫婦收養，8 歲（1937 年）因張氏夫婦誤會他偷吃餅乾而被逐出家門，從隔壁豆腐店的老闆口中得悉自己本名，親生父母居於周家尖，遂逕自跑回周家尖，與父母相認。

回家後，周德明央求父母讓他上學，於是在浦東就讀小學直至四年級。13歲（1942年）在上海環華紡織廠當練習生，工作了三年，直到1945年日本投降，雖然工廠停產，他仍留在紡織廠的辦公室工作。

1951年來港發展

1949年中國解放，周德明的姐夫因替國民黨工作被槍斃。他恐受牽連，隻身來港，時年21歲（1951年）。由於身無分文，只能靠妹妹典當戒指買火車票到廣州，拿着師伯吳企堯（上海大明紡織廠總經理）的介紹信，求助於大明紡織廣州分公司經理，希望可助他解困。最後獲得200元資助，以這筆錢為「蛇頭」費，得到蛇頭背他經羅湖偷渡到香港。1951年1月26日到達香港時，他身上只有4塊錢。

周德明26歲（1955年）結婚，至今已逾64年。妻子是廣東人，育有四子一女，四個兒子分別生於1957、1959、1961、1963年，最小的女兒則在1971年出生，四名兒子均留學英國，他認為英國

與林銳基先生（左一）合照。

的教育制度良好；而女兒則留學於美國，學業成績不俗。他有兩名男孫及四名女孫，部分兒孫現居於美國、加拿大及新加坡。周德明與太太現居於香港大坑道，妻子及子女都不會說上海話，但聽得懂他的上海話和帶上海口音的廣東話。

婚後周德明聽說信奉天主教可讓子女入讀教會學校，接受較良好的教育。遂學習了八個月的天主教教義，申請入教，當神父問他能否明白教義及可有信奉之心，他直言不肯定，神父欣賞他的誠實，於是獲准加入天主教。

他的飲食口味比較隨和，婚後主要是吃妻子烹調的廣東菜，不論廣東菜或上海菜都吃，最喜愛是吃醬油煮豆腐。平常喜歡看電視。周德明在 60 多歲時身體抱恙，因少年時曾發高燒而導致損失聽力，手術後還需要配戴助聽器才能與人溝通。76 歲（2005 年）患上胸腺瘤，醫生認為做外科手術是唯一的解決辦法，不過具有風險。雖然家人反對，但他仍堅持。幸好手術成功，順利割除腫瘤。

從事手套生產

21 歲（1951 年 1 月）的周德明來到香港時生活無依，1950 年代的香港有很多難民，人浮於事，幸得姐夫的朋友周文標介紹，在西環堅尼地城的大華鐵工廠 [1] 找到一份雜工。1951 年 1 月 28 日開始上班，每天只能賺取 2.2 港元的工資過活。25 歲（1954 年）轉職至香港手套廠，由於他不懂製造手套，所以也是當雜役，被委派到各個單位工作，月薪為 60 港元，每月單是床位租金要花 25 元，生活十分窮困。26 歲（1955 年）時他認識同在廠內的女車工，四個月後便向她求婚。由於女友是廣東人，收入又比他高（任技術車工及手套加工每月已有 200 港元薪金），故遭女工的母親及兄長以相識時間太短及他的薪水太低為由反對，最後他們仍堅持結婚。幸好廠方

1　由浙江人徐季良先生創立。徐季良曾任蘇浙旅港同鄉會會長及名譽會長。

因周氏結婚而提升其薪金至 80 港元。

二人婚後居於筲箕灣，雖然周德明當時的月薪已有 100 元，但生活仍十分困難，光是房租每月的支出已用去 55 元。他每天步行到位於柴灣阿公岩的廠房上班，午飯膳食由廠方提供（當時廠方並沒有向一般工人提供伙食），生活克勤克儉。隨着工作日益增加，他受到公司器重，長子出生後獲加薪 20 元，次子出生後又再增加薪金 20 元。

周德明工作的香港手套廠由上海人薛孟侖先生創立，是全港規模最大的手套廠，生產各類型的手套，如針織手套、毛絨手套、塑膠手套、滑雪手套及皮革手套等。入職初期，廠內約有 100 多名工人。由於周德明在廠內當雜役，能接觸不同崗位的工作，加上他勤奮好學的優點，很快被擢升為廠長，而工廠的規模亦不斷擴張，直至 1967 年 5 月離開香港手套廠時，工人數目已增至 1,000 多名，工人絕大多數是廣東人。1967 年，香港手套廠因過度擴充而出現財困，因此被香港上海滙豐銀行有限公司接管。同年 5 月，他遭老闆在廠內工作的好友排擠而被逼辭職，之後該名好友擔任廠長。

經營手套加工工場

離開香港手套廠後，周德明承接手套加工訂單，在家生產，賺取加工費以維持生計。其中承接一名澳洲籍猶太裔人 Clive Pick 的加工訂單，Clive Pick 是「奧利安手套廠」的持有人，因訂單過多而需要尋找外來手套加工的合作夥伴。他在與周德明合作之前曾與六間工廠合作過，均失敗及虧本收場。周德明感謝太太全力協助他製作手套，人手不足時又尋找熟手技工當臨時工，令其出品的手套手工精細且能準時交貨，取得 Clive Pick 欣賞及信任。

香港手套廠的新任廠長不了解廠內運作，銀行委託畢馬威會計師事務所（Peat Marwick Mitchell & Co）查核帳目時，發現新廠長未能勝任廠長職務。1967 年 9 月，滙豐銀行大班沈弼（Michael Sandberg）下令重新委任周德明再任廠長，他雖應邀回廠，但六個

月後，工廠因投資台灣手套廠，導致欠債三百多萬，無力償還，最終滙豐銀行決定將公司清盤。

1968 年 創 辦 利 成 手 套 廠

香港手套廠清盤後，周德明再次與 Clive Pick 合作。同時，他有一名朋友方名駿任職於東華公司，該公司老闆金榮宗[2] 欲進軍手套工業，卻苦無方向，方名駿知悉周德明熟悉生產手套業務，遂向金榮宗引薦，周德明卻主動申訴經營手套工業的困難，工作繁複，並不容易。金榮宗因而讚賞他的為人誠實，主動出資興辦手套加工廠，於是三方在 1968 年共同創辦利成手套廠，總資金為 15 萬港元。金榮宗佔 50% 股權；Clive Pick 佔 30% 股權，負責接洽訂單；周德明出資 3 萬港元，佔 20% 股權，負責工廠手套生產事務。Clive Pick 還負責入口原材料轉售給利成，從中也賺取利成利潤，但周德明因知道 Clive Pick 熟悉市場，容易找到買家，覺得讓 Clive Pick 賺取原料的利潤，也無可厚非。工廠投產首年，於 1968 年末結算時已賺取 68 萬元利潤。

1967 年期間，周德明每月有 5,000 元薪金，周太太在家承接加工訂單，月入 1 萬多港元，再加上買樓投資的租金收入有 4,000 港元，合共 20,000 元。當時家庭每月收入足以購買 400 呎的住宅單位。

七年後（1974 年）金榮宗逝世，金太太將利成手套廠股份全數賣給周德明；1974 年末，Clive Pick 以身體欠佳為由，亦建議將全數利成股份賣給他。他提請 Clive Pick 保證下年度提供五萬打的訂單，才願意收購 Clive Pick 股權。周德明此舉讓自己熟悉市場運作，使公司無須因股權變動而有所損失。1970 年代利成手套廠生產各類型的手套，包括針織手套、塑膠手套、滑雪手套、皮革手套及勞工手套等。來自美國的訂單佔營業額 60%，其餘是來自歐洲。1985 年，廠內聘用了 2,000 名工人，其生意額達 8,000 萬港元。

2　金榮宗同是上海人，居於上海時，曾任職英美煙草公司買辦。

周德明認為自己的成功有賴夥拍 Clive Pick 這位手套大王。
Clive Pick 在與他合作之前，雖然在新蒲崗自設工廠多年，但卻不
能同時兼顧接訂單及生產兩大事務。Clive Pick 需要找一位可信賴
的合作夥伴全權負責手套生產，他才可專注接洽外國訂單，周德明
正好是 Clive Pick 的理想人選。周德明完全不懂英語，亦有賴 Clive
Pick 作為溝通橋樑，傳遞外國客戶的的要求，他因此能獲利置業，
在 1969 年以 4.7 萬多港元，購入北角麗池花園大廈 900 平方呎單
位，改善家人的生活。

創辦香港利成日用品製造廠

與上海工藝品公司合作

1978 年中國改革開放前，周德明在內地的家人生活非常困苦。
1979 年，在中國銀行擔任經理的友人遊説下，他回鄉探望闊別近
三十年的雙親。

第一章　時代中國　　　　　　　　　　　　　　　　周　德　明　　059

抵達上海後，上海工藝品公司[3]派員迎接，並邀請他合作，在上海成立手套製造工廠，以補償貿易模式經營，周德明負責提供機器、接洽訂單及派遣技術人員前往上海培訓當地工人，投資金額約為 100 萬元。當年周德明為首批在上海設廠的外資商人，工廠於 1979 年成立，位於上海淞江，名為「精益手套廠」，規模由開廠之初的 250 名工人，到 1985 年已有 2,500 人，製成品主要供應給美國最大的零售商沃爾瑪（Walmart）。

建造利成工業中心

1985 年上海工藝品公司及香港中藝公司入股香港利成公司，更名為「香港利成日用品製造廠有限公司」，兩間公司的股權佔 49%，周德明持有 51% 股份，業務擴展至生產其他日用品，如領巾、手袋、帽等。

3　　上海工藝品公司為當時上海十大公司之一。

1987 年投資 2,000 萬元在深圳、惠州、淡水購買土地，建造「香港利成工業中心」，並於 1994 年落成。1980 年代在內地經營手套廠的困難，是缺乏熟手技工，需要花時間培訓。到了 2010 年代，經營的難度則是因成本增加而難以獲利，廠商須遷移到較落後地區生產。周德明感慨當年製造手套獲利是機遇所造就。

2008 年周德明已屆 80 歲高齡，遂決定退休，結束香港及上海的工廠，專注發展房地產投資。

投資房地產

1980 年代中英雙方談判香港前途問題，1988 年周德明由於對美國有憧憬而選擇移居美國，可是到美國後發現在當地生活並非如想像中好，逗留了三周便回港。雖然沒有定居美國，但他自 1992 年開始投資美國地產項目，現今已累積有 28 個項目，利用租金收入以滾雪球原理投資到新購項目，直至 2019 年，每年平均收入已達 200 萬美元，累積租金收入約 2,800–3,000 萬美元。

2007 年左右，周德明開始與美國友人合夥投資澳門地產項目。由於近年澳門樓市發展蓬勃，私人樓宇一個單位的樓價動輒需 600 萬澳門幣，加上澳門政府徵收的利得稅率比較低，可獲利潤較美國為多，2007 年投資一億元的物業，2019 年市值已高達 8 億元。他現時仍持有澳門物業賺取租金收入。

周德明表示儘管現時在香港投資仍存一些困難，對他而言，香港還是最好的，因稅率較低，利得稅率只有 16.5%，不論賺取 100 萬還是 1,000 萬都劃一徵收，這對投資者甚為有利的。

與香港上海總會及其他地緣組織的關係

香港上海總會已創會達四十五年（1977 成立），他是創會會員之一。初期上海總會會址位於九龍漆咸道，靠籌集到的 62 萬元創會，他捐款 2 萬元。

周德明覺得香港上海總會支持很多慈善工作,例如捐款予香港中文大學,新年派發利是予長者。對香港上海總會的將來發展充滿有信心,期望總會繼續行善,尤其是年青人及長者方面,延續前任理事長李和聲帶領總會多行善事、貢獻社會之心。

香港蘇浙滬同鄉會創會至今已逾八十年,周德明加入該會亦已有 50 年,其慈善項目與香港上海總會不同,例如興建兩所老人院及開辦中小學等。

1960 年代,周德明初遷進北角,該區(如堡壘街一帶)聚居了許多上海人。現時情況已不同。他相熟的上海朋友有前香港上海總會會長王劍偉及李和聲,尤與李和聲十分熟稔,常盛讚他是不可多得的好人。

成功之道

周德明十分勤力,年輕時夙興夜寐,每天 6 時起來,工作至通宵達旦。他處事謹慎,教導子女要「撳地游水」[4],例如 Clive Pick 退股利成公司時要將股權售予周德明,他向 Clive Pick 要求,需保證下年度提供五萬打訂單才肯出資購入股權。

周德明待人誠實,講信用,實事求是,因此得到金榮宗及 Clive Pick 的信任。例如,最初金榮宗向周德明請教開設手套廠的情況,周德明如實告之行情,坦言此行業並不是想像般容易,此舉並沒有令金榮宗退卻,反而更欣賞他誠實的作風,願意與他合夥。而 Clive Pick 更將利成公司的生產線交託給他全權打理,一年只來香港兩次,一次是分紅利,另一次是新年來港聚會。

待人有恩必報,周德明對助他創業的金榮宗常懷感恩之心。金榮宗在生時經常探望問候,辭世後前往掃墓。他亦懂得與人分利,例如金榮宗曾對 Clive Pick 訂購原材料及轉售成品從中取利頗

4　粵語歇後語:撳地游水 —— 穩陣,指做事穩妥,不冒險。

有微言，他便分析這兩項工作只有 Clive Pick 才能做到，讓對方賺取少許利益，可保證原料及訂單有穩定來源，對公司長遠發展極具幫助。

董偉

名人巨賈御用的金牌經紀

個人背景

　　董偉祖籍浙江省寧波市餘姚縣（今寧波市轄下縣級市），1930年生於上海，1952年來港定居，88歲（2018年）於香港退休，現任香港上海總會副理事長。元配現年87歲，祖籍廣東，岳丈一家人戰前已在上海定居，妻子熱愛社交舞蹈和運動。

　　董偉在家排行第三，融洽的一家有兄、弟、姐、妹各一。父親是一名藥劑師，因抗日戰爭爆發而被逼停業，1941年董偉11歲時父親離世，其後董家在上海依靠兩位叔叔照顧，兩位叔叔是做證券

行的，侍奉雙親至孝，對董偉日後待人接物有甚大啟發。兩位叔叔雖然願意照顧董偉，讓他選擇繼續升學還是就業。由於董偉顧念他們各自也有家庭需要照顧，經過仔細考慮，他決定放棄升學，投身社會賺錢養家。因此 13 歲的他便開始在蘇佩珩證券行[1] 工作，維持一家的生計。

董偉在上海認識元配 —— 戰前有不少廣東人在上海居住和從商，例如先施公司[2] 的創辦人馬應彪原籍也是廣東。1952 年董偉從

1　該行始創於上海，後在香港設立分公司，至今仍由蘇佩珩家族後人持有和經營。

2　香港第一間華資百貨公司，創建於 1900 年，曾是中國四大百貨公司之一。先施百貨早於1910 年代已經在上海開設百貨公司，解放後被充公，惟上海先施百貨大樓至今仍存，並被列為上海市文物保護單位。

上海遷居香港，1953 年與元配在香港結婚。1981 至 1982 年期間，董偉在香港認識二太太，兩位太太一直相處融洽。

董偉育有七名子女，其中一子一女在德國出生及成長，能說流利德語，亦曾在美國的高等學府如華盛頓大學就讀和畢業。

在上海證券的實習生經歷

1943 年，13 歲的董偉在蘇佩珆創辦的證券行當練習生，該證券行在上海具一定的知名度，財政實力也不錯，在上海和香港兩地均有業務。

上海的股票交易市場可追溯至 1891 年由英國掮客成立的上海股份公所（又稱上海掮客公會），但公所由外商壟斷，華商較難參與其中。1904 年上海股份公所按照英國 1865 年的公司法，在香港正式申請以有限公司形式註冊，同時易名為上海眾業公所（The Shanghai Stock Exchange），是外國人在中國開辦的第一家證券交易所，主要買賣遠東各地洋商公司及外國在華所設公司發行的股票和債券，初期數量達 50 餘種，交投十分活躍[3]。能夠在上海建立證券交易的華商，其財政實力一般較為雄厚，社會地位亦相對較高。

1920 年上海華商證券交易所成立。及至 1930 年代，華商已積極在上海參與證券買賣，交投活躍並打破外商的長期壟斷。抗日戰爭爆發，上海淪陷以後，上海的證券市場曾經短暫停頓，及至 1942 年日本扶植的汪精衛政府恢復上海交易所的運作，1946 年抗日戰爭勝利後，上海的證券交易市場逐漸回復正常。

董偉在蘇佩珆證券行當練習生時，學會了證券市場運作的基本知識，諸如會計、英語、證券交易、出市交易方法等。三至四年後

---

3 資料來源：東海證券 —— 舊上海證券交易所風雲錄（上篇）http://edu.longone.com.cn/app?d=mobile&c=Longxingdonghai&m=Lgp_historyDetails&id=3539，擷取於 2020 年 1 月 7 日。

董偉十六七歲，已積累了一定的經驗和資金，便在市場中擔當「駁腳」（經紀 Runner）和交易員（Broker）。抗日戰爭結束後，國共內戰全面爆發，全國經濟不穩，金圓券不斷貶值，而隨着解放軍逼近上海，股票市場更大幅波動，股票價值不斷下跌。

1949 年解放軍進入上海，上海的股票交易很快被政府勒令中止，上海金融業的工作機會減少，他頓時失去了來自證券行的收入。董偉的姐姐早在 1940 年已經遷居香港，姐夫亦在香港工作，僱主蘇佩珩本身擁有中國和英國雙重國籍，在香港設有證券業務，1950 年遷居香港。1951 年，21 歲的董偉亦移居香港，來港後投靠蘇佩珩，繼續在他的證券行工作。

來港繼續從事證券業

戰後初期香港的股市交易基本由英國人為主的香港交易所（香港會）把持，股票買賣由在港外商如太古主導，華人難以參與，部分本身在上海上市的外資公司如香港上海船塢公司，以及和記上海船塢有限公司（和記後來收購黃埔船塢，改組成為和記黃埔）等都可以在香港會買賣。

1950 年代香港會的交易規模並不太大，每日的成交額相當有限。由於董偉在上海時已經熟悉證券交易運作，來港後便獲聘在蘇佩珩證券行工作，每月獲發底薪 120 港元並加上交易佣金作報酬。這筆收入已經足夠讓他在香港鑽石山以月租 30 港元租住一個三層洋房，並聘請一名家庭傭工打理家務。由於香港會的主要工作語言為英文，他為了提高自己的競爭力，每天下班後上夜校學習英文，從未間斷。

1950 年朝鮮戰爭爆發，香港的股票市場曾一度非常淡靜，直至 1953 年朝鮮戰爭結束才回暖，1955 年創下全年達 3.3 億元成交額的歷史紀錄。然而，在 1956 年，蘇伊士運河事件爆發，國際政治局勢動盪不安，香港的股票市場蕭條，交易額大幅下降，交易額跌至每日只有一兩百萬元，這對依靠交易佣金過活的股票經紀而言，是

一個沉重的打擊，董偉在證券行的工作也受到影響。1956 年，董偉的母親和弟弟在上海的生活，仍需依靠他從香港寄回家的匯款維生，每月只有 200 元的底薪實無法應付開支，必須開拓新的出路，遂與數位友人到德國尋找新的發展機會。

在德國創立 Tom Brothers' Co.

1956 年，董偉與姐夫及另外三位朋友共五人，當中包括了一名廣東人，前往德國尋找新的投資和發展機會。他們從香港出發，乘飛機先到巴黎，然後再轉往法蘭克福為立足點，繼而再遷往慕尼黑。

經歷二次大戰後的德國，在 1956 年時正進入戰後高速重建的年代，重工業發展迅速，但輕工業的發展卻是方興未艾，加上缺乏相關的技術、原料和生產知識，使德國當地的輕工業產品供應異常短缺。董偉憶述戰後到德國營商的華人寥寥可數，以開中餐館的溫州人為主。這時候董偉和生意夥伴們看準了時機，在德國展開輕工業產品轉口貿易生意，包括成衣、鞋履等日常生活用品的出入口貿易，創立了 Tom Brothers' Co.。公司規模不算很大，由於負擔不起法蘭克福市中心的租金，公司最初設於法蘭克福機場附近的市郊地區。公司僱有約 20 名當地員工，主要是營業員，從香港進口相關貨品至德國當地的百貨商店售賣，客戶除了德國當地的商店外，亦包括了駐德國的美軍和相關部門。董偉也曾經從西德出發，坐車穿越東德領土到西柏林洽談生意[4]。

戰後香港的輕工業，利用大量廉價勞動力投入生產，得以高速發展。輕工業出口產品價廉物美，有很大的競爭力。例如一件襯衣生產成本約為 3 港元，空運至德國後可以 8 港元甚至 10 港元的價

4　二次大戰後，德國被劃分為東西兩德，分屬共產主義陣營和資本主義陣營；雖然柏林在地理上位於東德境內，但作為首都，柏林同樣被分為東西柏林；故西德人前往西柏林皆需要越過東德領土或領空方能到達。

格出售，除稅後仍有約 50% 的利潤。董偉從德國的進出口貿易生意，賺了「第一桶金」。

董偉在德國從商前後共十年，很佩服德國人戰後重建的精神。他非常努力地自學德文，以消除在當地從商的語言障礙。而在德國的生活也使到他能漸漸學會說德語，他的部分兒女在德國出生，能夠說流利的德語。

1966 年，董偉在德國已經累積一定的財富，加上德國本地戰後重建進度理想，輕工業發展迅速，一些德國公司也在亞洲設立分公司，直接進口香港的貨品到德國，無需再經中間人公司。在此這情況下，他決定回流香港，重新投入香港的證券市場。

重投香港證券業

與香港證券業發展的關係

董偉回到香港後不久，在 1969 年，以華資企業和華資證券所為主幹的遠東交易所成立，打破了洋人對香港證券市場的長期壟斷。遠東交易所在李福兆帶領下創立，而遠東交易所的成立也刺激了金銀證券交易所和九龍證券交易所的成立，使香港在 1970 年代初進入了「四會」[5] 時代。1970 年代也是香港股票市場高速發展和興盛的年代，整個社會充滿熾熱的投機氣氛，進入近乎「全民炒股」的非理性投資狀態。

董偉藉此時機開設眾利股票有限公司，加入了遠東交易所的行列。他指當時加入遠東交易所需要向交易所提供財政證明，證明股票行擁有至少 100 萬港元資本方能申請加入，在入會時亦要繳納入會費 8 萬港元。

---

[5]　「四會」指香港會（香港證券交易所）、遠東會（遠東交易所）、金銀會（金銀證券交易所）、九龍會（九龍證券交易所）。

　　眾利這名字是承繼了叔父 1918 年在上海開設的眾利公司的名
字，原上海的眾利公司因資產被政府充公而告停業。香港眾利的客
戶以居港的上海商人為主，當中不乏名人巨賈，例如董浩雲、包玉
剛、邵逸夫等。在港上海人因經歷過上海的房地產遭政府沒收，對
投資房地產普遍存有戒心，投資態度也較保守和審慎，故熱衷證券
買賣和發展工業。董偉長袖善舞，交遊廣闊，使眾利在本地證券行
為人熟悉，公司生意不斷增加。由於在德國經商時養成食雪茄的習
慣，故行內稱他為「雪茄王」。

　　開設眾利股票有限公司後，董偉的事業於 1972 年發展至另一
高峰。公司每天的交易額達數千萬港元，公司經交易額抽取的 0.5%
佣金收入，每天可達 20 多萬港元，每月可達數百萬港元（當時一般
市區住宅單位售價約 20 萬港元），可見公司賺取的利潤相當可觀。
1973 年，合和實業發現有公司的假股票被用作交易，影響市場信
心，恒生指數從高位急跌；從 1973 年 1,700 多點的歷史高位下跌至
433.7，較高位跌去 75%，1974 年中東發生石油危機，進一步逼使
恒生指數下滑，恆指在 1974 年 1 月起至 12 月初持續下跌，至 1974

二〇〇三年七月一日李克強先生訪港期間，於香港聯合交易所與董偉合照。

年 12 月 10 日恒生指數下跌至 150.11，年內累積跌 65%，高位計跌幅更達 91.54%[6]，股災使到眾利部分染指「孖展」投資的客戶，損失慘重，無力籌募新資金補倉，為了維持公司的聲譽董偉以私人資金「接貨」，前後共花了 2,000 萬元來「平倉」以及承接客戶的股票。這一役卻令董偉得以低價購入大量股票，在股災結束後為其帶來巨額的利潤。

1977 年，「四會」合併開始啟動，在政府推動下，本港四間交易所展開合併談判，認為四會合併成一所聯合交易所將可促使香港的證券市場的規模擴大，有利香港金融市場的長遠發展。

1978 年，有見「四會」合併在即，原屬「四會」的證券經紀未來將共同在一交易所工作，為促進各會的證券經紀的交流及協助經紀過渡至合併後的聯合交易所，董偉牽頭創立了以華資證券經紀為主的「香港證券經紀業協會」，並成為首屆董事會成員，於 1979 年

6　資料來源：呂志華，《香港股災重溫》。（香港：明窗出版社，1992）

9 月正式就職[7]。董偉對該會的發展貢獻良多,例如在創會初期(1978年)曾帶頭認購 345 萬港元的公債,為協會提供資金購買作永久會址的物業。

1981 年,即將成立的聯合交易所,李福兆在 1986 年四會正式合併後當選為聯合交易所主席。

1980 年代初期,香港的股市再次活躍起來。1984 年,中英簽訂《中英聯合聲明》,雙方協議在 1997 年英國將香港交回中國,股市出現信心危機,本地股市波動。1987 年,美國與德國爆發貨幣戰,全球證券市場陷於混亂狀態,香港亦不能倖免,恒生指數大跌,市場出現恐慌性抛售,引發了另外一次的大型股災。由於 1987 年時的聯合交易所仍未實行電子中央結算,時任聯合交易所主席李福兆擔心各證券商無法兌現交收款項,在財政司翟克誠(Piers Jacobs)的批准下,宣佈 10 月 20 日至 23 日停市四天。停市的決定是希望證券商可以完成積壓的交收,但卻引起市場巨大的恐慌,復市後,港股暴跌,大量投資者因為無法及時以新資金「補倉」而損失慘重,本地的證券市場近乎崩潰,需政府入市干預。

香港上海總會的社會功能

與香港上海總會的關係

董偉擔任了香港上海總會的副會長約 40 年,他同時也是蘇浙同鄉會[8]和寧波同鄉會的理事[9]。他認為自己大部分時間花在證券工作上。擔任副理事長的原因是上海聯誼會的創辦人之一,前市政局

---

[7]   為表揚董偉對該會的貢獻,該會在 2019 年 11 月 7 日向他頒發了「終身成就獎」。

[8]   香港歷史最悠久的同鄉會組織之一。始創於戰前的 1939 年,當時稱為旅港蘇浙滬商人協會;二戰結束後更名為蘇浙旅港同鄉會;及至 1993 年易名為蘇浙同鄉會至今。該會旗下設有小學、中學和老人院,持續在香港從事教育慈善事業。

[9]   在 2019 年,蘇浙同鄉會邀請董偉成為該會的榮譽會長,以表揚其對同鄉會發展的貢獻。

議員黃夢花醫生有感在香港的上海人數目日多，故廣邀在港的上海人籌辦一同鄉聯誼組織，董偉受邀成為當中的一員。

上海聯誼會建立初期，會所和辦事處設在九龍漆咸道，並沒有餐廳，會費也只需要 500 元，除會長以外，設有五位副會長。1980 年，會址才遷至雲咸街 1 號南華大廈其後正式易名為香港上海總會。

董偉指第一屆理事長王劍偉投入了大量的時間和心力在香港上海總會的會務上。王劍偉對飲食要求高，在香港上海總會設立了會所餐廳，並聘請了高質素的滬菜大廚，為會員提供正宗滬菜，使到香港上海總會成為在港上海人的主要聚腳地。王劍偉亦開啟了香港上海總會支持教育慈善事業的先河，與香港中文大學合作並向大學捐款。

接替王劍偉的李和聲則致力提高香港上海總會的知名度，亦為總會購置了新的物業，使到總會現時可自資擁有三層物業作為會所會址。而最近兩任的理事長王緒亮和李德麟亦都熱心會務，使會務更為多元化。董偉認為要讓理事長自主，發揮個人的才華，他只在總會需要時出錢出力，給予意見，但不會主動干預會務。

「惜食堂」的創立

董偉的四女董愛麗是非牟利組織「惜食堂」的創辦人。2011 年成立的惜食堂，目的是向本地飲食界回收仍可安全食用的廚餘，經過食品安檢後，在中央廚房加工成為熱飯餐，然後供應予有需要人士。香港上海總會大力支持惜食堂的發展，在 2014 年時以總會名義購入位於柴灣的工業大廈單位，並免費讓惜食堂用作中央廚房。2019 年，每天可製作約兩萬個餐盒，匯豐銀行於同年捐助 7,500 萬在觀塘建立了另一個中央廚房及用餐空間。前財政司司長梁錦松義務為惜食堂提供財政處理的服務和建議，社會上不同的知名人士如李嘉誠也曾捐助千萬予惜食堂。

董偉也積極貢獻故鄉，尤其着力捐助家鄉浙江餘姚，在餘姚中學 [10] 創立獎學金，每年為該校的高中畢業生提供 15 個名額的獎學金，讓得獎者到中國著名大學例如清華大學就讀。也積極與餘姚當地政府合作，獲政府批出 70 多畝的土地建立老人院，讓有需要的老人入住。

處世之道及對當前環球經濟發展的評估

董偉認為自己出身寒微，要成功需要勤奮好學，在艱險中奮進；也要懂得尊重別人和與人合作。此外，待人要謙虛，奉公守法，不能有不可一世的態度。對朋友要有義氣，互相尊重和幫忙，凡事要以事論事，不能對個人及對他人存有偏見。

董偉認為自己作為證券商的最大責任是要幫客人賺錢，不可出賣客人的利益。因為只有客人賺錢，方可從中賺取佣金收入，為了對客人負責任，自己不可以加入股市投機炒賣，要以保守穩建的態度來處理客人的投資。他指出自己把客人的利益放第一位，曾經在 1984 年時建議某客人以每股 7 港元的價格購入長江實業 10 萬股股票，股本為 70 萬港元，後來長江實業經過多次配股和分股後，該客人所持有的十萬股長江實業股票現時市值已達至 8,000 萬，可見董偉對股市動態了解透徹。

董偉亦指出在銀行股中以匯豐為最佳的投資選項，雖然其價格曾經非常波動，股價最高可見 130 多元，最低只有 33 港元 [11]，但該公司常常送股及派高息，長遠而言能夠為投資者提供可靠和穩定的投資回報；在地產股方面則以新鴻基和長江實業的實力較佳，值得長線投資，收取利息。（此為個人觀點，並非投資建議或勸誘）

---

10   該中學是餘姚第一所中學，始創於民國時期的 1935 年，前身為餘姚私立實驗初級中學。1995 年被列為浙江省省級重點高中。

11   資料來源：《經濟日報》，2017 年 3 月 31 日，https://www.etnet.com.hk/mobile/tc/lifestyle/article.php?id=45919&catalias=wealthmanagement&secalias=wealth ，擷取於 2020 年 1 月 7 日。

對當前環球經濟發展前景的評估

　　董偉認為當前中美貿易戰若持續將會為香港、中國內地乃至全球的經濟帶來負面的影響。香港作為國際金融中心的地位在未來數十年仍不會被動搖，而且會有新的發展空間。

　　香港享有多年的國際聲譽，上市集資容易，而且擁有良好的法治基礎；而中國內地仍未全面開放，人民幣尚未自由流通，國營企業仍把持內地市場，私營市場的發展空間受限制。因此，上海在短期內仍很難取代香港在國際金融市場上的獨特地位。

　　董偉亦理解時下年青人因樓價持續高企以及生活質素下降，不滿社會現況，對國家的認同感亦不足，他指這種情況需要社會年長一輩帶頭作出改變，改善年青人的生活和發展前景，才可以有助解決現時的社會困局。

沈大偉 [1]

代父闖天下 眼鏡大王發跡史

早期在上海的生活

　　沈大偉 1930 年於上海出生，2019 年在香港去世，享年 90 歲。祖籍浙江寧波，是家中的長子。他是著名眼鏡公司「文華眼鏡公司」的創辦人之一，是一名成功的視光眼鏡業商人，長子為香港中文大學前校長沈祖堯。

1　沈大偉於 2019 年離世，夫人沈李惠珍女士憶述先夫的生活經歷並補充其與在港上海人網絡的聯繫。

沈大偉於 1949 年從上海南來香港。沈家在上海的家境富裕，其父早年從寧波到上海經商，主要經營珠寶和酒店業，包括位於今上海南京東路附近的南京飯店[2]，酒店同時設有中餐廳和西餐廳，而且位置優越，因此生意不俗，在上海也算是薄有名氣。沈大偉自小不愁衣食，全家七人包括沈大偉在內的三兄弟，居住在飯店頂樓，一日三餐都由飯店餐廳負責打理，生活優渥。沈家特地聘請了一名專業裁縫進駐飯店，為他們一家按照天氣季節訂製衣物，例如長衫、旗袍等，不論是布料或是鈕扣的顏色都相當講究，反映出老上海家族的摩登「海派」風格。

可惜好景不常。1937 年沈大偉 7 歲時，蘆溝橋事變爆發，日本對華展開全面侵略，同年 11 月上海淪陷。八年抗戰勝利後，1945 年內戰爆發，上海作為中國的經濟和工業重鎮，在兩次戰爭均受到重創，營商環境大不如前。1949 年新中國成立後，內地經濟政策作出重大變革，沈家的部分產業，如南京飯店等被收歸國有，舉家獲政府安排遷居至上海北京東路[3]。面對政權更迭，戰爭內亂的局面，家族生意一落千丈，生活也日益艱苦，直接影響了沈大偉南來香港找尋新的工作機會。

日軍侵略香港時普羅大眾的生活概況

沈大偉的妻子 1935 年在廣州出生。父母均為上海人，早年南下廣州經商並定居。及至 1938 年，日軍南下，廣州失守，妻子全家便從廣州遷至香港。然而，在香港定居不久，香港在 1941 年也告淪陷，被日軍佔領，開始了三年八個月的日佔時期。

2　南京飯店的門牌地址為：上海市黃浦區山西南路 200 號，位於上海市的舊城區的精華地段。在新中國成立後，曾經被用上海市政府的官方招待所。現時已改建為一精品酒店對外營業（錦江都城經典上海南京飯店）。

3　北京東路位於今上海黃浦區北部，是一條東西走向的主要幹道。始建於 1849 年，曾經屬於英租界地區，並設有英國駐華領事館，故原名為領事館路，沿路可見不少英租界年代洋行和銀行的遺跡，屬於黃浦區的精華路段之一，1945 年易名為北京東路至今。

由於戰亂頻仍，沈太童年在香港沒有辦法接受良好的基礎教育，當時家裡連她共有五兄弟姊妹（一子四女），連同父母一家七口相依為命。沈太憶述在戰爭期間，他們家住在灣仔史釗域道，每當防空警報響起，全家便會跑到位於跑馬地的防空洞避難。

憶述香港淪陷，日軍入城當天，他們全家被通知要出門在街上歡迎日軍進城，她和家中的女性都被提醒在臉上塗上炒鑊的污垢來讓自己看起來不太顯眼，以免其美色受進城日軍所垂涎。日軍進城後，沈太一家曾準備逃離香港返往內地鄉郊生活，而且一度已經準備好行裝和乾糧，但出發前其父親卻病倒而無法成行，最終全家留在香港度過了三年八個月的佔領期。

在日本佔領香港期間，沈太的父親和哥哥不得不為日本人工作。父親從事汽車駕駛和維修；而哥哥則在日資機構當文員。因二人都是為日本相關機構工作，因此獲得了較穩定的糧食配合，他們一家的生活在當時已尚算不錯，能保三餐基本溫飽。

至 1945 年香港重光，英國重新接管香港後，此時的香港在飽受戰火洗禮後，百業蕭條，百廢待興。沈太的父親和哥哥也因為日軍撤退而失去工作，全家人的生活在戰後初期陷於困難。街上只有販賣日用必需品的小販有一點生意，其他行業都處於百廢待舉的狀態，糧食和物資供應緊張，經濟環境相當惡劣。但是，香港人具有勤奮聰明的特質，在各界的努力下，經濟發展的情況到了 1950 年中期開始有着明顯的改善。沈氏夫婦在戰亂期間雖然活在不同的時空，但都同樣地經歷過戰爭所帶來的苦難和困境。

來港定居的生活和工作經歷

沈大偉與家人在抗日戰爭和內戰期間基本留在上海生活。直至 1949 年，新中國成立後，沈大偉才隻身一人從上海南來香港，希望能夠開創一片新的天地。

原南京飯店西餐部的張姓經理早於內戰期間率先遷居香港。該名經理與沈大偉的父親份屬多年好友，也視沈大偉為世交子姪。張經理交遊廣闊，長袖善舞，與當時香港的「夜總會皇帝」李裁法[4]相識，並且在他主理的麗池夜總會工作。張經理知道沈大偉的父親具多年經營酒店和餐飲的經驗，於是積極邀請他來香港的麗池夜總會[5]工作。但是，沈父指自己家中尚有妻子和子女需要照顧，最終讓長子沈大偉獨自南來香港，並在張經理的幫助下到麗池夜總會工作。沈大偉在 1949 年到抵深圳羅湖並打算越過邊境到香港，前後嘗試了兩次才闖關成功並進入香港境內。

　　到達香港後，沈大偉便加入麗池夜總會從事會計文員的工作，獲得工資後便會把部分工資寄回上海以支持家人在當地的日常生活需要。至 1954 年，時年 24 歲，著名眼鏡公司茂昌眼鏡的創辦人

4　李裁法，又被稱為「香港杜月笙」、「夜總會皇帝」，祖籍浙江寧波。在日軍全面侵華前便已遷到香港定居。在香港淪陷期間，曾經為日本駐軍工作，並且是國民政府在戰時香港的內應之一。在香港重光後，李裁法便積極發展其娛樂事業，在 1947 年取得了麗池夜總會的經營權，展開了香港娛樂事業的新一頁。他本人也因而致富，成為香港海派的「娛樂大亨」。但是，李氏在 1951 年時被指參與黑社會事務及與共產黨聯結，故被港英政府驅逐出境，李氏於是前往台灣，後在台灣又因被指向共產黨提供軍用物資而被判刑 7 年。及至 1960 年，李氏更捲入一銀行經理謀殺案，並從台灣逃至香港，但於 1963 年在香港被捕引渡到台灣受審，被判死刑，經上訴改判終身監禁，1978 年獲特赦假釋後不足一個月病逝於台北。

5　麗池夜總會原位於今鰂魚涌公園附近的麗池大廈一帶，曾是遠東地區最著名的娛樂事業場所，也成功使北角成為港島東的夜生活熱點。麗池夜總會的前身是戰前 1940 年開設的麗池餐舞廳（RITZ），除了餐廳以外，還附設小型哥爾夫球場、射擊場及溜冰場等文娛設施。在日佔期間，麗池被改名為「豐國海水浴場」，為日軍所用。及至重光初期，駐港英軍徵用為軍用俱樂部，後來也成為了 1946 年首次「香港小姐」競選的舉辦場地。在 1947 年，李裁法最終取得麗池的經營權，標誌着上海幫正式入主麗池，花園舞廳率先開幕，由當紅明星陳琦、張帆及陳娟娟剪綵；一個月後室內舞廳亦揭幕，邀得李麗華剪綵。夜總會的一大特色是設有一個長 33 碼的泳池，在當時的香港已算甚具規模，很多水球比賽和游泳比賽都在此舉行。曾在 1952 年代表香港出戰奧運的「太平山飛魚」張乾文便多次在麗池參賽和接受訓練。除此之外，麗池也設有小型高爾夫球場、餐廳，也有專屬的活動碼頭，供客人出海游船河，並見聘有菲律賓樂隊長期駐唱。另外，麗池也設有「海角紅樓」經營中菜，內設凌霄閣、廣寒宮、滄浪亭、清暑殿等廳房。麗池是當時香港乃亞太地區首屈一指的聲色犬馬、紙醉金迷之地，當中最為人津津樂道的是，麗池於 1948 年第二次舉辦「香港小姐」競選，當年的冠軍為來自上海的著名歌唱家司馬音。後來麗池隨着李裁法出走台灣，而日漸走下坡，最終在 1957 年被改建成住宅和酒店，及至 1980 年代的填海工程結束後，原有的泳池和泳棚也告消失。

胡賡佩決定把公司業務遷至香港[6]。由於沈大偉在上海時也曾經在茂昌銀鏡工作過,而深得管理層的信任,甚至曾經打算把南京分店交給他打理。胡賡佩把業務遷至香港後,便邀請沈大偉再次加入其「老本行」,協助他打理在香港新開設的茂昌眼鏡。

沈大偉加入茂昌眼鏡後負責眼鏡的調校配置和公司的文書會計工作。他在茂昌眼鏡工作期間,認識了很多日後相熟的客人、眼科醫生和朋友,為自立門戶打下基礎。自 1954 起,他在茂昌眼鏡工作了共約十四年。

1967 年的「六七暴動」爆發,香港處於政局不穩的狀態,動搖了部分投資者的信心並從香港撤資。但是,正所謂「有危才有機」,大量資金撤出香港卻使到物業價格及租金水平明顯下降,租金成本大幅度下降,沈大偉於是與同樣來自上海的兩位朋友 —— 張國良及李和聲合資,創辦了「文華眼鏡公司」,以每月約 5,000 港元的成本於中環的皇后大道中租下舖位,在香港最繁華的商業中心區開設門市生意。股東之一的李和聲,不論在上海人還是廣東人圈子都人面極廣,相識滿天下,為沈大偉創業一事提供了資金和社交網絡的支持,甚至成功利用其人脈邀得當時當紅的藝員何琍琍(本名何莉莉)及王羽[7]為新店開幕剪綵,場面熱鬧,文華的風頭一時無兩。

「文華眼鏡公司」的客人來源主要來自三方面,一是隨美軍戰艦來香港補給和放假消遣的美軍;二是相熟的眼科醫生所介紹,有配眼鏡需要的病人;三是相熟客人的口碑推介。沈太憶述當時為了

6　茂昌眼鏡在遷至香港前,在上海已經手執中國視光眼鏡業牛耳。茂昌眼鏡由祖籍蘇州的胡賡佩在於 1923 年在上海創立,生意日益興旺,並且與「吳良材」、「精益」共同成為上海三大眼鏡店。1954 年,茂昌遷至香港成立香港茂昌眼鏡,成為香港的龍頭眼鏡公司,1978 年成為香港第一間上市的眼鏡公司。創辦人胡賡佩本人也是香港光學會的創會會長,是香港視光業界的重要人物。

7　何琍琍(本名何莉莉)於 1946 年生於南京,後在 1965 年遷往香港加入邵氏電影公司發展其演藝事業,是「邵氏十二金釵」之一,曾參演《文素臣》、《愛奴》、《十四女英豪》等電影,後與航運界商人趙從衍後人趙世光結婚便漸漸退出銀幕。
　　王羽(原名王正權),祖籍江蘇無錫,1943 年在上海出生,曾為香港著名華語武打演員,成名作是邵氏電影出品的《獨臂刀》。

爭取更多的生意，在宣傳上也非常進取。每當美國海軍戰艦和航空母艦來港時，沈大偉就租一隻小電船（俗稱嘩啦嘩啦）直接登上戰艦派發名片和傳單，招攬生意。此外，也會到這些美國水兵常常去的消費熱點，例如海軍俱樂部（China Fleet Club）[8] 推廣眼鏡業務。後來，俱樂部就大樓內的零售業務招標，文華眼鏡公司也參與了招標。由於文華眼鏡公司在海員水兵間口碑良好，最終成功擊敗其他眼鏡公司而中標。

很多水兵長期在海上生活，眼鏡的度數常常不準確，因此很多上岸輪休的水兵到了俱樂部後，便會接受轉介前往文華位於中環的總店接受驗眼和配眼鏡的服務。由於文華眼鏡公司的服務優良，價格也比較實惠，故很受美國水兵的歡迎。中環總店有地面及閣樓兩層，店裡常常都站滿或坐滿來驗眼和配眼鏡的客人，有的客人甚至需要坐在樓梯上等。有些水兵甚至會等到在樓梯上睡着，足見文華眼鏡公司深受歡迎。

這些美國水兵的生意支撐了文華眼鏡公司初期的生意，也讓文華在業界的口碑愈來愈好，不少美國領事館的職員和在港居住的外國人都會到文華配眼鏡。除此外，沈大偉在茂昌工作的時候認識了不少相熟的客人和眼科醫生，建立了良好的人際網絡，他們也會推介朋友和病人來文華驗眼和配眼鏡。在這些客人當中，也不乏商界鉅子，沈太憶述著名華人商人李陞家族後人李世華[9]，便常常會乘坐他那掛着「7777」車牌的座駕來文華，並指定沈大偉幫助他調校眼

---

[8] 海軍俱樂部於 1900 年由英國來港商人和駐港英軍集資而建成，位於灣仔，當時被稱為皇家海軍飯堂（Royal Naval Canteen）。1934 年海軍俱樂部（China Fleet Club）正式成立，成為了英軍及來港外國水手的聚腳地。日佔時期該處曾成為日軍駐港海軍的基地。香港重光後，朝鮮戰爭和越戰相繼爆發，香港成為了美軍和盟軍在亞太地區重要的補給站及軍事根據地，來港訪問和換班的外國軍艦駱驛不絕，該地也設有餐飲娛樂和零售設施，服務上岸的水手，當時為該俱樂部的黃金年代。直至 1980 年代，海軍俱樂部光輝不再，英軍撤出香港已成定局，俱樂部開始計劃遷回英國。1982 年俱樂部遷出原有的大樓（原址改建成美國萬通大廈，後再易名為中國恒大中心），暫時遷往新鴻基中心 25 樓。1991 年，位於英國索爾塔什（Saltash）的海軍俱樂部落成，在香港的海軍俱樂部永久關閉。

[9] 李陞原籍廣東新會，生於富裕家庭，於 19 世紀末晉身香港華人首富。李世華是李陞之長孫。

鏡；即使是店內生意繁忙，他也願意長時間等候，因為他總認為其他眼鏡店的服務並不及文華般讓他順心。

文華的生意因此漸上軌道，成為香港著名的眼鏡店，也是首批引進第一代隱形眼鏡的本地眼鏡店，對香港視光眼鏡業的發展貢獻良多。沈大偉也一直主理公司的生意，親力親為，最終約在 2000 年時決定退休，淡出公司的業務。

沈家的家庭生活以及家庭教育

沈太雖然祖籍上海，但她的父母早年已經遷至廣州經商生活，她本人也在廣州出生，並在戰時逃到香港定居。因此，她本人與上海的聯繫並不太深，家裡基本上也是以廣東話溝通，她自己的上海話也不太靈光。直至 1978 年她才第一次踏足上海探親。她還記得當時由於自己鼻樑高挑，皮膚白皙，在上海會被誤認為外國人。

不過，她也憶述到每當過時過節，家裡仍然能吃到一些傳統的上海菜，例如燻魚和醉蟹等等。

夫妻二人在香港相識。沈太曾經在茂昌眼鏡當會計文員，與沈大偉份屬同事，二人在工作環境中交流甚多，漸生情愫，終在 1958 年結婚。二人結婚時並沒有大肆慶祝，簡簡單單地拍了一幀結婚照便完事。她還記得結婚的時候，還居於灣仔，自己一人坐電車到中環的永安百貨公司，請化妝品部的店員幫她化妝，塗上粉底，再加一抹艷紅的口紅，乃是當時流行的女性妝扮。然而，沈太回家照鏡後卻認為這實在是太過「濃妝艷抹」，並不適合自己的個性，很快便把妝容卸下，最終以素顏拍攝婚紗照。反映沈太質樸勤儉的性格特點。

二人婚後，沈大偉搬到沈太家中居住。沈太的父親和哥哥繼續經營汽車修理廠，而沈大偉在茂昌工作，沈太則找到了一份銀行出納的工作，辭去了其在茂昌的工作，同時也在家裡照顧兩個兒子的起居飲食。

長子沈祖堯在年少時一個很乖巧卻有點寡言的孩子，個性低調也不張揚。天性聰敏，尤其是在數理方面甚具天分，家教老師也指他的數理程度根本不需要請補習老師。雖然如此，沈太也堅持請補習老師為兒子補課，認為補習老師除了可以傳授書本上的知識，也能陪伴年少的兒子，讓他可以多多了解現實世界發生的人和事，不至於只與教科書為伴。

　　沈太眼中的沈祖堯是一個沉實寡言的人，從入讀皇仁書院到升讀香港大學醫學院，在加拿大攻讀博士學位等，一路以來都是很踏實地走好每一步。當知道沈祖堯決定要當中大校長時，她心裡感到一點驚訝。一些親朋好友也曾擔心他平實儉樸的風格可能並不適合當大學校長，因為大學校長常常需要四出遊說為學校籌款，要口才了得，長袖善舞的人才能勝任。

　　沈太相信兒子的個人判斷，也深信這是上帝的旨意，祂也會在一路上引領他做好這份工作。而且，兒子實而不華的個性，反而更容易令他得到別人的信任和支持，也會有利大學的籌款工作。事實證明，兒子當上中大校長後，常常發表發人深省且觸動人心的演說和網誌，與師生關係融洽，也為大學樹立了良好的形象。

　　沈太指兒子前赴新加坡擔任新加坡南洋理工大學醫學院院長和高級副校長，是上帝的引領的結果，沈祖堯指新加坡和香港兩地距離不遠，會常常回香港探望家人，着母親不用擔心，相信上帝會為他和家人們做最好的安排。

開拓港資保險業先驅

鄭仲河

職銜 —— 上海總會副理事長

生於上海、長於香港

　　鄭仲河 1931 年生於上海，雙親皆為寧波人，老家在上海虹口，在家中排行第二，有一兄和一妹。父親在上海從事運輸業，母親乃家庭主婦。舅父於二十世紀初已在香港中環畢打街（現今置地廣場）的香港福和煙草公司任職大班，胞兄隨舅父在香港工作。1947 年，因政局不穩，雙親囑鄭往香港。1950 年，父母與胞妹相繼來港。

　　鄭仲河 6 歲時（1937 年）入讀小學；16 歲（1947 年）於上海復旦附屬中學高中畢業；同年，打算往香港繼續升學，因不諳粵語，

在尚未有電視機的年代，香港電台邀請鄭仲河於大氣電波中為聽眾吹奏口琴，每曲港幣十五元。

未能適應學習環境，到港後轉而投身社會工作。兩年後利用晚上工餘時間入讀官立文商專科夜校（香港中文大學聯合書院前身），在香港大學陸佑堂上課，首年修讀由會計師盧子葵任教的商科；其後三年轉修文科[1]，1954 年大專畢業。1956 年，入讀達智英文夜校，專修英語至中七程度。

鄭仲河在香港的上海社交圈子認識原籍上海的太太，1964 年二人共諧連理，育有兩子一女。子女均學業有成，各有發展目標。長子繼承父業管理保險公司業務，女兒在港從事金融業，幼子現居於加拿大。

---

[1] 班上約有學生 30 名，絕大部分畢業後投身教育界。當時羅富國師範學院的畢業生月薪約有 800 至 900 港元，但當取得文商畢業證書後，月薪可達 1,500–1,600 港元。該校講師有柳存仁、趙尊嶽、謝扶雅、何雅明、黃蔭浦等。

投身保險業

1948 年，鄭仲河經友人介紹，在華資持有的中國保險公司香港分公司[2]當練習生，先後在會計及營業科工作，了解保險會計制度，學習安排各類保單，包括火險、運輸險、勞工險、意外險、汽車險等。1940 至 1950 年代香港的保險只提供一般性質服務，人壽保險尚未普及。

鄭仲河指出，戰後來港的上海商人大多經營紡紗、織布、製衣等行業，由於政府支持工業發展，將不少土地規劃成工業區並鼓勵投資建廠。相比之下，保險業被視為次等行業，行業的社會地位不高，但社會對從業員的要求卻很高。他憶述出道之初，香港並沒有專門為保險從業員提供專業認證資格的課程，當時南英保險公司（South British Insurance Company Ltd.）經理曹伯中是本港唯一取得英國特許保險學會資深院士名銜（Fellowship of the Chartered Insurance Institute，簡稱 FCII）[3]的從業員。鄭仲河為投身保險業，用了一年多時間以函授方式報讀英國特許保險學會，惡補保險課程。在港經營保險業，除了專業資格外，從業員更需熟悉當地法律，並需緊跟法例的變更如勞工法等；至於貨運保險尚要了解目的地法規以及收貨情況等。風險評估更是不可或缺的知識，不同行業，不同承保貨物，皆有不同收費準則，由於需要了解的事項繁多，故在港投身保險業者不多，上海人更少。

雖然 1950 年代在港創業的上海企業家，對火險、貨運及勞工保險有一定的需求，但鄭仲河初來乍到，年未滿二十，人脈關係網絡遠不如其他較成熟的上海同業，未能憑藉地緣及人際關係取得在港滬商的保險生意；只能靠勤快、積極學習保險知識，開拓非上海人的生意網絡。

---

2   中國保險公司由中國近代金融家宋漢章（祖籍浙江）於 1930 年成立。

3   英國特許保險學會資深院士被視為保險從業人員的最高頭銜。

　　1960 年，鄭仲河轉投新加坡資本的南洋保險公司香港分公司，出任營業部經理。由於南洋保險公司作風保守，缺乏發展空間，令他萌生創業的念頭。1970 年代香港政府大力鼓勵工業發展，進出口貿易暢旺，帶動保險行業蓬勃發展。1972 年，他趁香港經濟起飛的良機，創立聯亞保險有限公司（United Asia Underwriters Limited），代理各類保險業務，由受薪僱員一躍而成東主。

創 立 寶 隆 證 券 公 司

　　1971 年，鄭仲河以 16 萬元購入遠東交易所經紀牌照，與另外一位持有金銀交易所經紀牌照的友人，於中環都爹利街創辦寶隆證券公司。公司因同時持有兩間交易所的牌照，在電腦尚未普及的當時，買賣較為便捷，吸引不少顧客。想當年鄭仲河也曾身穿紅色背心在康樂大廈金銀交易所，及在四會合併 [4] 後位於交易廣場的市

4　四會是指香港證券交易所、遠東交易所、金銀證券交易所及九龍證券交易所。香港證券交易所於 1891 年成立，是香港首家證券交易所「Stockbrokers' Association of Hong Kong」（中文稱「香港股票經紀會」，亦稱「香港股票經紀協會」），該會於 1914 年易名為「Hong Kong Stock Exchange」（中文稱「香港經紀商會」，亦稱「香港證券交易所」）。1960 年代末，香港經濟起飛，華資公司對上市集資的需求日增，促成遠東交易所 (1969)、金銀證券交易所 (1971) 及九龍證券交易所 (1972) 先後開業。參見香港交易所網頁：https://www.hkexgroup.com/About-HKEX/About-HKEX/History-of-HKEX-and-its-Market?sc_lang=zh-HK。

第一章　時代中國　　　　　　　　　　　　　　　　　　　　　鄭 仲 河　　087

場內，親自操盤，其中上海總會創會會長王劍偉也是客戶之一。未幾遇上股災（1973 年香港股災），恒生指數一年內由 1,700 點暴跌至150 點，「寶隆」生意一落千丈，鄭仲河將公司遷往域多利皇后街，繼續經營至 1989 年。

創 辦 合 群 保 險 有 限 公 司

鄭仲河乃華資地產界保險業務的推手。1972 年他創立聯亞保險有限公司，初期生意不俗，卻因經營股票業務可以賺取更多利潤，而忽略了保險業務。1970 年代香港樓市興旺，對保險的需求日增。此前，香港保險業多掌控在英、美、歐洲公司之手，華資公司只有中國、民安及太平等寥寥數家，本地資本的公司更是絕無僅有。因此，鄭仲河在經營股票業務期間，結識了香植球及趙世曾，便向他二人建議，聯合本港地產商成立一所保險公司，承辦與地產相關的保險業務，使地產業保險不假外求。香植球十分讚賞他的建議，遂將計劃推薦予時任香港地產建設商會主席何鴻燊。鄭仲河成立華資地產保險公司的建議也得到何鴻燊的認同，並獲邀在地產商會例會中提出方案。鄭仲河記得出席是次會議者有何善衡、胡漢輝、香植球、趙世曾、郭得勝、李兆基、胡應湘、李業廣、鄭裕彤、李嘉誠及何鴻燊等人。席間他詳述了組織保險公司的大綱及利弊，也解釋了由何善衡提問的，如產生巨額賠款應如何處理等的問題。然而其建議未能即時落實。

三個月後，鄭仲河希望知道計劃的進展，再次透過香植球約見何鴻燊，在中環康樂大廈信德集團辦公室重新提出成立保險公司的建議，並直言對地產商來說只是投資的保險公司，乃是他的終身事業，希望商會重新考慮其建議。兩周後收到何鴻燊寄給他一張作為創業資金的 300 萬港元支票，同時被委任為董事總經理，公司事務由他全權處理，何鴻燊則任董事會主席。當時的其他董事尚有鄭裕彤、趙世曾、香植球、郭炳湘、李兆基、鄭家純、潘錦溪、洪小蓮、吳國璋、李福兆等，參與是項投資的公司計有信德、長江實業、恆基、新世界、新鴻基、周大福、華光地產、亞證地產及兆豐地產及

新寶城集團。新寶城乃李福兆名下公司，李福兆雖不是地產商會成員，但亦有興趣參與，經何鴻燊同意後也成為股東之一。這個名為「合群」的保險有限公司於 1976 年成立，自此成為上述各華資地產集團的保險公司。多得各股東支持，尤其是主席何鴻燊。合群自成立以來，長期錄得盈利，股東每年均獲派股息及紅利，市值亦從當年的 300 餘萬元升值百倍。

推動本地華資保險業發展

合群保險有限公司的成功經驗，給予鄭仲河進入澳門保險市場的信心。1982 年 1 月，得何鴻燊引薦，鄭仲河聯同澳門的知名人士何賢、何厚鏗、何鴻威、崔祿祺、馬萬祺、譚基、關英偉等向澳門政府遞交成立合豐保險有限公司建議書。合夥人包括何賢、何厚鏗、何鴻威、何鴻燊、崔祿祺、大豐銀行、誠興銀行及鄭仲河，1983 年年中鄭仲河得悉申請不獲批准，因為當時澳門的重要經濟命脈全掌握於上述人士之手，所以他認為澳門政府明顯是維護葡國保險公司在澳門保險業的地位及利益。

另外，早於 1970 年代，鄭仲河與華懋王德輝已有業務往來。1997 年他與龔如心女士合資收購加拿大保險公司 Canadian Insurance Company Ltd（該公司是鄭仲河早年持有但沒有營業），主要承保華懋名下各類保險業務。後來龔女士不幸逝世，2018 年在其遺產管理委員會同意下，將經營了 20 年的 Canadian Insurance Company Ltd 全部權益售予美國 Aetna Insurance Company。

合群成立初期，廖創興銀行的廖烈文曾透過旗下經理張映光，邀請鄭仲河為銀行創辦保險業務並開出優厚條件。為避免利益衝突鄭仲河只能婉拒邀請，並着廖烈文另聘人才開拓保險業務，他願意以個人身份提供營運意見。

合群成立數年後，本港地產業迅速發展，部分地產商的業務需求已非合群的服務能夠滿足。因此，鄭仲河曾提議新鴻基地產自組保險公司。1977 年，新鴻基集團主席郭得勝約見鄭仲河諮詢有

關經營保險業情況，當時旁坐一位青年人記錄了鄭仲河與郭老的對話，這個青年人想必是郭氏兄弟之一。數月後新鴻基保險公司成立，合群也有提供協助。

2007 年金融風暴後，本地地產商都發展得十分成功，投資合群已作用有限，因此各股東經由梁志堅代表，將股份悉數轉讓予鄭仲河。自此合群保險有限公司便成為獨資企業。

隨着社會發展，香港政府對各行各業的規管日趨嚴格，金融業尤其受到關注。香港保險業監管局對獨資營運的公司有更嚴厲的監管，包括公司須定期呈報財務狀況，賠款資金是否足夠等，更被限制承保範圍。凡此種種令鄭仲河增添許多壓力，促使他在 2014 年引進新加坡集團 Asia Capital Reinsurance Group（ACR）為合作夥伴。該集團的主要股東是新加坡淡馬錫控股私人有限公司（Temasek Holdings Private Limited）及馬來西亞的 Khazanah Nasional Berhad。

鄭仲河投身保險事業七十餘載，深知該行業乃專於評估風險、分攤意外損失、消除憂患令災難承擔減至最低。使人們得以安居樂業，社會得以平穩發展。此乃該行業真正價值所在。

營商之道

誠信為本、換位思考、留有餘地、分享成果是鄭仲河待人接物、事業合作的宗旨。感恩包容、不驕不躁、自強不息，是對自己的要求，鄭為人低調、謙虛，雖曾與多位名人富商往來，但儘量不攀附不沾光。但求公平處事，心安理得。他覺得上海人重視個人的社會地位，雖性格有異、肯冒險。廣東人較戇直坦白，實事求事，穩紮穩打。雖各有性格，但只要相處得宜，皆是朋友。

上海總會與個人的關係

1977 年上海聯誼會成立，同年黃夢花議員被委任為香港上海聯誼會創會主席，希望藉助他的名氣，號召在香港生活的上海人入

會，會務則由王劍偉主持。鄭仲河在王劍偉邀請下以 500 港元加入上海聯誼會，初創時會員只有數十人。1982 年上海聯誼會易名為香港上海總會有限公司。2022 年，會員已增至 8,000 人。

購入自置物業

香港上海總會在王劍偉任會長時，購入中環南華大廈三樓，辦公室則租用十七樓。由於會務日益擴張，存放文件的空間不敷應用，需覓地貯存。鄭仲河得悉常務理事康玉麟，有一位於莊士頓道長康大廈的物業一直空置，購入時是鄭仲河協助草擬臨時買賣合約的，遂遊說康玉麟將單位售予香港上海總會。由於康玉麟與王劍偉關係友好，交易很快便達成，長康大廈十三樓 B 室成為總會的物業。初期作貨倉用。

1960 年代，鄭仲河在中國保險公司工作時，與任職國華商業銀行的張映光因皆是中資機構而熟稔，後鄭仲河離開中國保險公司，張映光轉職廖創興銀行後，仍與其他中資銀行高級要員如浙江興業

銀行總經理童勤德、南洋商業銀行總經理舒慈煌、中南銀行襄理馮人虎等人，保持緊密聯繫。

踏入千禧年，中資銀行計劃將旗下在港營運的 10 家銀行合併[5]，有意出售南華大廈一樓及二樓，只保留地舖。浙江興業銀行總經理童勤德獲悉後，便首先通知張映光。2003 年，正值香港爆發沙士，經濟不景氣，張映光在上海會理事會提出購入南華大廈一樓及二樓，部分理事擔心動用大量資金購入物業風險太大，議案未獲通過。後來經過多番討論，在大部分理事同意，會長拍板下委任鄭仲河代表總會與賣家議價，最終以 3,000 多萬成交。是次買賣還有一件小插曲，總會接收單位時，發現一樓有一保險庫需要拆卸，需費 80 萬，這在當時不是小數目。如果費用由總會支付，可能會再起爭議。全因張映光與賣方關係良好，最終銀行願意承擔拆卸費用。

除上述物業外，尚有在王劍偉年代已購入的灣仔修頓大廈一樓全層 4,000 平方呎，一半用作辦公室，另一半用作香港中文大學上海總會中西醫結合醫務所；此外，王緒亮任會長時購入柴灣長益工廠大廈十一樓 A 室 4,200 平方呎的單位，現為惜食堂（Food Angel）中央廚房，用作食物加工，包裝後免費派發給社會上有需要人士。

香港上海總會有別於香港一般同鄉會，同鄉會着重鄉誼鄉情，招收會員以同鄉為主，香港上海總會卻正如上海這個華洋共處的城市般，招收會員條件不以籍貫為限，但新會員必須由會員引薦，經一名理事認同，並由總會審查方可入會。鄭仲河在會內負責相關工作，雖然開放但絕不濫收。現時會員的年齡大多介乎 30 至 50 歲，背景十分多元化，專業人士居多，具一定的素質，彼此價值觀也頗相同。

5　中銀集團旗下本有十二間銀行在香港營運，包括中國銀行香港分行、廣東省銀行、新華銀行、中南銀行、金城銀行、國華商業銀行、浙江興業銀行、鹽業銀行、華僑商業銀行、寶生銀行、南洋商業銀行和集友銀行。2001 年，除南洋商業銀行和集友銀行之外，中銀集團將其餘十間的業務合併，成為現時的中國銀行（香港）有限公司。參見中國銀行（香港）有限公司網頁：https://www.bochk.com/tc/aboutus/corpprofile/history.html。

行善積德

　　香港上海總會不單為會員謀福利，同時亦已註冊為非牟利慈善團體，收入主要來自會員入會費、餐廳利潤、投資盈餘，以及會員的慷慨解囊，發展的慈善事業十分多元化，目的為香港謀福祉。

　　總會的慈善工作首推教育，早在 1979 年已開始向香港中文大學捐款，重要的慈善活動包括捐款 1,350 萬給香港中文大學創立上海總會科研技術中心；此外，服務延伸至老人及弱勢社群，如香港中文大學香港中西醫結合醫務中心、協康會上海總會油麗中心、協康會上海總會康苗幼兒園、鄰舍輔導會上海總會護理安老院，及柴灣上海總會惜食堂的中央廚房等。

　　每逢春節，香港社會福利署屬下約 200 所安老院 2 萬餘名長者，皆獲總會派利是。此舉已推行了 30 多年，深得各界人士認同。乃捐款人士及善款收入最多項目之一。

會員福利

　　總會除提供餐飲外，並定期邀請學者專題演講、舉辦長短途旅遊、聖誕開派對、新年辦春茗等。至於盛夏期間，每年由王緒亮永遠名譽會長從美國訂來的數千盒蟠桃、水蜜桃及車厘子，總是被會員搶購一空，受歡迎程度實在是有些意外。此外尚有多項學習及興趣班，諸如：

　　上海話班 —— 早年來港上海人第二代開始，多半不會講，甚至不能聽懂上海話。因此學習上海話有其必要。較為人熟悉的是香港大學專業進修學院開辦的上海話課程，每期的學費動輒數千元。鄭仲河的兒子鄭肇銘也曾報讀該課程。鄭仲河認為以香港上海總會名義開辦上海話班，應更具吸引力，是以上海話班欣然成立。

　　書法班 —— 總會前輩范甲寫得一手好字，會所內亦有展示他的作品。他鼓勵會友學習書法。鄭仲河通過友人徐良鑫介紹其老師李毓明到香港上海總會教授書法。學員由最初五六名增至數十人，且時有額滿之患。李老師用心教學，迄今已有十餘年。學員們各有所成，亦曾在港澳兩地舉辦作品展覽為總會增添不少文化氣息。

　　京劇票房 —— 李和聲永遠名譽會長是知名的京劇票友，除了自己着迷，更致力宏揚。總會尚有不少資深前輩也是京劇愛好者，如金維明之父親金如新、張雨文、陳中和等，他們亦曾以京劇為總會籌款。鄭仲河受前輩影響亦漸接觸京劇，猶記十多年前范姓京劇琴師來港，暫居於友人顧其賓家中（他亦是京劇迷，唱青衣）。鄭仲河往顧家作客，因而認識范琴師，並邀請他在總會教唱京劇。最初在總會辦公室（南華大廈十七樓）上課，初期只有鄭仲河和鄒星培二人參加。

對總會的期望

　　鄭仲河自 1980 年代出任理事後，積極參與會務，以服務總會為榮。至今數十載，除了家庭和工作之外，香港上海總會是他逗留時間最多的地方，在總會不單擴闊了人際網絡，提高視野亦豐富了

人生經驗。曾與歷屆會長共事，縱然各會長的個性和處事作風不盡相同，鄭仲河透過緊密的溝通，守本份不踰越，故彼此相處融洽、合作無間。

回顧服務總會多年，鄭仲河記得幾件至今仍為人津津樂道的事：王劍偉任會長期間，總會欲設計商標，鄭仲河參考美術設計書籍，建議在正方形框內寫上英文字母「S」，旁邊加香港上海總會中英文名稱，想不到此商標一直沿用至今。現今總會在社會上已頗有名聲，商標亦因此有了價值。總會為免商標被盜用，正向政府申請註冊。此外，會所餐廳以中式菜餚為主，卻有咖啡供應，且廣受會員歡迎。其淵源始於鄭仲河經常光顧辦公室附近的捷榮咖啡室，鄭仲河要求咖啡室職員為他調配一款香濃可口的咖啡，隨後帶回總會讓會員品嚐各人讚賞有加，此後咖啡便成了會所餐廳的受歡迎飲品之一。

經歷了四十餘載，在各會長及眾理監事通力合作下，對香港社會，已形成了一系列上海總會風格的價值觀。鄭仲河希望把這「德行」繼續擴大。目前總會已擁有眾多高素質的會員，又有位於心臟地帶的自置會所，發展空間未可限量，他願與大家共勉。

致力慈善的上海太太

梁王培芳

職銜

JP太平紳士

OBE大英帝國官佐勳章

MBE大英帝國員佐勳章

GBS金紫荊星章

SBS銀紫荊星章

家庭與教育背景

商業世家並受新式教育洗禮

　　梁王培芳生於上海，祖籍浙江定海，父親為知名紡織家王統元[1]。居長，家中還有胞妹培麗、培君，和幼弟聲濤、聲達。祖父母一輩仍然非常重男輕女，但父親思想開明，十分重視兒女教育，並沒有重男輕女的觀念，父母還刻意安排她和妹妹到美國讀書，今時今日香港的男女地位講求平等，婦女現狀較上世紀改變了很多。

於「保良局梁王培芳堂」之內留影。

初中二年級前在上海著名私立學校中西小學與中西女子中學
（McTyeire School）[2] 就讀，受新式教育薰陶。1949 年，王氏家族陸

1　王統元（1908–1992）為王氏家族紡織生意開山鼻祖王啟宇（1883–1965）的二兒子。1911
年，王啟宇連同崔福莊、楊杏堤在上海虹口創辦第一個小型紡織實驗作坊，兩年後改成半工
業化的達豐染織廠，王啟宇的紡織生意在 1920 年代持續擴張，先後在 1922 年與 1924 年，
於曹家渡與寶山成立振泰紡織廠與寶興紗廠，確立王氏在上海紡織業的地位。王統元最初在
寶興紗廠任工程師，在父親支持下改革營運，使其生產的金寶星棉紗大受市場歡迎，至 1930
年，王統元出掌寶興紗廠與達記織布廠的管理層。王啟宇與王統元在 1939 年重組達豐、
振泰、寶興等廠，於香港註冊成立中紡紗廠，但王氏家族在上海的紡織生意在八年抗戰期
間遭受持續打擊，至 1946 年中紡紗廠方能恢復在中國註冊，王統元正式從父親手上繼承家
業，並銳意重振家族企業。Eleanor Wong, *A History of the Wong Family Textile Business*
(Part One: Life in Shanghai) (Hong Kong: Harmony Day Services Limited, 2014), pp. 3–17
(https://industrialhistoryhk.org/wp-content/uploads/2014/08/A-History-of-the-Wong-
Family-Textile-Business-Part-One-Life-in-Shanghai.pdf，擷取於 2021 年 6 月 15 日。

2　1892 年由美國監理會（Methodist Episcopal Church, South）創辦，小學為男女校，中學只
收女生；1952 年與聖瑪利亞女子中學合併成上海市第三女子中學。

續從上海移居香港。由於王統元在香港的紡織生意方興未艾[3]，事業仍未站穩陣腳，家人只能一個接一個來港。梁王培芳於 1949 年 5 月從仍未解放的上海抵達香港，由於香港前景尚未明朗，一個月後，雙親安排女兒們離港赴美求學，二人則留在香港發展紡織業務。

負笈美國留學十年

離開香港後，她與胞妹在美國中部安頓下來，並在密歇根州繼續學業。年齡稍長的她，直接入讀密歇根州立學院（Michigan State College）接受博雅教育（liberal arts education），大學本科主修經濟學[4]，其後進一步深造取得文學碩士學位；妹妹抵美時先在當地高中就讀。美國的密歇根州冬天天氣非常寒冷，時常下雪，留美期間需照顧胞妹，甚少交際應酬。雖然要照顧妹妹，但仍覺得父母安排她們出國讀書和生活，接觸到美國這新環境，十分難得，面對西方文化，邊生活邊學習，今天回想起來感到留美十載相當愉快。完成大學教育後，在紐約任職辦公室文員，1959 年，隨丈夫回港發展。

婚姻與子女狀況

梁王培芳在美國重遇上海的小學同學梁焯鏗，二人同在上海長大，青梅竹馬，兩小無猜。梁焯鏗祖籍廣東，為美國北卡羅萊納州

[3] 隨着國共內戰爆發，上海開始出現惡性通貨膨脹，王啟宇、王統元父子決定逐漸將當地紡織業務轉移到香港，先後在 1947 年與 1948 年成立香港紗廠，前者是戰後香港最早的三家紗廠之一。1948 年 6 月底，中紡紗廠董事局決定將原先從英國訂購到滬的 30,240 個紡錘轉運到香港，王統元亦隨即在上海訓練 800 名紡織工人，並在 1949 年 5 月開始逐批將他們送到香港工作。Eleanor Wong, *A History of the Wong Family Textile Business* (Part One), p. 18.

[4] *Directory of Chinese Students in Colleges and Universities in the United States, 1951–1952* (New York: China Institute in America, 1952), p. 72. 密歇根州立學院 1855 年成立時名為密歇根州立農業學院（Agricultural College of the State of Michigan），並在 1964 年易名為密歇根州立大學（Michigan State University）。

紡織專科學校本科生,畢業後一度在紐約近郊一間製衣廠工作[5],二人大學畢業後共諧連理,育有三子一女。長子與女兒梁慧均現在港從事投資業務,幼子梁振志[6]則投身製衣業,女兒與幼子獲頒太平紳士,除她本人外,胞妹王培麗、女兒和幼子均擁有香港太平紳士名銜,全家共有四名太平紳士。

5 Eleanor Wong, *A History of the Wong Family Textile Business* (Part Two: Life in Hong Kong) (Hong Kong: Harmony Day Services Limited, 2014), p. 10, https://industrialhistoryhk.org/wp-content/uploads/2014/11/A-History-of-the-Wong-Family-Textile-Business-Part-Two-Life-in-Hong-Kong.pdf,擷取於 2021 年 6 月 15 日。

6 有關梁振志的個人經歷,見本書 404 頁。

翁婿合辦利登有限公司

創辦利登製衣廠

　　1959 年梁王培芳偕夫婿回到香港，丈夫梁焯鏗進軍香港製衣業。同年 4 月 15 日，夫婿與父親王統元合辦利登製衣廠（Leighton Textiles Company Ltd.，又稱利登有限公司），廠址位於九龍長沙灣道 888 號，主要生產卡其褲、外套、雨衣等成衣。利登早年為香港紗廠的分公司，梁焯鏗為公司的總經理，其後利登有限公司轉為獨資，由夫妻二人持有[7]。

　　梁王培芳自回港後，便悉心照顧家庭、生兒育女，沒有發展自己的事業，她形容丈夫有「廣東脾氣」，獨力處理利登製衣廠的業務，並不需要她幫忙。及至 1966 年幼子出生，她才放心讓家傭幫忙料理家務，騰出空餘時間，參與慈善事業。

增設利登投資有限公司

　　1980、1990 年代香港製衣業日漸式微，利登逐漸淡出成衣業，工廠開始轉型，原有公司增設利登投資有限公司（Leighton

7　Eleanor Wong, *A History of the Wong Family Textile Business* (Part Two), pp. 10–11.

Investments Ltd. ），專門從事股票、房地產等投資。梁王培芳現為利登有限公司、利登投資有限公司這兩所家族企業的主席，業務則主要由長子與女兒策劃和管理。

積極參與慈善事業

成 為 保 良 局 首 位 女 主 席

　　1969 年梁王培芳加入保良局，出任己酉年（1969–70）、庚戌年（1970–71）兩屆總理，更獲舉薦為辛亥年（1971–72）董事會主席，成為保良局自 1878 年成立以來的首位女主席。這與今天要成為保良局主席需先擔任十屆總理和四屆副主席的要求不同，梁王培芳由擔任總理到出任主席一職，只用了三年時光。她認為自己在任內得到保良局和社會各界的認同，父親王統元與丈夫梁焯鏗大力捐助，慷慨支持慈善活動，對她幫助很大；她得到政府的信任 [8]，能夠服務香港社會。

8　梁王培芳在一個專訪中表示，時任民政司何禮文爵士（Sir Ronald Holmes）在茶聚上遊說她擔任保良局主席，在父親的鼓勵下，梁王氏於是應邀就任，可見政府對她的支持。〈梁王培芳博士〉，保良局歷屆主席會：http://www.plkchairmen.hk/pdf/Chairman_P_F_Liang.pdf，擷取於 2021 年 6 月 15 日。

梁王培芳在保良局任內主要負責處理孤兒個案及興辦學校兩項慈善工作，前者工作較為吃重。1970 年代的香港仍時有棄嬰被發現置於保良局門外，棄嬰大多為女孩。雖然保良局不遺餘力地協助孤兒尋找親生父母或寄養家庭，但並非所有孤兒都能如願，在女孩長大成人以後，局方會替留在局內的孤女擇配。她曾為一對沒有生兒育女的夫婦，安排領養一名中西混血的孤兒。這對夫婦居於檀香山，丈夫是洋人，妻子是華人，領養時由女子的母親陪同辦理手續。

保良局在 1970 年代初以前仍會為孤女擇配，找不到配偶的單身男士會到保良局「找老婆」；1971 年 5 月初，在她擔任主席的那一屆，與各總理主持了保良局最後的一次領婚，董事會為一位申請擇配的男子安排了領婚，這次是保良局最後一次為孤女出嫁舉辦儀式[9]。梁王培芳坦言當時沒有為孤女選擇最佳丈夫的條件，因為無論申請領婚的男子背景、品德或性格，都不能列作甄別的原則，局方只能幫忙成全婚事。隨着時代變遷，香港孤兒的數目至今已大為減少，處理孤兒已不再是保良局的主要工作，興辦學校才是現時保良局主要的慈善服務，公眾也將教育服務視為保良局的主要慈善事業。

出任女童軍總會總監

除保良局外，梁王培芳更積極參與女童軍的慈善工作。1980 至 1983 年出任香港女童軍總會總監（Chief Commissioner），是該會自 1946 年以來首位華人總監；此前多名總監均為洋婦。女童軍總會希望讓有名望的華人婦女出任總監一職，由於她精通英語，遂獲

9　當日在保良局領婚的，是新界一名農場主人。隨着香港教育水平提高，孤女能在學校或保良局內學會自立謀生的技能，日後能自行擇配，令願意參與領婚的孤女大減，因此保良局早在 1964 年 6 月已將局內「歡迎擇配」的木牌拆除（雖然保良局仍會安排有意擇配的孤女進行領婚）。1971 年 5 月保良局舉行領婚後，坊間曾經流傳局內仍有十多名待嫁孤女，結果有數十名男士去函申請領婚；局方要出面解畫，表示局內沒有「待嫁女兒」，適婚孤女大多就讀中學，其中一名更是中文大學學生，局方認為她們會自行結識男朋友，尊重她們自由戀愛、結婚的意願，自此「保良局嫁女」正式成為絕響。〈今後保良局不再辦嫁女〉，《工商晚報》，1964 年 6 月 30 日，第 4 頁；〈求婚信件如雪片飛來　保良局暫無待嫁女兒〉，《工商日報》，1971 年 5 月 30 日，第 10 頁。

邀擔任此職。女童軍總會會長（President）傳統上則由港督夫人擔任，職位屬名譽性質，象徵港督統領香港社區服務。

作為女童軍總會總監，她的主要職責是協助、監督香港女童軍組織的會務。女童軍組織鼓勵女性青少年利用餘暇，積極參與各種外展活動，致力培養她們獨立自主、順從紀律、服務社會的精神。政府有時會指派女童軍參與不同性質的義務工作。女童軍以學校為主要參與單位，1980 年代初，香港不少學校雖已設有女童軍組織，但尚未十分普及；此後女童軍組織持續擴張，逐漸受到女學童歡迎。

作為英國殖民時代出任女童軍總監的華籍女性，她並沒有感到來自官方的壓力或歧視。她認為自己在社會上有名望，行事正直，自然會受人尊重。時至今日，她仍是女童軍總會副會長。香港回歸後，女童軍總會會長由香港特別行政區行政長官夫人擔任 [10]，曾與她共事的各任會長，包括港督或特首夫人都親和。

參 與 慈 善 工 作 的 難 忘 回 憶

積極參與慈善工作的梁王培芳表示，她最難忘的經歷是一名年輕女子親自到她在山頂的寓所探訪，特意感激她的拯救之恩，但她因在保良局等慈善機構處理過的個案很多，已記不起自己怎樣幫助過該名少女。

另一件難忘的趣事，是發生在 1971 年，身為保良局主席的她有一次需從清水灣住所趕到港島開會。當時清水灣交通甚不方便，既無過海隧道亦無汽車渡輪，為免遲到她先乘車到不遠處的啟德機場，再特意租用直升機赴會，過海航程只需 12 分鐘。

梁王培芳曾擔任香港芭蕾舞團團長，並兼任香港管弦樂團、香港公益金、明愛、九龍婦女福利會、旅港寧波同鄉會、蘇浙滬同

10　直至 2017 年，林鄭月娥成為香港首名女性行政長官，女童軍總會會長一職由前特首梁振英夫人梁唐青儀續任至今。

鄉會等組織的顧問。這些公職均屬榮譽性質,實質參與遠低於保良局、女童軍總會。回顧過去半個世紀在香港的生活與慈善工作,一直都盡心盡力,且樂於其中,未有遇上太大的困難。

上海文化的薰陶

梁王培芳雖已逐漸忘記昔日在上海的生活,但一家人在香港仍然保留上海人的風俗習慣,父母依然吃上海菜、講上海話,上海生活文化一直縈繞家中。雙親注重堅守禮儀,像上海人一樣非常講究衣着打扮,衣服的款式、顏色配搭、穿着的場合等,這也影響到她的衣着品味。父親王統元的興趣像不少老一輩的上海人,喜愛唱京劇,但她就不會唱。

丈夫雖然是廣東人,因自幼在上海讀書,不但能聽懂,還能操流利的上海話,二人日常生活亦習慣以上海話溝通[11],幼子梁振志形容父親的上海氣質較廣東特性更為明顯。梁王氏認為無論上海人、廣東人都是中國人,外表上差別不大,實沒有必要刻意區分。她亦不覺得自己因粵語不流利而被廣東人歧視,同事們亦能聽懂她不標準的粵語。梁王培芳任職保良局時,總理與職員多為廣東人,

---

11 梁振志補充,父母所操的舊上海話與現代上海話,不少詞彙已大有不同。

擔任主席時為求達意，偶爾會以英語發言，參與政府事務時主要使用英語，需要指定用粵語的場合，她會將特別難的發音在講稿上標以注音符號。自覺能適應兩地文化，遊刃有餘。

她所認識的西方文化大多來自在美讀書、生活的十年經歷。她初次抵港不久便需赴美留學，難言當時能否適應香港文化，自美返港定居後，無論是語言、飲食習慣，抑或照顧兒女，生活上也沒有太大困難。利登製衣廠的業務一直由丈夫負責，她主要照顧理家事，並沒有「上海太太」精明能幹的幹練特質，雖然自己對事物都會有自己獨立的想法。

與香港上海總會的關係

香港上海總會在 1977 年成立，梁王培芳的父親王統元為創會會員之一，她自己亦在創會初期加入總會，尤其與前香港上海總會理事長王緒亮（Ronald）[12] 熟稔。梁王培芳現時為香港上海總會名譽會長，亦身兼香港寧波同鄉會名譽會長、蘇浙滬同鄉會顧問等同鄉社團職務。她的四名子女，幼子梁振志尤其活躍於香港上海總會，現時擔任香港上海總會理事，他有時會從總會外帶小籠包、生煎包等上海美食回家，讓母親與家人品嚐。

人生經驗之談

梁王培芳認為一生人中親情與友誼最為可貴，因情誼皆不能用金錢替代，尤其珍惜與父母和子女相處，及與保良局等同道共事的時光。在她的眼中，朋友之道貴乎互相幫助、關心與信任，而不應計較對方的社會地位和經濟能力。幼子梁振志對此十分認同，並補充一個人可以結交的朋友很多，但能夠依靠的知心好友往往寥寥可數。梁王氏認為一個人凡事親力親為，竭盡所能，必有所成。

---

12 香港上海總會第十五至十九屆理事長，任期由 2006 到 2016 年。有關王緒亮的個人回憶，
    見本書 306 頁。

竺銀康

從印刷專家到塑膠大王

個人生平及家庭背景

家庭背景

竺銀康 1932 年生於浙江省寧波市鎮海縣，2019 年已屆 87 歲
高齡。他在家中排行第二，有一個哥哥和一個弟弟。母親祖籍浙江
省寧波市奉化縣，外公和外婆在鎮海務農，舅父則在上海工作，擔
任社團組織領袖的私人秘書和司機。父親竺鴻生在上海輪船招商局
工作，而祖父竺祖法在鎮海開設竹製品工場，主要生產竹造山貨如

䈴箕、竹籬、篾蓆等；祖母很早就已過世，竺銀康對祖母印象十分模糊。

7歲（1939年）時竺銀康曾跟家人到上海探望父親，並暫居在舅父家。父親在上海的收入微薄，又需把收入花在交際應酬上，所以經濟並不充裕，無法支撐全家在上海的生活。因此，母親只能帶着三兄弟返回鎮海。作為家庭支柱，母親在農村小市場上售賣簡單的雜貨、蔬菜，維持家計。祖父思想比較傳統和保守，視死亡為人生大事，在他五十多歲那年已為自己準備好棺木，放在村內的祠堂，希望死後長眠於自己預先準備好的棺材裡。

8歲那年（1940年）正值日本侵華，中國戰亂頻仍，各地烽煙四起，竺家舉家逃難，祖父不辭勞苦，帶着自己的棺木逃離鎮海，奔向奉化老家。

大概是擔心自己會在逃難時不幸身亡，所以祖父堅持要把棺材抬走，確保死後仍有體面的容身之處，由於棺材有一定的重量，需要四個人合力才能搬動。

逃回奉化老家

一行人等從寧波鎮海出發，步行至渡口，然後再轉乘用搖櫓划動的小船，在船上過了一夜後，再步行到奉化江口竺家村，旅程耗了兩天，舉家在老家前後逗留了半年。

祖家奉化村莊的糧食和食水供應一切如常，一家人的生活雖然簡單但平穩，竺也開始上小學，從家裡到學校大約需要步行一個多小時。學校採用新式教材，課程包括語文、算術和常識等科目，不設英文科；常識科的內容則以家庭倫理、公共衛生、常識為主。比他大 8 歲的哥哥（當時約 15 歲），去了寧波市，在姨父和姨母所開設的油行「同生祥」當學徒，學做買賣。油行售賣各種油類產品，如花生油、芝麻油等，同時也出售各種粗糧雜貨，例如花生等。

1941 年，舉家從奉化老家遷至寧波市，住在寧波市南門五台寺弄 19 號。

戰時家人慘遇海難

遷至寧波市時竺銀康只有 9 歲，其後和母親、哥哥，還有從上海來寧波參加喜宴的表姐一起乘坐寧紹公司的輪船，從寧波到上海探望父親。輪船離開寧波後，駛至鎮海對開海面時，被日軍戰機空襲，慘被擊中，他與家人被逼跳海逃生，混亂中與家人失散。由於不諳泳術，身體不斷下沉。幸好抓到了一根飄浮在水面的毛竹，在水裡載浮載沉。其後，他抱着一位成年旅客的腿，穩定自己的重心，在水面飄浮了大約 11 個小時，才有前來救援的船隻，把他救起送往寧波。

到達寧波港口後，得知沉船消息的姨母已經在寧波港等候，倖存的竺銀康跟姨母回到她在寧波大沙泥街的家。竺銀康在海難中與母親、哥哥和表姐失去聯絡。由於成功脫險者都會被送到寧波港，在海難發生後的一個多月，他每天都到碼頭等候家人的消息，很可惜每天都失望而回，間接證實三位家人已經在海難中犧牲。

　　經歷災難後，竺銀康住在姨母家，並在附近的彩里橋翰香小學讀書。這個小學的師資很好，對他也很照顧。他在這小學讀至小四，便準備跳級入初中。雖然成功考上初中，但並沒有入學，反而去了上海投靠叔叔。1943 年，竺銀康 11 歲，住在叔叔家中，負責處理家中大小家務，並沒有在上海繼續接受中學教育。

在 上 海 永 祥 印 書 館 學 藝

　　1945 年，13 歲的竺銀康在表姐夫介紹下，在上海三大印書館（商務、中華、永祥）之一的上海永祥印書館當學徒。永祥印書館以彩色印刷著名，主要印刷畫報的彩色封面。兩年後（即 1947 年），15 歲的他成功掌握了大型彩印機器的操作方式和技術，尤其是調配印刷顏料的技巧。調配深淺和層次不同的顏色，需要用不同的顏料混合調配，例如利用不同份量的藍色和黃色，可以調配出不同深

淺色調的綠色。他目光極為敏銳，判斷顏色的能力高，因此成為了印刷廠內的調色「師傅」，下轄三名助手，擔任了領班的角色。

1948 年，上海經濟陷入混亂的局面，貨幣大幅貶值。最差的時候，100 元的月薪只能買一條油條。國民政府為解決經濟困局，推行貨幣改革，利用發行金圓券來穩定貨幣。

然而全國經濟狀況繼續惡化，通貨膨脹、基本生活物資短缺的情況非常嚴重。永祥印書館的總經理陳安鎮借了一筆錢去了台灣兩個月，為公司尋找新機會。永祥印書館 1950 年在台北重新開業。

投身香港印刷業

1948 年 1 月 20 日，竺銀康與原永祥印書館的廠長移居香港，連同廠裡的印刷機等一同運至香港，與阮維揚開設的嘉華印刷廠合作。戰後初期，香港還沒有彩色印刷技術，來自上海的永祥印書館因早已在上海從事彩色印刷，擁有更先進的機器和技術。竺銀康積極把上海的機器和技術帶到香港。與此同時，他父親在國共內戰期間，跟隨國民政府遷往台灣，而弟弟則繼續留在寧波生活和居住。

移居香港後，他在嘉華印刷廠工作，每月的工資為 80 港元。工廠位於西環，他住在工廠的宿舍。由於自知英語水平不高，便上夜校勤學英語以提高自己的競爭力。雖然初到港時他的廣東話不靈光，但因工作態度認真且在印刷調色上經驗豐富，漸漸在香港的印刷業闖出名堂。

竺銀康很快得到南華印刷廠東主邵忻湖的賞識和聘用。邵忻湖曾經在日本學習印刷技術，是著名電影公司永華影業的負責人李祖永的妹夫，也是邵逸夫的表兄弟。邵忻湖於戰後在香港建立南華印刷廠，廠址位於英皇道 480 號，是香港少數能夠掌握彩色印刷技術的印刷公司。

創刊於 1948 年的《今日世界》是美國政府在香港出版的中文雜

誌。由於擁有較先進的彩色印刷技術，南華印刷廠被選為該雜誌的指定印刷商，負責印刷和包裝。竺銀康因英語能力較好，又具備調配彩色的技術，被指派負責雜誌和相關廣告的中英文校對以及調色工作。憑着彩印技術的豐富經驗，更成了工廠的領班，領導印刷團隊。南華印刷廠並沒有沿用傳統的黑白活字印刷技術（俗稱「執字粒」），而是採用更為先進的金屬「照相凸版」技術。戰後至 1950 年代的照相凸版技術，主要採用銅鋅版，在銅鋅版上包上感光膠進行曝光程序，然後使用酸性溶液腐蝕出所需印刷的內容。竺銀康在印刷廠的表現良好，受到工廠的器重，基本工資在 1951 年那年已經增至每月 400 港元，是 1948 年時的四倍。

與太太從相識到結婚

1953 年，23 歲的竺銀康與吳劍青結婚。妻子是上海人，戰後來香港讀書，二人在香港認識和結婚。妻子家境富裕，在家中排行第三，岳父是上海著名的榨油廠 —— 大德新榨油廠的東主，喜歡收藏古董字畫，閒時愛寫書法練字。1950 年代初「三反」、「五反」運動期間，岳父配合政府，把榨油廠改成公私合營。吳家後來移居

香港，女兒亦來港就學。吳劍青來到香港後與姐姐吳劍鳴同住，姐夫李坤（浙江寧波人）得到了岳父的支持，在香港開設了和富塑膠廠，這家工廠後來拓展為和富塑化集團。集團主席為李坤和吳劍鳴的兒子李宗德，姐姐吳劍鳴在 2018 年離世。

1951 年，竺銀康與一個上海同學來香港遊玩，透過這位同學認識妻子，三人在香港一起結伴同遊，互生情愫。兩人認識兩年後（1953 年），竺銀康重返上海旅遊並與未來岳父母見面。兩位老人家對他十分滿意，希望兩人儘快結婚。在兩老安排下，二人在上海八仙橋青年會飯店設宴結婚。竺銀康當時身上並無足夠的金錢擺喜酒，婚事的開銷由岳父借錢墊支。

事業轉型：成為香港「塑膠大王」

加入和富塑膠廠

夫婦二人結婚後便返回香港生活和工作。姐夫李坤在牛頭角開設了和富塑膠廠，此時有一位丹麥商人來香港找尋合作夥伴，希望與和富合作生產亞架力塑膠板。亞架力的用途很廣泛，工廠的生意相當不錯，生產量不斷增加，工廠的人手亦開始不足以應付不斷增加的訂單，工廠因而實行 24 小時三班制運作。在這情況下，太太加入了工廠當會計。竺銀康最初每逢周日便到工廠幫忙協助生產。但由於人手仍然不足，加上部分工人不願意在晚上輪班工作，李坤因而遊説他辭去南華印刷廠的工作，全職加入塑膠廠當經理，負責管理生產和工人出勤事務。竺銀康因此由印刷業轉型至塑膠製造業。

和富塑膠工廠除了製作亞架力板外，也生產當時新興的 PVC 塑膠粒。竺銀康加入工廠後，協助增加工廠的產能，工廠 24 小時運作，以往每天可生產約 3 噸塑膠粒，產量增至每天 10 噸。工廠的業績非常好，每年盈利約 93 萬港元。1955 年竺銀康的工資已經提升至每月 700 港元。他在工廠前後工作了八年，其工資維持在每

月 700 元的水平，並沒有實際增長，每年農曆新年姐夫會給 1,000
港元利是作為「分紅」。

建立與台塑及華夏的合作關係

在和富塑膠廠工作，加深了竺銀康對塑膠行業的認識，也建立
了行業的社交網絡。由於和富與台灣兩大塑膠企業 —— 台塑和華
夏塑膠皆有業務來往，他因此認識了相關負責人，台塑的王永慶以
及華夏塑膠的趙廷箴。1950 年代初，國民政府遷台後，致力在台
灣發展工業，增強軍政實力。但是台灣本島缺乏石油資源，內需亦
不足，因此台灣的塑膠工業非常依賴外國進口的原料及對外出口的
市場。台塑和華夏塑膠主要是從中東地區進口經過提煉的石油製
成品，然後在台灣本地加工成為 PVC 等不同類型的塑膠原料，再
把塑膠原料出口。除了原料以外，部分台灣塑膠廠如華夏塑膠廠，
也會製作各種類型的塑膠製成品，例如塑膠拖鞋並出口至外地。冷

戰期間，台灣無法與部分亞洲直接進行國際貿易，不少塑膠原材料及製成品都需要經過香港轉口到其他東南亞地區，包括印尼和新加坡等。

香港和富塑膠廠從台灣進口粉狀塑膠原料，然後加工為塑膠粒，再出口至其他亞洲地區製作成不同的塑膠產品。由於印尼整年天氣炎熱而潮濕，人口密集，對於塑膠拖鞋的需求甚殷。戰後印尼的工業生產力無法應付內部需求，需要從外國廠商如台灣地區的華夏塑膠進口相關產品。

在印尼建立塑膠廠

竺銀康看準了商機，與大姨吳劍鳴到印尼考察，在印尼當地建立塑膠廠生產塑膠拖鞋。工廠的塑膠拖鞋在印尼大受歡迎，在高峰時期，從香港出口至印尼的塑膠原料能裝滿整整兩個貨櫃。竺銀康與和富塑膠廠的李坤，原本協議在印尼廠所得利潤，五五分賬，並以公司的股票來支付。但和富一方卻拒絕履行承諾，竺銀康因而決定與和富拆夥。今天的和富除了塑膠業務外，也經營地產業務，產業規模已經不能同日而喻了。

在太太的支持下，竺銀康正式與和富分家，與一名印尼華僑商人合作，對方看中他在塑膠行業的豐富經驗，對他信任有加，願意全數承擔在印尼開設工廠的成本，他只需要負責管理及把相關的技術帶到印尼。在 1965 年，二人建立文威塑膠廠。由於當時印尼的工業發展仍然非常落後，竺銀康把香港的經驗和知識帶到當地，受到當地不少華僑商人的重視。文威除了從香港進口塑膠原料外，為了進一步減低成本，工廠也回收當地的舊塑膠廢料並打碎回爐，重新使用。這減低了所製造的拖鞋的成本，在價格上具有極大的優勢，大受市場歡迎，在設廠後約兩個半月內，工廠已經收回所有成本。竺銀康同時協助當地的華僑商人進入市場，前後共籌辦了九間塑膠工廠，從香港進口機器、原料、招聘技術人員以及幫助他們在台灣委託廠商製作模具。成功開拓印尼的塑膠拖鞋市場，也幫助了

不少當地華商致富，竺銀康受到他們的重視和尊重。每當他到印尼公幹，都會受到當地華商如「帝皇」般的款待。他在印尼經商取得極大的成功，並因而賺取了第一桶金。

1973 年第一次石油危機爆發，全球經濟動盪，竺銀康轉危為機，從中賺取了相當可觀的利潤。因應石油禁運，不少東南亞和台灣廠商無法取得足夠的塑膠原料如 PVC 粉，成本爆增，甚至被逼中斷付運部分訂單以減少虧損。

與日本三菱集團建立合作關係

竺銀康與日本的三菱集團關係友好，三菱集團財雄勢大，即使在石油禁運期間，仍能對外供應塑膠原料。三菱集團持續向他供應原料，並能提供長達七個月的免息付款，使他能夠一早鎖定原料的成本價格，隨着石油及其副產品的價格不斷上升，竺銀康透過向其他廠商提供原料來賺取巨額的利潤，同時能維持自置工廠的產能。

　　　　　　　　　　　　　　　　竺　銀　康　　115

因此，石油危機不但沒有影響其生意，反而使他從中賺取非常可觀的利潤，被譽為香港的「塑膠大王」。

1972 年，竺銀康移民加拿大多倫多並取得加拿大公民身份，而他的三女一子，兒子排行第二，分別在香港和加拿大出生，也隨之移民加拿大，在當地定居至今。竺銀康的孫兒，2019 年已 18 歲，正就讀大學一年級。在加拿大居留後，他因為不適應當地的生活，最終與太太回流香港。

懷念妻子與母親

太太晚年不幸受疾病纏擾，2015 年於香港的養和醫院離世，享壽 82 歲。在離世前，在醫院的深切治療部留醫，每月的醫療費高達 300 多萬港元，多年合共花費了約 8,000 萬港元的醫療費，足見竺銀康愛妻情切。

多元發展

竺銀康除了在塑膠行業有出色的表現外，自 1990 年代起，開始投資內地的不同產業，作多元發展。1990 年代與奉化同鄉進行借貸放款生意，放款息率曾高見 28%。也在深圳龍崗投資開設製衣廠以及塑膠廠生產拖鞋等製品；1992 年註冊成立文威塑膠（深圳）有限公司。1993 年成立了建中針織（深圳）有限公司。竺銀康也涉獵房地產，2003 年，他在江西省南昌市投資「八一橋畔紅谷灘」房地產和酒店發展項目，整個項目前後共分為三期，第一期和第二期已經收回全部的投資成本。2004 年，他進軍時裝生意，與好友李秀土合作入股內地的「愛特愛」服式，於全國各地廣開門店，並取得佳績。2010 年代，進一步與全國最大的銅業公司江西銅業合作，在全國各地建立礦業、塑膠等不同類型的工廠。竺銀康也投資新能源的發展，包括在浙江象山投資設立風力發電及太陽能發電工廠。直至現在，竺銀康在印尼仍設有塑膠廠，生產各類型塑膠製品。

加入香港上海總會積極支持教育慈善事業

　　竺銀康現為香港上海總會的副會長。他是上海聯誼會（香港上海總會前身）的創會會員。加入香港上海總會是因為他與同樣來自奉化的王劍偉熟絡，為了支持好友，加入了總會。

　　加入香港上海總會後，他積極參與教育慈善事業。自中國內地實行改革開放後，他開始在家鄉寧波捐資興建中小學。曾捐助了約 68,000 元人民幣興建以母親名字命名的「秀風小學」和約 15 萬人民幣興辦用女兒名字命名的「竺伊文小學」。1987 年，在香港上海總會創會會長王劍偉的帶領下，連同其他會員合力捐資 150 萬人民幣，並得到奉化縣配對 130 萬人民幣，以 280 萬人民幣，在寧波奉化籌建奉港中學。

　　除了興辦教育外，竺銀康曾為寧波大學的書記和校長穿針引線，成功為寧波大學（該大學由「船王」包玉剛在 1987 年創立）向祖籍寧波的李達三共爭取高達 13 億人民幣的捐款。

　　由於自己的公務繁忙，沒有時間參與唱戲等活動，故香港上海總會是一個與老朋友見面的地方，他在香港上海總會認識前會長李和聲。他對現任會長李德麟充滿信心，認為李會長能夠帶領香港上海總會朝着更好的方向發展。

車越喬

代理國際品牌 走向世界

家庭背景及學歷

　　1932 年 9 月 12 日，車越喬出生於浙江紹興，家中有一姊三弟四妹，共九個兄弟姊妹。祖父和父親車恂如均為錫箔商人，惟父親已意識到錫箔行業是夕陽產業，不欲兒子繼承祖業，遂培養兒子上學讀書，接受現代教育。車越喬努力學問，不負父望。初中、高中都考上了紹興城內名校，可惜家中人口眾多，父親無力培養他繼續深造。身為家中的長子，車越喬高中只讀了一個學期就輟學。在 1950 年隨七叔父車載青[1] 到香港謀生，幫父親分擔家庭的重擔。

1　　七叔父車載青曾於大公書局工作，後來創辦「三育圖書公司」，早期的金庸武俠小說全由三育圖書公司出版。

車越喬先生和他捐助興建的恂如美術館。

一九九四年車越喬先生捐資人民幣四百萬元給紹興文理學院，學院以車越喬先父名字命名「恂如美術館」。

外祖父也是紹興人，在福建任職師爺，母親因而在福建連城出生，幼年始回紹興居住。

夫人是廣東廉江[2]人。1951年來港，兩人同在大公書局工作時認識。1959年結婚育有一女兩子。

浙江紹興是中國歷史文化名城，歷代名人輩出。魯迅[3]、周恩來[4]、蔡元培[5]均是紹興人。車越喬在紹興接受中小學教育：在筆飛弄小學[6]讀初小，學校的隔壁就是蔡元培故居。在萬安橋小學[7]（現

2　廉江位於廣東省西南部，屬湛江市下轄的一個縣。

3　魯迅（1881–1936），本名周樹人，浙江紹興人，近代中國作家、新文化運動領袖，著作包括《吶喊》、《彷徨》等。

4　周恩來（1898–1976），浙江紹興人，中國共產黨員，1954至1976年間任中華人民共和國國務院總理。

5　蔡元培（1868–1940），浙江紹興人，五四運動時任北京大學校長。

6　筆飛弄小學，位於紹興市越山區。見《紹興縣教育志》，頁214。（紹興縣：方志出版社，2002）

7　北海中心小學，位於紹興城區新河弄129號。該校原名明道女學堂，創於清朝末年，秋瑾曾任體操教習，至1911年改名為明道女子師範附小。中華人民共和國成立後，該校改名為紹興市立萬安橋小學，至1952年改今名。見《紹興縣志》，第3冊，頁1544。（紹興縣：中華書局，1999）

北海小學）讀高小。在紹興縣立中學 [8] 讀初中,在浙江省立紹興中學 [9]（現浙江省紹興第一中學）升讀高中。車越喬就讀的學校學風頗盛,師資優秀,加上他勤奮學習,各科成績均名列前茅,為他日後到香港就業、創業打下了堅實的基礎。

來 港 謀 生

　　1950 年 1 月,車越喬帶着 10 元來到香港,由姨父介紹入其兄徐少眉開辦的大公書局 [10] 工作。姨父之弟徐季良 [11] 是香港蘇浙滬鄉親更為熟悉的人物。大公書局位於中環德輔道中 154 號,即先施百

8　紹興縣立初級中學,1945 年創辦,在紹興城內原大通學堂內。秋瑾曾在此任教,並在此被清廷逮捕。

9　浙江省立紹興中學是紹興的名校,現時（2019 年）在省內位列首五名。

10　大公書局是香港的老牌書店,創辦於 1937 年,創辦人是曾在廣州商務印書館工作過的浙江紹興人徐少眉。商務印書館是民國時期中國五大書店之一,其餘四間分別為大東書局、開明書店及中華書局,發源地皆在上海。

11　徐季良是香港大華鐵工廠創辦人,是推動香港蘇浙滬同鄉會發展的重要人物。

貨公司對面。除了出售圖書畫報、文具外，還經營學校教學儀器。車越喬最初在儀器部當練習生，月薪 15 港元，由於他天資聰穎，虛心好學，很快就熟悉了各種儀器的性能，掌握了儀器的組裝，調試等技能。一年後，主管儀器部的主任辭職，老闆賞識車越喬的勤奮與才幹，提升他接任主管工作，並將月薪加到 200 港元。在當時，這個數目一般職員要做 10 年才加得到，所以簡直可算是奇跡了。車越喬在多個方都顯露出過人的才華，又能用英語接待外國客人，在同事中有「神童」之譽。

創業

創立香港科學儀器社

1950–1954 年，車越喬在大公書局工作，每月把錢寄回紹興家裡，自己只留一小部分。但父親來信，家裡生活還是困難。為了增加收入遂於 1955 年初決定自己創業，成立香港科學儀器社。公司位於中環威靈頓街，招牌由父親題寫。

創業之初，車越喬把各種儀器銷售到香港中學、大學。當時香港學校的教育經費還不寬裕，而外國的儀器比較昂貴。車越喬根據客戶的需要，找到代替外國進口產品的本地生產商，還多處採購玻璃抹片、試管等組成實驗室用品套裝，供老師做實驗用，從而減輕學校的成本，也由此結識了許多中學教師、大學教授如時任香港中文大學校長馬臨[12]等，得到了他們的信任，成為穩定的客戶群。

隨着經濟的發展，儀器在各行各業的應用日益廣泛。車越喬順應大勢，把儀器推銷到工廠、商場、醫院、科研機構等。但早

12　馬臨，1955 年於英國里茲大學獲哲學博士學位，1978 至 1987 年間出任香港中文大學第二任校長，至 2017 年逝世。見「懷念先賢馬臨教授」，香港中文大學網站：http//www.cuhk.edu.hk/Chinese/features/ma_lin.html，擷取於 2020 年 1 月 3 日。

期香港客戶購買進口的儀器多是通過洋行（如捷成洋行[13]、瑞典洋行[14]等），可供選擇的種類不多。為了增強公司的競爭力，車越喬於1960年代後期開始走向世界，飛到日本、英國、德國等地，直接與國際著名儀器生產廠家洽談，成為多個國際著名的儀器品牌的香港總代理，使公司業務走向更加廣闊的天地。

1970年代末，中國內地實行改革開放的政策，香港的製造業北移，大批香港工廠遷到廣東等地。新的工廠需要新的儀器，由此儀器的需求大增。公司及時向客戶提供國際先進的儀器，包括光學儀器、工業儀器、自動化儀表等，既滿足了客戶的需求，也擴大了公司的業務範圍。

內 地 開 設 公 司

隨着中國內地的經濟快速發展，對於儀器的需求大增，國際間的儀器貿易也呈欣欣向榮的局面。1990年代，車越喬先後在家鄉紹興市城東經濟開發區設立「紹興瑞越儀器有限公司」[15]，生產中小學教學儀器出口到美國、德國等國家；在上海創立「上海香科儀器貿易有限公司」[16]，在杭州及廣州市成立「浙江科通儀器有限公司」

13　捷成洋行，由 Jacob Jebsen 及 Heinrich Jessen 於 1895 年在香港創辦，本金 4 萬德國馬克，初期經營往來香港，海口及北海的航運、在華銷售英國棉產品及德國工程產品。見 Laura Miller、Arne Cornelius Wasmuth 著，鄭燕譯，《三魚商標 —— 捷成與謝遜家族創業史》，頁 8、13–15。（香港：Hongkongnow.com Ltd，2008）（https://www.jebsen.com/Jebsen/media/Jebsen/Three%20Mackerels/Three-Mackerels-Book-Chinese.pdf?ex）

14　瑞典洋行，1913 年在香港成立，專營瑞典對華貿易，現時董事總經理為 Christopher Ulfeng 及 Michelle Lynn Rasborn，主席為 Michael Thomas Rasborn。「About Us」Swedish Trading Company Limited：https://www.swedishtrading.com/about-us，擷取於 2020 年 1 月 2 日。

15　紹興瑞越儀器有限公司，1996 年成立，經理為車越喬，現時位於浙江省紹興市越城區開發區平江路 46 號。見「紹興瑞越儀器有限公司」，中國商品網網站：http://ccn.mofcom.gov.cn/227669，擷取於 2020 年 1 月 2 日。

16　上海香科儀器貿易有限公司，1998 年成立，董事長為車越喬，現時位於上海市靜安區武定西路 1189 號靜安律德大廈 213 室。見「上海香科儀器貿易有限公司」，中國商品網網站：http://ccn.mofcom.gov.cn/255301，擷取於 2020 年 1 月 2 日。

一九七〇年代，車越喬（左一）在香港的英國館展覽會與麥理浩港督交談。

及「浙江科通儀器有限公司廣州分公司」[17]，將國際先進的科學儀器供應給內地市場。

幾十年來，車越喬創立的香港科學儀器社穩步發展、壯大。現在公司已遷往香港葵涌大連排道 58–66 號樂聲工業中心十八樓 C 及 D 座，將辦公室、門市部、貨倉集中，更加有利於業務的開展。現在公司的業務交由次子車弘健管理。

熱心公益事業

回報家鄉

車越喬事業有成，不忘回報家鄉，回饋社會。 1980 年代初，就與幾位香港同胞合資興建紹興首間華僑飯店[18]（1985 年 2 月落

17　浙江科通儀器有限公司，由香港科學儀器社有限公司於 2006 年在杭州成立，翌年在廣州設立分公司。見「關於我們」，浙江科通儀器有限公司網站：http://www.fortunescientific.com.cn/aboutus.aspx，擷取於 2020 年 1 月 2 日。

18　紹興華僑飯店，由車越喬、章傳信、馬金海、周水祥、許子文等 52 名紹興籍香港商人於 1979 年集資籌辦，於 1985 年 2 月開業。見紹興市地方志編纂委員會編，《紹興市志》，第 3 冊，頁 1665–1666。（杭州：浙江人民出版社，1996）

成）；1990 年代又為建立紹興博物館[19]（1993 年 4 月開館）捐款 50 萬元；為籌建紹興市少兒藝術學校捐款 13 萬元；又與幾位旅港紹興鄉親聯名提案，倡議籌辦紹興大學。車越喬先後捐款 400 萬元，最終紹興文理學院[20]於 1996 年成立。紹興文理學院將學院內的一所美術館以其父親名字命名——「恂如美術館」，車越喬還把自己多年來收藏的三百多幅齊白石、吳昌碩、黃賓虹、陸儼少等 130 位名家的作品捐獻給「恂如美術館」。2003 年，車家弄小學異地重建，車越喬先後捐資 80 餘萬元。學校於 2005 年 4 月竣工，經有關部門批准，擴建後的新學校以其先父冠名，命名為「車恂如小學」，學校還聘請車越喬為名譽校長。同年車越喬又再捐資 80 萬元予戢山中心小學，用於建造以其母名字冠名的「李蓮青體育館」。

19　紹興博物館，由紹興籍華僑車越喬、章傳信、高月明、徐仁昌、倪鐵城、陳元鉅、徐春榮 7 人捐資 350 萬元興建，1993 年落成。見《華僑華人百科全書 ‧ 僑鄉卷》，頁 568。（北京：中國華僑出版社，2001）

20　據紹興文理學院網頁，該校源於 1993 年紹興市委、市政府決定籌辦紹興大學，並紹興師專及紹興高專合併，至 1996 年正式成立，定名為紹興文理學院。見「校史校貌」，紹興文理學院網站：https://www.usx.edu.cn/xxgk/xsxm.htm，擷取於 2020 年 1 月 2 日。

三十多年來，車越喬多次捐款給家鄉的文化教育等事業，累計捐款已達數千萬元人民幣，而不求任何回報。

回饋社會

2005 年車越喬為慶祝公司成立 50 周年，捐贈 250 萬港元予香港中文大學逸夫書院[21]。書院為表示感謝，將書院大講堂的一個展覽場地命名為「越喬藝廊」，並於 2006 年 2 月 7 日舉行隆重的命名典禮。2005 年車越喬任逸夫書院校董；同年捐出 50 萬港元予樹仁大學成立獎學基金；2015 年於公司成立 60 周年之際，捐贈 400 萬港元予香港中文大學（深圳）[22]；捐贈 200 萬港元予香港樹仁大學；捐贈 400 萬港元予浙江大學，合計捐贈 1,000 萬港元予三所大學。

參與同鄉社團組織

車越喬在前任會長李和聲邀請下加入香港上海總會，最初是餐飲會員身份，2008 年開始先後出任理事、常務理事、副監事長之職。

車越喬除了加入香港上海總會外，早在 1988 年已與一班紹興同鄉創辦紹興旅港同鄉會，並在 1994 至 1997 年出任第四、五屆會長。他還參與籌建浙江省同鄉會聯合會。1998 年，車越喬與李達

---

21 逸夫書院，由邵逸夫爵士創辦，於 1987 年成立，為香港中文大學第四所成員書院，首任院長為陳佳鼐教授。見「書院歷史」，逸夫書院網站：http://www.shaw.cuhk.edu.hk/index.php?option=com_content&view=article&id=8&Itemid=12&lang=zh-TW，擷取於 2020 年 1 月 6 日。

22 香港中文大學（深圳），由香港中文大學及深圳大學以合作辦學形式創辦，於 2012 年 10 月獲中國國家教育部批准籌建，2014 年開始招生，校址設於深圳市龍崗區。見「國家教育部批准設立香港中文大學（深圳）」，香港中文大學網站：https://www.cpr.cuhk.edu.hk/tc/press_detail.php?id=1781&t=%E5%9C%8B%E5%AE%B6%E6%95%99%E8%82%B2%E9%83%A8%E6%89%B9%E5%87%86%E8%A8%AD%E7%AB%8B%E9%A6%99%E6%B8%AF%E4%B8%AD%E6%96%87%E5%A4%A7%E5%AD%B8-%E6%B7%B1%E5%9C%B3，擷取於 2020 年 1 月 6 日。

　　三等旅港浙江鄉親聯合浙江省 11 個城市[23] 的同鄉會，共同創立香港浙江省同鄉會聯合會。李達三擔任創會會長，車越喬擔任副會長兼秘書長，2008 至 2011 年任第五、第六屆會長，現在任該會永遠名譽會長。除了參與同鄉會事務，車越喬亦曾任浙江省政協第八、九屆委員。

會所餐廳

　　近年上海、江浙和淮揚菜在香港頗為流行，除了香港上海總會在 1978 年開設會所餐廳外，其他設有餐廳的同鄉會，包括香港寧波同鄉會會所餐廳[24]（1968 年開辦），香港蘇浙滬同鄉會餐廳[25]（1969

23　包括杭州市、寧波市、溫州市、紹興市、嘉興市、台州市、金華市、湖州市、衢州市、麗水市及舟山市。

24　香港寧波同鄉會會所餐廳，1968 年創辦，位於香港中環己立街 2–18 號業豐大廈，供應蘇浙滬菜式。見香港寧波同鄉會會所餐廳網站：http://www.ningpo.com.hk/zh-hant/restaurant，擷取於 2020 年 1 月 6 日。

25　香港蘇浙滬同鄉會餐廳，隨同鄉會於 1969 年成立，當時位於香港中環皇后大道中 58 號振邦大廈，至 1994 年遷至皇后大道中 48 號萬年大廈三樓及四樓。見《香港蘇浙滬同鄉會七十周年會慶特刊》，頁 154。（香港：香港蘇浙滬同鄉會出版委員會，2016）

年開辦），香港浙江省同鄉會聯合會的浙江軒 [26]（2011 年開辦），香港江蘇社團總會的江蘇薈 [27]（2016 年開辦）。開設浙江軒的原因是車越喬退任香港浙江省同鄉會聯合會會長時，有感該會規模漸大，可惜會址仍是租用，未有自置會所。於是向會內成員提議出資購買新會所。剛接任會長之職的李德麟提議開設一間浙江菜館，以公司股份制模式運作，供會員或聯合會舉辦活動時使用。於是車越喬、車弘健、李和聲、李德麟、王緒亮、包培慶、曹其鏞、陳元鉅、陳仲尼、范思浩等 25 人合資，購入灣仔駱克道 300–306 號僑阜商業大廈一至三樓。浙江軒於 2011 年 11 月 11 日 11 時 11 分正式開幕。

個人書畫收藏

車越喬熱愛中國文化，喜好收藏書畫。當事業有成後，車經常參與書畫拍賣會。日積月累，收藏了許多名家的作品，包括張大千、齊白石、傅抱石、黃賓虹、吳昌碩、潘天壽、謝稚柳、陸儼少、黃冑、范曾、趙少昂、吳山明等。

26 浙江軒，2011 年開業，位於香港灣仔駱克道。見〈會所貴氣浙江菜〉，《飲食男女》，2011 年 12 月 30 日，頁 16，轉引自《浙江軒》網站：http://www.zhejiangheen.com/media.php，擷取於 2020 年 1 月 6 日。

27 江蘇薈，2016 年 5 月 19 日開業，位於香港上環，為旅港江蘇人在香港的首個會所，供應江蘇淮揚菜式。見「總會祝賀『江蘇薈』正式開業」，香港江蘇社團總會網站：http://www.jiangsuhk.org/zh-hk/news/detail/49，擷取於 2020 年 1 月 6 日。

啟德機場年代，飛機飛越九龍城市區的情況。

第二章

騰飛香江

儂上海閑話講得來伐？
聽是聽得懂一眼眼，
講是講勿來個。

張玉芳

洗盡鉛華的電影巨星

童年成長點滴

香港著名電影紅星葛蘭，原名張玉芳。1933 年生於南京，祖籍浙江海寧，幼年移居上海；母親是北京人，操流利的京片子，以繼室身份嫁入張家。母親曾在北京協和醫院擔任護士，思想開明，育有兩女一子，幼女出生後不久不幸夭折，只剩下張及其弟。

張玉芳幼年時曾感染傷寒，受發高熱及發冷等煎熬，作為護士的母親，並沒有將她送院，反而留她在家，從早到晚寸步不離照料，並請醫生每天登門診治。母親每隔四小時以熱水消毒針筒為張注射針藥，又剪其辮子以便打理。她因病不能如常進食，體重消減

至 60 磅，病情相當嚴重。在家調養身體六個月後，體重逐漸回復至 90 磅。患病期間無法上學，需延聘補習老師到家中授課，以便趕上學校進度。張玉芳深受慈母疼愛，亦侍母至孝，從影後賺取的第一份工資，即傾囊購買手錶送贈母親。

　　她自小熱愛唱歌、朗誦和畫畫，在上海就讀世界小學[1]時，經常參與唱歌、朗誦和話劇表演，晚上大多與同學一起排演，在校內是萬眾觸目的知名學生。學校規定所有學生在校內溝通必須使用國語，否則罰款一元，因此，學生都會説流利國語。初中升讀上海

1　世界小學於 1936 年由近代教育家李石曾、蔡元培等人創辦。知名校友包括物理學家高錕、中國食品毒理學學科的創始人之一陳君石、畫家楊之光等。摘自《VITO 雜誌》：https://vitomag.com/history/udrdr.html。

啟明女子中學[2]，同樣是校內的活躍份子，參與排球、壘球等體育活動。最不喜歡的科目是地理，總是覺得地貌地勢分佈等概念很難掌握。

1949 年，16 歲的張玉芳與弟弟從上海往香港探望患病的父親，火車從上海途經廣州抵達澳門，再轉乘德星號輪船到港。由於上海的家傭會說粵語，她在上海已學懂一點粵語，較容易適應香港的生活，而弟弟則完全不懂粵語，適應得較慢。來港後曾先後下榻愛群酒店、柯士甸酒店，其後更多次遷居，住處包括尖沙咀漆咸圍、佐敦德興街、九龍塘又一村及何文田加多利山。在香港德明中學插班入讀高中二年級，雖然略懂粵語，但仍被本地同學取笑其發音不太準確。

1961 年下嫁省港澳「典當業大王」高可寧之子高福全[3]為繼室，二人育有一子（兒子於 1966 年出生）。張玉芳笑言丈夫是典型的廣東少爺，喜打橋牌及天九，婚後家中瑣碎事均由她打點。丈夫與前妻育有兒女，卻十分鍾愛么子。張玉芳雖然只有一名兒子，但對丈夫前妻所出的子女均視如己出，眾兒孫亦視張如親母，孝敬有加，每逢周日定當抽空相聚，家庭和睦；每年母親節兒孫總會相約慶祝，讓她忙得不可開交。

受家人薰陶接觸京劇

張母甚愛京劇，常在家哼唱曲調，同父異母的姊姊則學習京劇老生。張玉芳小時候對京劇興趣不大，甚至覺得吵耳，跟家人外出看京劇，時間稍夜更會不時入睡。到她婚後息影，生活歸於平淡，才跟隨母親學習京劇，自此樂在其中。加入香港上海總會後，她經

---

2 啟明女子中學於 1904 年創立，初名啟明女校，1931 年更名為啟明女子中學，位於上海徐家匯的法國天主教會學校，校址樓高三層，屬法國文藝復興建築風格。1951 年由政府接管，1952 年先後改名為匯明女子中學及上海市第四女子中學。1968 年，再更名為上海市第四中學。載《東方網》：http://city.021east.com/gk/20191119/u1ai20161504.html。

3 高福全乃省港澳「典當業大王」高可寧之子，1916 年出生，2004 年去世，享年 88 歲。

常到總會參與戲曲排練，並趁機學演不同角色，又學演奏琴鼓。張玉芳猶記得數年前參與老會長李和聲的壽宴，以京劇賀壽，並自動請纓擔當打鑼，令李老會長受寵若驚。

　　張玉芳的夫家高氏幾乎沒人喜歡京劇，兒子更指京劇樂曲如殺雞般吵耳，惟姪子（尤敏[4]與高福球的兒子）同是喜歡京劇之人，二人較投契。

誤闖演藝圈

　　1952 年，19 歲的張玉芳仍在德明中學讀書時，應鄰座女同學

4　尤敏，原名畢玉儀，廣東梅縣人，生於 1936 年，父親為粵劇名伶白玉堂，著名反串文武生任劍輝為其表姑。1952 年被電影公司發掘，成為電影演員。曾主演四十部電影，與葛蘭合作多部電影。1964 年尤敏與高可寧的另一名兒子高福球結婚，隨即息影。見粟子：《愛戀老電影 —— 五、六〇年代香江女星的美麗與哀愁》，頁 68–69。（台灣：秀威出版，2010 年）

的邀請，結伴投考卜萬蒼的泰山影業公司[5]演員訓練班。本抱着玩票心態投考，怎知同學因不懂普通話而落選，她反而被選中。張玉芳回家後請求父母批准，母親雖然支持，但父親要約法三章方批准其加入訓練班：一、不准放棄學業；二、不准拍黃色電影；三、父親要親自審閱劇本，條件十分嚴厲。張玉芳答應履行承諾，從此投身電影界，老父後來態度軟化，還協助她回覆影迷來信。

訓練班畢業後，她正式加入泰山影業公司，處女作乃《迎春花》，之後有較為人熟悉的《七姊妹》。《七姊妹》公演後，著名崑曲演員俞振飛[6]在青山道新舞台戲院[7]籌備公演《白蛇傳》折子戲，急需懂音律樂譜的女演員，擔任青蛇小青一角，遂請卜萬蒼在《七姊妹》眾女角中挑選合適人選，卜萬蒼向俞振飛推薦了她。張玉芳被選中後精神十分緊張，不眠不休 17 天，跟俞振飛學習「唱做唸打」基本功，過程非常辛苦。公演之日，她在後台戰戰兢兢，硬着頭皮踏上台板。其後又參與俞振飛的京劇《人面桃花》，演唱及演奏胡琴，正式成為京劇演員。

1954 年泰山影業公司結業，張玉芳以自由身參演不同電影公司的影片。1950 年代，國際電影懋業有限公司（電懋）[8]與邵氏兄弟

5　泰山影業公司於 1951 年由資深導演卜萬蒼在香港創立，代表作有《淑女圖》（1952）、《長巷》（1956）和《苦兒流浪記》（1960）等。見 https://www.westkowloon.hk/tc/whats-on/past-events/m-screenings-restored-images-from-taiwan/chapter/programme-2863

6　俞振飛（1902–1993），生於蘇州，著名京崑藝術大師，1957 年出任上海市戲曲學校首任校長。

7　新舞台戲院成立於 1940 年，位於九龍青山道，全院共有 1572 個座位。參閱鍾寶賢《香港百年光影》，頁 161。（北京：北京大學出版社，2007 年）

8　國際電影懋業有限公司由馬來西亞華僑商人陸佑之子陸運濤，於 1956 年將國際影片發行公司及香港永華影業公司合併改組而創立，以拍攝及發行國語電影為主。其管理班底主要是從歐美回流，故引入西方荷里活電影製作模式。1964 年 6 月，陸氏赴台參加亞洲影展返港時不幸遇上空難身亡，公司因頓失主理人而無法如常運作，最後於 1971 年結束影片製作。參閱鍾寶賢《香港百年光影》，頁 190–193 及 210–211。（北京：北京大學出版社，2007 年）

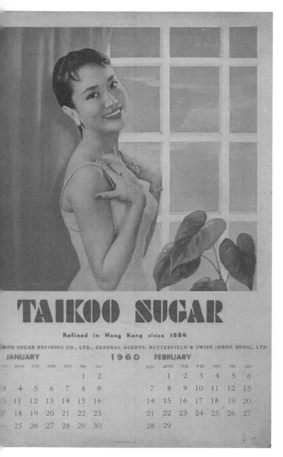

有限公司（邵氏）[9]是當時香港著名的國語電影製作公司，兩間公司競爭十分激烈，邵氏主要製作古裝片，電懋則以摩登時裝電影為主。由於張玉芳外型具時代感，在電懋有較多發展機會，所以沒有

[9]　邵氏四兄弟邵醉翁、邵邨人、邵仁枚及邵逸夫早在 1920 年代開始涉足新加坡、中國內地及香港電影製作，成立院線發行出品。1950 年，創立邵氏父子公司。隨着國際電影懋業有限公司興起，邵逸夫於 1957 年向香港政府購入清水灣地皮而建立邵氏影城。1958 年成立邵氏（兄弟）香港有限公司，由邵逸夫主理。參閱鍾寶賢《香港百年光影》，2007 年，頁 195–199。（北京，北京大學出版社）

加入邵氏，而電懋遂成為張玉芳合作多年的電影公司。

云云作品之中，1957 年上映的《曼波女郎》讓她一炮而紅，從此擁有「曼波女郎」外號。而令她最難忘的是 1959 年上映的《空中小姐》，演員穿梭馬來西亞、曼谷、新加坡及台灣實地取景拍攝，扮演空中小姐要穿着高跟鞋在炎熱的影棚內演戲，電影連場歌舞，非常辛苦。有影迷曾説想加入演藝行業，張玉芳苦口婆心勸説指要吃得苦才能入行。

張玉芳早年隨黃飛然 [10]、林聲翕 [11] 及葉冷竹琴 [12] 等名師學習聲樂。1950 至 1960 年代主演多部國語歌舞片，並主唱多首膾炙人口的時代曲，包括《我要你的愛》、《教我如何不想他》、《我愛恰恰》等，因此獲邀巡迴演唱這些流行歌曲，紅遍東南亞。為了提升表演的水準，她苦練在極短速時間內唱完《我要你的愛》（原曲為 *I Want You To Be My Baby*）一曲的歌詞，歌藝迷倒不少樂迷。歌曲雖廣受大眾歡迎，但同時亦惹來批評，《教我如何不想他》一曲將古典慢調轉為輕快旋律，《我愛恰恰》放聲唱「恰恰恰」等新派腔調，引起聲樂老師葉冷竹琴不滿，葉師從此拒絕向她傳授歌唱技巧。張玉芳感

10 黃飛然（1921–2013），生於廣州，上海長大，資深聲樂家、合唱團指揮及大提琴演奏家。畢業於上海聖約翰大學和上海國立音專學院。1949 年離開上海，開始在澳門教學，1953 年移居香港，並受聘於香港政府教育署音樂部門，負責統籌及監督音樂課程。居港期間，曾任香港管弦樂團和中英樂團的首席大提琴手。他也是香港聖樂團的音樂總監和香港九龍城浸信會的指揮，參與許多音樂活動，直至 1975 年退休移居加拿大。見 http://www.vancouveroratorio.org/wp-content/uploads/2015/12/Frank-Huang.pdf。

11 林聲翕（1914–1991），廣東新會人，被譽為中國樂壇的長青樹，在作曲、指揮演奏和音樂教育等領域均有傑出的成就。自小學習鋼琴，曾入讀上海國立音樂專科學校（現稱上海音樂學院）主修鋼琴，並學習和聲及理論作曲。林氏於 1935 年畢業後，一直從事作曲、教學及指揮工作。在近 60 年的音樂生涯中，林氏創作的歌曲超過 300 首，著作包括《滿江紅》和《白雲故鄉》等，其中香港中文大學逸夫書院的院歌乃是林氏的作品。林與作曲家黃友棣及作詞家韋瀚章，被尊稱為「香港樂壇三元老」。見 https://www.info.gov.hk/gia/general/201503/02/P201503020548.htm。

12 葉冷竹琴是 20 世紀少數留學美國的女聲樂專家，回國後曾擔任南京金陵女子大學音樂系主任。1940 年末來港，1952 年，中英樂團在皇仁書院舉行音樂會，葉擔任指揮，帶領 50 多人的合唱團演出韓德爾等作品。葉為香港 50 年代聲樂「四大門派」掌門大師之一（其餘三位為趙梅伯、胡然及李英）。參閱周光蓁《香港音樂的前世今生：香港早期音樂發展歷程（1930s–1950s）》，頁 131。（香港：三聯書店（香港）有限公司，2017）

歎自己是職業演員，參演娛樂大眾的電影和唱流行歌曲，目的為賺取片酬維持生計及供養弟弟赴美國升學[13]。

《情深似海》是她從影以來個人最喜愛的作品，該片是國際電影懋業有限公司出品，1960年上映，製作認真，拍攝期間導演常邀演員聚會講解劇本。影片在九龍青山別墅實地取景，為保證現場燈光及收音效果理想，工作人員需用被褥覆蓋機器及關緊門窗，每場拍罷方能打開門窗通風，場內氣溫時冷時熱，很容易令人病倒，她靠服用維他命增強抵抗力。這部文藝電影讓張玉芳發揮演技，由於全情投入劇情，每當悲劇情節後，回到家仍然哭個不停，戲中並沒有安排她擅長的歌舞情節。可惜的是觀眾較喜愛她演歌舞片，該片票房不如預期般賣座，令張玉芳大為失望。1960年初，張玉芳獲王天林邀請拍攝《野玫瑰之戀》，女主角形象較性感，她起初有點抗拒，經王導演教導如何揣摩角色後，大膽嘗試，公映後更獲提名角逐電影獎項，有記者曾向她披露會獲獎，可惜最後與獎項[14]無緣。翌年，電影《星星月亮太陽》上映，張玉芳在戲中飾演「月亮」，尤敏飾演「星星」，葉楓飾演「太陽」，並由多位當紅男影星擔綱演出，劇情加插歌唱環節，分上下集公映，叫好又叫座[15]。與同時期的電影的女星不同，張玉芳以自然活潑的形象示人，她梳的馬尾頭，穿的襯衣、運動服總是帶領潮流，吸引影迷爭相仿效，不但表現了個人率真開朗的性格，更反映了1950–60年代香港時代女性的形象。

找到歸宿

　　張玉芳雖歌藝及演技精湛，卻與獎項無緣，因個人事業發展不

13　粟子，《愛戀老電影 —— 五、六〇年代香江女星的美麗與哀愁》，頁110–111。（台灣：秀威出版，2010）

14　獎項乃1961年第八屆亞洲影展「最佳女主角」獎項，由影星林黛憑《千嬌百媚》奪得，林黛在電影內主唱的歌曲，均由顧媚幕後代唱。

15　粟子，《愛戀老電影 —— 五、六〇年代香江女星的美麗與哀愁》，頁114–115。（台灣，秀威出版，2010）

如理想，遂萌生離開影圈念頭。其時高福全力追，加上母親對高家印象甚佳，力勸她嫁入豪門。1961 年 6 月 15 日與高福全成婚，入住高氏位於山頂的大宅。婚後初期並不習慣，感到生活苦悶，因尚有兩齣片約在身，參演了《教我如何不想她》及《寶蓮燈》。

為了成孕，張玉芳積極調養身體，每天到診所治療子宮後傾的問題。結婚五年後，某天張玉芳疑患上感冒，請當醫生的鄰居檢查，經初步檢查，有懷孕跡象，翌日需到醫務所檢驗。張玉芳心情忐忑不安，徹夜難眠，又不敢向丈夫透露。當確定懷孕後告之丈夫，丈夫樂不可支，立即到高家神樓酬謝祖先庇佑。她原本是天主教徒，懷孕後覺得是觀音送子，改信佛教。1966 年，兒子出生，她正式告別影壇，專心相夫教子。

丈夫是個充滿詩情畫意的人，精通行書及草書，曾撰寫《耐吾尋味錄》記錄生活趣事，又經常寫情詩表達愛意，張玉芳至今仍珍藏留念。她記得丈夫在醫院彌留之際，距離結婚周年紀念日尚有一星期，張玉芳深知情深的丈夫希望一同度過結婚周年紀念日而苦撐，為了減輕其痛苦，建議提早慶祝紀念日，丈夫含淚回應。翌日，丈夫安詳離世。

終身學習

張玉芳認為指自己頗具語言天分，自小從父母身上學會流利的上海話和京片子；在上海讀小學時除了學習英文外，也有學習俄文；當演員後，因劇情需要或遠赴外地演出，亦學習法文、台語。在表演藝術方面，她小時候已開始學習鋼琴、舞蹈及西洋聲樂，來港後仍繼續學音樂。年少時曾夢想前往羅馬修讀音樂，可惜父親患了肺病，弟弟又要赴美國升學，她肩負家中經濟重擔，因此打消念頭。1952 年，張玉芳加入演員訓練班首三個月，月薪只有 150 元，受訓期間還要學習化妝、國語正音、台前演繹、後台場記等技巧。得友人介紹向葉冷竹琴學習西洋聲樂及古典腔調，受嚴格訓練，鞏固聲樂底子。張玉芳為演出而學習京劇，亦曾學習崑曲，但是崑曲

的唱詞很深奧，並未產生興趣。

　　她笑言從影時十分忙碌，一天拍三組戲，息影後頓變「無組」，惟本性外向，喜愛學習新事物。鑑於夫家乃名門望族，婚後不能隨意外出消遣，於是隨母親唱曲，學插花，學烹飪打發時間。步入晚年後，張玉芳嘗試學習電腦、打麻將，希望可與親友耍樂。新冠肺炎疫情期間，為免受感染而未能如常外出，每周兩天聘請導師到家中為她拉胡琴，繼續練唱京劇調子；同時又把握機會學習一人飾演兩角：老生與青衣對唱，乃至鑼鼓等技巧。可是，導師指張玉芳聲線帶「雌音」，未能完美演繹老生神髓，令她感到氣餒。

晚年生活

　　2019 年下半年香港發生社會運動，接著出現新冠肺炎疫情，令她的生活大受影響。過去每逢農曆新年前夕，張玉芳總會訂造新

衣裳、準備應節糖果、封紅包，迎接親友到訪拜年，非常熱鬧。近兩年因疫情而沒有親友到訪，氣氛冷清，連新衣也沒有穿，紅包也擱在家裡。

為了打發時間，每天除了早上在家練習氣功、拉筋、做運動外，在家閒時會整理家中的雜物、烹調美食、包餃子、插花，甚至重溫昔日之舊作，翻看當年自己息影前最後一部作品《啼笑姻緣》，發現大部分演員均已離世，唏噓萬分，不忍看下去。

張玉芳希望疫情快過，可以重遊老家上海探望同父異母的兄長、姪子以及同學。諮詢醫生後，張玉芳接種預防新冠狀病毒疫苗，接受訪問當日已完成注射兩劑疫苗超過 14 天。

加入香港上海總會

張玉芳延續年少時學習書法的興趣，先是參加了九龍會的書法班，導師是區大為。後來，她因書法愛好與香港上海總會結緣，當時上海總會書法班由鄭仲河統籌，下課後，書法班的同學會在香港上海總會餐廳用膳。張玉芳自從應習字友人邀請到香港上海總會品嚐魚翅後，從此便愛上總會的菜餚。有一回曾慕名前往香港上海總會餐廳，卻因非會員而吃「閉門羹」。由於不是會員，只能跟隨有會籍的同學品嚐美食。

多年前張玉芳與老會長李和聲先生用膳，李會長希望在香港上海總會推廣京劇，她自薦向李和聲學藝，一同弘揚京劇藝術，因而加入香港上海總會。張玉芳坦言時代變遷，向後輩宣揚京劇藝術困難不少，只有具歷史根基穩扎的人才能領略箇中樂趣。

1980 年代初，張玉芳跟隨李和聲到北京東方藝術學會進行京劇交流活動，隨後學會邀請著名京劇演員梅葆玖、童芷苓等人來港演出。回港後李和聲推薦她擔任香港上海總會「康樂組組長」（即文化康樂委員會），原因是她活力充沛，予人健康且快樂的形象，是

合適人選。張玉芳上任之初積極策劃京劇活動。

　　近年因疫情關係，香港上海總會康樂組未能籌辦外遊活動，只有開辦婦女班、文藝班予會員；此外，香港上海總會更積極推動社會慈善服務，如派發利是予老人家，成立獎助學金，幫助學生等。張玉芳希望日後參與推廣京劇或其他慈善項目，出一分力，回饋社會。

居港生活感想

　　張玉芳自 1950 年代初來港，至今（2021 年）已有七十載，是一個道道地地的香港人。她表示殖民管治時期與香港回歸後，政府管治風格不同，市民自然未能適應。她認為當權者也有其施政之難處，故不會抱怨。她個人天生求知慾強，願意積極學習新事物，謙虛受教，認為人生最重要是不停學習新事物。回顧數十載人生，自己凡事忠於自己，沒有做壞事，出嫁前孝順父母，照顧弟弟。婚後處處為夫家着想，疼愛丈夫所有子女，恪守婦道，持家有道，生活得充實且具意義。

顧家麒

繼承教育使命的外科聖手

家庭背景

　　顧家麒醫生，祖籍浙江湖州市南潯鎮，父親為顧乾麟，母親為劉世明。1934 年 1 月 25 日生於上海，家中有五兄妹，他排行第二，有一個哥哥、兩個弟弟和一個妹妹。小學就讀於上海華童公學[1]，初中入讀上海大同大學附中[2]，13 歲離開上海赴香港。

　　年僅 36 歲的祖父顧叔蘋因急性腎病去世，父親顧乾麟 17 歲便棄學從商，自立持家，曾任上海怡和洋行屬下打包廠經理，其後晉

1　上海華童公學（Public School for Chinese）始建於 1904 年，是由上海公共租界當局主辦的第一所華人學校。校址最初設在克能海路（Cunningham Road）（今上海靜安區康樂路）。落成後最初只設有初小四級、高小二級，民國成立後再增設中學部。日佔時期（1941 年）被改稱為「市模範中學」，抗日戰爭結束後為紀念抗日英雄謝晉元將軍，校名在 1945 年再被改為「晉元中學」，1956 年改名「陝北中學」，最終在 1980 年代恢復原校名「晉元中學」，並於 1999 年搬遷重建，更訂為今天的「上海市晉元高級中學」，校址設於今上海市普陀區新村路。陳科美，《上海近代教育史》（上海：上海教育出版社，2003）；張帆，〈30 年代上海租界教育改革研究〉，《江蘇大學學報：社會科學版》6, no. 2，2004，頁 46–50。

2　上海大同大學附中，是上海大同大學的附屬中學。大同大學始建於 1912 年，最初稱為大同學院，設有中學及大學兩部。1922 年，大同學院改稱為大同大學，後在 1932 年，中學部從大同大學分拆出來，改為大同大學附屬中學。1939 年，大同大學附屬中學再被劃分為大同中學附中一院及二院。戰後，前者在 1952 年改為上海市私立大同中學，並 1953 年與私立經世中學合併，1956 年再被改為公辦，1969 年再被更名為「上鋼三廠五七中學」。經歷多次整合改革和更改校名後，在 1978 年重新訂名為「上海市大同中學」至今，是上海市著名公立高中，著名校友包括了前中國國務院副總理錢其琛。大同大學則於戰後的 1952 年被撤校，各科系併入上海其他高等院校中，例如理學院便被併入了上海復旦大學。大同大學，《大同大學簡章》，1936；陳科美，《上海近代教育史》（上海：上海教育出版社，2003）；蔣寶麟，〈學人社團、校董會與近代中國私立大學的治理機制 —— 以上海大同大學為中心（1912–1949）〉，《華中師範大學學報》，no. 1，2015，頁 126–134。

升為代理棉花和紡紗等產品的貿易買辦。父親幼承庭訓，受祖父教誨，明白君子愛財，取之有道，財富取之社會，要用之社會，花錢也要正直地花。1939 年，顧父 30 歲那年，事業有成，創立了以祖父冠名的獎學金。與其他獎學金不同，叔蘋獎學金不是一次性獎勵，而是每年持續頒發，支持得獎者完成大學為止。自成立至 1948 年 10 年內共資助了超過 1,000 多名初高中學生升讀大學，得獎人中有不少後來成為名人。

抗日戰爭期間，上海為日軍所佔，顧父工作的英資怡和洋行被視為敵對勢力，公司的洋人大班和職員均被送往集中營關押，顧父因是中國人沒有被扣押。日佔期間，顧家麒與哥哥在學校被強逼學習日文，二人非常反感，常被日本老師責打，顧父見狀索性辦理退學，讓他們留在家中學習。叔蘋獎學金在日佔期間仍然運作，一些得獎學生上門為兄弟二人補習，教授他們中英文和數學。

從香港到英國

1948 年國共內戰，顧家舉家遷往香港。剛到香港時，顧家並沒有固定的居所，只是暫居酒店。顧家麒被安排入讀赤柱聖士提反書院（St. Stephen's College）[3] 寄宿，在學校無法用粵語溝通，幸而有不少來自東南亞如馬來西亞、新加坡及內地學生，加上學校以英文為主要授課語言，因此不諳粵語並沒有為他帶來太大的不便。他在上海讀初中時中文讀寫能力已具一定水平，聖士提反書院的中文科課程對他來說是駕輕就熟。顧家麒只在香港短暫逗留了約一年，顧父擔心他未必能考入香港大學，1949 年送他往英國留學。

初到英國時，顧家麒寄居於一名退休校長鄉間家中，學習英文

3　聖士提反書院（St. Stephen's College）位於港島南區赤柱，始建於 1903 年，自創立以來都是以寄宿學校的形式運作，是一所以英文為教學語言的學校。在日軍侵略香港時，該校曾被臨時徵用為醫時軍事醫院；香港淪陷後則被日軍用作盟國國民的拘留營。戰後 1947 年重新投入運作，並在 1968 年起由男校改成男女校。聖士提反書院，「Our Story」，https://www.ssc.edu.hk/en/site/view?name=College+History，擷取於 2021 年 5 月 28 日。

一九九七年十月一日，第六期叔蘋獎學金同學錢其琛（時任副總理）在國賓館會見顧家麒夫婦。

和適應英國生活。與此同時，雙親到英國後，在英國各地為他尋找合適的中學。在旅途中，顧父在火車上遇見雷丁區（Reading）禮頓帕格學校（Leighton Park School）的校長歐士特（John Ounsted）[4]，校長聽了他的經歷後，安排顧家麒到他的學校應考入學試，顧家麒在該校的圖書館應試並獲取錄。

禮頓帕格是一所傳統的英式寄宿學校，他在該校完成三年高中課程。校長歐士特是劍橋大學校友，認為顧家麒的成績和能力，應可考入劍橋或牛津大學的數學和理工科系，但入讀醫科一般需要有良好的拉丁文和希臘文知識，難度很大。由於顧家麒心儀劍橋醫科，校長遂向劍橋查詢醫科的入學要求，發現醫科入學守則列明申

4　Leighton Park School 本身是一所歷史悠久的私立學校，始建於 1890 年，位處英格蘭的雷丁。John Ounsted 在 1948 年成為 Leighton Park School 的校長。他當時不但是該校最年輕的教職員，也是英國私立學校有史以來最年輕的校長，就任校長時只有 27 歲，他在該校擔任校長一職至 1970 年，對校政發展影響甚鉅。現在該校仍有以其命名的教學樓一座，並由他本人於 2007 年去世前數月親身揭幕使用。Leighton Park School, Headmasters, Leighton Park School Archives, https://archives.leightonpark.com/the-story-of-leighton-park/headmasters，擷取於 2021 年 5 月 21 日。

二○○○年底，顧家麒於聖保祿醫院成立第一間私人醫院泌尿專科中心。

請人需至少對一種古代醫學語言有良好知識，例如來自歐美國家的學生多能掌握拉丁文和希臘文；由於阿拉伯國家和中國皆有源遠流長的醫學歷史，因此阿拉伯文和中文也被劍橋接受為其中一種古代醫學語言。在這情況下，顧家麒參加了中國語文科和翻譯考試，各項成績合格後被取錄為劍橋 TrinityHall 的醫科生。

1952 年在入讀大學前，顧家麒曾回港與家人短聚，當時顧父已加入了聯業紡織有限公司（TAL Apparel）[5] 成為合夥及創辦人之一。戰後南來的上海人主要從事紡織和航運業，為香港引入大量的工業技術、人才和資金，對香港戰後工商業發展貢獻甚鉅。顧家初來港時在當時有「小上海」之稱的北角租房子住，後來在中半山麥當勞

5　聯業紡織有限公司（TAL Apparel）是上海南來的實業家李震之在 1946 年時從上海搬至香港的，最初稱為大南紡織有限公司，設有南洋紗廠有限公司。聯業紡織有限公司在 1964 年上市，並在 1979 年退市實現私有化，現時該公司的紡織和成衣業務遍佈全球，生產基地設於內地和東南亞國家如越南和泰國等。聯業紡織有限公司（TAL Apparel），〈歷史〉，http://cdn.talapparel.com/cn/our-story/history，擷取於 2021 年 5 月 28 日。

道購置居所。顧家騏在香港休假數月後,返回劍橋繼續學業,1958年修畢醫學院課程,取得劍橋內外全科醫學士學位(M.B., B.Chir. Cantab),是戰後首位中國劍橋醫科的畢業生。

回流香港

顧家騏在劍橋大學醫科畢業後,在倫敦的醫院當醫生,留在英國專心學習各類外科知識和手術,四年內考獲英國及愛丁堡外科學院院士的榮譽,由於外科手術相當複雜,不時牽涉到血管和神經線的接駁,手術難度高且需時甚長,他經常要在醫院過夜候命,照顧病人不時之需。

1963年,顧家騏入讀加拿大麥基爾大學(McGill University)研究院,研究先進的末期腎病者血液透析治療方法及初期腎臟移植手術,並考獲麥基爾大學的外科碩士資格。在海外漂泊多年後,顧父希望他回港工作和生活,剛好香港大學醫學院有一外科講師的空缺,顧家騏成功獲聘,1965年從加拿大回流香港,擔任香港大學醫學院外科講師和瑪麗醫院的泌尿科主任。

任職港大後,顧家騏致力研究末期腎病治療,1969年,帶領包括梁智鴻醫生在內的醫療團隊,一起成功完成了香港史上首宗利用死者捐贈腎臟(俗稱屍腎)的移植手術。

顧家騏指1960年代在香港發展腎臟移植手術面對不少困難,由於華人傳統「保留全屍」的觀念,使不少死者家屬對捐贈器官卻步;此外,1960年代香港法定死亡的定義較為嚴格,需要心臟停止跳動方可被視為死亡,即使病人失去意識及腦幹死亡,在法律上也不可視為死亡,使死者捐贈器官的可用機率甚低,為推廣腎臟移植手術帶來了不少的障礙。在1970年代初期,早期抗器官移植排斥的藥物效力低,屍腎移植手術一年的成功率大約只有35%,而由親人捐出腎臟進行移植的手術,成功率可高至約70%;礙於家人對捐贈腎臟多從道德倫理角度考慮,捐贈器官並不普及。顧家騏認為

顧家麒出任浙江省政協港澳委員會一九九二至二〇〇七。（左二起）顧家麒、陸增鏞、賀一誠等人合照。

當時公立醫院的工作和研究環境影響腎臟移植手術的發展，故決定離開公營醫療體系，到私立醫院執業。1971 年，他在私家醫院港安醫院成功完成了香港史上第一次使用親人捐腎的腎臟移植手術：病人的母親捐出自己的一個腎臟予兒子，手術成功後病人移居澳洲娶妻生子，約 15 年後腎臟再次出現問題，病者接受了第二次移植手術，現仍然健在。這項手術的成功證明了親屬捐腎可提高病人的長期存活率。

隨着藥物和醫療器材的進步，器官移植手術的成功率今天已大大提高，近親捐腎手術在香港的私家醫院相當普遍；而公立醫院更利用屍腎和近親捐腎兩者的手術；此外，大眾對於器官移植的態度也變得更為正面，更多人願意在死後捐出器官，而法定死亡的定義也由心臟死亡漸漸地放寬到腦幹死亡 [6]，使更多各類捐贈器官可被利用，挽救更多的生命。另一方面，除了腎臟之外，心臟移植的手術

6　衛生署，〈認識器官捐贈（腦死亡）〉，https://www.organdonation.gov.hk/tc/introduction_bsd.html，擷取於 2021 年 5 月 28 日。

技術也日趨成熟，可以透過體外的人工心臟暫代心臟的功能，方便心臟移植手術的實施。顧家麒認為在各種器官移植手術中，以肝臟移植最為困難，因為需要重新接駁動脈、靜脈、膽管等，手術複雜且需時，有時可長達十幾小時。他現已退下火線，不再為病人施手術，因為當主刀醫生除了要技術好，也要有良好的心理狀態和抗壓力，並需隨時為病人的安危負責任，顧家麒認為需要把這些工作和知識交棒予年輕一代的醫生承傳下去。

尿道系統結石是泌尿外科醫生常見的疾病，過去超過 5 毫米的結石大多需要用開刀手術取出，病人相當痛苦，而且結石復發的機會率甚高，病人常常需要再次動手術；1980 年代德國發明了無創傷體外碎石機，可惜當初並未受到的外科醫生重視，但顧家麒認為新發明可以代替開刀手術，是病人的好消息，遂隻身前往歐美各國考察學習，回港後與聖保祿醫院合資在 1985 年創辦了香港第一所無創微創結石治療中心，治療結石的成功率非常高且安全，其後香港其他公私營醫院紛紛仿效增設相關設施。

醫者的倫理與道德觀

回憶自己在英國和加拿大習醫的經歷，顧家麒體驗到英國的醫學界對醫者的倫理道德的嚴格要求。他舉例說，一位英國的年青醫生收治一名急性闌尾發炎病人，輕率地認為割闌尾是小手術，可以輕易完成，卻被導師斥責，指出小手術對於醫生而言十分簡單，但對於從未做過手術的病人而言，是人生的第一次，病人會感到緊張和恐懼，因此不論手術大小，醫生對每一個手術都應認真嚴肅地對待，不能苟且了事。

他指出，英國的醫學教育十分重視病人的問診過程，醫生會花時間向病人查詢病情和個人感受，乃至他們的工作、生活和文化背景，務求全面地判斷病人的病症。例如肺炎可能與病人吸煙或從事吸入大量灰塵的職業有關；腹痛也不一定源於腸胃毛病，可能是膽囊甚或是心臟問題。一些年青的醫生可能因為照顧的病人太多，傾

一九七四年成為香港扶輪社社員，一九九〇年為香港扶輪社會長。圖為顧家麒於香港扶輪社上演講。

向透過電腦素描（CT）等檢測快速斷症，忽略了對病人的社會及經濟背景的調查和了解病人的感受。對末期病人來説，適當的治療可以延長壽命三數年，對某些醫生來説三年時間並不長，而且末期病也不可能根治，故忽略病人的感受；顧家麒認為三年對病人相當重要，因為他可以利用三年的時間來交代身後事和處理各種在世的事務，醫生需要多從人性出發，以人為本，避免過度依賴冰冷的儀器和數字。

　　隨着醫學技術日益昌明，現今微創手術相當盛行，進一步減低了手術的風險。顧家麒認為當醫生也要與時並進，積極學習新知識，「活到老，學到老」。1990 年代初他曾在香港中文大學醫學院進修膽管微創手術技術。覺得每一位醫生汲取新知識後，可向病人全面解釋各種療法的成效和副作用，協助病人作出適當的決定；此外，檢測技術的發展亦進步神速，許多在驗血或簡單體檢，化檢

已可測出部分癌症的先兆,讓病患及早診斷,對於治療癌症非常重要。預計未來十年,大部分的癌症將可被根治,以子宮頸癌為例,過去很多病人在發現患病時已經太遲,需要切除整個子宮來保命;近年子宮抹片檢查普及,很多病人能及早發現患病,只需切除部分子宮組織便可根治,大大減低了失救的風險。

上海文化的羈絆

顧家麒回流香港後,先加入了蘇浙同鄉會[7]。顧父與香港上海總會的創會成員王劍偉是好友,在王劍偉的介紹下,父子倆先後加入了香港上海總會。王劍偉相識滿天下,是一名老饕,對上海菜的質素要求甚高,在香港上海總會創會初期,經常親自到內地採購食材,創作菜式,其中「王劍偉翅」更是總會的招牌菜。

由於當醫生工作很忙,顧家麒沒有太多時間到香港上海總會交流聯誼;但他的友好許多是上海人,上海人的網絡讓他結識了不少病人,例如金維明和金維明的父親金士城的手術均出他操刀。

顧家麒自幼與父母以上海話溝通,講得一口流利的上海話,但他的子女在國外出生,皆不會說上海話;妻子是北方人,在家裡說普通話,所以子女均會聽和說普通話。妻子是英國 BBC 中國部的主播,負責翻譯英國政府、皇室的消息和每日新聞,總結成快訊予聽眾;此外,BBC 中國部也會訪問居英的華人家庭、學者和藝術家,了解他們在英倫的生活。

顧家麒認為自己的家庭與上海及故鄉浙江湖州有很深的連繫。顧父在上海創立叔蘋獎學金,並於 1982 年重返上海。百行以孝為先,顧父在湖州找回已被破壞的祖墳後重建,此後每年回鄉祭祖。顧家麒十分支持教育,盡力找回當年曾經取得獎學金的學生,了解

---

7   蘇浙旅港同鄉會於 1946 年成立,1957 年獲香港政府批准成為慈善機構,1993 年更名為「香港蘇浙同鄉會」,2006 年再次易名為「香港蘇浙滬同鄉會」。

一九七二年，第一個於香港私家醫院換腎手術的報道。

他們的近況。因戰亂而停辦的叔蘋獎學金得到政府和學校的支持以及老一輩得獎學生的幫助，1986 年在上海復辦，由過去的得獎學生管理，他有空時也會隨父親到上海會見得獎新舊學生，協助獎學金的發展。1988 年，叔蘋獎學金從上海擴展至北京及湖州，三地共 34 所高中及 20 間大學受惠，隨着顧父年事漸高，顧家麒代表父親訪問內地及處理獎學金事務。

他認為父親一直關注中國傳統文化及愛國思想的承傳。他記得父親曾為每位將往美國等外地留學或工作的得獎學生提供一套中山裝，叮囑他們學成要回中國貢獻國家。1980 年代中國與外國相比仍然落後，這些到海外留學生肩付着復興中國和中華民族的重責。1998 年顧父去逝，顧家麒接任叔蘋獎學金管理委員会主席，積極讓獎學金達到獎勵及助困並重的使命，不忘得諸社會用於社會的初心，增設戲曲、聾啞、師範等學校。2019 年獎學金成立已達 80 年，並獲上海教育發展基會會長王榮華頒授關愛青少年成長特別貢獻獎年度金獎。

對政治參與的看法和感想

在政治參與方面，顧家麒自 1992 年起便出任浙江省的港澳政協共三期，而顧父也曾擔上海市政協常委。顧家麒認為內地的政協人大制度可與美國的參眾兩院制度相類比。政協由較廣泛的代表所

組成，成員包括了不同政黨的成員，只擔任諮詢、批評、建議的角色，並沒有立法和行政實權，功能大概與美國的眾議院相似；至於人大則主要由共產黨員組成，擁有立法的實權，由政協提出議案和建議和被送交至人大審核，功能大概與美國的參議院相類近。

他個人常常就公共衛生議題例如禁煙、公共衛生、教育和改革醫院制度等向人大發問並提出建議，人大通常會在下個年度回覆，並解釋接受提議或因為條件尚未成熟，暫時不能實施提案的回覆。

對香港上海總會未來發展的期許

顧家麒現任香港上海總會顧問，並沒有兼任其他行政工作。他希望香港上海總會重視培養年青接班人，讓年輕的一代有更多機會參與會務發展。總會可以邀請專家學者主辦更多講座和座談會，介紹上海的基建、經濟和文化建設的概況，讓年輕一代會員有更多的機會了解上海的過去、現在與將來。

對於新一代的期望，他很同意家族的處世格言：「以孝事親、以誠待人、以信為本、以忍處世」，年青一代都應該認清自己的目標，努力地向目標邁進；同時也要緊記終身學習的重要性，在短暫人生中，實踐「得諸社會，還諸社會」的道理；此外，也需要了解和認同中華民族的歷史和文化傳統，了解中華民族是自己的根，需要為中華民族的復興作出一己的貢獻。

金耀基

生於患難的學術大師

職銜

香港中文大學榮休講座教授
中央研究院院士
前中文大學新亞書院院長
前中文大學校長

家庭背景與成長經歷

流離失所的童年歲月

　　金耀基教授生於 1935 年，祖籍浙江省天台縣白鶴嶺跟村 [1]，家中有五兄弟一位姊姊，他在五個男孩中排名第三 [2]。祖父為金登峴，

1　現為白鶴鎮上聯新村的盤龍村。

2　金耀基尚有培基、裕基兩兄，以及樹基、銘基兩弟，另有漣漪一姊。其中金樹基後來在台灣地區任外交官，曾任政務次長，先後出任駐韓國末任「大使」（韓國於 1992 年改與中華人民共和國建立外交關係）、駐德國代表、駐俄羅斯代表，2004 年退休。金耀基，〈「相思」欲靜，而山風不息 —— 敬悼父親（一）〉，收錄於《有緣有幸同斯世》，頁 20。（廣州：廣東人民出版社，2018）。

二〇一八年，金耀基於香港中文大學石碑前留影。

父親金瑞林幼年喪父，家境窮困，但其學識文才為鄉里稱道，祖母不惜變賣祖田，讓金父離開天台山區，攻讀法律；學成後晉身仕途，先後出任東陽、海鹽縣長，以「父母官」為使命，愛民清廉而政聲遠播。1949 年後赴台灣，任司法院參事，82 歲逝世。金耀基形容父親亦父亦師，是他書法的啟蒙老師[3]。

1937 年蘆溝橋事變，抗日戰爭全面爆發。當時他年僅兩歲，父親隨國民政府遷到重慶任事，只有母親帶同金耀基與二名兄長、姐漣漪及五弟樹基在浙江輾轉避難。抗戰八年間，母子六人多次在浙江境內跋山涉水，為逃避日軍曾經寓居多個縣市，最終抵達景寧縣。金耀基形容當時的景寧相當落後貧窮，惟幸該縣未被日軍控制。

由於父親在國民政府任職，戰時全家仍可維持生活基本需要，金耀基猶記得母子六人逃難時，自己與五弟分別坐在兩個由挑夫肩

3   金耀基《人間有知音：金耀基師友書信集》，頁 6–7。香港：中華書局，2018；〈江山萬里故園情 香港中文大學前校長金耀基天台回鄉記〉，《台州日報》，2019 年 4 月 11 日：https://tz.zjol.com.cn/tzxw/201904/t20190411_9877091.shtml，擷取於 2021 年 5 月 28 日。

挑的籮筐裡。由於不斷避難，他只能斷斷續續完成小學教育，逃難路途中曾親眼目睹日軍投彈，十分可怕。回想戰時經歷，仍深感當年居無定所，顛沛流離的苦況，母親堅毅慈愛，為一家操持辛勞，永憶難忘。

內 戰 期 間 的 上 海 生 活

1945 年抗戰勝利，金父應邀任職上海市警察局主任秘書。除 12 歲（1947 年）那年曾隨父親回鄉短住一個月外[4]，往後三年在上海生活，並於育仁中學完成兩年初中。

雖然內戰已爆發，但上海市面仍大致穩定。由於國府的內部規則，得以低價向政府購入一座原先是日本文官府邸的三層洋房作為居所，並獲政府提供林肯牌（Lincoln）房車代步。父親為官非常清廉，從不出席任何應酬，一生為公，絕不以榮華富貴為念，為父親開車的劉姓司機無從賺取外快，生活拮据[5]，任職不足半年即哭求調職。父親為政的作風，家境清寒，甚至連兒女的學費都未能完全負擔得起。當年接收大員「五子登科」之說，與他絕無關係。

國民黨在內戰連番失利，上海局勢在 1948 年底逐漸緊張。金父將原價值四、五十金條的上海府邸，以 20 條金條沽售，舉家得以在 1949 年 1 月登上太平輪，遷居往台灣，該次亦是太平輪沉沒事件[6]前最後一次順利抵達台灣的航行。

4　金耀基，〈歸去來兮，天台〉，收錄於《敦煌語絲》，頁 46。（香港：牛津大學出版社，2019）。時值國民黨宣佈行憲，召開國民大會，金瑞林返鄉競選天台縣國民代表，最終在縣民奔走相助下當選。金耀基，《人間有知音》，頁 7–8。

5　當時政府聘用的司機收入微薄、待遇甚低，往往需依靠官員出席應酬，接受企業家的餽贈維持生計，並從中賺取外快。

6　太平輪是由中聯企業公司經營，來回上海與台灣基隆港的客輪。1949 年 1 月 27 日晚上 11 時 45 分，太平輪在舟山群島附近海面與益祥公司的建元輪相撞，兩船均告沉沒，建元輪上 74 名船員只有兩人獲救，太平輪上船員乘客千餘人亦只救起 36 人。〈太平建元兩輪互撞沉沒 千餘人沒頂救起卅八人〉，《申報》，1949 年 2 月 1 日，第 4 版。

（右起）金耀基、小川環樹、饒宗頤、楊勇。一九八一年。

中西文化薰陶

在台灣繼續求學

金家赴台後積蓄不豐，只能居住在台北杭州南路一個小房子，過着克儉的生活。

金耀基在相對穩定的情況下，在台灣繼續求學：於台灣省立成功中學[7]完成餘下一年的初中及三年高中課程，其後在台灣大學取得法學士學位，並在 1957 年考入政治大學政治研究所，師承浦薛鳳、鄒文海、王雲五等學人，並在王雲五的指導下完成碩士學

---

[7]　成功中學前身是台灣日治時期的「台北州立台北第二中學校」，1922 年由地方人士倡議建立，採用日台共學制，學生以台灣本地人為主；隨着國民黨接管台灣，學校在 1946 年定名為「台灣省立台北成功中學」，寓抗戰勝利建國成功之意，並紀念鄭成功去除在台荷蘭人的事跡。〈校史〉，台北市立成功高級中學：https://www2.cksh.tp.edu.tw/about/%e6%a0%a1%e5%8f%b2/，擷取於 2021 年 5 月 28 日。

位 [8]；1964 年取得公費赴美國留學 [9]，一年後獲匹茲堡大學公共與國際事務學院（School of Public and International Affairs, University of Pittsburgh）碩士學位。

金耀基學業成績優秀，在中學時已是班上第一名，但無論是中學還是大學，他對學校讀本都只出於應付課程要求，不追求班上名次。課外閱讀才是他最大的興趣，入讀大學後更甚，不管教學進度，自行涉獵各種書籍。

與 社 會 學 的 邂 逅

雖然就讀大學本科時，台大已有社會學系，但先後修讀法律與政治學系的金耀基，仍是通過課外閱讀接觸社會學，亦促成他以鑽研社會學為人生志業。1965 年取得碩士學位後自美返台，先在政大執教，後來應王雲五之邀，兼任台灣商務印書館副總編輯，主持《東方雜誌》復刊工作 [10]。1966 年出版《從傳統到現代》一書 [11]，以前華文作品討論現代化問題往往流於空泛，對現代化的概念尤其缺乏深入認識，《從傳統到現代》被學界譽為「開啟以社會科學語言研究現代化問題」的開山之作。

在商務印書館工作三年後，1967 年第二度考取美國國會獎學金（該項獎學金是美國國會最後一年在台灣地區招考），回到匹茲堡大學完成博士學位 [12]。金耀基在 1970 年定稿的博士論文〈從歷史與比較視角看中國監察（Ombudsman）制度〉[13] 正正以社會學觀點析

8　金耀基，〈指南山麓的那些日子 —— 懷逖師，憶師母〉，收於《有緣有幸同斯世》，頁 10；金耀基，《人間有知音》，頁 13–28。金耀基在王雲五指導下完成的碩士論文，後來出版成《中國民本思想之史底發展》一書。（台北：嘉新水泥公司文化基金，1964）

9　金耀基，〈指南山麓的那些日子〉，頁 11。

10　金耀基，《人間有知音》，頁 17–18。

11　金耀基，《從傳統到現代》。（台北：金耀基，1966）

12　金耀基，《人間有知音》，頁 18。

13　Ambrose Yeo-chi King, "The Chinese Ombudsman Institution in an Historical and Comparative Perspective." PhD diss. Pittsburgh: University of Pittsburgh, 1970.

論公共行政的議題。在匹大博士畢業後，加入該校社會學系，從事博士後研究。

　　金耀基的社會學觀點最早受以帕森斯（Talcott Parsons）[14] 為首的實證社會學（positivist sociology）影響，在學術生涯後期轉向韋伯（Max Weber）[15] 開創的詮釋的人文社會學（humanistic sociology）。

14　帕森斯（Talcott Parsons，1902–1979），美國社會學家，在哈佛大學任教，論著包括《社會行動的結構》、《社會系統》等經典，通過對韋伯與涂爾幹（Émile Durkheim，1858–1917）的社會學觀點，提出社會行動的參考架構（action frame of reference）、結構功能注義（structural functionalism）等理論。Risto Heiskala, "Parsons, Talcott (1902–1979)," in *The Blackwell Encyclopedia of Sociology*, G. Ritzer (ed.), https://doi.org/10.1002/9781405165518.wbeosp005.pub2，擷取於 2020 年 5 月 28。

15　韋伯（Max Weber，1864–1920），德國社會學家，其宗教社會學研究探討宗教對經濟活動、社會階層等的影響，以《新教倫理與資本主義精神》提出的論點 —— 清教徒支持追求世俗經濟利益及活動的思想促進資本主義發展 —— 最為知名。John Drysdale, "Weber, Max (1864–1920)," in *The Blackwell Encyclopedia of Sociology*, G. Ritzer (ed.), https://doi.org/10.1002/9781405165518.wbeosw006，擷取於 2020 年 5 月 28。

見證香港高等教育發展

「與中大一同成長」的卅四年

1969 年秋，香港中文大學創校校長李卓敏獲匹茲堡大學頒授榮譽博士學位，同時獲頒該學位的尚有時任白宮國家安全首席顧問，後來促成中美建交的基辛格（Henry Kissinger）與領導阿波羅八號登月任務的太空人鮑曼（Frank Borman）；李卓敏抵達匹大校園後不久，因當時匹大著名的社會學家楊慶堃教授之力薦，即與金耀基見面，邀請他加入香港中文大學 [16]。金耀基遂於翌年從美國到香港，加入香港中文大學新亞書院社會學系，展開在中大 34 年的教研生涯。

金耀基加入中大時，共事的學者除外籍人士，絕大部分為廣東人，廣東同事開放、厚實。金耀基多年來與同事相處得非常良好，彼此並無籍貫、國籍之分，中大社會及同事教職員之間從來沒有「上海幫」、「廣東幫」的小圈子。

語言是他早年在香港授課最大的挑戰。最初金耀基以普通話授課，發現學生在課堂的反應不佳，後改用英語仍無太多改善。當時中文大學學生大多出身中文中學，英語水準不及今日的中大學生，普通話水平亦不高。因此，金耀基勤學粵語，並嘗試以粵語授課，效果奇佳，因「普通話人」講廣東話最生動風趣蓋多「笑」話也。

執教中大後不久，金耀基參與及領導大學行政。1977 年 3 月出任新亞書院院長 [17]，任期至 1985 年，同年出任中大社會學系主

16　金耀基，〈憶在新亞的一段歲月〉，收於《最難忘情》，頁 46。（香港：牛津大學出版社，2019）；金耀基，《人間有知音》，頁 71。金認為李校長之所以邀請自己加入中大，應是當時協助發展中大社會學系的匹大社會學家楊慶堃所推薦。其後，新亞書院社會學系主任冷雋到匹大訪問研究，邀請金加入該書院。

17　早在 1974 年，金耀基加入由余英時任主席的「教育方針與大學組織工作小組」，不久港府成立第二個富爾敦委員會，並在 1976 年底通過中大改制，原先由三所書院各自營運的學系改為統一隸屬大學各學院。中大改制後書院只負責「學生為本」的非形式教育，書院首長亦由校長（President）改為院長（College Head），金即改制後新亞書院首任院長。金耀基，〈憶在新亞的一段歲月〉，頁 74–76。

（左起）嚴耕望、錢穆、余英時、金耀基。攝於八十年代。

任，主理系務達 13 年；1989 年出任中大副校長，負責學術規劃和發展；2002 年任中大第五任校長，至 2004 年退休 [18]。除擔任中大校長的最後兩年外，他講學著述不絕，但坦言在中大的 34 年，有三分二以上時間需要兼顧教學與行政事務，非常辛苦。由於日間上班忙於行政工作，只有晚上十時至凌晨兩時的數個小時內，方能專注寫作，他亦因此養成了晚間寫作、凌晨兩時就寢的習慣。

金耀基著作等身，有《從傳統到現代》、《中國文明的現代轉型》、《中國社會與文化》、《百年中國學術與文化之變》、《再思大學之道》、 *China's Great Transformation* 等書，1994 年當選為中央研究院院士，他是第一位當選院士的社會學者。於學術著作外，還出版過三本散文集，即《劍橋語絲》、《海德堡語絲》、《敦煌語絲》，風行海峽兩岸暨香港。

1977 年金耀基出任中大新制的新亞院長，時任港督麥理浩（Murray MacLehose）對他年前在加州大學學術期刊 *Asian Survey* 發表的〈行政吸納政治：香港的管治模式〉一文印象深刻，有意委任他

18 《最難忘情：金耀基教授與中大》，頁 5–10。（香港：香港中文大學資訊處，2007）

進入尚未有民選議席的立法局[19]。但他向港督表示在中大的教學、研究與行政事務繁重，不便抽出太多時間兼顧立法局要職，因而婉拒出任。港督秘書曾對金耀基表示，無人拒絕港督之邀請。故在金耀基眼中，麥理浩不但開明，而且「明理」，而他此後亦曾參與廉政公署等法律改革委員會等諮詢性公職。

金耀基在中大桃李滿門。他提及曾任香港科技大學社會學講座教授的蘇耀昌[20]在美國學有所成後，總會將其論著寄給他，並自稱是他的門生，指在中大社會學系修讀本科時深受金耀基影響，啟發自己選擇社會變遷為研究興趣。金耀基最初對蘇耀昌印象模糊，後來重逢時當年的學生已是科大講座教授，亦想不到對方的學術志業竟受自己的啟發。

香港鉅變與大學水平的提升

1970 年金耀基到香港，2004 年從中大退休，34 年間不但「與中大一起成長」，更見證着香港的鉅變。70 年代前的香港只是一個普通的受英國殖民統治的城市，在金耀基加入中大時，正值麥理浩就任港督，麥理浩治下的香港漸次擺脫殖民形象，十年任期（1971–1982）內，香港經濟起飛，躍升為「亞洲四小龍」之一，成為世界級

---

19 1974 年，金耀基發表〈行政吸納政治：香港的管治模式〉一文，剖析非民主的殖民體制下，港英政府如何將華人菁英與地區組織收歸行政與決策架構，這種「行政吸納政治」的進路正是英殖香港政治穩定的要素。論文發表後獲港英政府青睞，雖然婉拒立法局議員之委任，但仍在廉政公署、法律改革委員會等諮詢架構出任公職。Ambrose Yeo-chi King, "Administrative Absorption of Politics in Hong Kong: Emphasis on the Grass Roots Level," *Asia Survey*, 15.5 (May 1975): 422–439; 金耀基，〈憶在新亞的一段歲月〉，頁 85–86。

20 蘇耀昌先後在 1975 年與 1982 年取得香港中文大學社會學學士與加州大學柏克萊分校博士學位，以社會發展、社會階級與東亞社會為其研究興趣，著有 *Social Change and Development: Modernization, Dependency, and World-System Theories* (SAGE, 1990)、*Hong Kong's Embattled Democracy: A Societal Analysis* (Johns Hopkins University Press, 1999) 等作；曾在香港大學、夏威夷大學任教，1998 年加入香港科技大學，至 2019 年從該校社會學講座教授的教職退休。"Alvin Y. So," Division of Social Sciences, Hong Kong University of Science and Technology, https://sosc.ust.hk/blog/faculty/soalvin/，擷取於 2021 年 5 月 31 日。

二○一八年，金耀基出席新亞書院宴會。

的國際大都會。隨着香港走向國際社會，政府對大學教育的財政支持日增，自 70 年代末、80 年代初起，香港學界的待遇與發展機會可媲美西方，愈來愈多海外學者，尤其華裔學者也願意主動到香港發展。

1984 年是香港高等教育發展的一個轉捩點，同年 12 月中英雙方簽訂《中英聯合聲明》，香港出現大量移民，人才外流威脅香港作為國際城市的根基。1987 至 1992 年港督衛奕信（David Wilson）為穩定人心、維持香港競爭力，推行金耀基口中的兩個大型「物質與知識基建項目」（physical and intellectual infrastructure projects），前

者指的是興建新機場的「玫瑰園計劃」[21]，後者指的是高等教育的擴張，大學數目由兩所到千禧年增至八所[22]，培訓出能夠自我提升、配合世界發展的「人才庫」。據金耀基觀察，《中英聯合聲明》簽訂後中大未有出現嚴重人才流失現象，部分學者在 80、90 年代離開香港，但同時有更多學者（尤其年輕者）從海外來港工作，以致中大能夠持續不斷地發展。

金耀基認為在短短數十年內，香港孕育出三、四所世界的一流學府，可謂是一個奇跡。各所大學培養出科學、科技、經濟、商業、法律等不同專業的人才，無論質量及數量均有所提升，支撐着香港現代化的整個過程，促成今日金融中心的地位。

對現代大學教育的反思

從經學走向科學的歷史進程

就中國大學教育的理念與發展，金耀基撰寫過多本論著[23]，在

---

21 玫瑰園計劃正式名稱為「香港機場核心計劃」，1989 年 6 月 4 日在北京爆發六四事件，香港出現信心危機，港督衛奕信在 1989 年 10 月的施政報告中，提出在赤鱲角興建新機場，以及青嶼幹線、西區海底隧道等共十項基建工程。計劃預算達千億港元，引起社會譁然，中國政府擔心新機場造價過高，掏空香港政府財政儲備而不滿，至 1991 年 7 月中英雙方簽訂諒解備忘錄，新機場工程才始展開。新香港國際機場終在 1998 年啟用，在 2008 年北京首都國際機場落成前一直是世界最大機場。參考〈多數市民仍將留下龐大基建維繫信心〉，《華僑日報》，1989 年 10 月 12 日，第一版；〈中國正式支持建新機場並保障投資 設機場委會磋商跨越九七有關事宜〉，《華僑日報》，1991 年 7 月 5 日，第一版；香港機場核心計劃：https://www.info.gov.hk/archive/napco/index-c.html，擷取於 2021 年 5 月 31 日。

22 香港多所院校在 1990 年代成立或正名為大學，包括科技大學（1991 年成立）、浸會大學、理工大學、城市大學（三所院校均在 1994 年正名）、公開大學（1997 年正名）與嶺南大學（1999 年正名）。

23 著作包括《大學之理念》，（台北：時報文化，1983）；《再思大學之道：大學與中國的現代文明》，香港：牛津大學出版社，2017；《百年中國學術與文化之變：探索中國的現代文明秩序》，（香港：中華書局，2020）……金耀基認為其有關中國大學教育的觀點，亦可適用到世界各地的大學教育上。

這些著作中他指出大學在古今中外曾有相同的宗旨。從古代中國傳授四書五經的太學、國子監，到中古歐洲奉《聖經》為圭臬的大學，中西方大學傳統上是「一個教化或塑造文明秩序的重鎮」[24]，以培育人才為宗旨。這種大學教育的初衷至今仍可見於「止於至善」、「博文約禮」、「明德格物」等不同院校的校訓。

隨着現代大學體系的建立[25]，尤其是二次大戰後研究型大學的興起，大學亦發展出另一個獨立甚至超越培育人才的宗旨，即知識創新。而現代大學乃推動知識創新的最大智庫，並非只傳授傳統經學或做人之道，而是推動科學與科技[26]。現代大學絕大部分的學科因而與科學有關，自然科學固然不在話下，社會科學亦大為振興，甚至人文學科亦趨向科學化（包括歷史學與語言學）。而這種以科技為本的知識創新對現代社會的貢獻有目共睹的，往往是普世的，使得大學成為現代社會中最具國際性的機構。

中國現代大學教育的發展始於 20 世紀初，隨着 1905 年清政府廢黜科舉，以及後來北京大學在蔡元培[27]領導下，採用以研究為本的學術制度，科學取代經學成為中國學術的主軸。假如百年前中國未曾經歷這個學術轉向，缺乏科學技術的支撐，決不可能走出古代農業文明，邁向現代工業文明。中國的現代化比西方遲來兩、三百年，急起直追，過去四十年中國國力冒起成為世界第二的經濟體，這與文化大革命結束後，全國大學的教育與科研得以快速發展實有莫大關連。

24　金耀基，〈大學之道：省思現代大學之理念〉，《再思大學之道》，頁 22。

25　現代大學起源於 1810 年在普魯士創辦的腓特烈－威廉大學（Friedrich-Wilhelms-Universität，今柏林洪堡大學 Humboldt-Universität zu Berlin），該校自創校之初即主張研究與教學並重，以知識及學術，而非基督教教義為大學最終目的，被譽為「現代大學之母」。

26　金耀基曾改寫《大學》名句，生動地形容現代大學理念之轉向：「大學之道，在明明理（德），在新知（民），在止於至真（善）。」金耀基，《再思大學之道》，頁 xi。

27　蔡元培（1868–1940），浙江紹興山陰人，1916 至 1927 年任北京大學校長。

大學之道「止於至真」的局限

雖然科學研究、知識創新為現代大學必不可少的任務，但金耀基認為當現代大學過份強調「止於至真」，原來「止於至善」的大學之道卻遭到遺忘。曾任哈佛學院（Harvard College，哈佛大學的人文學與科學本科生學院）院長的電腦科學學者魯易斯（Harry Lewis）在 2006 年出版《失去靈魂的卓越：一間偉大學府怎麼會忘了教育》[28] 一書，批評哈佛大學在學術、創新知識上的成就雖然卓越，但本科教育已無「道德教育」、「價值教育」，缺乏了靈魂，忘記了大學有責任讓學生心智一同成長，使他們成為「學識與德行兼備的青年」[29]。

金耀基覺得魯易斯的觀點「深合我心」，因該書點出了現代大學不但過於着重創新知識，忽略培育人才的弊病。更重要的是大學只重視「認知性」的知識，即「知性之知」，而忽略了「德性之知」。金耀基認為，現代大學固然在教學與研究之間應取得平衡並且應該承認，端正「知識」的「多維性」達到真、善、美知識三維性的均衡發展。

他認為今日的大學是三十年後文明社會的縮影與搖籃，大學發展出來的知識、培養出來的人才必然影響人類文明未來的發展。人類文明然後農業文明轉向以科學與工業為基礎的現代文明，但假若現代的大學只偏重科學求真、科技發展而忽略倫理秩序、做人之道，則人類未來難有光明前途。

金耀基不反對發掘傳統經學的價值（或西方的《聖經》），但認

28   Harry R. Lewis, *Excellence Without A Soul: How a Great University Forgot Education*. New York: Public Affairs Books, 2006.

29   金耀基，《再思大學之道》，頁 xii。

為不應該想恢復過去的禮教典章，而要以理性、開放的心態努力建構一個現代世界的倫理道德秩序。這絕不是容易或完全沒有爭議的。例如同性應否結合、現代文明應否接受同性戀？應否提供同性婚姻否合法化？這些問題都必須認真思考、探索，而大學就肩負思辯這些倫理問題的責任。

上海族群與香港地緣組織的演變

1950年代香港建立工業基礎

　　金耀基認為上海族群對香港社會的貢獻與影響，以1950年代最為突出。二次大戰後，大批上海人南來香港，這些寓居香港的上海移民是當時全亞洲最國際化的族群，最有國際視野的居民。1949年前的上海已是亞洲第一都會，同期的香港不過是一普通的殖民城市，金氏形容他們離滬赴港之旅，其實與從大都市走到鄉下無異。

　　香港語境下的「上海人」其實是一個廣義的概念，涵蓋了祖籍浙江、江蘇兩省的人士。這是由於戰前上海為中國的移民城市，不少來自蘇浙兩省的人都前往上海發展，尤以寧波、無錫兩地最多。香港人口一直以廣東人為主，隨着來自上海等地的移民來到香港，香港發展亦有當年上海之為移民城市的影子。

　　戰後來自上海的移民多屬有現代企業的管理與技術的人才，其中有不少是擁有雄厚資本的老闆級人物。他們來香港後，全力興辦企業（包括大眾娛樂文化），尤其發展紡織業，促成1950年代香港戰後小規模的工業化，上海人亦因而在當時香港的工商業扮演着領導角色。第一波由上海人開展與推動的工業化，一直到1970年代香港工業起飛，成為「亞洲四小龍」，處處有上海人的活躍身影。

金耀基亦觀察到，南來香港的上海移民長袖善舞，展現了上海人的風姿，但與香港本地融洽共處之餘，始終保持一個獨有特色的社群，特別體現在與香港主流迥異的語言與飲食文化上，這亦解釋到保存上海人既有口味的餐飲文化何以成為香港上海總會的重要存在意義（當然還有蘇浙同鄉會等）。

其 他 地 緣 族 群 後 來 居 上

金耀基認為香港得以發展成國際都會，與自 1950 年代以降成為移民社會的趨勢有關；除上海人外，來自福建、潮汕等地的移民亦南來香港，並發展出不同地緣社群，形成族群多元的現象。英國殖民統治下，香港提供一個讓所有移民得以充份發揮長處的社會環境，其法治基礎尤其保障他們 —— 無論是潮州人、福建人或上海人，均有最大的自由發展空間。金耀基指出，香港是擁有高度自由，同時也有高度秩序的地方。講到底，這是因為香港有「法治」。他說「法治」是「自由的秩序」，這是香港不斷成長、發展的基石。

雖然上海移民得到戰後工商業發展的先機，但當香港發展成一現代都會，乃至成為國際金融中心時，產業不再局限於早期上海人專長的紡織業，福建、潮汕商人的發展亦逐漸成為商場的明星。香港的經濟發展不再由上海人獨領風騷，而是所有華人發揮所長的舞台，本地華人亦隨之取代英國人，成為香港社會經濟的翹楚。

與此同時，戰後上海移民的第二、三、四代的生活方式已經完全香港化，當然香港化不是廣東化，香港文化已形成一特有的風采。

香 港 上 海 總 會 維 繫 鄉 誼 的 角 色

金耀基認為香港作為一個多族群的大城市，同鄉之間的鄉土意識，自然會形成各種地緣社群，包括上海社群，正如紐約亦有意大利社群之類。而香港上海總會作為以上海為中心的地緣組織，其主要功能在於維繫鄉情，增強或保有上海人的認同，但香港上海總會基本上是融入香港，並以維護香港的安定與繁榮為職責。

由於香港社會奉行法治，一直容許外來移民自由發揮所長，不同族群的自我身份並非建基於受到壓迫、欺凌或排斥，因而無論是上海總會抑或其他同鄉社團，都無必要刻意捍衛族群利益，甚至將地緣組織變成獨立的政治團體，表態支持選舉候選人或提名成員參與政治。雖然政府一直把同鄉社團作為支持管治的力量，但這並不足以改變這些地緣組織的非政治性格。

香港上海總會固然未曾亦無必要介入政治，但仍積極參與各種政府不干預的社會事務，尤其是推動敬老[30]、設立中西醫醫療中心[31]，乃至支持香港中文大學不同項目[32]。香港上海總會所提供的社會服務，都依循同鄉社團的一貫做法，規模自然難以超越既有的大型慈善組織（例如東華三院）。究其原因，香港上海總會這類地緣組織除維繫會員之間的鄉誼外，並沒有任何突出、具體的政治目標與意圖。上海總會唯一的政治想像就是維護、支持香港的安定與繁榮。

對年青人的勸勉

金耀基認為今日的年輕人雖然面臨很多問題，但亦有上一輩未曾享有過的機遇。對於年輕人時下的一些想法，他自認未必能夠完全理解，但希望年輕人明白「機會是留給有準備的人」的道理，在求學階段好好學習，好好鍛煉、準備自己，機遇來到時方能發揮自我、實現自我。

30　香港上海總會每年歲晚均會舉辦「捐贈老人利是」活動，提升安老院的設施及服務質素，表達對長者的關愛，2016 年總會就向社會福利署屬下 190 間安老院捐贈港幣 130 萬元。〈上海總會捐 130 萬利是敬老〉，《文匯報》，2016 年 12 月 21 日，頁 A14。

31　香港上海總會醫療中心於 1983 年 12 月 12 日在荃灣南豐中心成立，1986 年遷往灣仔盧押道修頓大廈 1 樓自置物業。現址成為香港中文大學─上海總會中西醫結合醫務中心（灣仔分部）。

32　例如香港上海總會自 2000 年起，與香港中文大學合辦「家在香江」計劃，照顧內地本科生的各種生活需要，每年農曆新年均在總會會所設宴款待過百名中大內地本科生。〈香港中文大學與上海總會合辦「家在香江」成立典禮〉，香港中文大學新聞發佈，2000 年 11 月 3 日 http://www.cuhk.edu.hk/ipro/001103.htm，擷取於 2021 年 6 月 1 日。

周佩芳

上海實業家的御用大狀

職銜

第十五屆香港中文大學榮譽院士（二〇一六年）

公證人

中國委託公證人

二〇一六年七月七日，香港中文大學「周佩芳認知障礙預防研究中心」開幕典禮。

家庭及教育背景

　　在上海出生及度過童年的周佩芳，父親周毓浩[1]是戰後香港的著名工業家，以製造搪瓷製品和熱水瓶見稱。周佩芳上有一位姊姊，下有一位弟弟[2]。父親日佔前因營商關係，經常穿梭往來香港、廣州和上海之間。1947年，國共內戰高峰期間，父親帶領全家移居香港，逃避中國內地混亂的時局。

　　初到香港時，周家卜居於九龍塘，周佩芳即入讀位於尖沙咀的麗澤中學。就學約有一年，得父親摯友施世伯推薦，轉學至同區的天主教名校嘉諾撒聖瑪利書院（St. Mary's Canossian College，簡稱 SMCC）[3]。該校以校風純樸，教學嚴謹見著，學校對學生的學習，

1　周毓浩先生祖籍江蘇省常州市溧陽，於 1957 年 1 月在香港過世，葬於跑馬地天主教墳場。

2　周律師弟弟為周克強（Donald H.K. Chow），姊姊為周佩芳（Audrey P.F. Chow）。

3　該校位於香港九龍尖沙咀柯士甸道 162 號，由意大利嘉諾撒仁愛女修會（Canossian Daughters of Charity）於 1900 年創辦，為香港傳統名校。

乃至個人儀容等均有嚴格的規定。後來在父親的安排下，周佩芳遠赴英國留學，入讀位於薩默塞特郡（Somerset）的英式傳統寄宿學校。該校學風保守，對學生要求甚高，學生必需端莊有禮。學校偶有安排學生觀賞音樂劇或演奏會，校長悉心教導學生欣賞音樂的禮節，教導學生不可在樂章小節停頓時鼓掌（Girls, don't clap between movements），因為在演奏還沒有完結，中段時鼓掌會影響其他人欣賞樂曲，是不禮貌的行為。

周佩芳留英長達十年，接受正統的英式法律教育，成功在當地考取英格蘭最高法院的律師資格。在英國求學期間，姊姊周佩芬同時也在英國留學[4]，不過，姊姊則選擇了另一條完全不同的事業路徑，專心致志學習有關搪瓷的化工知識，希望日後能夠繼承父親的搪瓷生意。由於姊姊在香港沒有修讀過化學和物理的基礎知識，故在入讀大學課程前，需在一家英國男校修讀先修課程，學習相關的理科知識，當時的先修班只有五名學生，周佩芬是班上唯一的女生。

在英國求學期間，兩姊妹時有見面，一起交朋結友到英國不同的地方遊歷。為了方便出行，姊姊請求父親購買一輛二手車代步，父親愛女情切，深怕二手車不安全，堅持為姊姊配置一台全新的英國房車迷你柯士甸（Mini Austin）。留英期間，兩姊妹在英國認識中華巴士創辦人顏成坤的女兒顏潔齡[5]，並一起在英格蘭、蘇格蘭和愛爾蘭等地自駕旅遊。除了郊遊以外，更以欣賞不同的音樂會為樂，對樂團指揮質素頗有認識，認為好的樂團指揮是樂團表演成功的關鍵，周佩芳相信良好的樂理和音域學知識對學習不同語言有莫大裨益，使她更容易掌握相關語言的發音，而修讀拉丁語系的文字，諸

4　周佩芬曾就讀上海著名女校聖瑪利亞女中（St. Mary Girls School），該校於 1881 年由美國聖公會於上海創立，著名華人女作家張愛玲亦是該校校友；周女士畢業於英格蘭的 North Staffordshire Technical College（創立於 1926 年），該校為今史丹福郡大學（Staffordshire University）的前身並以陶瓷和礦業為主要科系。周女士回流香港後，繼承了父親的搪瓷業務並成為了戰後香港少見的工業家之一。

5　顏潔齡（Irene Ngan Kit-ling）與周佩芳同樣在英國取得執業律師資格，現在仍經營顏潔齡律師事務所。

如法語和拉丁文對法律課程具實際作用，因為不少法律用詞皆源於拉丁文；此外，她對莎士比亞的文學作品及戲劇作品十分感興趣，這既可提高個人文學造詣，又可培育個人修養。

取得加拿大事務律師及大律師資格

1964 年代，周佩芳回港工作，正式成為香港執業律師。數年後，有感時局變化急促，希望能考取多一個地區的律師執照，以便日後業務發展，遂於 1969 年前往加拿大進修加拿大法律。加拿大的司法制度比香港複雜，因為加國有聯邦法律和地方法律之分，不同省份均有獨立的法律和司法程序，所以不容易掌握。雖然她希望入讀的課程已經額滿，幸好負責課程收生的老師對華人存有好感，而她當時在同為英聯邦成員的香港已有數年執業經驗，故在豁免修讀部分課程的情況下，准予入讀深造課程。課程的節奏非常緊湊，例如離婚法的內容竟濃縮在一天內教授完畢；由於不同省份的法律各有特色，故稅務法和商業法是課程中最為複雜，和佔據她最多時間的部分。

1971 年，周佩芳成功通過評核，取得加拿大律師公會的事務律師及大律師資格，其後她從加拿大回流香港，正式開設自己的律師事務所 [6]。

在香港創辦律師事務所

回流香港後，周佩芳首先在中環萬邦行設立律師事務所開展業務。由於上海人在戰後來港開辦不同的實業，企業對法律服務有着一定的需求，身為上海人，她與南來的上海人熟稔，律師事務所與不少由上海人興辦的紡織廠有緊密的合作關係，包括唐翔千的麗新紡織廠、陳元鉅的大興紗廠和陳廷驊的南豐紗廠等，因而得以一展

---

[6]　周佩芳律師事務所（Therese P.F. Chow & Co.）於 1971 年成立。

所長。

　　周佩芳對一宗與南豐紗廠有關的案例至今仍然記憶猶新。當時南豐紗廠與某公司發生財務糾紛，法院頒令該公司需以個人資產償還南豐的相關債務。周佩芳代表南豐紗廠凍結相關資產，等候執達吏清查和拍賣資產。然而，在執達吏正式執行法庭命令前，有人企圖把相關資產挪走。在南豐紗廠連夜緊急邀請周律師幫忙的情況下，周律師迅速向法庭申請手令，禁止未經許可人士移動已被判執行命令的財產，成功阻止客戶進一步的財政損失。另外，周律師代表大興紗廠與四間香港銀行的官司經過七年在香港的審訊，終於在英國倫敦樞密院勝出，成為銀行法的重要案例，這些案例在上海人社交圈子中廣為流傳，建立了周佩芳的專業聲譽，令她獲得不少上海企業家的信任，委託她處理公司的法律事務。

　　自 1980 年代起香港經濟迅速轉型，隨着大量工廠北移，本地工業如紡織業也日漸式微，很多工廠都把原有工廠的工業用地改建為商業和住宅用地，賺取更可觀的投資回報。周佩芳協助家族企業循法律途徑把家族名下的工廠地皮轉為商住用地，並處理在申請過程中遇到的法律問題，諸如協助家族與長江實業合作發展，將位於荃灣德士古道的工廠地皮改建為綜合型的工商業大廈 —— 立泰工業中心[7]；協助姊姊以獨資的形式改建一塊位於土瓜灣的工業用地為住宅用地，並邀得相熟的則師設計大樓圖則，聘用新昌營造[8]作為承建商。住宅項目以父親命名，稱為「浩明雅苑」[9]。樓盤推出市場後，反應不俗，很多其家族工廠的老員工都有購買這個樓盤的住宅單位。

父親周毓浩營商哲學之道

[7]　立泰工業中心位於今荃灣德士古道 188–202 號，落成於 1988 年。

[8]　新昌營造由從上海南來的實業家葉庚年於 1939 年所創立。

[9]　浩明雅苑位於今土瓜灣九龍城道 151 號，由周律師的家族企業—立基企業有限公司，落成於 2002 年。

　　周父周毓浩是上海的著名實業家，以製造搪瓷製品，如熱水瓶和漱口盅等知名。當時的上海社群與廣東社群對房地產投資看法不同，前者由於經歷戰亂，對投資土地存有戒心，擔心時局一旦迅速惡化，無法把固定資產轉移；因此，上海社群積極投資實業如紡織業、搪瓷業等，並不熱衷房地產投資，廣東人則擅長開拓地產事業，透過房地產謀取利潤。

　　周毓浩家境並不富裕，自學掌握製作搪瓷器皿的知識和技巧，加上努力不懈，可說是無師自通，白手興家。搪瓷製品是把玻璃或陶瓷粉末（又稱搪瓷粉）熔抹在金屬表面形成一層光滑的外殼，具有保護和裝飾金屬如鐵製器皿的功能。搪瓷粉主要成份以石英為主，加入各種鹼性溶劑和着色劑，經過混和、粉碎和熔融等工序後，放入冷水中製成搪瓷粉。工廠再把這些不同顏色的搪瓷粉按圖案設計均勻塗於金屬製品表面，再把這些半製成品放進熔爐（furnaces）內以高溫燒製。

　　1950 年代，由於塑膠產品仍未流行，搪瓷技法廣泛應用於各

類日常生活用品和廚房用品，例如浴缸、面盆、漱口盅、痰盂乃至各項餐具。戰後香港人口增加，適逢朝鮮戰爭禁運，全球各地對相關製品需求殷切，使本地搪瓷製品的生產量和出口量也不斷上升。當中較為著名的公司有董吉甫設立的益豐搪瓷公司以及周毓浩所創立的立基（Lucky）搪瓷。周毓浩過世後，由子女另立公司立泰（Leader）搪瓷，旗下的王牌產品是「金盾牌」（Shield）熱水壺。

周毓浩眼見戰後香港缺乏工業及就業不足，心明搪瓷業的邊際利潤不高，是非常艱辛的行業，仍一心一意在香港發展搪瓷事業，為本地創造就業機會及推動香港的經濟發展。隨着塑膠業的興起以及香港的土地和工資成本不斷上升，本地搪瓷業在 1970–1980 年代與其他輕工業一樣面對着嚴峻的考驗，部分搪瓷廠放棄在香港的業務遷往非洲，如尼日利亞。立基和立泰則把生產業務轉移至東南亞如新加坡和馬來西亞等地，乃至中國內地的台山 [10]。周指出南洋地區的生產並不容易，因為當地經常發生排華事件，不利工廠的持續營運，也影響工廠的生產效率，所以立基也要結束在南洋的業務 [11]。

周氏家族也有在南洋地區，比如新加坡投資房地產。周佩芳在母親遊說下在新加坡置業。由於看到新加坡主要報章《海峽時報》報導一個位於新加坡商業中心區的第十區烏節路附近，由日本公司開發的房地產項目，認為該項目質素甚高，是上佳的物業投資選項，購入物業後交由當地的地產經紀管理出租事宜並持有該物業至今。

受父親周毓浩的薰陶

周佩芳非常敬重父親重視教育和樂於助人的精神，且深受啟

---

[10]　自 1980 年起，立基和立泰開始把生產線向中國內地北移，分別與西安和深圳的當地企業實行「中外合資」。在西安與西安人民搪瓷廠合營搪瓷工廠；在深圳則與深圳輕工業公司合資設立深圳搪瓷有限公司，生產的貨品主要銷往美國。及至 2001 年，立泰進一步把生產線整個遷往廣東省台山。

[11]　立泰曾經在 1987 年遷移生產線至印尼，但及至 1990 年便將之結束並將業務撤出印尼。

發。父親的思想前衛，認為新的一代不論男女都應該接受良好的教育。他給予一子兩女充裕的教育資源，供養子女往海外升學，勸勉子女學習要專心一致，不要輕易分心，並鼓勵子女因應個人興趣選擇專業。在父親悉心栽培下，周佩芳選擇了法律專業，在法律界得到認同。父親熱心助人，曾經活躍於蘇浙同鄉會，熱心服務在港的上海人社群[12]。

資助創新醫學技術及預防認知障礙研究

受到父親的啟發，周佩芳熱心公益，尤其關心香港的教育和科研事業。2014 年她捐助香港中文大學，成立以其父親命名的周毓浩創新醫學技術中心，中心以醫療機械人醫學、醫學成像及生物醫學傳感範疇為三大研究重點。2016 年，她加強其對香港中文大學的資助，捐助中大醫學院成立認知障礙預防研究中心。該中心名為周佩芳認知障礙預防研究中心，主要的工作目標是研究如何及早識別及有效阻止認知障礙，並向公眾推廣如何預防認知障礙症。隨着香港人口逐漸老化，預計未來二十多年，認知障礙症將會在香港日漸普遍，長遠對香港的社會福利制度及經濟發展構成巨大的壓力，周佩芳捐建的研究中心對香港社會的長遠福祉至關重要。

周佩芳認為一個人的成功之道在於堅毅精神及果斷的決心，同時也要洞悉時勢，知所進退。面對困難，必須認定目標，努力克服；即使竭盡所能仍未取得預期的效果，不要勉強自己但也不要灰心，反而要保存實力，為下一個挑戰做好準備。

12　周毓浩先生因熱心助人，宅心仁厚，在上海人社群中享有「佛爺」的美名。他曾經在 1948–1949 年度任東華三院總理；曾任蘇浙同鄉會和香港搪瓷商會副會長，以及香港中華廠商聯合會的會董和副司庫。

曹其鏞

從紡織到航空的華麗轉身

上海的青蔥歲月

　　曹其鏞祖籍浙江寧波，父親乃紡織業界鉅子曹光彪。曹父生於上海，有兩位夫人及十名子女。曹其鏞之妹曹其真曾出任澳門立法會主席。曹其鏞認為父親有兩大成就，一是 1979 年作為首位在內地辦廠的香港商人，在香洲（隸屬廣東省珠海市）創辦香洲毛紡廠；二是 1980 年代創辦港龍航空。當時紡織是家族的重點業務，經營業務包括 Tommy Hilfiger、Michael Kors 等知名品牌。

　　1939 年，曹其鏞在上海出生時正值抗日戰爭，其時曹家卜居上海浦西（當時浦東尚未開發），曾先後遷至英、法租界。他對自

己在上海的童年生活印象十分模糊,依稀只記得淪陷區生活相對
較安定,聽說是因為汪精衛與日本人合作,組織臨時政府,使日本
人對華採取懷柔政策,上海得以在戰亂中苟延殘喘。曹家以靜制
動,戰爭期間留在上海,曹其鏞每天依舊照常上學,直至小學五年
級。就讀的學校以上海話授課,課程包括中國語文、數學、常識、
歷史、公民教育等科目。戰時在上海生活,令他最難忘的是實行
燈火管制。

穿梭滬港兩地

　　1949 年,10 歲的曹其鏞隨家人來港。初到香港時居於旺角太
子道花墟附近,對面便是拔萃書院。戰後初期旺角有不少上海人聚
居。當時曹其鏞在香江中學附小[1]讀書,花了數個月的努力才能掌
握粵語。1951 年,他小學畢業。

　　1950 年代初,香港的生活條件遠不及上海,加上內地政府提
倡公私合營企業,承諾每年向私營企業派發股息,故吸引不少在香

---

[1]　　香江中學附小,位於太子道、青山道附近,由陳樹渠家族營辦。

港暫居的上海人重返上海。曹家除了父親留在香港營商外，也舉家遷回上海舊居。返滬後曹其鏞在交通大學附中南洋模範中學就讀初中[2]。

中一中二期間，朝鮮戰爭爆發[3]，內地又受三反、五反運動影響，上海資本家面對極大的壓力。1953 年，他再次離開上海重返香港，居於堅尼地道，入讀同濟中學初中三年級，初中畢業後，轉學至華仁書院繼續唸高中。

1950 年代初，曹其鏞指香港人口由戰前數十萬人急增至戰後的二三百萬，差不多一半以上的人口是 1949 年移入香港的新移民，可見香港一直以來都是一個移民城市，慨歎現今社會歧視新移民。

留學日本及美國的經歷

1956 年曹其鏞參與香港中學會考，翌年（1957 年）赴日本升學。留學日本的第一年修讀日語並準備大學入學考試，1958 年成功獲東京大學錄取，並於 1962 年取得東京大學機械工程學系學士學位。

當時香港政府不承認日本、歐洲等國家的學歷，而香港日資企業亦為數不多，只有東京銀行、日本航空（JAL）等公司。1962 年 3 月，大學學期結束後，曹其鏞在東京小松製作所做實習生，同時申請赴美攻讀研究生課程。

最後決定接受伊利諾大學的優厚助學金，修讀機械工程碩士，除獲得豁免學費，更獲提供每月 220 美元研究生助學金。取得碩士學位後，曹其鏞繼續留美攻讀博士，亦在此 1964 年與留美同學結

2　上海市私立南洋模範中小學，前身為 1896 年盛宣懷在上海創辦的南洋公學，至 1927 年改名。1956 年後曾改名上海市第七十一中學，兩年後復稱上海市南洋模範中學至今。見〈南模校史〉，《南洋模範中學》網站：http://www.nanmo.cn/site/template/100003/16ac4549-2f10-4603-a0a5-f1e9aaeff18a/detail.html，擷取於 2020 年 2 月 15 日。

3　朝鮮戰爭於 1950 年 6 月爆發，曹家應於此事發生後才回到上海。

一九七九年曹光彪先生在香洲毛紡廠開幕禮上。

婚。1965 年，曾在美國尋找工作機會，獲 IBM 以每月 600 多美元薪金聘用。但父親要求他回港參與家族生意，同年下半年，他與妻兒回港。

曹氏在港的毛紡業發展

1950 年因朝鮮戰爭爆發，聯合國對中國實施禁運。曹父曹光彪南來香港，最初亦從事轉口貿易，發現內地各項物資包括盤尼西林等重要藥用抗生素供應短缺，毅然於前線負責採購藥物等急需物資，送到霍英東船隊，群策群力突破西方禁運的鏈條，把藥物等大量急需物資從香港輸出並支援內地。

第二章　騰飛香江　　　　　　　　　　　　　　曹其鏞　　181

1954–55 年，剛巧有一批本來運往台灣地區的英國二手機器滯留在香港，曹父便利用該批機器成立太平毛絨廠，開展毛紡生產生意，將羊毛紡成毛冷。

　　太平毛絨廠設廠於荃灣德士古道，其時新界大部分土地尚未開發，不少仍是農田且價格低廉，由新界理民府管理。當時廠家一般在廠房建成後才向新界理民府申請批准。當太平毛絨廠落成並準備投產之際，收到理民府通知指其廠房屬僭建物，着其清拆。曹父與理民官交涉無效，只能向工人提出遣散。200 名工人為保生計，召開記者招待會抗議。港府最後決定批准其申請。戰後香港工業的發展，有不少相類似的情況。

　　戰後由內地來港者為香港提供大量的生產技術和勞動力，推動香港工業發展。例如大量來自上海的熟練手織毛衣工人，是促使毛織廠蓬勃發展的原因之一。

　　工廠開業初期，由於朝鮮戰爭剛結束不久，南韓工業百廢待舉，加上時任南韓總統李承晚敵視鄰國日本，禁止進口日本產品，香港地區的毛紡廠才有機會把產品銷往韓國。

　　其後韓國積極發展本地工業，香港地區銷往韓國的毛絨製品量不斷下跌陷入困境，為求持續生存機會，太平、東亞兩廠合併為東亞太平毛紡廠[4]，和記洋行亦入資參股。兩廠合併初期，香港作為英聯邦成員受惠於英聯邦特惠稅（Imperial Preference Duty）[5]制度，香港的產品銷往英國可享有較低的徵稅率，不少本地毛織廠改為生產

4　東亞太平毛絨廠，由東亞及太平兩大毛紡廠合併而成，於 1959 年成立。當時，該廠有職工 700 餘人、毛紡錠子 14,628 枚，生產的羊毛毛紗供應本地毛織廠、美國及其他海外市場。同年，該廠新設了粗紡工場，設有香港第一套紡毛設備，每月可紡製 30,000 磅毛紗；又籌備設立最新式的毛織品染色整理廠，可自行大量生產呢絨，代替以往由英國進口產品。見〈東亞太平增染色廠　生產呢絨毛冷擴大外銷〉，《大公報》，1959 年 12 月 10 日，第 2 張第 5 版；Lo, "Oriental Pacific Mills," The Industrial History of Hong Kong Group。

5　英聯邦特惠稅（Imperial Preference Duty），於 1932 年渥太華會議確立，規定英帝國屬地產品可享較低關稅稅率。見〈英聯邦特惠稅〉，《香港記憶》網站：https://www.hkmemory.hk/MHK/collections/prewar_industry/topics/topic12/index_cht.html，擷取於 2020 年 2 月 13 日。

一九八五年曹光彪先生創辦港龍航空。

羊毛手套銷往英國。1965 年，東亞太平被和記收購[6]。

　　1964 年，曹父離開東亞太平，成立永新企業有限公司。1965年，曹其鏞由美國回港參加工作。當時營商的困難是世界市場尚未完全開放，廠商需要自己尋找買家、市場。1960 年代毛紡業的主要市場是英國，其次是德國；後來才開拓美國及日本市場。1968年時期，毛紡業以羊毛為原料，原料大多從澳洲及紐西蘭入口。

　　踏入 1970 年代，香港紡織業發展日益蓬勃。聯業（TAL）[7]、南洋紗廠[8]、長江製衣廠等企業先後上市。香港紡織業的成功導致其成為了歐美同業針對的對象，歐美各國自 1970 年初起，為保護當地

6　1963 年底，和記洋行收購了東亞太平紡織有限公司 31% 股份，並加入公司董事局。見〈和記洋行與東亞太平紡織公司推展國際業務獲協議〉，《工商日報》，1963 年 12 月 10 日，頁 6；Lo, "Oriental Pacific Mills," The Industrial History of Hong Kong Group。

7　聯業有限公司（TAL Limited）由李震之在香港成立，1964 年在香港證券交易所上市。見〈歷史〉，《TAL Apparel》網站：http://www.talapparel.com/cn/our-story/history，擷取於 2020 年 2 月 15 日。

8　南洋紗廠，1947 年 10 月註冊成立，1954 年在香港證券交易所上市，上市時董事包括 Lawrence Kadoorie、王雲程、榮鴻慶等人。見〈南洋紗廠股票決上市〉，《華僑日報》，1954 年 9 月 9 日，第 3 張第 1 頁。

的紡織業，對香港地區進口的各類紡織品實施配額制度。不少香港企業因應不同城市的市場准入政策，相繼把生產線轉到台灣地區、東南亞甚至毛里裘斯以減低成本。1978年，內地改革開放政策給予香港工業企業能夠藉此降低生產成本的機會。這種「內地生產，香港營銷」的模式使本地的工業企業得以延續十多年。曹氏的家族企業永新公司在此背景下於1987年上市，到了1995年時重新私有化[9]。

改革開放後在港業務的擴張

1978年底中國內地實施改革開放政策，曹氏家族與很多內地公司合作，業務遍佈多個行業，經營業務包括代理Intel在內地的晶片營銷業務等。

1980年代初，中英雙方就香港回歸問題進行談判。由國家創建「港澳國際投資有限公司」，集資5億港元，顯示政商界對香港前景充滿信心。曹氏家族是港澳國際的最大股東，為避免利益衝突，港澳國際業務不涉及紡織業及其他炒賣活動。1985年港澳國際創辦港龍航空，是香港首家華資航空企業。

港龍最初成立時只有一架客機，故曾經被戲稱為「天上有，地下無」的航空公司，公司初期受到港府的打壓，經營非常困難。航權是航運業最重要的生存條件，港府雖一直強調香港是自由貿易的城市，市場開放且鼓勵競爭，但當港龍成立後，港府擔心港龍的發展會損害英資太古的利益，故使用各種法律和行政手段來壓制港龍的發展。財政司為此修改法例，規定每條航線只可以由香港一間航空公司經營，曾經營過某些航線相關公司可優先繼續經營，這意味着新成立的航空公司，很難取得舊有航線的經營權，明顯保護已在

---

9 根據香港總商會紀錄，永新企業有限公司（Novel Enterprises Limited）於1964年成立，1987年上市，至1995年再轉為私有化經營。見 "Hong Kong Business Directory: Novel Enterprises Ltd," Hong Kong General Chamber of Commerce, http://www.chamber.org.hk/en/membership/directory_detail.aspx?id=HKN0063，擷取於2020年2月15日。

曹其鏞（左五）與夫人曹羅碧珍女士（左三）一起為大樓啟用揭幕。

香港營運多年並擁有多條航線的國泰航空。港龍航空由於成立不久，可取得的航權相當有限，而且集中在亞洲的二三線城市，港龍自成立以來連年虧本[10]。當時港龍航空由包玉剛出任主席，曹光彪任副主席，包玉剛的女婿蘇海文（Helmut Sohmen）任行政總裁[11]，為爭取航權，曾長期向政府提出法律訴訟。

1990 年代，港龍的業務有所改善並開始盈利，成為國泰的主要競爭對手。隨着 1997 年將至，港龍的存在促使太古將國泰航空在香港上市，中信泰富入股，使到國泰不再是純英資的公司，而是中英資金共同控制的航空公司。

10　港龍航空成立時，曾向港府申請開辦香港來往北京、上海、廣州、西安、廈門、杭州、海口、湛江等地的八條航線，但申請刊憲後即遭國泰航空及遠東金獅航空反對。最後民航處回覆港龍，指國泰航空已有經營部分路線，批准申請可能會造成惡性競爭。見〈不獲開辦中國航線 港龍航空公司今日急商對策〉，《華僑日報》，1985 年 8 月 19 日，第 1 張第 1 頁。

11　1989 年 9 月，包玉剛辭任港龍航空董事局主席，由行政總裁蘇海文接任。見〈包玉剛辭港龍主席職 蘇海文被推選為新主席〉，《大公報》，1989 年 9 月 20 日，第 6 版。

創辦亞洲青年交流中心與百賢亞洲研究院

2009 年，曹其鏞年屆 70 歲，致力興辦教育。他曾經留學日本和美國，深知親身體驗他國文化的重要性，因此大力推廣增進亞洲各國青年互相學習的交流活動。

2010 年曹其鏞向內地五所大學，分別是復旦大學、北京大學、上海交通大學、清華大學和浙江大學，捐資各建設一所「亞洲青年交流中心」，首度實現本地學生與留學生合宿模式，每所各設有一百至三百多個宿位；曹其鏞亦參與捐贈日本早稻田大學國際學生宿舍（Waseda International Student House），希望增強亞洲年輕學生在讀期間的文化交流。

曹先生於 2013 年在香港設立了一個私人家族基金會，名為「百賢教育基金會」（簡稱「基金會」）。匯聚五名創辦成員和基金會的支持，「百賢亞洲研究院」（簡稱「研究院」）於 2014 年正式成立，重點推動和監督「亞洲未來領袖獎學金計劃」的發展和運作。獎學金計劃舉辦至今，已有超過 550 名的學生受惠，基金會和研究院自創辦以來一直由曹先生的女兒曹惠婷擔任行政總裁並管理。

獎學金計劃旨在提供年輕一代在東亞留學和相互交流的機會，致力於栽培亞洲未來領袖，每年資助多達 100 名百賢學者，前往居住國家或地區以外的六所合作大學，分別為一橋大學、京都大學、北京大學、上海交通大學、香港科技大學和早稻田大學，攻讀本科或碩士課程。每名百賢學者不僅可獲最多 5 萬美元的獎學金，還可參與由百賢資助的一系列校園內外優化課程，以及為期兩至三周的百賢亞洲研究暑期優化課程。

暑期優化課程每年輪流在不同的合作大學舉辦，過去數年曾於杭州、東京、台北、北京、京都等地舉行。因受疫情影響，2021 年的暑假優化課程轉以線上形式舉行，今年 8 月將與香港科技大學合作舉辦線上 2022 年百賢亞洲研究院暑期優化課程，屆時，百賢學者將通過即時、互動的線上平台，享受為期兩周的探索和趣味旅程、建立友誼並獲得個人成長。

香港同鄉會及香港上海總會的轉型

　　曹其鏞於王緒亮擔任會長期間，獲邀加入上海總會成為名譽會員。他也出任了上海總會、蘇浙滬同鄉會、浙聯會的榮譽會長。曹其鏞指上海人在港的地緣組織，除了上述較為人所熟悉的組織外，還有世界寧波大會。由於香港同鄉會的數量太多，組織分散，缺乏凝聚力。雖然目前香港各同鄉會組織都有一定基礎，但深信彼此團結起來發展會更好，亦可減低地緣組織各自為政的弱點。他欣賞現存各地緣組織有年輕化的趨勢，如上海總會和蘇浙滬同鄉會等也設立了年青組，浙聯會參與的年青人也逐漸增加。

　　時至今日，同鄉組織的角色已有很大轉變。過往這類型組織在香港、上海、北京等地都為數不少，主要是服務同鄉，為初到大城市尋求機會的人，提供與當地的同鄉聯繫的機會，得到同鄉照料，解決日常生活及就業問題。香港現在每日有 150 人來港，但籍貫不盡相同，依靠同鄉照顧的情況已愈來愈少，因此同鄉會逐漸轉型以服務香港社會為主。其實香港人如果能打破地緣的觀念，對加強與中國內地的聯繫，會有更大裨益，中國人無論是上海人、廣東人，倘能無分彼此，定可合力為社會作出貢獻。

雷振範

半世紀紡織人生

職銜

上海總會副理事長

捷成布廠有限公司主席

捷成紡織（中國）有限公司主席

佛山市順德區捷成紡織有限公司主席

香港中華廠商聯合會名譽會長

香港布廠商會會長

家庭及成長背景

　　1940 年農曆 8 月 18 日生於上海的雷振範，在家中兄弟姊妹中排行第四，上有哥哥姊姊，下有妹妹弟弟。雷振範出生後不久抗日戰爭便爆發，他記憶中兒時的上海租界有賭場、保甲長等，也分別有日本人及國民黨管治的相關記憶，如軋戶口米、搶購物資、八仙桌下躲藏空襲、走難時搬遷過兩次住處之類。

　　雷振範小時候居住在上海南市蓬萊路，5 歲開始接受基礎教育，曾在上海明誠小學讀書，初中在梅溪中學完成學業後，考入上海 57 中學讀高中，學校後來改名為大同中學。雷振範在中學時學

過些簡單英語，解放軍接管上海後，一切情況都有改變，其中部分老師是共產黨員。

　　高中畢業後，他考上師範大學，但未有報到，所以未進一步求學，為此感到十分遺憾，也羨慕一些從內地到香港的朋友，可以一邊工作一邊上夜校補習，覺得自己損失許多學習機會。

　　二哥及幼弟在解放後便跟隨父親移居香港。父親雷雨春離開上海前，是郵政局一名中高層職員，解放後因無法適應當時的環境，自願辭去郵政局職務，卻因賦閒在家而鬱鬱寡歡。伯父雷雨時當時在香港，便建議雷雨春轉換環境。

父母離開上海時雷振範仍留在上海，直到 1959 年 8 月初獲上海派出所批出的往香港的通行證，其時母親剛巧到上海探望子女，8 月 15 日雷振範便與母親一起坐火車前往香港。

在伯父的指引下，全家除了大哥和姊姊留在上海，其他人都移居香港。雷振範抵港後，在伯父的大通布廠（廠址在荃灣柴灣角街）當練習生，從此進了紡織行業。他在大通布廠認識籍貫上海的蔡小姐，二人於 1967 年同偕連理。結婚時雷振範 27 歲，太太 19 歲，需要父親簽字同意，二人婚後育有二子一女。

進入紡織業

由練習生低層做起

入職大通布廠當練習生的時間是 1959 年 9 月 15 日，當時的雷振範 19 歲，每月基本工資 80 元，加上津貼共 90 元，包住宿及雜項費用，工資水平比普通工人高，當時普通工人的工資是每天 2 元 6 角。剛入職時每天工作 12 小時，大約過了七、八個月後，改為每天 8 小時工作。作為工廠練習生，雷振範需由低層做起，先做工務，若干年後再做事務至事務長，直到離職。

伯父雷雨時解放前在上海從事珠寶行業，為人勤力精明，到香港後都有一定的財力及人際關係──聽說伯父來港時帶了 60 條金條，其兒子兒媳皆在英國修讀紡織相關課程，故在香港買地開設布廠。當時香港紡織業發展日益蓬勃，南來的江浙人士大多數都入了紡織業，不但有人力，又帶來資金、生意頭腦及先進技術，例如唐翔千先生的南聯，吳昆生先生的偉倫，榮家的南洋等。解放前已有部分大廠搬遷到香港，當時的布機都是由零件組裝而成，內地布機亦運來香港裝配。

雷振範在大通布廠工作十年，其中從事工務大約三年，從事事務有七年，對廠的運作都有充份了解。1970 年中，在機緣巧合下，

雷振範和三位朋友合資，在荃灣開設精藝漿紗有限公司。廠務運作由邵女士和他負責，但在兩年多的合作中，二人產生了許多矛盾與磨擦，及後情況愈來愈嚴重，他便自動退出，即使邵女士誠意挽留，但他仍堅決拒絕。

合資開辦織布廠

其時適逢牛仔布興起，雷太的姨丈張先生是瑞士冷風機製造工程師——冷風機是布廠必須用的設備，張先生建議開設小型布廠，邀兩位外甥女婿，即雷振範及其妹夫戚先生合作，戚先生亦是由布廠低層做起。當時大家對於開廠都未有深思熟慮，心動就行動，購入 60 台內地布機便開業。布廠開業初段，運作中已發覺出了很多問題，兩年多後已虧損了約投資七成半的資金，即使把布廠放售都找不到買家，很難再經營下去。

此時妹夫自動退出，取回本錢，張先生因顧慮到雷太父母的想法，所以和戚先生一樣選擇離開。張先生最早出資的大筆款項，雷振範直到若干年後才全部清還，這次的經歷令他一生難忘。

布廠就此由雷振範一人承擔並繼續營運，他相信機會將會來臨，並且深信命運要靠自己爭取，困難一定有，但布廠要繼續營運便要改變運作方式。其後布廠由接單改為代客加工，提高產品品質；財務上開源節流，使資金可以靈活周轉；少不得的是交際應酬。布廠以三班制運作，機器 24 小時開機，雷振範每天早上 6 點 45 分前便到工廠，早中夜三班他都會到車間巡視，對廠內生產運作都一清二楚。

賢內助能頂半邊天

布廠的成功不得不提雷太的協助。她在工廠事務賬目和家庭都安排得妥妥當當，使雷振範無後顧之憂，在關鍵問題上幫忙出的主意都能夠得到完美的結果。另外，岳父蔡先生也在布廠任職，能夠就工廠一些細節與弊端提出意見，還有小舅子，由開啟到退休，對雷振範在營運工作上有很大幫助。小細節最終會導致大的差錯，因此雷振範一點也沒有看輕這些細節。他相信命運及因果，對董慕節先生的鐵板神數深信不疑，神數曾經說雷太太會幫丈夫擔當五佰斤。

獨力營運布廠時，雷振範在資金周轉上遇到極大困難，但在原料供應上得到朋友的幫忙，再加上經過時間的累積，捷成布廠的信用慢慢建立起來，最初供應商需要布廠有擔保才供貨，到後來願意給布廠長達 45 至 55 天的數期，財務亦可用期票兌現，確保了捷成的資金可以靈活周轉。

在經營布廠的過程中，雷振範特別提及三點。一是多謝伯父雷雨時的指引。他一家能夠來香港，自己並進入了這個行業，都是全靠伯父幫忙，他亦學到伯父的勤力、慳儉、精明能幹的優點，在待人接物方面亦學到不少東西。

二是雷振範在漿紗廠工作兩年多,雖然苦不堪言,但仍感激當時的合作夥伴邵女士,如今邵女士已作古,但在她身上,雷振範學到書本上學不到的東西,如人事關係、待人接物、工作毅力等,這些對於自己經營布廠有很大幫助。

三是他學到了若要品質好、交貨快,首先最重要的是設備。工欲善其事,必先利其器。雷振範從捷成布廠成立到 2018 年停業期間,這麼多年來,從第一代 60 台內地有梭自動機到第二代日本無梭機,後來根據市場需要,在日本無梭機外加多 10 台提花設備,市場日益進步,產品從窄封到潤封、輕磅到重磅不停變化,布機也隨着市場的進步而不斷改進更新中。

市場上有兩個布機牌子,意大利及比利時碧加樂,雷振範先試用 22 台意大利機,發覺效果不合理想,後來全部轉換 120 台碧加諾機(碧加諾型號 GTMA、AS、GAMMA、GAMAX)。

一
雷
振
範
與
太
太
多
年
來
一
起
遊
歷
內
地
。

一
雷
振
範
與
孫
兒
於
上
海
總
會
慶
祝
生
辰
。

自置物業做廠房

最重要一點，是他體會到工廠的廠房一定要是自己的物業，自己物業的話便無須擔心業主加租，可減低經營成本，無後顧之憂。雷振範後來籌得 35 萬首期購買價值 180 萬的葵涌葵榮路廠房，廠房佔地 20,400 呎，四樓 AB 座全層連平台。廠房所在的大廈共十三層，雷振範一有機會便逐層購入，最後五層由英聯製衣沽出，他便一次過購入。在大勢變動下，2006 年他考慮將生產線由香港轉移到內地，擴大一條龍生產。同年便購入順德原本由台灣人開設的公司廠地連上蓋，面積 33.5 畝，作價人民幣 1,900 萬。另在旁邊購入 50,000 呎土地。順德廠房由 2006 年至 2017 年營運，然而紡織行業逐漸走下坡，競爭激烈，生產成本增高，業內已有部分工廠轉到其他地區發展。雷振範的子女對經營布廠興趣不大，加上形勢轉變，都建議他將土地改作其他用途。

退休生活

從 1959 年開始一直到現在，雷振範從事紡織行業 60 餘年，2018 年退休，開始改變以前的生活方式，早上 6 點開始步行一小時，約 7,000 步左右；9 點半到公司逗留三四小時，和以前朋友們保持聯絡，增進友誼，擴大關係網，了解社會世界訊息。他放下工作後可以做一些自己喜歡的事，和朋友聚餐，去去旅行唱唱戲，參與一些社會工作，如廠商會名譽會長、布廠商會朱石麟中學校監、布廠商會會長、上海總會副理事長及扶輪社活動等，倒覺得時間過得很快，日子亦容易打發。在辛苦了大半生後，既有能力又有機會，便不用刻薄自己，盡情享受人生。

相信人能夠配合天時地利人和，加上運氣，問題定會迎刃而解。他深信因果，以誠信待人，上天自然會給你回報。這就是雷振範的人生觀。

張浩然

帶着家族生意走向世界

家庭及教育背景

張浩然祖籍江蘇省江陰市,二次大戰期間生於上海。父母親均是上海人,他居長,家裡還有三個弟弟和一個妹妹。1948年舉家從上海去了香港,自此落地生根。

他在香港接受教育,中學就讀九龍華仁書院,在學時必須修讀中文、英文、數學、歷史、地理、物理、化學、生物等科目。

中學畢業後,他升讀美國北卡羅來納州立大學(North Carolina State University),主修紡織機械(Textile Engineering)及紡織化學

（Textile Chemistry）兩個 B.SC degree，選修紡織的目的是希望增加紡織業的認識，以方便日後繼承家族的紡織生意。

在香港發展家族紡織生意

張浩然的家族在上海早已開始經營紡織業，戰後繼續在香港發展紡織業，工廠開始以織布為主。父親不諳英語，與海外廠家聯絡備感艱難，十分期望他能盡快完成學業，以便協助家族在香港的業務。

建立紡紗織布的「一條龍」生產鏈

他在美國大學獲得有關紡織業工程的知識，大學畢業後回港，便在父親的公司當副經理，負責工廠的日常管理和運作。當時公司的生意相當蓬勃，除了織布以外，在 1970 年代更創立了紡紗的生

產線。公司旗下設有三間紡織業公司，分別是生產闊幅布及針織產品的國際紡織有限公司、生產普通布匹的大綸紡織有限公司，及以紡紗為主的南華紗廠，建立了紡紗織布的「一條龍」生產鏈。這些廠房最初設於牛頭角，後來有廠設立在觀塘、荃灣和油塘各區。

紡紗廠所用的棉花來自世界各地，包括美國、巴基斯坦、印度、巴西以及中國等地。

公司的皇牌產品

公司除了織布，在 1970 年代生產供大床或特大床使用的特闊床單，是其「皇牌產品」。由於市場上並沒有其他工廠可以織出 132 吋闊封的特大布匹，使特寬布成為公司的獨有產品。織特寬布的織布機是由工廠一名上海機械工程師，把兩台正常闊度的織布機拆開，用加上其他零部件嵌合製成的。其邊際利潤亦相對較高。張家堅持以織布和紡紗為主要業務。1970 年代是香港紡織業的全盛時期，也是公司紡織生意的高峰，旗下的員工總數高達 2,000 人，業務遍及香港、澳洲、紐西蘭、英國和美國等地。

公司的其他業務

除了投資紡織，1968–1969 年期間，公司創立了自己的建築公司，參與土地買賣，在觀塘及油塘工業區購買工業用地興建廠房自用。在九龍交易所創立之初（創立於 1972 年），為表達對交易所的支持，父親也創辦了一家股票公司並成為該交易所的副會長，亦因此展開了張家的股票業務。

家族紡織企業從拓展海外業務到式微

在 1970 年代，張家旗下的紡織有限公司負責向海外市場外銷特種紡織製品，為家族企業帶來可觀的收入，當中以「彈力裹肉布」（meat stockinette）及「低支紗抹手布」（osnaburg）這兩種特種布為大宗。

張家自設紡紗及織布廠,能夠按各地的要求就布料的質料來生產。及至 1980 年代,「彈力裹肉布」逐漸被真空塑膠包裝所取代,需求不斷減少,最終決定停產。

輸往美國的「低支紗抹手布」

另外一項主要的外銷產品是出口美國的「低支紗抹手布」(osnaburg)。布的紗非常粗(6–8 支),抹手布 18 寸長 18 寸寬,買家是美國的多家大型洗衣公司,為美國主要汽車企業和美國機器廠,供車廠的工人清理油污用。車廠工人每天上班時會取用乾淨的抹手布,然後於下班時將用過的布收回並交由洗衣公司清洗。由於抹布沾有大量油漬,需要以強鹼性的「哥士的」清洗,每塊布的壽命只有十八次清洗。由於香港生產這種布的廠家只有兩家,以及有紡織配額(quota)限制,使國際紡織有限公司獲取相當可觀的利潤。

1980 年代,隨着中國改革開放,香港本地租金及工資等生產成本高昂,缺乏競爭力,導致工業北移,1988 年,張家關閉香港的紡織廠房,把工業用地改為商業用途,轉型發展地產業務。

紡織業同業網絡與社會公職

1970 年代是香港紡織業的光輝年代,共有 31 家紡紗廠加入了香港棉紡業同業公會(於 1948 年成立)成為會員,當中不乏知名的大型紡織企業,如香港紗廠、南海紗廠、東南紗廠、中央紗廠、南洋紗廠、偉倫紗廠、大興紗廠等。紡織業是香港經濟的重要命脈,因此香港棉紡業同業公會深受政府重視,是工業發展及勞工政策的重要諮詢機構。紡織業在本地政商界的影響力不容忽視。

張浩然本人曾擔任不少公職,以另外一種方式服務香港社會。如香港貿易發展局理事,香港工業總會理事,中華廠商會的副會長,勞資關係委員會中的資方代表,職業訓練局紡織小組委員,理工大學紡織小組委員,棉紡會中學校董,香港蘇浙滬同鄉會會長等。

加入上海總會理事會及其職務

加入上海總會理事會

上海總會的前身上海聯誼會成立於 1977 年。在創會之初，張浩然只是普通會員並沒有擔任任何職務。父親張楠昌與王劍偉是上海聯誼會的創會成員，張楠昌是上海聯誼會創會副會長，他便順理成章成為會員。2004 年，他獲得父親的好友，時任會長的李和聲伯伯相邀，參與上海總會的選舉，並在選舉中獲選為理事會理事，及後升任為副理事長。

在上海總會的職務

加入理事會後不久，2007 年適逢上海總會創會 30 周年的大日子。時任副會長的董偉認為總會在 10 周年和 20 周年時，沒有特別慶祝，遂建議籌辦大型慶祝活動，為總會的 30 周年誌慶，建議在理事會獲得支持及通過。在理事會會議中，理事金維明指張浩然在蘇浙滬同鄉會累積了不少籌辦大型活動的經驗，故推舉張負責統籌慶典，建議獲得理事會的信任和支持。他在當時王緒亮理事長帶領下，統籌舉辦了上海總會的慶祝晚宴，在凱悅酒店筵開 40 席，場面盛大。足見上海總會已逐漸發展為一個頗具規模的地緣組織。

上海總會和蘇浙滬同鄉會宗旨相類似，同為非牟利機構，提供社群公益服務。兩者比較，上海總會的會員人數較少，蘇浙滬同鄉會的會員人數達 5,000 多人。其實上海總會是由蘇浙滬同鄉會分拆出來的，很多上海總會的會員本身也是蘇浙滬同鄉會的會員。出現相類近的地緣社團組織，是因為社交網絡不同，不同圈子的人都希望各自成立屬於自己圈子的社團。蘇浙滬同鄉會在香港設有四間學校，另外亦捐建了兩間老人院及醫療中心及會員餐廳等。

除了籌辦總會 30 周年慶典外，張還負責上海總會的康樂小組。每年康樂小組會舉辦不同類型的康樂活動，例如旅遊、唱歌班、講座和春茗聚餐等。

風靡全球的玩具大王

丁午壽

職衔

曾任東華三院總理（一九六八年）

被委任為香港太平紳士（一九八六年）

工業界立法會議員（一九九八至二〇〇四年）

SBS銀紫荊星章

香港工業總會（工總）主席（二〇〇四至二〇〇七年）

香港傑出工業家獎（二〇一〇年）

曾任

中國人民政治協商會議江蘇省委員會常務委員

香港塑膠業廠商會會長

工業及科技發展局塑膠業委員會委員

香港塑膠科技中心委員

塞浦路斯共和國駐香港特別行政區名譽領事館名譽領事

現為

香港玩具廠商會有限公司名譽會長

香港塑膠業廠商會永遠名譽會長

香港科技大學顧問委員會永遠名譽委員

香港樹仁大學校董會主席

東區康樂體育促進會會長

家庭及教育背景

個人生平

　　祖籍江蘇無錫，1942 年在上海出生的丁午壽，於六兄弟姊妹中排行第五，上有三兄一姐，下有一弟，父親是被譽為「塑膠大王」的著名香港實業家丁熊照先生。1948 年，丁午壽隨家人來香港定居，其後在具基督教背景的聖士提反女子中學附屬小學（該校小一至小四收男生）就讀。對當時的丁午壽來說，最需要克服的困難就是儘快學好廣東話，因為語言不通不但影響他的學習，亦無法和同學好好溝通。幸好，同學並沒有因此歧視或排斥他。

丁午壽（後左二）等與國家領導人合影。

　　小學畢業後，丁午壽到同樣具基督教背景的聖保羅書院升讀中學並順利完成中學課程。畢業後他本計劃立即負笈美國，惟當年因美國突然更改對香港學生的升學要求，被迫延遲一年才能前往美國伊利諾大學攻讀機械工程的學士學位。

　　丁午壽指當年雖然如願到美國留學，但父親對他和兄長們的要求卻很高。早在往美國前，父親便要求他們兄弟承諾不可荒廢光陰，在畢業之前更不能隨便回香港，因此他在美國讀書期間，暑假便做暑期工，歷練自己，曾在烤肉店負責清理烤肉板上的廢油和碳渣。丁午壽很喜歡在美國的大學生活，雖然辛苦卻豐富和充實了他的生涯。在學期間，唯一一次能夠短暫回港探親，便是長兄結婚。

1968 年丁午壽大學畢業，本打算在美國升讀碩士課程，不幸父親突然中風，他只有放棄深造，留港接手家族生意開達實業有限公司，和料理各項家庭瑣事。進入家族生意後，丁午壽從低做起，凡事親力親為，在父親公司擔任工程師學徒，學習如何設計和製作鋼模，以及學習使用各種製造塑膠的機械工具。

後來將開達實業推至最高峰，成為執香港玩具業牛耳的是 80 年代風靡全球的「椰菜娃娃」，丁午壽正是這個娃娃的推手，他更因為這個玩具躍升成為玩具大王。

回想 80 年代，這個身長 40 厘米、其貌不揚，一點也不美麗的「椰菜娃娃」，卻是使得美國人寧冒着寒氣逼人的北風，在玩具店前排起長龍，競相「領養」的玩具。

丁午壽說每個「椰菜娃娃」都是手工製作，而且是獨一無二的。她的雙手和雙腳都可以活動，具有不同的髮型、髮色、容貌、表情和服飾，千姿百態，深得不少女孩的喜愛。「椰菜娃娃」被「領養」（購買）後，公司還會為她建立「生日檔案」，每當娃娃的生日時，娃娃的「領養父母」或「養護人」都會收到一份玩具公司寄來的生日賀卡，為「椰菜娃娃」慶祝生日。當時玩具公司還要求每個「椰菜娃娃」都要穿一條美國 Pampers 公司的紙尿片，因而開達的工廠在高峰期時，每天為「椰菜娃娃」生產的紙尿片高達五萬三千條，成為佔全球 80%「椰菜娃娃」生產量的代工廠。

在「椰菜娃娃」帶動下，開達迎來了它的黃金時代，不但實力大增，更於 1984 年在香港交易所主板上市。

家族生意上海發跡史

開達實業有限公司在丁午壽帶領下發展壯大，但公司的創立者卻是丁父熊照老先生。丁午壽說父親於 1903 年出生，14 歲時往上

海學師做生意，滿師後向親友借款，在上海投資皮包生意，但經營失利，後經人介紹，加入上海大東電池廠工作。

1925 年丁熊照自立門戶創立匯明電池廠，最初以生產電池為主，後來才同時生產電筒和電燈泡。30 年代廣受用家歡迎的中國名牌「大無畏」電池，便是丁熊照刻苦鑽研，經過多年努力而推出的王牌產品，堪與日本和美國等國家的產品一較高下。

當年上海匯明電筒電池製造廠的產品，不僅行銷全國，而且遠銷東南亞和歐美地區。抗戰期間，日商松下電池廠是匯明電池廠的主要競爭對手，縱使日產貨品的價格較低，匯明的產品在中國市場，尤其在華中和華北地區仍佔據主導地位。

在二次大戰期間，美軍發現鐵皮製造的電筒容易發生「走電」意外，海軍陸戰隊於是改用塑膠製造的電筒。1946 年，丁熊照看準這個商機便派人來港成立開達實業公司，準備在香港設立塑膠廠。1948 年，丁熊照舉家從上海遷居香港，在香港經營「開達實業有限公司」，展開塑膠製造的業務。

開達實業在香港的發展

1949 年，原在上海開梁新記兄弟牙刷廠的商人梁日盛把業務轉移至香港，並創立「星光製刷廠」（即紅 A 產品生產商「星光實業有限公司」前身），在香港開展塑膠日用品業務。丁熊照早年在上海時已認識梁日盛兒子梁知行，二人關係密切，遂成為該公司的董事。因此戰後星光繼續在香港開展生產牙刷的業務時，開達便為星光提供原料。

當年，來自廣東的實業家黃克競也生產塑膠牙刷，與星光競爭，而且市場佔有率較高，因此丁熊照決心幫助星光，以成本價把原料售予星光，因為開達在 1950 年代已代理美國「陶氏」化學公司的化學原料。在丁熊照和梁知行的合作下，黃克競放棄塑膠業轉向光學機械發展。

50 年代初的開達還有一個龍頭產品 —— 人造象牙筷子。1950 開達首次參加中華廠商聯合會主辦的「中國貨品展覽會」（工展會前身），展覽場地在今九龍喜來登酒店的位置，開達在展覽攤位首次展示人造象牙筷子（賽璐珞 Celluloid Nitrate，一種人工合成的樹脂製成品），並示範把筷子放在沸水中加熱，以證明人造象牙筷子不會因加熱而彎曲，因此大受歡迎。

後來由於生產筷子的模具在多次使用後出現磨損，需送回原產地美國維修，花費不菲，又因為爆發朝鮮戰爭，中國被聯合國禁運，使開達頓失中國這個主要市場。

1963 年丁熊照協助來自廣東的一位工程師徒弟設立明達電池廠。工廠最初設在北角，後來遷往新蒲崗和油塘。該電池廠在 1974–1975 年進入生產的高峰，所生產的 QV 電池主要出口，佔香港總出口量的 70%。

黃金年代：在塑膠玩具界獨佔鰲頭

開達是在 1950 年代開始從事塑料玩具生產。當年丁熊照為了開拓新市場而進軍塑膠玩具市場，最初的招牌產品是陀螺，廣受市場歡迎。另一個就是塑膠做的四腳小馬，小馬可以步行上斜路。這些玩具都是開達為美國玩具公司代工生產的，玩具由美國的公司設計圖樣，再交由開達生產製造，然後銷往歐美市場。但是製作塑膠玩具模具的難度很高，尤其是一些細節較多的玩具，由於時間很短，每年聖誕都需要趕貨期。

面對行業技術和人才不足的挑戰，丁熊照首先聘請本地技工學習人手設計和製模，並引進師徒制，以保持人才供應的可持續性。這種師徒制的技藝傳承制度帶領開達在 1950–1960 年代，成為香港塑膠玩具工業的龍頭企業。當時工廠的工人人數達至 1,000 多人，是一間甚具規模的工廠。其後不少技藝成熟的師傅和技工自立門戶，開設玩具工廠，開達因而被稱為香港塑膠玩具的「少林寺」。

1970 年代初，開達在玩具工業上面對不少技術和價格的競爭。例如開達與美國的孩之寶玩具公司合作開發玩具電單車，當時仍從事塑膠生產的長江實業亦加入競爭。由於開達的模具質素較高，孩之寶玩具公司最終把玩具電單車大部分的生產交給開達。

除了塑膠玩具，開達另一條生產線以火車模型為主，火車模型的製作和工序相當繁複，造價和零售價相對較高，故以歐美和日本的中產和退休人士為主要市場。丁午壽指當年父親的最終目的，是轉型製造高端玩具模型，而這些火車模型的原材料不限於塑膠，也包括合金。

1980 年代是開達的起飛期，除了收購一間美國的火車模型公司，從此由代工關係轉變成控股關係外，還併購了當時因為英國經濟下行和罷工運動而受到影響的公司，更名為 Bachmann Europe，專營英國地區的火車模型生意。由於英國的鐵軌軌距曾比歐洲大陸的窄，火車車身相對幼長，故此需要特別設計和加工，例如將比例由 1:78 縮小至 1:87 等。

與之同時，開達乘着中國內地改革開放政策，在廣州十九中設立校辦工廠，把部分簡單工序送到廣州裝配，並於 1982 年在蛇口購入土地設立工廠，於 1983 年投產。蛇口的工廠後因深圳的發展需要而提前歸還政府，工廠則遷往東莞長安。

與香港上海總會的關係

丁午壽於 1969 年出任東華三院總理，因而結識同任東華三院總理的香港上海總會創會會長王劍偉先生，並於 1970 年正式加入王劍偉先生和黃夢花醫生創立的上海聯誼會（香港上海總會前身），因與香港上海總會前會長李和聲先生相熟。丁午壽認為多年來香港上海總會致力維繫香港與上海的關係是其特別之處，並希望香港上海總會可以保持與上海的雙邊關係。

丁午壽說父親丁熊照寫過一部書 *Truth and Facts*（《真相與事

實》），記述一生經歷和艱苦創業的過程。父親的為人令後輩們敬佩，在工商業的成就，對國家作出了貢獻。丁午壽亦勉勵年青人要恪守中國傳統勤奮、節儉和待人以誠的美德。

既是音樂家 亦是慈善家

方劉小梅

家庭及教育背景

　　方劉小梅是家中的獨女，排行第二，上有哥哥，下有弟弟。她在台灣接受基礎教育，並在台灣「藝術學院」[1]音樂系完成學士學位。畢業後負笈美國，再到維也納的奧地利音樂學院深造[2]，年青時

1　台灣藝術大學，位於台灣台北縣板橋鎮（今新北市板橋區）浮洲里，前身為 1955 年成立的藝術學校，1960 年改制為台灣藝術專科學校，1994 年升格為台灣藝術學院，2001 年改今名。見〈關於台藝〉，台灣藝術大學網站，https://www.ntua.edu.tw/aboutus.aspx，擷取於 2020 年 2 月 3 日。
2　王蘇，《蘇蘇名人訪談（第二輯）》，頁 17。（香港：中華書局，2018）

以成為音樂家為理想。父親劉長寧為上海人,母親呂潤璧是北平人。父親因往北平燕京大學唸書,與母親認識。後劉長寧因奉派前往台灣,舉家遷台。

劉長寧是經濟學家,曾於台灣一家銀行擔任總經理要職,退休後在大學擔任教授,出版財經專論,著作甚豐。呂潤璧家族顯赫,方劉小梅的外公呂咸,號著清,於孔祥熙任財政部部長期間,出任國庫局局長,負責當時全國金融,備受重視。抵台後,出任中央銀行監察長。

孔祥熙因不信任蔣介石,解放後去了美國。1961 年應宋美齡之邀到中國台灣地區過 80 歲壽辰。呂咸與孔祥熙私交甚篤,可惜 1961 年已去世,孔祥熙見不到故人,點名要與呂家大小姐會面,大小姐就是呂咸的長女、方劉小梅的母親呂潤璧。方劉小梅雙親遂親往台北圓山飯店面見孔祥熙,更合照留念(見下頁圖片)。這幀珍貴的照片一直由方劉小梅旅美的兄長保管至今。[3]

---

3   本文所用照片翻攝自《名道》,頁 21。(香港:香港理工大學企業發展院,2005)

孔祥熙和劉長寧、劉呂潤璧伉儷（方劉小梅雙親）
——攝於圓山飯店。

　　方劉小梅的母親劉呂潤璧[4]曾出任台北市議員，市議員每三年一屆，呂潤璧合共做了三屆，長達九年。出任市議員後，辦了一份婦女刊物《婦女報》，在社會頗具名氣，深受各界重視。有次方劉小梅與丈夫乘坐中華航空從香港飛往美國渡假，回程時因沒有預先訂位，而航班因臨近農曆新年爆滿。她到機場後與一位陳姓經理接洽，經理得知她的母親是呂潤璧，細心款待，更安排她和丈夫回香港，令她十分感激。呂潤璧義行可風，蜚聲議壇。棄政從事文化事業，創辦《中國婦女》，辛勤耕耘達 45 年之久，該刊物是婦女精神食糧。呂潤璧認為唯有淨化心靈才能使人生更美好。

4　　呂潤璧，1914 年出生，日本東京明治大學政經學系畢業，1953 年起擔任台北市議會議員，1958 年創辦《中國婦女》周刊，擔任職務包括中國雜誌編輯協會理事、大漢劇團主持人、台灣省婦女寫作協會理事、台灣地區中南美文化經濟協會監事等，至 2000 年去世。見〈呂潤璧〉，《婦女期刊作者研究平台》，http://mhdb.mh.sinica.edu.tw/ACWP/author.php?no=1730，擷取於 2020 年 2 月 3 日。

劉長寧在長沙有一位兄弟，夫婦因肺病去世，遺下三個分別只有 5 歲、3 歲和 1 歲的孩子。呂潤璧獲悉後，便託人到長沙把姪子帶到台灣，在解放後，要從內地送幾個小孩子往台灣着實不容易，其實要找到小孩也很費勁，呂潤璧前後共找了兩次，第二次才找到，可惜 1 歲多的女兒因發高熱夭折，最後只能接到兩位姪兒到台灣，養育成人。如今一位旅居美國，另一位在中國台灣，各自安居樂業。

方劉小梅婚後，呂潤璧每到外地公幹，因事經香港到澳洲等地開會時，她偶爾會探望母親。母親在台灣既是市議員，又要辦報，來香港時也備受香港的傳媒界重視，如曾接受《星島日報》的胡仙宴請。至於與經營紡織生意姻親的聚會，也只好被安排在公務之後。母親 86 歲在台灣過世。方劉小梅銘記慈母教誨，積極參與慈善事業作為對母親的懷念。

從攻讀鋼琴專業到香港定居

方劉小梅在美國洛杉磯認識丈夫方杰，二人在美國結婚。家翁經營紡織業，而丈夫則在美國工作。後來方杰被父親召回香港幫忙管理家族生意，方劉小梅隨夫一起回香港。二人的孩子亦在香港出生。丈夫後來離開紡織業，建立香港通用電子公司[5]，香港通用電子日益擴張成為香港上市電子公司，而她的慈善事業也得到丈夫及親友的支持。

5　通用電子有限公司，1960 年 11 月在香港成立，資本額 500 萬元，發行 50 萬股，1987 年時大股東為持有 93% 股份的 Bohun 公司，外界相信該公司由方氏家族控制。該年 8 月，通用電子在香港上市，集資 1 至 2 億元，其時總裁兼董事總經理為方勵，方杰則於 1991 年 1 月時擔任此職。見〈通用電子八月上市　籌集資金一至二億〉，《大公報》，1987 年 6 月 22 日，第 3 張第 9 版；〈通用電子擴大營業額　本年度預料可增八成〉，《大公報》，1987 年 7 月 5 日，第 3 張第 10 版；〈通用電子董事及總經理方杰表示　波斯灣局勢對集團業務影響不大〉，《華僑日報》，1991 年 1 月 16 日，頁 15。

熱心慈善事業

　　由於丈夫十分支持她參與慈善工作，方劉小梅曾擔任香港台灣婦女協會會長[6]，組織婦女團結，獲推薦出任保良局總理。她希望藉助自己的愛心，透過保良局幫助香港社會的貧苦大眾。後來，因為更籌辦香港中華基金會，專注到中國扶貧。方劉小梅一直與保良局保持良好關係。時至今日，她仍是保良壬子會[7]（保良局卸任總理組織）會董。保良局每屆都會邀請她支持，每年均被邀請代表保良局出席電視節目。

　　在她出任保良局總理時[8]，為響應江澤民「開發西北」的號召[9]，便開始到貴州、雲南、青海等地扶貧行善。1997年期間創立香港中華基金會並擔任創會會長，專責中國內地的扶貧工作，該會與保良局並沒有關係[10]。方劉小梅很感激丈夫及各親友的幫助，她的慈善事業得以順利進行。

6　　方劉小梅曾任香港台灣婦女協會理事，1992–1993年間出任該會會長。見《香港台灣婦女協會2013年2月會刊》，http://www.hktla.org/archive/2013/newsletter_02_13.pdf，擷取於2020年2月3日。

7　　保良壬子會，最初由1973年保良局壬子年董事會卸任後組織，六年內吸引了不少歷屆主席、副主席、總理加入，至1979年11月23日成式註冊登記。2018–2020年度董事局主席為劉陳小寶，唐尤淑圻任會長，梁王培芳、方劉小梅等人任會董。見〈會務介紹〉、〈組織架構〉，《保良壬子會有限公司》網站，http://www.poleungyamtze.hk/aboutus.html、http://www.poleungyamtze.hk/structure.html，擷取於2020年2月3日。

8　　據保良局資料，方劉小梅曾於1996–1998年間擔任保良局總理。見《保良局己丑年年刊》，頁270。（香港：保良局，2010），http://101.78.212.239/20100430840/annual-report-and-inauguration-booklet-for-board-of-directors/2009-2010-%E5%B7%B1%E4%B8%91%E5%B9%B4%E5%B9%B4%E5%88%8A.html，擷取於2020年2月3日。

9　　2000年，中國國務院制訂《中華人民共和國國民經濟和社會發展第十個五年計劃綱要（草案）》（第十個五年計劃），提出「西部大開發」戰略，計劃投資開發中、西部地區，其中主要發展項目包括西氣東輸、西電東送、青藏鐵路等。見朱鎔基，〈關於國民經濟和社會發展第十個五年計劃綱要的報告（2001年）〉，2001年3月5日，載《全國人民代表大會》網站：http://www.npc.gov.cn/wxzl/wxzl/2001-03/19/content_134506.htm，擷取於2020年2月3日。

10　　香港中華基金會，源自1996年在華盛頓註冊成立的美國中華基金會。該會由時任美國總統的福特任名譽主席，方劉小梅任香港分會主席。其後，方劉小梅創辦香港中華基金會，任創會主席。香港中華基金會曾與中國衛生部、世界銀行合作，投資發展中國農村地區的醫療衛生設施，例如1997年在雲南省金平縣捐款100萬元人民幣，獲中國外交部扶貧工作領導小組頒發榮譽證書。見《香港中華基金會》網站：http://chinafoundation.org.hk/，擷取於2020年2月3日。

香港管弦樂團籌款音樂會二〇二二年六月十一日，方劉小梅演出鋼琴協奏曲《黃河》慶國慶七十三周年。

　　香港中華基金會的慈善工作，由新華社扶貧辦指導，最初以扶貧為主，其後為內地提供醫療衛生，乃至教育服務。有鑑於內地物資短缺，有些偏遠地區地區連紙張都沒有，小孩子要在沙地上用樹枝學習寫字；青海山區不但沒有醫院，連病床也沒有，很多婦女因分娩難產去世。於是基金會在當地興建衛生院和醫療中心，當地政府為居民開闢道路，讓當地居民尤其是婦女十分感動。她因此贏取不少讚許，但她覺得自己只是盡力而為。

　　2008 年，四川省汶川縣發生大地震，方劉小梅親身到當地賑災 [11]。2011 年，她又率領香港中華基金會成員到貴州考察扶貧，獲貴州副省長接待。是次考察更邀得她的好友謝玲玲、何莉莉 [12]，逸

---

11 2008 年 5 月 12 日，四川省汶川縣發生 8 級地震，造成 6 萬人以上死亡，多個縣份嚴重破壞，為 1976 年唐山大地震以來中國最嚴重的震災。

12 2011 年 10 月 24 至 27 日，方劉小梅以香港中華基金會主席名義，帶領考察團到貴州省息烽縣、思南縣考察當地社會設施及扶貧狀況，獲貴州省副省長謝慶生接待。隨行成員包括何莉莉、謝玲玲、何錫添等人。見〈香港中華基金會赴黔扶貧〉，《文匯報》，2011 年 11 月 2 日，頁 A22；〈公益資訊：熱心公益　扶貧考察團〉，《東方日報》，2011 年 11 月 30 日，頁 E7。

二〇〇六年，方劉小梅女士獲香港特別行政區頒授榮譽勳章。

夫書院校董，以及逸夫書院首任院長陳佳鼐伉儷 **13** 同行。為了方便傳道，隨行亦有兩位來自美國洛杉磯牧師及次子方仁宗等一行 20 人。方劉小梅為此項目更多次往返貴州考察。

時至今天，方劉小梅一直在熱心投入慈善事業，捐助範圍涵蓋香港及中國內地，從不追求經濟利益。2006 年，榮獲香港特別行政區政府頒授「榮譽勳章」。她的善行得到中國認同，獲得不少中國政府頒發的勳銜，2019 年獲選為「共和國之子」，並發行印有其肖像的建國 70 周年紀念郵冊。

13　陳佳鼐，1938 年於福建出生，後在緬甸仰光讀中學，在台灣大學醫學院畢業後到英國受訓，1981 年加入香港中文大學醫學院，任內曾創辦精神科學系，1987 年獲委任為逸夫書院首任院長，1998 年退休。見李兆華，〈中文大學精神科學系崛起 —— 陳佳鼐教授專訪〉，載李兆華、潘佩璆、潘裕輝主編，《戰後香港精神科口述史》，頁 109–117。（香港：三聯書店，2017）

錦繡人生慈善夜，與兩個兒子及被喻為「生命戰士」的 Nick Vujicic 合照。

　　2019 年，方劉小梅以愛同行晚會中表演鋼琴 [14]。她邀請了梁愛詩出席晚會，又授予「中國公益楷模」，更被錄入「領航新時代 · 共和國之子慶祝中華人民共和國成立 70 周年紀念郵冊」[15]。

香港上海總會及香港的上海人

　　方劉小梅擔任逸夫書院校董期間，認識香港上海總會會長李和聲 [16]，經他推薦而加入總會，擔任常務理事。李和聲卸任後，由王緒

14　愛基金於 2013 年底成立，蔣麗萍為創辦人兼主席，方劉小梅等任籌募委員。見《2019 以愛同行晚會》，頁 3–5。（香港：愛基心有限公司，2019）。

15　《2019 以愛同行晚會》，頁 74。（香港：愛基心有限公司，2019）。

16　李和聲，1994 至 2006 年間出任香港上海總會第九屆至第十四屆理事長，1999 年起出任香港中文大學逸夫書院校董會副主席、大學校董會執行會成員，其後成為和聲書院贊助人。見〈創會會長及歷屆理事長〉，《上海總會》網站，http://www.shfa.com.hk/about-us-founder.php?lang=tc（2020 年 2 月 3 日網頁）；〈書院創辦人及贊助人〉，《和聲書院》網站，http://www.ws.cuhk.edu.hk/about-lws/establishment/founder-patron?lang=zh，擷取於 2020 年 2 月 3 日。

香港中華基金會貴州扶貧考察觀光團，到訪貴州職業學校。

亮會長 [17] 接任，與中國內地的關係緊密，香港上海總會經常組織內地實地考察團，與內地的地方組織交流。

　　香港上海總會的成員主要以上海話交談，方劉小梅雖然會說上海話，但說得不是很標準。至於粵語，她表示到現在都說得不好，跟朋友交談時主要用國語。其實粵語不算太難，只是要合口發音的字比較難掌握。

　　方劉小梅上海人及廣東人個性有些不同，上海人較廣東人豪爽，有點北方人性子，直爽一點，當然上海人也不完全一樣，每一個人的生活環境、背景，都會影響他們的價值觀。

17　王緒亮，於 2006 至 2016 年間出任香港上海總會第十五屆至第十九屆理事長。見〈創會會長及歷屆理事長〉，《上海總會》網站，http://www.shfa.com.hk/about-us-founder.php?lang=tc，擷取於 2020 年 2 月 3 日。

對時局的看法

　　方劉小梅認為中國已全面現代化，十分先進。今年北斗科技圓滿成功；此外又有 5G 技術。晚清期間中國曾被列強欺負多年，現能夠揚眉吐氣，她希望祖國富強，所以愛國愛港，與祖國互利雙贏。

　　方劉小梅是一位虔誠的基督徒，她相信個人獲得的獎項和榮譽，都是上帝的賞賜，因此她扶貧也不忘傳道；她相信現在是撒旦掌權，人只好忍耐。儘管如此，上帝一定會有祂的旨意，世界未來自然會豁然開朗，人們不要害怕，要跟隨上帝的旨意。方劉小梅認為香港是福地，背後有祖國做靠山，自己任重道遠，必須為新時代中國特色社會主義偉大事業進程，傾盡心血，貢獻畢生之力量。

高叔平

従科研到鐘錶大亨

職銜

上海市政協原常委

上海市政協科教文衛體委員會原副主任

上海市工商聯原副會長

香港滬港經濟協會名譽會長

香港乒乓協會名譽會長

家庭背景及學歷

家庭狀況

　　高叔平，1944 年生於上海松江青浦縣，父母皆為上海人。家中共四兄弟，他排行第三，有兩個兄長和一個弟弟；1948 年，父親已來港發展。5 歲時（1949 年），四兄弟隨母親來港與父親團聚。兄弟四人均在香港培正小學及中學[1] 接受教育，然後均赴美升學。

1　該校以數理科聞名，諾貝爾物理學獎得主崔琦是高叔平的學長、Fields Medal 和 Wolf Prize in Mathematics 獎得主丘成桐是他的學弟。

在留學麻省理工學院（Massachusetts Institute of Technology）（簡稱 MIT）期間邂逅香港慈善實業家李惠利第三女兒李蓓蒂（浙江省寧波人），1972 年（28 歲）回香港結婚，二人育有兩子：鼎國及偉國。長子鼎國曾任香港鐘錶業總會主席，又為香港傑青及現為青年工業家協會會長及上海市政協委員，已婚，有兩名兒子家灝與家瀚。幼子偉國剛卸任香港錶廠商會會長，現為河南省政協委員，未婚。

在培正的歲月

高叔平憶述香港培正中學實行精英制，中一有九班，中三有六班，高中減至四班，每班約有學生 45 名。該校理科成績較為突出，尤其是數學和化學科。高中學生於香港中學會考合格率幾乎是百分之一百。他在培正渡過了 9 年寒暑，直到高中畢業。

他解釋培正由香港浸信會聯會創辦，校內不單舉辦團契活動，積極推廣體育活動，學校亦舉辦晚會旅行，在當時是少有在大學前舉辦過夜旅行的中學，因此，同學們多年來一同成長，關係十分緊

密。儘管畢業多年，同學之間仍保持聯絡，如 2012 年為畢業 50 周年，相聚慶祝，有超過 100 個畢業生出席，當中包括數十名海外校友回來參加，包括美國、加拿大、澳洲、中國台灣和新加坡等等。高叔平自幼受到學校的宗教薰陶，至今仍是一位虔誠的基督徒。

赴美留學

同屆的培正高中畢業生有 180 人。雖然培正是中文中學，中學只有六年，並無第七年大學預科班，但當中仍有數名同學獲香港大學優先取錄，他是其中之一。1962 年前，美國加州大學柏克萊分校（University of California, Berkeley，簡稱 UC Berkeley）有 6 位化學教授和 5 位物理學教授獲得了諾貝爾獎，高叔平深受該校的學術成就吸引，所以即使獲得香港大學取錄，亦選擇了往 UC Berkeley 進修化學本科。據他所知他是首位直接考進美國加州大學柏克萊分校的香港培正中學畢業生，並在大學四年級獲加州大學化學系最優秀學生獎學金。在加州大學第三年級開始獲聘為教授助教（Reader）負

責改卷；其後大學第四年級升任為首席教授助教（Head Reader）。除物理科外，亦兼任數學科的教授助教。在加洲大學三年級時，即使學業和工作忙不過來，仍因同學們認可，獲選為加州大學中國同學會會長。

完成本科學位後，高叔平於 1966 年考獲麻省理工學院 MIT Institute Fellowship 獎學金，主修化學，抵校後，改讀化學工程學科，雖然以前從未接觸過化學工程學課，但仍在兩個學期時間完成化學工程碩士學位。1967 獲普林斯頓大學（Princeton University）頒贈 Sloan Foundation Fellowship 獎學金及 Monsanto Fellowship 獎學金進修化學工程博士學位。完成博士學位後，雖然他有機會返港從商，但為了能運用多年來他所學到的科學知識，決定留在美國工作，先後在美國一間大藥廠及美國一間大石油公司等從事科研工作長達十年（1971–1980 年）之久。

英納格手錶在中國

岳父李惠利[2] 年輕時在中國最大規模的鐘錶零售商 —— 上海的亨得利集團工作，在該公司學藝數年後，1934 年在上海自立門戶，引進和拿下了瑞士英納格（ENICAR）手錶在中國的獨家經銷權，並在上海南京東路開設了華明鐘錶店。

在短短幾年瑞士英納格錶便成為廣受市場歡迎的名錶。1950 年代起，英納格手錶更成為上海人嫁娶時贈送予女方的「三大件」嫁妝之一[3]，當時英納格手錶的價錢介乎數十元至一百元人民幣，一般民眾每月薪水亦只有數十元人民幣，可見擁有英納格手錶是身份象徵；甚至被譽為典範人物的雷鋒也配戴英納格手錶。

---

2   李惠利祖籍寧波，出生於上海，1932 年在上海開設華明鐘錶店，開始代理經銷英納格錶（Enicar）。李老於 1947 年前往香港，成立華明行，取得英納格錶亞洲總代理權。1980 年，成功全資收購英納格錶廠。

3   其餘兩件物品是縫紉機及自行車。

　　解放後，中國政府的官方採購團前往瑞士採購手錶時，由於英納格手錶質量和知名度均高，價格相宜，常為採購數量最高的品牌。時任天津市市長李瑞環出訪瑞士時也曾專訪英納格錶廠，可見此品牌知名度之高。70 至 80 年代，品牌旗下有三款經典設計代表作，分別是「大金球」男裝四方型全鍍金自動手錶；「小金珠」小巧型女裝全鍍金自動手錶；「豪華英」男女對裝長方形自動不銹鋼錶，單以這三款手錶，每年銷量已超過 20 萬隻以上，而且常常供不應求。這些受歡迎的款式到了 1990 年代末才逐漸被高叔平設計的新一代時尚款式取代。

投資香港房地產

　　高叔平認為中國解放後從上海移居香港的企業家，因經歷戰亂，深知房地產投資套現困難，容易遭破壞，甚或被政府沒收，故上海企業家初來港時大多發展輕工業（如紡織、製衣、手電筒、電

池、塑膠）或貿易、船務等行業，較少投資房地產。岳父李惠利亦是這批從上海來港的實業家，1947年在港創辦「華明行」，並取得英納格錶亞洲獨家總代理權。

1950年代中，李惠利開始涉足香港房地產，以物業租金作為收入。高叔平表示1950年代初，香港人口較少，經濟尚未發達，樓價相當便宜，港幣數萬元便可在灣仔駱克道購買一個號碼的整座樓宇。李惠利營商作風穩健，現金流充足，甚少借貸投資，並夥拍一些發展商，以項目合作（Project-based）形式合資開發不同類型地產項目，如住宅、商業大廈、工廠大廈，分散風險，另外，亦以獨資形式自建住宅作收租用途。合作從購地開始，接着規劃土地用途、設計圖則及興建樓宇，公司於項目完成後便解散。他憶述此類型合作大小項目甚多。由於作風穩健，縱然1967年香港出現暴動，經濟下滑，公司財政上也沒有受到太大影響。

1980年，李惠利因年事已高，要求高叔平回港協助打理業務。高叔平指出，1980年代英資企業撤資，華資企業逐漸填補空間，得以加快發展及獲利。1980年代初，香港社會因回歸問題及政治因素出現移民潮，樓花買家紛紛撻訂（取消交易），導致部分以借貸營運，利用買家訂金作發展成本的合作夥伴，出現資金周轉困難，李惠利遂交託高叔平處理危機，他亦順利完成。

公司自1950年代中起投資地產，由於投資回報遠高於鐘錶貿易，地產業務遂漸成為公司的發展重心。到了1997年香港回歸後，土地投資成本升高，合作夥伴不是結業，就是轉向獨資經營，故亦改以獨資投資物業為主。

接棒鐘錶業務

研發新經典手錶

1980年，懷着對鐘錶行業的一腔熱血和對「英納格」品牌的特

殊感情，李惠利全資收購了瑞士英納格手錶廠。在 1988 年，李惠利先生覺得一切夢想已完成，於是他將與自己處事風格接近，且專業知識與製錶工藝對口的三女婿高叔平選為接班人。

為延長手錶外觀鍍金的壽命，高叔平以其豐富的化學知識毅然採取了真空離子鍍金法，取代沿用已久的濕鍍金法，一方面環保，而且更耐磨，令手錶外殼鍍金的壽命從 1–3 年增至 3–10 年，為瑞士錶採用真空離子鍍金法的先河。另外，眼見不法商人大量生產盜版的英納格手錶，於是他採用了透明玻璃錶底，讓消費者可清楚看到原廠生產機芯的工藝，增加偽冒難度，從而打擊冒牌貨品，成為首位大量採用透明錶底的瑞士廠家，高叔平並註冊了「Open Heart 開心」商標，現在透明錶底已成手錶的時尚。

1990 年代中後期，中國經濟起飛，為迎合消費者崇尚潮流的口味，高叔平率先創作「易換式」腕錶，每隻金屬手錶均額加附送一條易換式皮帶，讓客人根據需要自行更換。設計一出即廣受消費者歡迎，令旗下產品更加暢銷。

提 升 品 牌 知 名 度

為繼續拓展英納格品牌在中國市場的地位，其品牌多次成為中國體壇的贊助商，如向 1992 年巴塞隆那首摘奧運游泳金牌的上海體育明星莊泳和楊文意，頒發英納格榮譽職工證書及獎品；1993 年向為主辦第一屆東亞運動會新建成的上海八萬人體育館捐贈價值 130 萬元人民幣的瑞士巨型時鐘，並由瑞士特派專員來上海協助安裝，以作舉行東亞運動會主場之用；同時，又贊助 500 萬人民幣作為包廂的使用權和捐款 20 萬人民幣支持中國東亞運動會代表團，並向奪金中國運動員贈送名貴英納格錶以作獎勵；1996 年英納格錶贊助約 100 萬元人民幣作為第三屆亞洲冬季運動會中國體育代表團指定手錶及第 26 屆奧運會中國體育代表團指定禮品錶。另外，瑞士英納格亦先後分別邀請多位明星擔任其代言人，包括周迅、楊冪、張涵予和黃奕等，以推動英納格品牌的知名度。

（右）高博士闔府攝於英納格錶一百周年慶典。

（左）英納格總裁高叔平博士頒獎予一九九二年巴塞隆那首摘奧運游泳金牌的楊文意，已接受獎品者為莊泳。

黃金十年

自 2004 年起內地開放中國公民來港旅遊消費，加速鐘錶零售業務增長。英納格錶因產量高，製造嚴謹，質量上乘，返修率極低，深受旅遊零售業人士信任和愛戴，銷量不斷上升，供應鏈管理是很大的挑戰。在供不應求、嚴重缺貨之下，創下一年調整價格數次的佳話。此狀況一直維持到 2014 年，這十年可說是香港鐘錶業的黃金十年。

加入香港上海總會

參與香港上海總會會務

岳父李惠利早年已出任香港上海總會名譽會長之職，高叔平亦隨之加入成為會員。1980 年代末，高叔平獲時任理事長王劍偉邀請擔任香港上海總會常務理事；2002 年獲李和聲理事長推薦，成為上海總會第十三屆副理事長、投資委員會主任委員及資產管理委員會委員。

值得一提的是前任理事長李和聲於 2003 年香港爆發沙士期間，獨具慧眼，以低價購入南華大廈兩層，連同原有的一層，合共三層作為會址，成為對總會的一大貢獻。高叔平於此時獲李和聲理事長委任為會所新址的執行委員會主委，協助理事長管理新會址裝修及營運。相比其他沒有自置會址的同鄉會，高叔平表示香港上海總會在中環核心地段擁有自置物業，會址穩定，並令其資產值大大提升，發展實力更為雄厚。

「上海」總會

香港上海總會的資深會員並非全都是來自上海市，不少來自浙江、寧波和江蘇等周邊城市，大多數曾經在上海工作。高叔平是會內少數的純正上海人。

香港上海總會醫療所

香港上海總會在灣仔開設醫療所，最初是由時任理事長王劍偉的夫人管理，在其悉心經營下，有效服務社區居民，後因王劍偉夫人退休而終止服務。高叔平在他任執行委員會主委期間，總會曾與仁愛堂合作，繼續提供社區醫療服務。

（左）一九九一年上海市李惠利中學落成，由時任上海市副市長謝麗娟及上海市市委常委毛經權等主持典禮。

（右）一九九八年上海慈善基金會及香港西區扶輪社等合辦慈善之夜，由時任上海市人大常委主任陳鐵迪主禮。

參與上海的社會工作和發展

高叔平於 1998 年獲邀為上海市政協委員，2001 至 2008 年獲邀為上海市政協科教文衛體委員會副主任，2002 至 2012 年獲邀為上海市工商聯副會長，2003 至 2013 年獲邀為上海市政協常委，擔任以上職位期間，積極發言和參與活動，經常奔走滬港兩地，旨在加強兩地緊密的聯繫及交流合作。

延續李惠利行善的精神

岳父李惠利熱心行善，分別在 1977 年及 1979 年捐資在香港開辦循道衛理聯合教會李惠利中學及李惠利工業學院。自 1987 年起，李惠利在家鄉寧波先後捐建李惠利中學、李惠利中專、李惠利小學及李惠利幼兒園和寧波市規模最大的醫院 —— 寧波市醫療中心李惠利醫院以及上海市李惠利中學。李惠利於 1991 年去世，高叔平除了承繼了岳父的生意，亦延續了岳父的慈善事業，奔走於香港及寧波各地，參與李惠利建設的慈善活動，視察各項建設的進度，並擔任寧波李惠利中學名譽校長。在 2006 年寧波李惠利中學通過了浙江省重點中學評估，成為最年輕的浙江省二級重點中學。當時，寧波有三所省重點中學，都有超過幾十年的歷史背景，李惠利中學為時只有十六年歷史，而能成為寧波第四間省重點中學，這很不容易。

上海人在香港

「上海人」的優勢

來自廣東的移民大多在刻苦環境下成長，生活節儉，能白手興家，可惜見識比較有限；戰後來港的上海人在西化了的大城市上海長大，見多識廣，衣着時髦，舉止斯文，甚至會說流利外語，兩者

（上）一九九一年高博士在寧波市李惠利醫院主樓結頂儀式致辭。

（下）二〇一九年高博士夫婦偕上海總會訪問團訪問寧波市李惠利東部醫院。

的發展優勢高下立見。高叔平表示一般上海人的廣東話口音不太純正，但仍可與廣東人溝通，只是偶爾被稱呼「上海佬」或「上海婆」，但不覺被本地人歧視。除了口音外，戰後沒多久，上海人與廣東人在衣着及外貌上已經差別不大了。

擇　偶

與高叔平同輩的上海友儕年輕時的社交圈子大多偏向於上海社群，因此大多數朋友娶上海女士為妻，他們亦以此而感自豪，原因是相比廣東婦女，上海女子生於大城市，見識廣闊，不論在衣着

及談吐方面都較具品味及優雅。高叔平有其他省份的朋友，也常以其妻為上海人而自鳴得意。他更認同「上海男人怕老婆」的說法，直至現在，生活在上海的男士仍常常回家後煮飯給家人吃。

飲食口味

高叔平在美國期間，為了要常吃到中國菜而學會了做飯，但並不堅持吃上海菜式，拿手菜式是蠔油白菜炒牛肉球和乾煎蝦碌。其飲食口味多元化。

經驗分享

他最感懷念的是在美國麻省理工學院及普林斯頓大學留學的日子。年輕的他腦筋相當靈活，具數理天份，學習能力高，短短兩個月便完成化學工程碩士論文，受到論文教授讚賞，並在其稍後出版二百多頁的教科書中，其中約五頁是引用他的碩士論文成果。另外，在普林斯頓大學時，他曾協助一名數值分析（numerical analysis）的名教授進行專題研究，其出版專科書本的其中一個論題材料是採用高的研究成果。

博士畢業後，他加入美國一間大藥廠的首項工作是研發一種新的催化劑，用於空氣為原料的氧化作用。該藥廠有一項重要產品，是牛羊的杜蟲藥，在生產過程中有化學步驟需採用強列氧化劑，因而產生環境污染的副產品，急需要新化學程序取代。高叔平成功研發了一種催化劑，可令空氣做到需要的氧化作用，從而大量減少了環境污染，同時減低了生產成本。該催化劑獲得了美國註冊商標。

他認為聰明智慧是上天賦予，自己並無選擇，但後天的勤奮努力是可以自己操控，因此堅持把每件事儘能力去做得最好。高叔平縱然已年紀漸長，仍堅持每天工作10小時，並要繼續為社會作出貢獻。日忙夜忙，以前也常打網球和橋牌，現在日常娛樂只能每星期打哥爾夫球和每天行跑步機，鍛煉身體，保持健康。

包陪慶

關懷草根的優雅海派

職銜

黑龍江省政協常委
浙江省政協常委
全國政協委員
寧波名譽市民
寧波大學名譽校長

曾任

演藝學院主席
廠商會名譽會長

獲獎

Mont Blanc 藝術獎
香港女企業家獎
世界女企業家獎
SBS 銀紫荊星章

年輕時在香港參與社會服務工作的體驗

　　包陪慶祖籍安徽人，是包公後人（30 代）。祖父輩遷民寧波，成為甬籍。她是著名航運業企業家包玉剛的長女，1949 年她跟隨父母移居至香港。

　　包陪慶在香港就讀英華小學及中學，14 歲時在馬頭圍道女童院做義工，為了解犯罪女童背景，她常做家訪，曾到木屋區、大坑水道等地方。當時草根家庭的居住條件非常惡劣，不但沒有自來水、衛生間，生活更沒有任何保障，例如沒有義務教育政策，也沒有社保或工傷保險等，窮困情況使包陪慶有所感慨。她形容香港有如英國 19 世紀工業革命前的社會，童工被利用，貧民疾痛，醫療落後，社會觀念輕女重男。啟發了她對基層老百姓生活的關懷，使她決定從事相關的社會工作。在美國普渡大學、芝加哥大學、加拿大麥吉爾大學研究社會學及兒童心理學。畢業後，她在香港大學執教，在社會工作及心理學兩部門講授課程。

在美國讀書時的社會服務經驗

16 歲的包陪慶在普渡大學就讀本科，三年後以優秀成績畢業。她繼續進修碩士學位，在芝加哥大學獲得獎學金。為幫補生活費用，她曾做過侍應，並一日只吃一餐以節省開支，及在芝加哥的 International House 居住。

在芝加哥課餘時，她每周四晚到當地的黑人社區中心工作，曾把黑青年偷來的槍火藏到教堂的地窖，以免他們被警察拘捕，甚至犯案。當時美國種族歧視嚴峻，黑人不准與白人同校，在教育的待遇上甚不平等，工作機會更不平等，使黑人對社會非常憤怒，視白人為敵。經過長時間的交流，包陪慶覺得黑人少年對她的信任是非常難得的，尤其是獲得他們承諾交出槍械，甚至透露想用鎗械犯案的目的。這個經驗也帶給她很大的衝擊，弱群社群在制度壓迫下，可以成為社會上的隱形炸彈。

　　當麥理浩港督剛上任時，曾應包玉剛之邀到包家出席晚宴。當年 17 歲的包陪慶便大膽提出她眼見的香港社會貧困情況，如貧窮社群缺乏保障、收入低微、居住環境如木屋區有很多潛在危險、兒童的失學等，甚至建議麥理浩港督親自到社區巡視，以了解香港老百姓的生活，並想辦法解決房屋的問題。

　　雖然當時包玉剛覺得女兒有點過份，在貴客面前訴苦有失禮儀，報憂而不報喜。但他大概也覺得年幼的女兒，已經懂得為社會不平而發聲，甚至為當權者獻計，而且能夠用一口流利的英語表達，清晰有條理，因此亦沒有制止女兒的發言。

上海和江浙文化為香港帶來的影響和貢獻

　　包陪慶指上海人對香港的影響和貢獻是多方面的，在文化方面的影響尤其明顯。戰後的南來上海人大多是從事紡織業或船運業，他們不但帶來創業的才能，在異地發展企業，更帶來昔日上海的海派文化。當年上海的德、法、英等租界的建築與文化，來自不同國家的外國人在滬的生活方式，亦影響了居於上海的中國人的衣着住行。這種生活文化亦隨着南來上海人而移植到柏港，例如北角

上海包玉剛實驗學校五周年紀念時，與物理學家楊振寧教授合照。

的皇都戲院[1]，是香港大會堂落成前本地唯一的演藝場地，不論是越劇演出、音樂會等，甚至著名的小提琴家 Issac Stern 都在皇都戲院表演。北角亦有着「小上海」之稱，上海的方言和地道的上海菜，都成為北角 60 年代的香港地區文化代表。

包陪慶憶述自己的母親來到香港後，仍然維持一貫的海派優雅風格，天天穿着旗袍，即使不是名牌服飾，但衣着整齊，在顏色配搭、服飾等都十分講究，高雅清秀，不愧為蘇浙美女之稱，儀容高貴大方。

包陪慶雖然常被母親批評為粗魯，但她亦有繼承母親的海派文化。她喜愛音樂，在倫敦大學深造建築歷史及藝術歷史，曾在

1　皇都戲院位於曾有「小上海」之稱的北角，原名為「璇宮戲院」，建築物在 1952 年落成。由猶太人歐德禮（Harry Odell）創辦，憑其國際藝術圈的網絡，邀得美國歌星 Helen Traubel、英國作曲家兼鋼琴家 Benjamin Britten、英國男高音歌唱家 Peter Pears、美國小提琴家 Isaac Stern、英國鋼琴家 Solomon、法國大提琴家 Pierre Fournier 等國際知名藝術家來港演出。璇宮戲院在 1957 年結業，戲院多易手並更名為皇都戲院，於 1959 年再次開幕，並成為香港主要的粵劇表演場地之一並一直營業至 1997 年。2017 年，皇都戲院的建築物被列為「一級歷史建築」。Antiquities Advisory Board, Historic Building Appraisal - Former State Theatre,Junction of King's Road and Tin Chong Street, North Point, H.K., 2018.

Victoria & Albert Museum 教授中國瓷器藝術。她的喜好廣泛,自從成為浙江政協之後,亦對浙江文化產生了興趣。她喜愛戲曲,尤其是崑曲及粵劇;鍾情浙江龍泉青瓷,研究日本的茶道來源……包陪慶深受浙江一帶的文代影響,並且認為位於長三角的杭、滬、甬的文化是我們中華民族文化的根源,亦自覺有保護文化的責任。但她最引以為榮的是為香港演藝學院增添學士、碩士學位名額,增加舞台藝術、電影及電視學、及中國戲曲等學科。為擴闊校園,她積極參與復修 Bethanie 伯大尼修道院,用以設立電影課室等。

金維明

從非洲到中國 勇於開拓的實業家

職銜

浙江省政協港澳委員（一九八七年至二〇〇七年）

中華海外聯誼會理事（一九九九年至二〇〇六年）

寧波市榮譽市民（二〇一九年）

浙江省同鄉會聯合會副會長

教育背景

　　金維明 1945 年生於上海，1949 年年底與姑姐金佩華隨祖父金宗城來港，1965 年赴美國威斯康辛大學留學，主修電子工程學（electrical engineering）。1960 年及 1961 年，弟弟與姐姐們亦先後來港，姐弟現時旅居美國。來港時只有 4 歲的金維明，曾在明新幼稚

園（位於今尖沙咀嘉諾撒聖瑪利書院旁）就學，後升讀德信小學[1]、拔萃男書院。

1949 年底，一家人住在九龍旺角花壚附近，約 1952 年遷居至尖沙咀加連威老道，1956 年再遷往窩打老道聖德肋撒堂（St. Teresa's Church）附近。記憶中戰後初期大部分來港的上海人都住在九龍半島，北角要到 1960 年代才發展成「小上海」。

祖父金宗城的事業概述

祖父金宗城曾在上海商業儲蓄銀行任職，雖沒有接受太多正規教育，但憑藉個人的努力，成就了一番事業。 1920 年代，祖父獲銀

1　德信學校（Tak Sun School）1930 年由加拿大聖母無原罪傳教女修會創辦，初期校址位於旺角砵蘭街，1934 年遷至深水埗大埔道，至 1947 年遷至尖沙咀柯士甸道至今。見〈學校歷史〉，《德信學校》網站，http://www.taksun.edu.hk/%e5%ad%b8%e6%a0%a1%e7%b0%a1%e4%bb%8b/%e5%ad%b8%e6%a0%a1%e6%ad%b7%e5%8f%b2/，擷取於 2019 年 11 月 22 日。

行保送至美國 Irving Trust Co. 學習。金宗城離開上海時不諳英文，
最終學成歸來，在銀行負責外匯事務，亦創辦了中國旅行社[2]。中國
旅行社是上海商業儲蓄銀行的其中一間子公司，其名稱一直沿用
至今。

　　1945 年，祖父離開上海商業儲蓄銀行，與友人王寬誠[3]等合作
開辦五州銀行。資金主要來自王寬誠，祖父因較熟習銀行事務而被
邀合作。上海商業儲蓄銀行創辦人陳光甫因此對祖父頗有意見。祖

2　中國旅行社前身為上海商業銀行總行於 1923 年成立的旅行部。1927 年，旅行部獨立於銀
　　行，成立中國旅行社。見〈上海銀行大事記 1（1915–1924）〉，《上海商業儲蓄銀行》網站，
　　https://www.scsb.com.tw/content/about/about08_b_1.jsp，擷取於 2019 年 11 月 29 日。

3　王寬誠，浙江寧波人，1907 年出生，早年在寧波營商，1937 年在上海開設維大華行，
　　1941 至 1945 年間曾遷至重慶，1947 年由上海遷居香港，遷居前已將上海資產轉換成港
　　幣，來港後又購入北角明園山及香港島其他地區土地開發房地產，旗下公司包括大元置業有
　　限公司、幸福企業集團有限公司等數十家。1958 年起，曾任香港中華總商會會長及副會長
　　達十三屆。香港過渡期間，曾出任《基本法》諮詢委員會執委會副主任。1989 年，王於北京
　　逝世。見〈關於創辦人〉，《王寬誠教育基金會》網站，http://www.kcwef.org/our_founder，
　　擷取於 2019 年 11 月 22 日。

父抵港後，也再沒有參與上海商業儲蓄銀行的事務。

國共內戰之後，上海商業儲蓄銀行約於 1949 年，直接由上海遷至台灣，而香港的分行，只為其子公司。母公司現為上市公司，而香港的分行則仍未上市，陳光甫家族今時今日已不再持有上海商業銀行股份，銀行由榮宗敬的後人榮鴻慶擁有主要股份。祖父並沒有跟隨上海商業儲蓄銀行前往台灣，而是與家人來港發展，初期經營紡織生意，亦曾遠赴南美洲，後因不能適應當地生活回港。金宗城曾向一些相熟的朋友提供借貸，經營私人放款賺取利息；也有經營華僑地產，創辦蘭宮酒店 [4]。因與福建人相熟，擔任海外信託銀行董事、工商銀行顧問等職務。

在美國的留學生活

1965 年，金維明遠赴美國威斯康辛大學留學，修讀電子工程。離港赴美的長途旅程並沒有全程乘搭飛機，首先從香港乘坐遠洋輪船 President Line 的 Cleveland 前往三藩市。香港至三藩市船程共 18 天，途經橫濱、夏威夷等地，正好順道上岸遊玩。到了三藩市後，在叔父家中小住數天，再乘飛機到紐約姐姐家中小住，又乘飛機到波士頓姑姐家中小住，然後再轉乘 35 小時的灰狗長途汽車（Greyhound），抵達威斯康辛州。

由於在香港已經修讀了美國大學第一學年的課程，因此很輕鬆就取得獎學金，這亦讓金維明養成怠惰的習慣，沒有全力投入學習。除學習外，他在威斯康辛大學的生活相當多姿多彩。校園內有很多湖泊，他和同學們夏天在湖上划船、釣魚，冬天溜冰。學生流行熱愛打美式足球及棒球、觀看曲棍球及籃球比賽，金維明亦樂於親自下廚，烹調羅宋湯、白切雞、元蹄等菜式，在家中款待友人一同觀看球賽。

---

4   蘭宮酒店，於 1958 年 8 月開幕，位於九龍尖沙咀加拿芬道，樓高 12 層。見〈蘭宮酒店昨日開幕〉，《工商日報》，1958 年 8 月 7 日，頁 6。

二〇一九年，金維明於「寧波幫・幫寧波」大會上獲頒授「寧波市榮譽市民」資格。

金維明

香港居民

金時保險代理民營有限公司董事長

金維明熱衷參加威斯康辛大學的學生活動，曾擔任中國同學會會長。當時來自大陸的學生不多，台灣地區的學生主要是研究生，他的同班同學大多來自新加坡和香港地區。中國同學會成員會十分熱情，會開車迎接新生，成員積極參與保釣運動，同學中有兩位來自台灣的女生因參與保釣運動，被聯邦調查局（FBI）調查。當時有很多人去聲援，尤其是在聯合國工作者。他本人並沒有參與任何政治活動。1970 至 1971 年年間，金維明仍在美國，美國反對參與越南戰爭的示威持續，肯特州立大學發生了校園槍擊事件[5]，而威斯康辛大學亦有一座 Sterling Hall 受到炸彈襲擊。一輛滿載汽油的小貨車停泊在大樓旁邊被引爆，有人被炸死[6]。

5 1970 年 5 月 4 日美國俄亥俄州肯特州立大學（Kent State University）發生槍擊事件。

6 1970 年 8 月 24 日，威斯康辛大學麥迪遜分校（University of Wisconsin-Madison）的 Sterling Hall 遭受炸彈襲擊。此次襲擊由四名反對美國參與越戰的示威者發動，針對大樓內由美軍資助的 Mathematics Research Centre。見 "Sterling Hall Bombing", Wisconsin Historical Society, https://www.wisconsinhistory.org/Records/Image/IM33884，擷取於 2019 年 11 月 28 日。

加入保險業及經營貿易買賣

1969 年畢業後，金維明在美國的電力公司工作了一年半，1971 年被父親金如新催促回港幫忙保險業務。金父來港前，因祖父的人脈關係，在內地已從事保險業。來港後，曾在南英保險公司工作。由於祖父為人好客，1957 至 1958 年年間，每周都會在家宴請親朋好友，讓金父結交了不少祖父輩的朋友。他們大多是江蘇省無錫、海門人，寧波人較少，以經營棉紡業較多，涵蓋布廠、紗廠、製衣廠和染廠等。金父因而得以推廣保險業務，後來保險生意漸趨穩定，金父自己開辦洋行，經營棉花、紗布、鋼鐵生意，亦兼營建築業，但建築業成績並不理想。

金維明讀書時曾聽從祖父囑咐每年會到銀行、電子廠或紗廠實習，有機會接觸銀行業務，因而與華資銀行界熟絡，再加上父親的人脈關係，金在港兼營洋行貿易及保險兩方面的業務，洋行貿易主要以棉紡業原材料為主。他曾在父親的朋友的貿易公司實習，並與范思浩（Hamen）、詹傑美（Jimmy）[7] 同為實習員，三人共用同一間辦公室。以採購布料為主，扮演中介經紀的角色，靠賺取只有貨品總值的 1% 至 2% 的佣金圖利。金維明曾被公司派往美國及東歐推銷布料，但只成功地在捷克購入了少量布料；至於范、詹二人，則被派往西歐。金維明亦曾與友人從巴西進口薄荷（menthol）用作提煉薄荷油。1970 年代從事出口貿易受到貪污問題困擾，無論是船公司，抑或是貨櫃運輸公司，都需支付各種名目的額外費用疏通，否則對出口貨物諸多阻滯。由於他同時也是保險公司經紀，在營銷貨品時亦同時推銷保險，1976 年起，開始往中國上海洽談生意，在交易會負責代購買內地布料。當時的保險公司會以分保方式分散風險，例如把價值 1 億元的保額分拆給數家分保公司。部分公司只做再保，不會主動推銷生意。

1977 至 1978 年年間，金維明出任保良局總理，認識了很多輪

7　現為香港上海總會副理事長。

船業和銀行業的企業家，例如原籍福建的恒隆銀行董事長莊榮坤[8]、柯俊文、施家宗等。至於上海商人，大多是實業家，較少涉足金融界，例如丁熊照[9]是塑膠業的翹楚，其中有位公子則經營電池廠，孫氏則經營麵粉廠。

1980 年代香港經濟受到衝擊，房地產市場急劇下滑，銀行的美元存款息率高達 21 厘（2020 年只有 1 厘），投資借貸利率很高，無利可圖。尤幸他 1978 至 1982 年不在香港，否則會受到衝擊。1977–1978 年度的保良局總理，大半在 1980 年代生意失敗，包括莊榮坤、施家宗、黎嘉陶等人。

香港的紡織業亦漸趨式微。香港的紗廠、布廠製衣量開始下降，不少工廠地皮都變成房地產項目，例如偉倫紗廠改建成偉恆昌新邨，屯門大興紗廠改成大興花園。保險業也開始轉型，戰後初期工廠建築簡陋，多用鐵皮搭建而成，紗廠、布廠的棉花又會自燃，非常危險，所以保費很高，一般投保每萬元須繳付 12 元保費；2000 年香港因經濟轉型，幾乎沒有工廠。工廠一般設有灑水裝備，上億元的廠房也只會徵收數萬元保費，由於紗廠、布廠的數量減少，而賠償數額龐大，保險業實難靠工廠保單維持，1980 年代開始轉型以人壽、旅遊等保險為主。

遠赴非洲創辦塑膠廠

1978 年，金維明婚後不久即和妻子赴非洲尼日利亞，開展塑膠業務，至 1982 年回港。非洲的生活優悠，他們居住的獨立屋，擁有獨立的發電機供電，家中聘用了一位司機、一位管家，到女兒出生後又增聘了一位褓母。來自香港的尼日利亞廠主，生活水平與在香港大致差不多。到了 1980 年代初，因沒有其他娛樂活動，當

8　莊榮坤 1979 年為恒隆銀行董事總經理。見〈恒隆銀行讌賀莊榮坤〉，《工商日報》，1979 年 1 月 21 日，第 7 頁。

9　有關丁熊照及其家族的事跡，可見本書 202 頁丁午壽專訪。

辛丑千齡集

宋文榮 馬樹雄 有鵬禹 劉聘王 裝元炳 金宗城 范桂鑫
王聘新

陸補仁 王魯宇 楊河清 吳昆生 張順開
張竹峽

金維明祖父金宗城先生（後右二），與友人以「辛丑千齡集」為題合照。

地的外國人經常會在晚上一起喝啤酒聊天，因此，廠家需要聘用司機和保鏢。

他憶述自 1960 年代起，已有很多香港廠家在尼日利亞經營搪瓷廠。戰後初期搪瓷業在香港相當興盛，著名的品牌如金錢牌、駱駝牌等以生產熱水瓶見稱。搪瓷製品上的圖案最初用噴漆，後期則以印花技術製作，貼好設計再燒，顏色較為美觀。搪瓷製品的壞處是其內膽有一層有毒的黑色氰化物（cyanide，俗稱山埃）。倘若搪瓷製品表面損壞，崩缺後便會露出內層的氰化物塗層，釋放有毒物質。除搪瓷製品外，鋁製品亦相當流行。例如 1952 年英女王登基，香港的學校就曾向每個學生派送一隻鋁造的漱口杯，上面印有「Her Majesty」的字樣。

隨着 1960 年代塑膠製品在香港普及，搪瓷製品的地位逐漸被

取代，搪瓷廠的廠家因此轉往非洲發展。華亨搪瓷廠[10]東主陳兆民[11]的兒子陳一心前往非洲視察時，發現價值一元的搪瓷製品在當地能以數十元出售，於是便在當地開設工廠。由於尼日利亞仍相當落後，不少房屋仍在興建中，而且相當簡陋，室內設備十分不足，只有風扇，甚至連浴室也沒有，要到河裡洗澡。陳家為最早到當地設廠的廠家，金錢牌的董家則稍為晚一點。除此之外，到非洲各地開廠的廠家尚有徐朗星、傅泉生、賈端生等。這些搪瓷廠的產品有洗臉盆、像漱口杯大小的盛器、搪瓷桶等。由於當地人沒有衣樹，會用有蓋的盛器擺放衣物，亦會用以擺放食物或廚具。搪瓷業在尼日利亞奠立基礎以後，紡織業及煉鋼鐵亦開始進軍當地。非洲人大多視以為生活必需品，對服裝的款式要求不高，只要顏色鮮豔即可，於是製衣很容易賺取豐厚利潤。加上在非洲營商，無論是搪瓷或其他行業，因對產品的需求量大，廠家一般都可以要求先付款再生產貨品。客人訂購一批貨品，需要先付廠家數萬元，產品可以在生產後才取。尼日利亞工廠的工人薪金低廉，日薪只有一美元，每天需工作八至十小時。故此，在尼日利亞辦廠利潤甚為豐厚。

金維明在 1980 年代經營的是塑膠廠，與當地的廠家彼此都非常熟絡。例如查濟民[12]、金錢牌的董之英[13]，都在當地營商。香港廠家遍佈非洲多國，包括加納、馬達加斯加、毛里裘斯。尼日利亞的

---

10 華亨搪瓷廠於 1961 年在尼日利亞成立，1963 年投產。見《尼日利亞華亨集團》網站：http://www.wahumgroup.com/index.php?controller=site&action=index，擷取於 2019 年 12 月 29 日。

11 陳兆民，曾任香港遠東搪瓷廠有限公司董事長、非洲及西非投資公司總經理聯業搪瓷廠常務董事，並於 1971 年任東華三院總理。見〈三院第三四中學分別舉行動土禮〉，《工商日報》，1971 年 3 月 29 日，第 10 頁。

12 查濟民，新界紗廠總經理、中國染廠總經理、百老匯製衣廠總經理、荃灣工廠聯合會會長、東華三院總理、仁濟醫院總理等。見〈仁濟醫院第十屆總理就職典禮特輯〉，《華僑日報》，1977 年 4 月 18 日，第 7 張第 3 頁。

13 董之英，江蘇吳縣人，滬江大學畢業，曾創辦金錢牌熱水瓶廠、益豐搪瓷廠，曾任中華廠商會副會長、荃灣工業聯合會理事長、蘇浙同鄉會副理事長、東華三院總理、博愛醫院總理、仁濟醫院總理等。見〈仁濟醫院第十屆總理就職典禮特輯〉，《華僑日報》，1977 年 4 月 18 日，第 7 張第 3 頁。

貪污問題相當嚴重，金維明憶述他甫到埗，移民局便有專人前來取去護照替他辦理入境手續並徵收相關費用。除移民局外，尚要向水務、電燈、電話、海關等相關部門每月繳納款項，不然水、電、電話會被截斷。海關會指派一名官員在工廠門口站崗，工廠每次出貨要向該名官員繳交一張提單（bill of lading），海關會按照提單的數量徵稅。工廠每月向海關繳稅一次，金額可高達貨品總值的一半。但付了款項與關員後，提單可減少一半。所以他們在當地建立工廠的年代，是最艱辛的時期，但也是利潤最豐厚的年代。Naira 是尼日利亞貨幣，當時一個 Naira 可兌 1.8 美元，但 Naira 現已貶值至不知能否兌換到一毛錢了。

金維明於 1978 年開設塑膠廠，主要生產水桶、洗臉盆、塑膠凳等製品。當地居民住所沒有自來水供應，需要往河裡取水，因此對塑膠水桶的需求甚殷。塑膠原料大部分來自歐洲，亦有部分從日本進口。由於金對生產機器不太熟悉，倚賴合夥人採購，而合夥人以價格低廉作為訂購機器準則，購入了台灣製造的注塑機（injection moulding machine）和吹塑機（blow moulding machine）。開業約一年後，鄰近的工廠引入歐洲注塑機，不但可節省塑料，而且效率較高。在競爭激烈的情況下，他的工廠只好集中生產較為大型的塑膠製品。

1982 年，他的工廠遇到賊人搶劫，有工人被打死。考慮到妻子和兩個女兒的人身安全，加上長女已經 3 歲，要準備入學，於是舉家回港。

進軍中國內地

回港後，金維明因 1970 年代曾與詹傑美合夥經營貿易公司，賺了一些利潤。1987 年，遂向中國內地進軍，獲香港上海總會會長王劍偉提名擔任浙江省政協，並與賀一誠在杭州投資房地產及塑膠廠，專門生產電鑽。

1990 年代初，父親經營的房地產建築面臨破產危機。父親投

資上海金苑項目 [14]，落成房地產由投資初時的短缺變成大量供應。他自己在北京投資的 2,000 平方呎的物業，初期以每月 12,500 美元的租金出租，月租下調至 3,000 美元。幸好父親得好友相助，逐步償還債務，得以渡過難關。

1980 年代，除了營商外，金維明亦積極參與社會服務。1987 出任浙江省政協後，他開始帶同較年輕的同鄉回寧波考察，亦加入了寧波同鄉會、香港上海總會、蘇浙同鄉會等組織。1999 年起，他擔任香港中文大學逸夫書院校董，開始捐款給中文大學，其後又捐款給母校拔萃男書院。

1994 年移居加拿大，希望女兒可以在當地升學。申請移民後，金維明每兩個月會回加拿大居住一個月，2004 年舉家回流香港。他對香港特別有感情，因為大部分同學好友都在這裡，大家可以一起吃飯、打高爾夫球。至於投資方面，香港亦是購置房地產最理想的城市，因為全世界只有香港不用徵收房地產的利得稅；而內地也須繳納房地產利得稅，以及遺產稅。

香港的上海人網絡

上一代的上海人很喜歡透過聯婚締結情誼，家族互相支持而結為秦晉的例子頗多，如董浩雲的妻子顧家，與董家交誼深厚；宋文魁兒子娶王時新女兒；陳一心娶范桂馥的女兒為妻；新昌葉家與金錢牌董家聯姻 [15]。至於金維明的父母，亦是受祖父的影響而結婚；但到了他這一代，家族關係對於婚姻的影響已逐漸減少。

金維明讀書時，班上亦有不少來自上海的同學，例如鶴鳴

---

14 1990 年代初，金如新與張雨文、李和聲合組香港金裕國際投資有限公司、上海金裕房地產有限公司，金如新任董事長，在上海開發名為「金苑」的大型豪宅項目，預計每個單位居住面積 2,000 呎以上，租金 10,000 美元以上。見〈清曲冰心老彌堅〉，《浦江同舟》，第 106 期（1997 年 8 月），頁 37。

15 陳一心的妻子范思佩，為會德豐紗廠經理范桂馥的女兒。見〈陳一心范思佩舉行結婚誌盛〉，《華僑日報》，1959 年 1 月 27 日，第 3 張第 3 頁。

鞋店、大大百貨的楊撫生的兒子楊詠真（James Young），是他由小學五年級到中學五年級的同學。此外，祖籍浙江湖州的顧家麒（George Koo）[16]，顧乾麟之子、顧偉誠（David Koo）之父，亦是他家的世交。

相較同學關係，家族關係對他的營商幫助較大。例如詹傑美、范思浩的家族，都是世交。曹文錦的父親，則是祖父的老朋友。金家亦認識多個上海大家族，例如王啟宇、王統元與王培芳（Sally Wong）祖孫三代；大新銀行的王時新、王守業父子；偉倫紗廠的吳昆生、陸輔仁；會德豐紗廠的宋文魁[17]、宋文傑；范桂馥、盛春霖（盛宣懷後人，恒生銀行發起人之一）等等。在商界以外長袖善舞的社會菁英，有以醫術聞名萬濟堂的丁濟萬，及其女兒丁毓珠、兒子丁景源、堂兄弟丁仲英。1950 年代，丁家亦居於加連威老道。祖父或父輩已建立的友誼，提高了彼此互相信任，互相幫助的程度。

香港上海總會的發展

金維明於 1977 年香港上海總會創會時已為會員。當年王劍偉、張楠昌等創會成員，與蘇浙同鄉會的徐季良[18]意見相左，希望在蘇浙同鄉會以外，另組一個聯繫上海人的團體，遂邀請黃夢花醫生出面牽頭。作為議員的黃夢花在名義上是創辦香港上海總會的發起人，但沒有打理會務。香港上海總會的會員並未只限原籍上

---

16 顧家麒，為顧乾麟次子，1948 年由上海來港，於聖士提反書院肄業，其後赴劍橋大學修讀醫科。見〈顧家麒醫生夫婦昨返港〉，《華僑日報》，1963 年 5 月 30 日，第 2 張第 3 頁。有關顧家麒的個人經歷，見本書 142 頁。

17 宋文魁，一次世界大戰後曾於上海創辦黃浦輪船公司，又與香港會德豐之馬登家族合辦茂泰洋行，經營倉庫。宋於 1948 年遷至香港後，再創辦宋氏公司生產電筒，又獲九龍倉公司聘為董事，至 1960 年逝世。見〈滬籍殷商宋文魁逝世〉，《華僑日報》，1960 年 10 月 31 日，第 3 張第 1 頁。

18 徐季良，曾任香港蘇浙同鄉會第四、六至十九屆理事長，以及第二十至二十三屆會長。見《香港蘇浙滬同鄉會六十周年鑽禧紀念特刊》，頁 12。（香港：香港蘇浙滬同鄉會出版委員會，2006）

海者，也歡迎上海以外的其他籍貫成員加入，甚至外國人也可以入會。香港上海總會晚於寧波同鄉會成立，兩者都有寧波人會員，但香港上海總會的會員較廣泛。

踏進 21 世紀，同類型的地緣組織數量不斷增加，浙江省同鄉會聯合會，屬下有超過一百個同鄉會，涵蓋紹興、杭州、寧波等地，而寧波轄下的組織也有十多個以上，例如鎮海、奉化、鄞州等等。浙聯會是同鄉會的聯合會，並非所有人都可以成為會員，其理事由每個同鄉會各委派一名代表參加。至於浙聯會旗下、李達三創辦的浙江軒，則所有人都可以成為會員，浙江軒餐飲的部分收入用作資助浙聯會。自李達三後，車越喬（原籍紹興）、李德麟（原籍寧波）、詹耀良（原籍台州）、陳仲尼（原籍紹興）等先後出任該會會長。

金維明期望香港上海總會能多舉辦慈善事業。香港上海總會曾嘗試經營醫療中心，但沒有持續下去，較為可惜。時至今日，總會營運惜食堂、提供中醫服務、學生獎學金等，並適切地為其他有需要的團體提供資助，款項多達數百萬港元。他亦希望香港上海總會能招攬更多年輕會員，十分慶幸自己的外甥、女兒均已加入總會並擔任理事。

上海社群與廣東社群

金維明回憶初到香港時，遇到不少語言障礙。上海人因不諳廣東話，到市場買菜都會被人取笑「上海婆」、「上海佬」，上海人發音不準確，會把「番茄」說成「番梘」，「蜆」說成「蝦」，常常被廣東人戲弄。菜市場的攤販認為上海人較為富有，故意把價錢提高。甚至連著名的電影明星葛蘭，亦被人戲稱「上海婆」。不過正因為有了這群上海人，給香港帶來了新的繁榮。

他指出上海人並非較廣東人富有。在香港，廣東家族如利希慎、李子方、簡東浦等都很富有，此外還有怡和等外資洋行。雖然不少上海人在解放後曾經在港參與黃金買賣，但由於 1950 年代香

港的黃金業都由廣東人把持。廣東人以林炳炎是最有代表性，何善衡亦不及他；利國偉當年是何善衡的秘書，曾上書香港政府，要求金市停業三天，導致很多上海人炒金破產。至於經營百貨業的先施、永安，都將上海的百貨公司模式搬來香港營運。

上海人在建造業、紡織業、航運業等行業較出色，因這些行業由先進技術主導，而上海人在內地已經掌握相關技術。以建造業為例，上海較早接受外來投資，跟西方學習先進建造技術，精於建造大型建築物、橋樑，上海師傅的砌磚、批盪等技術，也較廣東人勝一籌，來自上海的建造業家有新昌營造的葉庚年、陶記的陶伯育、亞豐建築的王俊初、保華建築的車炳榮等人。上海人亦經營傢俱業，上海傢私的雕刻、紅木等手工藝，均較廣東人優勝。此外，上海人從事紡織業（見附錄）及航運業者眾，包括顧宗瑞（寧波）、李平山（寧波）、包玉剛（寧波）、董浩雲（寧波）、何兆豐（寧波）、趙從衍（上海）、鄭煒顯、鄭承忠、曹文錦等人，原因是經歷了上海解放，離開上海時無法帶走固定資產，相信流動資產如論船等可隨時駛走，較固定資產更為靈活。加上當時的上海人希望在數年後可以離開香港回國，因此初來香港時較少投資房地產。

附錄一：1950 年代在港的著名上海人士

　　金維明自 1949 年底隨祖父母自上海來香港定居，至 2020 年已有 70 年。由於祖父是上海金融界名人，令他從小就認識很多上海知名人士，對日後隨父親發展保險業務，有極大幫助。亦順理成章成為同鄉會公關主任。他憑記憶將在港各知名上海人所屬行業及機構列表如下：

1950 年代工商界居港的上海（江蘇及浙江）人士

行業	人物	企業
買辦	張頌周	大通銀行
	顧乾麟	怡和洋行
	徐寶裕	會德豐
	劉培康	渣打銀行
紡織	章劍慧（中國紡織界前輩）	
	王啟宇、王統元	香港紗廠
	李震之、李雍熙	聯合紡織集團（前大南紗廠）
	唐星海、唐驥千	南海紗廠
	宋文魁	會德豐紗廠、會德豐鋼鐵廠
	吳昆生、陸輔仁	偉倫紗廠
	陳元鉅、陳鎮仁	大興紗廠
	萬春生、傅老榕	東方紗廠
	包永沂、包景表兄弟	遠東紗廠
	劉漢昆、劉漢棟兄弟	東南紗廠
	榮鴻慶、榮智權	南洋紗廠

行業	人物	企業
紡織	嚴欣麒、嚴洪泰	怡生紗廠
	陳國本	東亞紗廠
	李國偉	九龍紗廠
	陳廷驊	南豐紗廠
	查濟民	中國染廠、新界紡織
	方肇周、方肇亨兄弟	肇豐紡織
	周文軒、周忠繼兄弟	南聯集團
	吳文政、吳中豪	中央紗廠
	張楠昌、張浩然	南華紗廠
	雷雨時、雷康候	大通紡織
	虞先達、虞哲奐	達豐布廠
	唐翔千、曹光彪	東亞太平紡織
製造	項康元	康元製罐廠
	孫麟方、孫麒方兄弟	香港麵粉廠
	丁熊照	開達塑膠廠
航運	顧宗瑞、顧國華	泰昌祥集團
	董浩雲	東方船運
	包玉剛	環球航運
	趙從衍、趙世彭	華光航運
	曹隱雲、曹文錦	萬邦集團
	何兆豐	東昌航運
	李平山	維達輪船
	鄭煒顯、鄭承忠	懋德航運

行業	人物	企業
洋行	厲樹雄	信昌機器工程
	王　誠	維大洋行
影視	李祖永	永華影業
	邵逸夫、邵仁枚	邵氏兄弟、無線電視
百貨	龔甲龍	公興公司
	楊撫生	鶴鳴鞋店、大大百貨公司
銀行	陳光甫	上海商業銀行
	徐大統、陳潤源、王時新（1957 年起）	大新銀行
建造	葉庚年、葉謀遵	新昌營造
	車炳榮	保華
	陶伯育	陶記
	楊雲如	洪記
	王俊初	亞豐建築
	盧氏	鶴記
中醫	丁濟萬、丁仲英	萬濟堂
	朱鶴皋	
	陳存仁	

附錄二：在香港寧波同鄉會公關部的職務

2017 年是香港寧波同鄉會成立 50 周年，公關部是同鄉會創立之初已經設立的部門，早期主要負責聯絡來港的寧波鄉里，並提供協助，因為初來港的寧波老鄉人地兩疏，要重新開墾創業並非易事。1968 年同鄉會籌建寧波公學，公關部自此負責和香港各級政府聯繫，申請土地審批等。

改革放開後，公關部與內地，尤其與寧波的交流與聯絡日益密切，並積極幫助內地招商引資，促進經濟建設。公關部也協助成立各級同鄉會，尤其是籌辦香港浙江省同鄉會聯合會。在近十年各區縣級同鄉會平台逐漸完善，香港的同鄉社團業務蒸蒸日上。2020 年，公關部加強本會與友會間的聯繫，邀請友會參加同鄉會的活動，同時介紹同鄉會成員參加友會的活動；此外，也參與各省、市在國內外舉辦的各種活動，以起到宣傳寧波同鄉會的作用。

1977 年金維明出任香港保良局總理，認識的人就更多，所以早在上世紀 80 年代開始，就出任公關部主任，1986 年，他曾率領同鄉會的青年才俊，組團訪問杭州和寧波，了解了故鄉的湖光山色和風土人情。1987 年出任浙江省政協委員後，推薦了不少鄉賢出任各級政協委員，為香港與內地的進一步交流作出貢獻。1997 年，他響應浙江省政府的號召，籌辦「浙江鄉賢」活動，主要是讓海內外浙江鄉賢每年共聚，由於當時還沒有浙江省聯合會，所以寧波同鄉會公關部起到了非常重要的作用。

金維明展望下一個 50 年，希望寧波同鄉會能為香港，為家鄉寧波，為祖國做出更大的貢獻，為「寧波幫」再創輝煌。也希望公關部能擔負起時代賦予的使命，完成各項聯絡交流工作。目前很多香港年輕人不了解祖國的歷史，希望公關部能夠在促進香港與內地融合方面產生應有的作用，促進新一代香港青年愛國、愛鄉、愛港。

榮智權

左手銀行右手棉紡
家族生意的現代管理術

職銜

南洋集團有限公司常務董事（二〇二二年起）

香港特區選舉委員會委員（二〇一二年至二〇一七年）

中國人民政治協商會議上海市委員會委員（一九九八年至二〇一二年）

證券及期貨事務監察諮詢委員會委員（一九九一年至一九九五年）

基本法諮詢委員會委員（一九八五年至一九九〇年）

香港棉紡業同業公會主席（一九八四年至一九八五年、一九八九年至一九九一年）

JP太平紳士

個人背景

　　榮智權，南洋集團有限公司常務董事，上海商業儲蓄銀行有限公司董事，太平地氈國際有限公司獨立非執行董事及前上海商業銀行有限公司董事長。曾任基本法諮詢委員會委員、選舉委員會委員、香港期貨交易所有限公司董事，證券及期貨事務監察諮詢委員會委員，香港棉紡業同業公會主席以及香港紡織業聯會有限公司副主席、美國芝加哥大學國際諮詢委員會亞洲分部成員、中國人民政治協商會議上海市委員會委員。1989 年，獲委任為太平紳士。現時為香港銀行學會榮譽顧問副會長及資深會士。

一九五四年九月三日，榮智權父親榮鴻慶先生（右一）、王雲程先生（中立深色衣）及嘉道理爵士（中立白色衣）接待英國首相艾登參觀南洋紗廠。

祖籍江蘇省無錫縣，1945 年 12 月生於上海，現年 76 歲，乃家中獨子。祖父榮宗敬[1] 繼承曾祖父榮熙泰的產業，在無錫經營小生意，看準衣、食、住、行乃日常生活的基本需要，毅然離開無錫往上海開拓麵粉和棉紡生意。父親榮鴻慶[2] 生於上海，乃家中老么；母親榮蔡寶瑚[3] 祖籍廣東省香山縣，為民初四大百貨公司之一——大新百貨公司總經理蔡昌的千金。1907 年，蔡昌的兄長蔡興與郭泉、郭樂昆仲合資創辦永安百貨公司，1918 年，永安百貨公司在

1　榮宗敬是二十世紀初的著名中國實業家。十九世紀末的中國政局不穩，榮宗敬年少時曾於錢莊當學徒，得悉麵粉的市場需求甚高，但生產者不多，認為有利可圖，1902 年與弟弟榮德生向外籌集資金興建麵粉廠。1907 年，榮察覺棉紗的利潤甚高，又與人合資進軍棉紡業。直到 1920 年代，榮氏兄弟共投資開設 12 家麵粉廠及 9 家棉紗廠，因而贏得「麵粉大王」及「棉紗大王」的美譽。摘自宋路霞，《上海灘豪門望族》，頁 113–123。（香港：時代國際出版有限公司，2004）

2　榮鴻慶是榮宗敬的幼子，上有榮鴻元及榮鴻三兩名兄長。1946 年畢業於上海滬江大學工商管理系。畢業後第二年便前往香港成立南洋紗廠，1948 年當選為香港棉織同業工會首任主席。1964 年擔任上海商業儲蓄銀行董事，1983 年出任該行副董事長，1991 年任董事長，2021 年任榮譽董事長。摘自宋路霞，《上海灘豪門望族》，頁 144–147。（香港：時代國際出版有限公司，2004）

3　榮蔡寶瑚是民初四大百貨公司之一：廣東大新百貨總經理蔡昌的千金。

上海開設分公司，蔡家遷居上海，蔡寶瑚因而成為上海人。榮智權雖然在香港成長，由於幼年受父母薰陶，與兩老相處時仍以上海話交談，過農曆新年依舊保留上海的過年習俗，以傳統上海賀年食品慶祝新春。他有兩段婚姻，現任妻子是廣東人，育有三子及兩女，與家人相處時主要以粵語溝通，兒女已不懂上海話了。

1949 年，榮智權 4 歲時隨家人前往香港，入讀聖士提反女子中學附屬幼稚園 —— 聖士提反堂幼稚園。由於不諳粵語，為適應新學習環境，接受老師降級建議。後因聖士提反女子中學附屬小學只收女生，男生無法升讀小學，轉讀麥當勞道的聖保羅男女小學，學習節奏驟然變得緊湊，幸仍能應付。

榮智權在港完成初中，赴美升讀高中。1968 年於康乃爾大學（Cornell University）畢業，主修經濟。1970 年，考獲芝加哥大學（The University of Chicago）會計及財務工商管理碩士（MBA），畢業後留美工作，擔任會計師。旅美十年後回港，隨即加入萬國寶通銀行（現稱美國花旗銀行），工作長達五年之久。

1949 至 1950 年間，榮氏家族成員散居世界各國，部分移居美國、巴西等地，麵粉業務也一併遷往外地繼續經營。父親榮鴻慶則選擇與家人定居香港，在香港開設南洋紗廠，合作夥伴包括嘉道理家族等、姐夫王雲程先生等。

戰前，上海棉紡業的生產機器及原材料主要從外國引入。由於戰後上海局勢依然動盪，上海棉紡業家紛紛將業務轉移到香港。棉紡業與 1960 年代由廣東人主導的製衣業不同。戰後初期創立的南洋紗廠，在當時來說，無論是生產技術抑或經營管理已經是一家具現代規模的棉紡廠，除了投入資金外，還從上海工廠聘請的熟手技工來港作領班，培訓香港工人及督導生產過程，為香港帶來新的經營管理模式。棉紡業除了在職培訓外，香港棉紡業界同業還成立學徒訓練學校，提供全面的培訓。1970 年代香港棉紡業界在九龍葵涌成立培訓人才的「棉紡會職業先修學校」，2002 年該校易名為「棉紡會中學」，榮乃該校校董。

家族棉紡生意發展

由於棉紡業的生產成本高昂，1950–60 年代又是香港棉紡業發展的黃金時期，為提高成本效益，南洋紗廠每天二十四小時無間斷運作，員工採用每天三班制輪流生產，每名員工每星期工作六天，每天工作八小時。工廠只有在農曆新年期間才休假數天。

1970 年末，30 歲的榮智權正式返回南洋紗廠協助父親處理業務，出任棉紡廠廠長。初入職時在工廠內學習紡織技術及管理產品生產，繼而學習產品營銷，每周大多工作六天半，與妻兒見面時間大減。經營棉紡廠最大的挑戰是尋找客源，找到訂單後，需按照顧客要求或市場需要不斷改良產品，也要花費心力研發新產品。

1980 年代，牛仔布成衣十分流行，帶動牛仔布料的需求大增。榮智權遂轉而生產優質牛仔布，銷售予本地製衣廠。是次轉型的決定十分成功，公司取得多個成衣品牌的合作機會，帶來可觀的利潤。

踏入 1990 年代，工廠的生產成本不斷上漲。為減低營運成本，他將廠房遷往深圳；及後，更遷至上海，主要是考慮到上海乃其家族的發跡地，以及當地政府提供優厚的投資待遇。時至今日，榮智權已沒有再經營棉紡廠，轉型投資及房地產項目，廠房亦已改建為出租辦公室。

回顧經營棉紡廠的歲月，他認為最困難的是管理廠房及產品銷售。總結多年經驗，榮智權認為運用先進科技生產高品質的產品方可留住顧客，保持競爭力，可是改善產品質量，往往需要投放大量資金及龐大的廠房才能實踐；另一方面，工廠亦要面對原料供應及價格起伏不定，以及潮流市場的轉變。若遇上突發事情，例如中美貿易糾紛衍生的貿易關稅，導致產品成本上漲，甚至無法出口。

涉足金融業

榮氏家族投資金融行業始於祖父輩，祖父應上海商業儲蓄銀

行[4]創辦人陳光甫之邀投資銀行業務[5]，但並沒有直接參與該銀行的管理工作。1951年，上海商業儲蓄銀行將香港分行改組為獨立註冊銀行，更易名為上海商業銀行，榮鴻慶出任銀行董事，自此榮氏開展海峽兩岸暨香港的金融業務。榮鴻慶為打理銀行業務，將紡紗廠交託他管理。

榮智權於1994年始參與銀行業務，最初出任母公司上海商業儲蓄銀行常務董事（Managing Director）；1998年出任上海商業銀行董事（Director），2007–2016年間更擔任上海商業銀行董事長（Chairman）。榮智權印象中銀行成立初期的顧客以上海人較多，但業務逐步推廣至全港市民，地緣網絡對銀行業務的拓展幫助不大。

在任職銀行管理階層期間正值香港面對經濟危機。首先是1997年亞洲金融風暴[6]，許多客戶出現經濟困難，銀行首當其衝，放賬率高企，情況一直維持至2000年。2009年，發生雷曼兄弟迷你債券事件[7]，部分銀行同業因此出現財政危機。榮智權此時剛出任上

---

4   上海商業儲蓄銀行由陳光甫及莊得之於1915年創建於上海，陳光甫同時擔任辦事董事兼總經理。摘自 https://www.scsb.com.tw/newscsbweb/content/about/about08.jsp。

5   根據上海商業儲蓄銀行官方資料，榮宗敬於1919年出資20萬元投資該行，獲委任為董事。摘自 https://www.scsb.com.tw/newscsbweb/content/about/about08.jsp。

6   亞洲金融風暴是1997年7月開始爆發的一場金融危機。源自1990年代初期資金湧入東南亞，因為實際生產力不如帳面，導致經濟出現泡沫。7月2日，泰國宣佈實行浮動匯率制，觸發泰銖匯率大幅波動，令周邊國家貨幣成為國際炒家的攻擊對象。10月下旬，香港成為國際炒家的下一目標，香港政府透過捍衛聯繫匯率，及運用動用大量外匯儲備投入股市，擊退炒家操控市場，令港幣逃過貶值的災難。然而，這場金融風暴亞洲各國大量企業破產、銀行倒閉、股市崩潰、房地產下跌、匯率貶值，造成經濟衰退，甚至政府倒台。

7   雷曼兄弟迷你債券事件是源於2008年9月15日國際性金融機構及投資銀行雷曼兄弟控股公司（Lehman Brothers Holdings Inc.）破產，令其發行的信貸掛鉤票據（香港稱為迷你債券）價值暴跌，因而引起投資者不滿的事件。由於香港是迷你債券發行量最大、涉及面最廣的地區。大部分迷你債券投資者將其認為是收益較高的存款替代產品，從而無法接受其本金可能無法收回的結果。由於投資者直接接觸的是進行零售的銀行，在購買過程中甚至沒有注意到其與雷曼兄弟公司的關係，使得他們對於銀行的不滿急劇上升，最主要的申訴集中在銀行的不合理的銷售手段。香港立法會在2008年9月引用《權力及特權法》，成立雷曼迷債事件小組委員會，對雷曼事件進行調查。在有香港金融管理局、證監會的干預之下，銷售雷曼迷債的銀行，與大多數購買迷債的投資者達成了和解協議，大多數購買迷債的投資者獲得了相當本金85%的賠償。

海商業銀行董事長之職不久，隨即召開會議商討對策。慶幸銀行作風素來穩健，且具完善風險管理制度，在得力下屬的協助下，安然渡過金融危機的難關。現時銀行業的經營環境比過去更具挑戰性，面對市場邁向高科技及電子化，銀行需投放龐大資金改良交易系統，才能吸納多元化客戶。

2019 年，受新冠病毒影響，全球經濟發展放緩；另外，低利率環境導致依靠賺取息差的利潤收窄。相比之下，榮智權認為這次全球性瘟疫對本地各行業的衝擊嚴重。

榮氏企業精神

榮智權認為以現代模式經營管理是父親及伯父創業的發展方針。在融資方面，公司相當前衛，早在 1950 年成立之初，南洋紗廠已透過上市集資，以股份企業模式營運。在管理方面，南洋紗廠早期的棉花原料及機器均從外國進口，榮父經常與外國賣家溝通，不斷從工作中累積經驗，練成精準的眼光。他的姑父（榮鴻慶之姐

夫）修讀紡織學，擅長生產技術及機器操作，負責管理工廠的生產線；榮父則專注原料採購及營銷方面。通過分工合作，各司其職，凸顯專業管理精神，讓業務穩步發展。榮智權加入南洋紗廠便跟隨父親及姑父學習如何管理紗廠，務求榮氏企業文化得以承傳。隨着紗廠停止運作，現時榮智權的大兒子主要參與上海商業銀行的董事局，仍強調專業管理精神。

榮智權年少時本着子承父業的思想而接管家族生意。對於膝下的五名子女，他仍期望下一代可接班，但是考慮到首兩名子女已成家立室，且有事業基礎，故尊重他們向其他行業發展。至於其餘三名子女仍在求學階段，面對瞬息萬變的世界，待他們學業有成之時，可能經營環境與現時的模式迥然不同，榮智權卻希望子女們能把握學習機會，不斷吸收各方面的知識，於是鼓勵他們前往內地及外地進行學術交流，擴闊眼界。日後處事才能敢於變通及創新，以應付資訊科技急速變化的世界。

榮智權應香港理工大學之邀參與師友計劃，曾擔任多名學生的導師。透過計劃認識許多學生，發現有些學生縱然家境清苦，仍勤奮上進考取佳績。慨歎 2019 年有些青年因參與社會運動而被捕，頓失大好前途，故勸勉香港年青人要懂得辨別是非，不要誤信謠言而作非法行為，對社會負上應有責任。21 世紀，香港年青人的競爭對手並不僅限於本地人，還有內地的年青人，優秀人才比比皆是，香港年青人需要努力才能保持優勢。對於上海總會不遺餘力為青年教育提供資助，確實起了非常重要的支持和令人鼓舞。

身份認同

榮智權雖生於上海，但 4 歲時已來香港生活，直到高中才赴美留學。完成學業後再度回港工作，人生大部分時間都是在香港，加上妻兒和朋友都在香港，早已認定自己是香港人。

他對上海人最深刻的印象是他們時髦的打扮，尤其是上海女士十分重視形象，外出前必定盛裝打扮。其母是長居上海的廣東人，

也受上海衣着文化的薰陶，生前非常注重外表，衣服均為量身訂製，配襯首飾也相當講究。

榮智權欣賞香港上海總會以地緣網絡成立的組織，不只限於為會員提供聯誼及餐飲服務，亦為香港的醫療、教育、安老等慈善事業作出貢獻，期望香港上海總會能繼續回饋社會。

榮智權並未以事業成功奉為歸皋，反而追求心靈的修養。早年受母親影響及在港接受教育時受教會學校薰陶而信奉基督教。他從宗教信仰學會了平靜，不受外界煩瑣事影響心情，時刻保持平和的心境，以身體健康為重。此外，他非常珍惜與兒女相處的時光，而年幼的子女也樂於與父親分享日常生活的點滴，希望一直能陪伴子女成長。

吳寧

誤入行政事務的最強主管

職銜

上海總會常務理事（一九九八年起）

香港中文大學和聲書院榮譽顧問（二○一○年起）

香港中文大學內地本科生聯合會顧問
（二○○三年至二○○六年）

資深顧問（二○○七年起）

香港中文大學逸夫書院院務主任
（一九九二年至二○○七年）

香港中文大學醫學院教習醫院行政主管
（一九八二年至一九九一年）

香港中文大學科學館行政助理
（一九七三年至一九八一年）

家庭及教育背景

家庭狀況

　　吳寧生於上海，祖籍杭州，遠在祖父一代已移居上海，父親吳企華是獨生子，深具家國情懷，惜於 1996 年底過世，無緣見證 1997 年 7 月 1 日香港回歸祖國的日子。母親是上海姑娘，是近代中國女子接受正規教育的先鋒，思想開明，後因其母早逝而放棄大學學業。吳寧在家中排行第四，上有兩位姐姐一位兄長，下有一位弟弟。

來 港 契 機

父親原於上海經營布業生意。1949 年中國解放後,內地商人紛紛來港尋找商機,吳父心繫家國,並未跟隨。直到 50 年代初,才來港視察環境,後獲相識多年的友人趙從衍 [1] 邀請加入華光航運公司擔任財務總監,從而留港發展。1956 年父親事業逐漸穩定,着妻子攜同兒女移居香港。

教 育 背 景

1956 年,9 歲的吳寧入讀位於銅鑼灣東院道的聖公會聖馬利亞堂小學,1966 年在聖馬可中學完成中六課程。1967 年 1 月,獲

1　趙從衍 (1912–1999),原籍江蘇無錫,曾居於上海市,畢業於蘇州東吳大學,本為律師。夫人名倪亞震,有四子一女,分別是趙世彭、趙世儀、趙世曾、趙世光和趙世亮。遷居香港後於 1952 年創立華光航運,1973 年於香港上市。趙從衍與環球航運包玉剛、東方海外董浩雲和萬邦集團曹文錦,稱為「四大船王」。

美國大學四年獎學金遠赴美國升學。於俄亥俄大學取得心理學學士及教育碩士學位後，1972 年回港。

投身社會福利界

　　1972 年暑期，吳寧回港後本打算回美國繼續攻讀實驗心理學或輔導心理學博士學位，碰巧從友人處得悉香港天主教明愛福利機構，計劃於家庭福利部門（Family Services）開設新的復康服務，協助罹患學習障礙（learning-disabled）的兒童。1970 年代，此等服務在香港仍屬初創階段，她的教育背景正好配合這類社福工作的需求，加上本性喜愛接受挑戰、接觸新事物，於是暫緩讀博計劃，加入香港明愛福利機構。工作地點分佈在觀塘、牛頭角及堅道，吳需要經常往返各處工作，亦因此增加她對各區域的認識。1973 年，香港政府突然縮減對社福機構的資助，她遂向上司建議暫擱置新成立的復康服務，以免既有的福利服務因資源短缺而受到影響。1973 年 10 月，吳寧離開明愛機構。

與香港中文大學的緣份

任職中大理學院

　　友人從報章知悉香港中文大學正招聘行政人員，建議吳寧申請。吳寧遂遞交申請，經筆試及面試後，同年 11 月正式獲聘為科學館行政助理（Administrative Assistant），在中大理學院工作直到1982 年。

　　1973 年吳寧入職初期，理學院只有五個學系，分別是生化學系[2]、生物學系、化學系、物理學系、電子學系[3]，辦公室設於科學館。上任後除負責科學館管理事務，作為科學館管理委員會（Science Centre Management Committee）秘書，首要任務是落實科學館北座（後命名為「高錕樓」）擴建事宜。由於委員會主席容啟東博士[4]身兼崇基學院院長之職，工作忙碌，有關科學館擴建工作多向委員會副主席徐培深教授[5]匯報。

2　當時的系主任為馬臨教授。

3　當時的系主任為高錕教授。

4　容啟東博士，廣東中山人，生於香港。1929 年畢業於清華大學。1935 年赴美深造，研究植物形態學，1937 年獲美國芝加哥大學博士學位。1938 年，時任廣州嶺南大學校長的李應林博士懇留容博士教授生物科，其後歷任嶺大教授、系主任、代理理學院院長、代理教務長及代理校長等職務。抗戰期間，美國國務院聘請中國學者赴美講學，容博士受嶺大推選，於1944 年赴美。二戰結束後返回嶺大任教。1951 年，容博士應香港大學之聘任植物學高級講師，在職九年，並曾兼任植物學系系主任。1959 年春，容博士應崇基校董會之聘任董事，同年 10 月，獲推選為院長，1960 年 8 月就職（上任後改稱為「校長」）。1961 年獲香港大學授予榮譽法學博士學位，1963 年香港中文大學成立，獲委任為首位副校長。在任內推動崇基學院配合中文大學發展。1974 年獲中大授予榮譽法學博士學位。1975 年夏榮休，崇基校董會授予榮譽校長銜。見《善彌雅集—崇基學院 65 周年校慶特刊》，頁 17。（香港：香港中文大學崇基學院，2016）

5　徐培深教授為英國曼徹斯特大學的理學士、哲學博士，以及物理研究院院士。畢業後致力於有關聚合物物理及纖維科學的研究。自 1964 年擔任香港中文大學物理系講座教授，並分別在 1966–67；1969–71 及 1977 年任理學院院長。1979–1981 年間，出任副校長一職。在校期間擔任其他行政職務包括：大學科學館管理委員會副主席及主席、大學圖書館委員會主席、大學教務會師生諮詢委員會及范克廉樓管理委員會主席。見《中文大學校刊》(1979 年春)，頁 2。

1970 年代中後期，中大籌備成立醫學院。1976 年，前醫務衛生署署長蔡永業教授[6]出任中大醫學院創院院長，協助醫學院的成立，其衛生署同僚 Mr Arthur Starling 亦跟隨蔡教授加入中大醫學院，二人聯袂邀請世界各地知名醫學專家加盟中大醫學院。

醫學院成立之初，兩位教授的臨時辦公室設在崇基學院眾志堂附近的山坡一帶。1979 年，大學安排他們遷往科學館北座地下，提供較大的工作空間，更設立秘書處處理公務。吳寧的辦公室則位於科學館北座一樓。

科 學 館 館 內 北 座 一 樓 設 有 教 職 員 休 息 室（Staff Common Room），每逢早上十時半，開放與科學館內同事稍作歇息及相互交流，蔡永業教授和 Mr Arthur Starling 及理學院成員，因而彼此關係熟稔。吳寧慨歎現時校內鮮有同類型的交流空間與時間，除上課外，同事在自己的辦公室或實驗室埋首苦幹，人與人之間的關係疏離、互動交流漸減。

接 受 新 挑 戰

吳寧對中大中央行政部門的工作不太熱衷，慶幸大學管理層知人善任，讓個性勇於接受挑戰的她參與校內的新工作，例如 1980 年，校方將位於校園本部的兆龍樓、碧秋樓及邵逸夫堂一併交予一新成立的物業管理部門（Mall Buildings Management Office）管理。在此之前，有關樓宇並沒有完備的管理系統，校方見吳寧具管理科學館的經驗，且為人盡責，便委任她負責管理新部門，並在邵逸夫堂經理出任前代為接收邵逸夫堂的建築。

6　蔡永業教授為香港大學內外全科醫學士及醫學博士、英國皇家內科醫學院榮授院士、愛丁堡皇家內科醫學院榮授院士、英國社會醫學科醫學院榮授院士。1952–56 年執教於香港大學醫學院，任內科講師。1956 年，加入香港政府醫務衛生處。期間曾任瑪麗醫院內科專科醫生（1956–62 年）及高級內科專科醫生（1962–1967 年）。1967 年獲委為醫務衛生處（內科部）副處長。1970 年，升任醫務衛生處處長。1976 年，蔡教授任中文大學醫學院創院院長及行政醫學講座教授。1979 年至 1981 年間，出任香港中文大學副校長。見《中文大學校刊》（1979 年春），頁 3。

與中大醫學院結緣

任職醫學院

1982 年，蔡永業教授邀請吳寧加入醫學院，協助院長管理大學位於威爾斯親王醫院教學醫院的十多個臨床學系。蔡教授堅信在芸芸中大行政人員中吳寧最能勝此重任，並全力支持她的行政工作。

她再次迎接新挑戰，擔任臨床教習醫院行政部（Clinical Sciences Administration）主管，與威爾斯親王醫院內辦公的醫務衛生署行政人員合作，為各臨床學系提供行政支援服務，在處理臨床醫學院的行政事務外，並協調學系之間的工作。1982 年，吳寧與多位剛上任的臨床學系教授擠迫於在校園新落成的李卓敏基本醫學大樓四樓工作，於 1983 年底，得以遷往威爾斯親王醫院。吳寧在醫學院工作九年，直到 1991 年調往逸夫書院。回顧在威院

工作的 10 年，她與舊日的同僚皆珍惜共事的辛勞但滿載成果的日子。

　　吳寧對醫學一向感興趣，透過在醫學院工作，除了認識了不少醫學專家外，亦學到許多醫學知識，甚至獲邀加入一些醫學相關的學會，如禁毒協會（Anti-Narcotics Association）。她笑言自從在醫學院工作後，學會了保持自身健康是個人責任，醫生只能幫助人延長壽命而已，當患上小毛病時，要多休息，減輕壓力，透過自身的免疫力可自行痊癒。現時一般市民過份依賴醫護人員及藥物，缺乏如何保持個人健康的認識及舉措。

轉 投 逸 夫 書 院

　　香港中文大學第四所成員書院。逸夫書院得以在 1987 年成立是源於 1985 年某天，時任校長馬臨教授[7]與邵逸夫爵士[8]在校內共進午膳後途經校園面向吐露港的一幅空地，邵爵士向馬校長查詢該地

7　馬臨教授（1925–2017）祖籍浙江鄞縣，父親為香港大學中文系前系主任馬鑑教授。早年在四川成都華西協合大學接受教育，再赴英國列斯大學深造，研究蛋白化學，1955 年獲哲學博士學位，繼於倫敦大學醫學院及里茲聖詹姆斯醫院從事博士後研究工作。1957 年回港任教香港大學病理學系，1964 年加入中大，出任高級講師，負責籌設生物化學系，後升任教授，1973 年擢升生物化學系首任講座教授，並任理學院院長。1978 年出任香港中文大學第二任校長至 1987 年榮休。同時，馬教授亦為中大逸夫書院校董會首任主席。http://www.cuhk.edu.hk/chinese/features/ma_lin.html

8　邵逸夫爵士（1907–2014）生於浙江寧波，原名邵仁楞，號逸夫，家中排行第六，香港電影及電視製作人、娛樂業大亨、慈善家。邵早年加入長兄邵仁傑在 1924 年成立的天一影片公司，助兄長製作電影及外埠發行，自此與電影結下不解之緣，與幾名兄長成立多間電視公司。最為人熟悉的是 1958 年於香港成立邵氏兄弟電影公司，拍攝過逾千部華語電影。1965 年，與利孝和、余經緯等人，投得香港的免費電視牌照，創辦香港電視廣播有限公司，於 1967 年正式啟播。1975 年，邵逸夫成立香港邵氏基金，多次大額捐贈支持世界各地的教育、醫療或其他福利事業。1977 年，邵獲英女王伊莉莎白二世冊封為下級勳位爵士，成為香港娛樂業獲「爵士」銜頭的第一人。2003 年，創立「邵逸夫獎」每年選出世界上在數學、生命科學與醫學及天文學三方面有成就的科學家，各頒授 100 萬美元獎金以作表揚。邵有兩段婚姻，首任妻子為黃美珍（1987 年在美國病逝），兩人於 1937 年結婚，育有兩子兩女。1997 年，邵與方逸華於美國再婚。http://newschinatown.com/2009-03-06-03-59-adsf36/2432-2014-01-12-03-13-33.html
https://www.bbc.com/zhongwen/trad/china/2014/01/140107_runrunshaw_profile

皮的長遠規劃，馬校長笑稱可以蓋建一所新的書院，邵爵士於兩天後致電馬校長，決定捐款一億一千萬港元予香港中文大學，成立第四所成員書院。逸夫書院校董會由馬臨教授出任主席，並委任醫學院精神科學系陳佳鼐教授[9]為創院院長。

吳寧在醫學院服務及在擔任禁毒協會（Anti-Narcotics Association）成員期間已認識陳佳鼐教授。陳教授任院長數年後，有感院務繁重，令其睡眠窒息症（Sleep apnea）的研究計劃無法前進，落實遙遙無期；遂邀請吳寧出任逸夫書院院務主任，協助處理院務，使其可在科研上有所進取。自1992年起，吳寧便成為書院第三任院務主任同時兼任書院校董會（Board of Trustees）秘書，任職期間曾與馬臨教授（校董會主席）、蔡永業教授（校董會副主席）、李和聲先生（蔡教授退休後接任校董會副主席，同時亦是上海總會會長）共事，直至2007年8月1日正式退休。

出任和聲書院榮譽顧問

吳寧退而不休，持續其在中大的教育工作。在和聲書院[10]贊助人李和聲博士的引薦及創院院長劉允怡教授的力邀下，她於2010年出任和聲書院榮譽顧問，期望以其多年的書院管理的經驗，協助和聲書院的成立及發展。吳寧認為書院制是中大的優良特色；在每一個中大學生而言，大學是扮演父親的角色，書院則是扮演母親的角色；故此書院在培育學生做人處事方面的角色是非常重要的。

和聲書院承蒙秉花堂李氏基金會的慷慨捐款，自2007年成立

9　陳佳鼐教授，1938年於福建出生，後在緬甸仰光讀中學，在台灣大學醫學院畢業後到英國受訓，1981年加入香港中文大學醫學院，任內曾創辦精神科學系，1987年獲委任為逸夫書院首任院長，1998年退休。

10　這所中大於2006至2007年間先後成立的新書院之一的和聲書院成立與發展。和聲書院乃一所中型的書院，可容納1,400名學生，包括640名宿生及760名走讀生。以「知仁忠和」為院訓，致力為香港、國家以至世界培育領袖人才，鍛煉學生待人接物的技巧及領導才能，從而陶鑄他們成為社會的未來棟樑。另一方面，書院著重「和」德，強調待人平和、處事適中。亦盼望年青學子心存感恩，積極回饋校及社會。

後，除得到多方支持教育的善長的捐助。在劉院長及院務主任羅霍玉卿女士的領導下，屢創佳績，並連續三年獲頒中大正向工作間及正向員工服務獎。

2022 年將迎來和聲書院成立 15 周年的誌慶。書院定將延續茁壯成長，持續作育英才的願景；培育具國際視野，與人和諧共事的領袖，貢獻社會！

參與香港上海總會教育服務工作

與香港上海總會的淵源

吳父與李和聲會長交情匪淺，曾擔任香港上海總會理事幾十年，支持總會的事務。吳寧尊稱李和聲會長為「李家伯伯」，年幼時只懂跟隨父親在總會用膳，不太了解總會的運作。在尚未加入香港上海總會之前，總會已開始支持香港中文大學的教育工作，1990 年代中期香港上海總會捐資 1,350 萬港元成立「上海總會科研技術中心」。李和聲會長領導期間，有感會內理事以商家居多，缺乏教育界專業人士，難以大力拓展教育服務。1998 年，吳寧應邀出任香港上海總會常務理事，憑藉其任職大學多年的經驗為總會構思及推動教育方面的慈善活動。

「家在香江」

自 1998 年起，本地大學招收內地北京大學、清華大學、復旦大學等錄取的「三好學生」[11] 入讀本科課程 [12]。中大是年有 30 名三好

---

11 三好學生是指「思想品德好、學習好、身體好」的學生，是中華人民共和國的一種學生榮譽。自 1954 年開始，在中國的所有大、中、小學校普遍推行。

12 自 1998 年，香港大學、香港中文大學及香港科技大學均可招收內地學生。由於香港大學學制仍是三年制，為銜接該校本科課程，學生須於清華大學完成一年級後才可來港。

我們在吐露灣畔求學的光景彷彿就在昨天。自 1998 年第一批內地生來到中文大學，到 2021 年 8 月止，從香港中文大學畢業的內地本科生已有約 4,300 人。為了更好地服務不斷成長的校友網路，一個嶄新的校友平臺即將面世。新的校友平臺可實現校友查找、活動推廣，並將隨著校友們的使用和反饋不斷優化用戶體驗和添加新的功能。

一名畢業生的力量或許有限，但一個強大的校友網路可以建構校園的凝聚力，向在校的內地同學提供更有力的支援，向社會輻射香港中文大學內地畢業生的影響力。校友平臺的校友信息徵集仍在持續進行，目前已有逾千名校友參與其中。趕緊掃描下方的二維碼並填寫校友資訊徵集表，加入我們吧！

另外，香港中文大學內地生校友會（THE CHINESE UNIVERSITY OF HONG KONG MAINLAND ALUMNI ASSOCIATION "CUMA"）公開招募下一屆校友會成員啦！無需身懷絕技，只要滿熱忱；三五知己相逢，兩年青春正好。不同職位虛席以待，由你創造精彩！有興趣了解詳情的校友，可發郵件至 CUHKCUMA@GMAIL.COM 或於 CUMA 的公眾號 "CUHK 內地生校友會" 留言諮詢。

家在香江
20
2001~2021
週年誌慶

家在香江親情計劃
二十周年誌慶午宴

2021年11月21日

香港中環雲咸街
南華大廈上海總會

學生 [13] 獲香港賽馬會資助本科四年全部學費獎學金外，每月更獲發約港幣 3,000 多元的生活補貼。

　　吳寧在校園內巧遇數名初到中大的上海學生，並以上海話與他們溝通，自此成為這群新生的義務輔導，對他們在學業及做人處世方面作出訓勉，協助內地生融入香港社會。她發現內地學生在港面對的問題相若，遂建議他們適時成立學生會，互相學習支持、彼此同舟共濟。

二〇二一年十一月二十一日，二十年後的「家在香江二十周年誌慶」場刊。

[13]　該 30 名學生本身已獲清華大學及復旦大學取錄，因獎學金緣故而決定選擇入讀中大。

李和聲會長深切關心來自內地的學生，常向吳寧了解內地生在中大的生活狀況，知悉部分學生因應付繁重功課或路途遙遠而留在中大渡過學校假期。學校飯堂、圖書館等設施每每在假期間關閉，學生只好留在宿舍烹調簡單菜餚果腹。為讓內地生留港過節仍能感受家庭溫暖及減輕其思鄉情懷，李會長與吳寧商討後，在吳寧穿針引線下，香港上海總會會長李和聲與時任中大校長李國章協作成立「家在香江」親情計劃，為隆重其事，在 2000 年 11 月 3 日於香港中文大學逸夫書院逸夫大講堂舉行成立儀式，出席嘉賓有中文大學副校長金耀基教授、香港上海總會眾理監事等，場面熱鬧非常。「家在香江」親情計劃除每年春節在香港上海總會餐廳擺設春茗、中秋節分享月餅、端午節吃糭子等活動外，更資助內地生舉辦學生活動。

「家在香江」的延伸

2003 年，入讀中大的內地本科生接近二百人，同學認為是適時將學生的運作制度化。隨即參考大學學生會的模式，向警務處社團註冊部門，登記成立「香港中文大學內地本科生聯合會」（CUHK Mainland Undergraduate Association —— MUA）[14]，截至 2022 年，已有近 5300 名內地學生在香港中文大學就讀本科課程。吳寧獲邀出任顧問，並於 2007 年改任資深顧問，一直至今。

沈祖堯教授[15] 擔任中大校長期間鼓勵內地本科生聯合會（MUA）促進內地生融入香港社會。2020 年，適逢「家在香江」親情計劃成立 20 周年，吳寧與多名熱心校友構思深化「家在香江」計

---

[14]　「香港中文大學內地本科生聯合會」http://www.cuhkmua.com/

[15]　沈祖堯曾於 2010–2017 年間為香港中文大學第七任校長及香港中文大學莫慶堯醫學講座教授。因 2003 年協助對抗沙士潮而獲譽為「沙士英雄」。沈教授現任新加坡南洋理工大學李光前醫學院院長、高級副校長及傑出學者，並為中國工程院院士，以及歐亞科學院院士。2020 年，沈祖堯獲任命為新加坡南洋理工大學李光前醫學院（Lee Kong Chian School of Medicine）院長暨高級副校長（健康及生命科學），並於 2021 年 4 月 1 日上任。沈祖堯現時仍是香港中文大學榮休教授。有關沈祖堯的個人經驗，可見本書 390 頁。

劃，並希望藉此機會出版刊物，鼓勵各「家在香江」成員透過文字反思其成長過程的點滴；同時又推動顧問委員會籌劃「家在香江」未來十年的長遠發展計劃，目標是讓中大的內地生「家在香江，心懷祖國，放眼世界」。

啟迪在港內地生

2005 年伊始，中大通過以全國普通高校統一招生計劃，招收內地自費生來港升學，學生人數由每年 30 人倍增至 300 多人。吳寧多年來接觸不同年代的中大內地生，覺得早期來港的學生成績卓越，而近年的學生質素相對較參差，原因可能是新生代大多是獨生子女且家境較富裕，父母提供相當充裕的物質亨受，學生不需靠自己拼搏，導致年輕學子少了歷練的機會。再者，內地生自小在內地受應試教育模式催谷，十分着重考試成績，忽略了為人做事的重要性。她因此經常勸勉內地生，來香港後不要只顧上課考試，要把握機會學習廣東話，多與本地生溝通，除認識香港外，務必認識祖國及認識世界，從而建立自身的世界觀與人生觀。2019 年下半年，香港發生社會運動，吳寧鼓勵身處香港的內地生不要置身事外，要多看多聆聽，了解社會培養獨力思維，以便將來融入及貢獻社會。

領導大學婦女香港協會

1957 年成立的大學婦女香港協會 [16] 是香港最早由婦女創立，專門為高等教育界婦女服務的非牟利機構之一，旨在鼓勵女性追求高等教育和積極參與社會服務。母會是成立了百多年的國際大學婦女聯合會（Graduate Women International，簡稱 GWI）[17]，屬會遍佈 70

---

16 計劃更名為香港高等教育婦女協會 http://www.hkauw.org/
17 國際高等教育婦女聯盟（International Federation of University Women，IFUW）成立於 1919 年，2015 年更名為國際大學婦女聯合會（Graduate Women International，GWI）。

多個國家，每三年舉行一次國際會議。

　　吳寧任職醫學院期間，接受了一位醫學院女性教授的邀請加入協會，並擔任執行委員會（Executive Committee）成員，出任獎學金評審召集人（Scholarship Convenor），為協會籌募經費，頒發獎學金予大學教育資助委員會轄下大專院校的本地女本科生及研究生，表揚她們優異的學業成績及積極服務社會。本科生申請者不需面試，研究生則需經過面試。在獎學金面試過程中，吳寧認識了來自不同背景的女生，對年輕一代的抱負進一步了解，對她們的創新領域加深認識。2004 年，她出任會長 [18] 一職，為協會開創新猷，一是邀請獎學金得獎者加入執行委員會（Executive Committee），為協會培育新成員；二是為非本地生提供獎學金。鑑於來港入讀大學的非本地生不斷增加，獎學金的原意是獎勵學業及社會服務優秀者，吳寧認為非地生應與本地生同樣享有申請獎學金的權利，協會遂將獎學金受惠對象擴充至非本地生。吳寧回憶一位十多年前得獎的非本地生在學有所成後，捐款獎學金回饋協會，感謝當年的獎勵，她對此深受感動及安慰。

　　吳寧在擔任會長期間，代表協會積極參與母會的國際會議及活動，加強與母會聯繫。2016 年，她擔任協會 60 周年創會慶典籌備委員會主席，負責籌募經費、統籌活動、對外聯絡，以及行政工作等。一連四天的慶典邀得 20 多位海外嘉賓蒞臨，另又舉辦了廣西學校考察團。她為活動費盡心思，最後得以完滿結束，自己卻因過度勞累而病倒。

　　吳寧雖然心繫協會，但深明協會非獨力可維持，需要交棒予年輕成員，在 2015 年任署理會長期間開始物色繼任人選。2017 年由城市大學翻譯系鄢秀副教授出任會長，吳寧正式退出執行委員會，轉任資深顧問（Senior Advisor），協助委員會管理會務。

18　吳寧於 2004–2008 年擔任會長，2012–2014 年再度出任會長，2015–2016 年因未能物色適合人選而擔任署理會長。

展望 MUA 的未來

2019 年的社運及接着兩年多 COVID-19 疫情的影響，香港創傷無比。大學生缺乏體驗正常的校園生活的成長機會，網課無從替代線下面授課程，學生之間因缺少面對面的接觸亦引起溝通能力的下降。吳寧觀察到 MUA 亦直接身受其害；傳統優良的活動如迎新營都需取消。然而在這迷茫的階段，她鼓勵及協助同學們在面對紛亂劇變的社會的同時，以平靜心境去找尋路向。吳寧歡迎曙光在望 —— 香港回歸祖國 25 周年慶祝，中文大學成立的 60 周年，上海總會 45 周年誌慶，全會發生在 2022 至 2023 之間。期望 MUA 在其 20 周年的同時，在中聯辦、中大、上海總會及校友會的支持及協助下，建立 MUA 下一個 20 年的願景；每一屆代表會發揮其改進的思維，用創新的手法完成服務的目標，並肩負承先啟後的責任，使 MUA 向更遠大的理想逐步邁進；為自己、為社會、為國家以及全人類帶來更好的未來。

感恩及回饋社會

吳寧對在香港成長及無間斷的 50 餘年投身教育社福的事業深感恩惠；對在邊做邊學的工作挑戰，更感慶幸及珍惜。除感謝早年父母及師長的教導，更感謝一路遇上的伯樂長輩上司的栽培之恩。在不同工作崗位共事過的同僚的支持及協助，感恩在心。對家人及好友的長期支持，更感激不盡。

作為一個「戰後嬰兒」，適逢在開放、多元化及多機會的香港成長的上海人，吳寧認為取之社會應回饋社會，盡其能力協助重建香港社會的核心價值。以積極不懈的精神，將堅持對教育慈善的支持，因為香港是家，年青人是未來的棟樑！

迎來 7 月 1 日香港回歸祖國 25 周年的慶典，期望香港同心協力，同創共融，為創造香港更好的將來努力，為國家、為人類作出貢獻！

嚴元浩

書寫法例的法律草擬專員

家庭及教育背景

　　1947 年生於上海的嚴元浩是家中獨子，雙親皆為上海人。父親來港前在上海從事證券業，與李和聲及鄒星培熟稔；母親家境不俗，外祖父非常重視子女教育，1920–30 年代期間嚴母於上海天主教會的女子中學讀書，接受西式教育，精通英語，深受西方文化薰陶，退休後仍不時以英語電影消閒，銅鑼灣的明珠戲院是她的消閒熱點。

　　1949 年中國解放後，證券生意被視為資本主義社會經濟活動而遭受打壓，嚴父於 1950 年代來港繼續證券業務。1950 年代的香港金融市場仍由英資洋行壟斷，華資公司的發展空間十分有限，嚴父的事業發展未如理想，母親需要外出工作幫補家計。

　　1952 年，5 歲的嚴元浩，隨母親從上海移居香港，舉家卜居香港島北角堡壘街，後遷往建華街，翌年入讀剛成立的蘇浙小學[1]，是該校的首屆學生。蘇浙小學是當時少數以普通話授課的學校，班上的同學仍以廣東人居多，另有部分同學是華僑子弟，父母多來自東南亞，大多希望子女可以在蘇浙小學多學中文，因此，嚴元浩在校內學習上並沒有遇到必須使用粵語的困難，下課後同學之間則大多以粵語溝通。此獨特的學習環境造就嚴日後在工作上能與內地人士用普通話溝通的便利。

　　小學畢業後，他入讀蘇浙公學，完成中二課程後，轉往父親上

1　　蘇浙小學於 1953 年由香港蘇浙同鄉會理事長徐季良發起籌辦，校址位於北角道。https://www.kcs.edu.hk/history.htm

海友人開辦的、位於北角繼園台的允成書院 [2]，繼續中三學業，直到中六畢業。

嚴元浩於 1982 年結婚，妻子並非上海人，育有一子一女。女兒為專業會計師；兒子攻讀法律，畢業後沒有擔任律師，選擇創業。

加入法律援助署

初入法律援助署

1966 年，19 歲的嚴元浩完成中六預科，畢業後投考政府文員職位。1967 年（20 歲）獲聘並分派到隸屬法庭司法部新成立的法律援助署工作，在前最高法院大樓 [3] 上班，負責為經濟困難，沒有經濟能力聘請律師的市民提供法律諮詢及援助，讓有需要的市民在法庭得到公平審訊。

他擔憂文員的發展前景較狹窄，欲另謀出路，因其中學會考中、英文科成績理想，遂投考翻譯員職位，獲取錄為翻譯員，並繼續任職法律援助署。

考獲律師資格

1966 年剛成立的法律援助署，部門只有一名署長及數名職員。由於市民對法律援助的需求持續增加，署方需要增聘人手。適逢香港大學自 1969 年開始成立法律系培訓本地律師，為本地培訓法律

2　允成書院於 1950 年代後期創辦，屬私立學校，於 1960 年代中後期因創校校長移居美國而結束。

3　前最高法院大樓位於香港中環昃臣道 8 號，於 1912 年落成，1912 年至 1983 年間用作香港最高法院；日治時期，大樓被更改為香港憲兵部本部。1985 年起改為立法局大樓，而 1997 年香港回歸後更名為立法會大樓。2011 年，立法會遷往添馬艦新址後，大樓再次成為司法部門辦公大樓，於 2013 年成為終審法院的新址。大樓外部在 1980 年列為香港一級歷史建築，1984 年被列入法定古跡。

人才，法律援助署亦需要增聘律師助理協助處理案件。嚴元浩對法律職系深感興趣，遂申請轉職成為律師助理。

　　任職助理期間，嚴元浩努力不懈，通過越洋函授修讀英國律師公會認可的律師資格課程。法律概念艱深，除了背誦法律條文外，還需靈活運用知識，懂得答辯，儘管日間工作繁重，他仍堅持用功學習克服困難。英國律師公會律師執照筆試要求相當嚴謹，母語非英語的考生一般很難取得合格成績，完成筆試後，還需通過五年實習，方可取得律師執照。1983 年，36 歲的嚴元浩通過所有考核，同時獲取英國及香港律師資格。

《獲高等法院大法官頒授律師資格當日，與父母親及妻子攝於高等法院門外。

見證社會變遷

嚴元浩成為律師後並沒有轉投私人執業，原因是自身在法律援助署工作多年，在處理案件過程中遇上許多亟需援助的人和事，尤以民事案件居多，包括勞工欠薪、工傷賠償（他曾處理一名十多歲的學徒因工作而嚴重受傷）、家庭糾紛（如離婚、家庭暴力事件）、交通意外索償；刑事則有風化案、殺人案件等。

嚴元浩屢次代表有需要的市民向法庭申訴或辯護，覺得自己的工作甚具意義，能彰顯法治精神，驅使他選擇留在法律援助署任職政府律師至1985年。如果從做助理開始計起，他在法援署工作長達十九年之久。

嚴元浩透過工作見證香港社會的變遷。例如1960年代的勞資糾紛大多來自紗廠欠薪，到了1970年代跟進的案件則發現不同行業興起，假髮製造廠全盛期只維持了十年左右便式微，其後又興起塑膠、電子行業。本地勞工因應行業的興衰而轉換工作，他曾幫助

過一名遭不同行業僱主欠薪而向法律援助署求助的工人。他也見證了香港工人對其權益的重視程度日增，1960–1970 年代的工人或被僱主剝削或因工受傷，一般不懂得投訴或索償，現時的工人則因資訊透明度高而懂得透過法律保障，捍衛勞工權益。女性也因為社會地位不斷提升，且具一定經濟獨立能力，與丈夫不合會提出離婚要求。舊有法律條文充滿殖民色彩，本地法例需要不斷因應社會需要修正，回應人權，保障私隱，防止性別，年齡及工作崗位歧視等訴求。

參與慈善義務工作

1953 年石硤尾大火後，香港政府興建徙置大廈租予災民及基層居民居住，最早期的徙置大廈是 H 型的建築，住戶沒有獨立廁所及廚房，兩排居住單位互相平衡，公共廁格位及水房橫互其中連接起兩排建築。早期居民須依靠街上的公共食水龍頭供應食水，並在單位門外煮食，大廈衛生環境甚差，徙置區品流複雜，時有風化案發生。由於居民投訴無門，驅使一群來自聖公會的熱心人士於 1968 年成立鄰舍輔導會，在人煙稠密及貧困地區成立「鄰舍中心」，派出義工做家訪，為居民提供諮詢輔導服務，及收集居民意見向政府相關部門申訴，以改善居民生活質素。

1970 年代，嚴元浩任職法律援助署期間，認識鄰舍輔導會創辦人之一的律師朋友。由於會內需要具公共行政和法律背景的義工協助居民向政府申訴，他的工作背景正合要求，於是被邀請參與家訪工作。在石硤尾徙置大廈家訪期間，發現居民生活環境十分擠迫且衛生設備不足，驅使他 1970 年代初加入該會，一直服務至 2020 年，共逾五十年，期間曾出任該會副主席和副會長。自 2017 年開始，他更擔任鄰舍輔導會執行委員會主席。現時該會已是香港五大政府資助的社會福利機構之一，有九十多間服務中心，服務涵蓋兒童、青少年、家庭、安老、康復、社區、教育、醫療衛生及內地事務。

法律草擬科核心要員

背 景

　　律政司署在政府架構中扮演法律顧問的角色，負責掌管立法及檢控權力。在憲制上，立法的第一步是由行政主導，即政府透過律政司 [4] 轄下法律草擬科（Law Drafting Division）草擬法案，然後提交立法會審議三讀後才能通過成為正式法律條文。嚴元浩認為刑事檢控科及法律草擬科是律政司轄下較重要的部門。前者掌管刑事法例及處理刑事案件；後者則支援各政府部門起草法律條文提交立法會審議，並協助草擬部門解答立法會議員的質詢。

　　1980 年代初，中國與英國雙方開始討論香港 1997 年回歸中國事宜。為配合政權的轉移，香港政府需要訂立許多新的法律條文。尤其是彭定康 [5] 出任最後一任香港總督期間，在回歸前提出多項政改方案，希望「還權於民」，例如將立法會議員由港督委任制改為由選民選舉直接產生等。法律草擬科在回歸前便肩負修改法例的重要任務，除了草擬新法（如回歸法、機場法、私隱條例、人權法、歧視條例）外，還需要將香港自被殖民統治以來所訂立的 12,000 多頁法例去殖化，以及翻譯為中英雙語版本，確保所有法例於回歸後仍保持原有約束力，例如殖民政府所簽訂的土地契約、法庭判決的案件的刑期跨越 1997 年，通過全面的檢視讓有效期得以延續下去。因此，政府成立了雙語法例諮詢委員會，委任前浸會大學校長謝志偉博士為主席，其他委員則來自大律師公會、律師公會、立法會、學術界等，負責審閱法律草擬科翻譯的中文條文。

　　適逢法律草擬科需增聘人手應付繁重的工作，嚴元浩憑藉其翻譯及法律知識背景，獲律政司署官員邀請加入法律草擬科，及後通

4　律政司轄下有刑事檢控科、民事法律科、法律政策科、法律草擬科、國際法律科及政務及發展科。

5　彭定康是英國保守黨政治人物，於 1992 年至 1997 年間獲委任為最後一任香港總督。

過一場四小時非常深奧的法律草擬和中、英文法律翻譯考試後獲正式聘用。自 1986 年起，他開始於法律草擬科工作，與科內三十多名律師共同努力迎接這項歷史任務，直到 2007 年 60 歲時退休。

開展草擬工作

嚴元浩上任後的首要工作是將 12,000 多頁法例分類，將較重要或急需修訂的條文如刑事法、商業法等優先處理。另外，又將條文適應化，即是刪除具殖民色彩或用字的法律，例如「Crown」、英女皇等，僅是「Crown」一字在不同語境下有不同意思，花了不少工夫才能完滿地詮釋該字。再者，在適應化過程中亦遇上一大難題，就是回歸後的香港並不再是殖民統治，過往對宗主國的特殊豁免條款是否可以過渡到中國政府？例如駐港英軍獲豁免受香港法律規管，那麼，駐港解放軍又是否與英軍獲同等待遇？法院判案橫跨 1997 年，原有法律是否仍然具有效力，殖民時代的判決刑期繼續問題，土地租期是否繼續不變等問題，並非單是翻譯字眼層面上可以解決，條文背後會掀起許多憲制及政治層面的爭議及壓力。嚴元浩在處理法律翻譯和法律適應化過程中遇上許多極具爭議性且抽象的條文，這是入職前沒法想像到的。

任香港特別行政區回歸法主筆

由於中方對彭定康的政改方案感不滿，因此放棄殖民政府最後一屆立法局議員全數過渡成為特區首屆立法會議員的「直通車」協議，亦不讓回歸法由「港英」的立法局審議及通過，於是成立臨時立法會[6]，在 1997 年 7 月 1 日凌晨 12 時正式頒佈並實施香港特別行政區回歸法。

---

[6] 臨時立法會於 1997 年 1 月 25 日成立，直到 1998 年 6 月 30 日解散。由范徐麗泰任主席，會內有 60 名議員，逾半數是在任立法局議員。起初會議在深圳舉行，直到香港回歸後才返回香港進行。

縱然工作甚具挑戰性，嚴元浩深慶自己有幸能參與其中，獲賞識並多次升遷，成為法律草擬專員，臻至事業高峰，代表香港參與中英聯合聯絡小組法律專家小組會議，與政府有關官員及中、英雙方法律專家擬訂條文，幸好自己早在小學時已學會普通話，與內地代表溝通暢通無阻，讓對方有親切感，使討論過程氣氛愉快。

在草擬過程，嚴元浩擔任主筆，負責編撰、審閱、刊憲法例。草擬過程相當嚴謹及細緻，當中牽涉許多政治層面的談判，甚至小至一個標點符號也遭到批評。他曾草擬僱傭條例、平等機會條例、香港機場管理局條例、香港回歸條例等法例，頒佈臨時立法會條例，又曾出任署理律政司司長，他非常感謝科內整個團隊的同事敬業樂業，讓他按照各人的長處分配工作，上下一心，徹夜趕工，令草擬工作能按時完成。

傳授法律知識

2007 年，嚴元浩 60 歲退休，正式告別四十年的公務員生涯，但他退而不休，往返中港兩地任教法律課程，包括在香港大學、香港中文大學、香港城市大學、香港浸會大學、香港樹仁大學、香港恒生大學、香港公共行政學院講課、教導法律翻譯、行政法和憲法；在北京師範大學和全國人大深圳培訓基地教授香港反貪腐條例、普通法、行政法，嚴任教多年，見證內地尊重一國兩制，通過法律教育，讓內地法律人員學習香港的普通法及了解司法獨立，逐步推動國家改良法治，不斷進步，但坦言進程因種種原因需循序漸進。

擔任香港上海總會法律顧問及其他要職

　　1977 年成立的香港上海總會，創辦日期較蘇浙滬同鄉會稍晚，創會成員大多也是蘇浙滬同鄉會的會員。嚴早年已出任蘇浙滬同鄉會[7]會董。

　　李和聲任香港上海總會會長期間考慮到總會植根香港多年，已具相當規模，應以企業模式管理，受香港法律的規管；同時亦希望多推動本地社會服務，惟這些慈善服務均受香港本地合約、慈善團體法例的規管，故有必要設立駐會法律顧問一職。由於李會長與嚴父是好友，父親是老派上海人，雖來港多年粵語仍不十分流利，一家人在家裡多以上海話溝通，對上海的感情深厚。恰巧嚴元浩於 2007 年退休，遂接受世交李和聲會長的邀請加入香港上海總會，擔任法律顧問。2020 年，他除了是總會的法律顧問，還擔任秘書處委員和社福慈善委員會委員。

　　嚴元浩積極推動總會的慈善工作，透過其在社福界背景及人脈，分別於 2010 年及 2015 年為鄰舍輔導會和協康會出資成立「鄰舍輔導會上海總會護理安老院」及「協康會上海總會油麗中心」；其他慈善服務包括向香港中文大學內地學生提供資助、為「惜食堂」與建廚房供香港有需要的人士送上免費膳食等，是香港上海總會的重要成員。

7　蘇浙滬同鄉會成立於 1946 年。

職銜

醫院管理局主席
西九文化區管理局董事局成員
金融發展局董事會成員

家庭與教育背景

家庭背景

　　范鴻齡祖籍浙江寧波，1948 年 6 月 2 日生於上海，父母早年從寧波到上海定居，後來父親首先移居香港，在一間顏料廠任職經理，向鑽石山、黃大仙一帶的山寨廠推銷染布顏料。1952 年，年僅 4 歲的范鴻齡隨同母親離開中國內地。當時香港政府奉行「抵壘

政策」，內地偷渡來港者只要順利抵達市區，即可在香港居留，范氏母子兩人遂取道澳門，乘搭漁船偷渡來港。

范氏家中計有六兄弟姊妹，他排行第四，亦是兄弟姊妹中最早來到香港者。兩名姊姊、二哥與五弟都在上海出生，至 50、60 年代間陸續由父母接到香港團聚，蘊妹羅范椒芬[1] 則在香港出生。范氏一家早年居於九龍城[2]，他在該區長大成人；母親為幫補家計，從人造花廠帶來原料，在家中與子女合力穿製膠花。

1　羅范椒芬（1953–），曾任行政會議非官守成員、教育統籌局局長及常任秘書長、廉政專員及香港科技園董事局主席，以及第十一、十二屆港區全國人大代表。
2　范家早年居於九龍城福佬村道 79 號三樓。〈打工皇帝范鴻齡〉，《壹週刊》，2008 年 8 月 7 日，頁 A078–082。

由於母親重視子女的家教，范鴻齡自幼就深受她的影響。他仍記得其中兩句教誨，一則「吃虧就是佔便宜」，要求子女處事不怕吃虧；另一句是「人是千層餅」，教導子女一個人永遠不是高高在上，也不會永遠一落千丈，寄語他們知足常樂，不要只為名利不顧一切。

中小學教育經歷

范鴻齡來港後繼續幼稚園教育，小學首三年則入讀培道女子中學的小學部[3]。早在 50 年代，培道小學部已有教授普通話，當時任教普通話的是一名彭姓女老師；在培道的初小教育使他學懂基本的普通話，奠定日後事業的語言基礎。由於培道小四以後只招收女生，范鴻齡轉到鄧鏡波工業中學[4]的附屬小學，完成餘下三年的高小教育。

小六畢業後，范鴻齡在鄧鏡波原校升讀中一，但他無法應付該校的工科課程，不懂畫圖則，挫鐵工夫亦遠比同學落後，巨大的學業壓力引致神經衰弱，晚間會穿着睡衣夢遊[5]。在鄧鏡波只唸一年書後，范鴻齡在中二轉往聖方濟書院（St. Francis Xavier's College）[6]，繼續中學教育；聖方濟作為教會學校，雖然未至過於嚴格，但由於主理該校的修士都是外國人，他們不諳中文，學生在校內必須講英語。范鴻齡在聖方濟的四年間，習慣在學校講英語，活學活用。

范鴻齡出身草根，自幼已學懂事事靠自己、刻苦耐勞，中學學

---

3 培道女子中學於 1888 年由美國南方浸信會女傳道會在廣州創辦，中日戰爭爆發後遷往肇慶，1938 年在香港復辦，最初校址位於旺角廣華街（現時香港培道中學則位於九龍城延文禮士道）。小學部在 1940 年搬至位於九龍城士他令道的浸信會禮拜堂副堂，至 1967 年遷到福祥街現址，並在 1979 年定名為香港培道小學。

4 鄧鏡波工業中學（現稱鄧鏡波學校）是天主教鮑思高慈幼會承蒙工業家鄧鏡波捐款，於 1953 年創辦的男子學校，校址位於何文田天光道，初有職業部三班，包括洋服、印刷、革履等科，另設小三至小六各一班。

5 〈范鴻齡：香港不會死！〉，《信報財經月刊》，2015 年 1 月，頁 P042–046。

6 聖方濟書院最早是天主教耶穌會在 1874 年於上海創辦的中學，1895 年由聖母昆仲會接管，至 1950 年停辦。1955 年，聖母昆仲會在港修士於深水埗楓樹街、詩歌舞街交界復辦聖方濟書院。

費都是自己替人補習賺回來的。他就讀中四（1962–63 年）時，有位關太太帶着長子到聖方濟入讀中三，她在學校操場見到個子高大的范氏，就請他介紹補習老師，范鴻齡毛遂自薦，每周六到關太太在馬頭圍的寓所，為僅僅低自己一屆的學弟，以及另外兩個弟妹補習三小時，月薪 15 元，每晚補習完畢後，關太太都會請他吃紅豆沙。至今范鴻齡仍與關學弟有聯繫，他印象中關學弟的父親當年任職船員，關太太現在仍然健在。

范鴻齡求學的 60 年代，年輕人之間的競爭不如今日大。當年中學會考只有三千多名考生，只要中五畢業就足以在銀行、政府應徵文員，後者月薪達四百元；入讀一年師範後執起教鞭，月薪最低更有六百多元。即使沒有大學學位，亦可衣食無憂。

中五畢業後，范鴻齡轉到拔萃男書院（Diocesan Boys' School）[7]，在文班完成兩年預科；他表示自己當時擅長歷史，眾多科目中只有歷史科取得優異成績。他形容男拔萃的日子是他求學時期最難忘的時光，尤其深受在該校任教英國文學的李老師（Mr. Thomas Lee）[8] 啟發與影響，李老師通曉英國語文，傳授莎士比亞等文學經典，范鴻齡英語能力的精進主要歸功於他，他在課堂鼓勵學生獨立思考、自由發揮，更是第一個向范鴻齡介紹法治概念的人。

入讀港大經濟系

范鴻齡在 1966 年考入香港大學經濟系，三年後畢業，取得文學士學位[9]。當時港大經濟系主要傳授理論，課業以論文為主，他毋須接觸太多數理。雖然學系要求學生自修微積分，更指定一本名曰

7　拔萃男書院為聖公會於 1869 年創辦的男子學校。1926 年起以旺角加多利山為校址，現為香港補助學校議會轄下 22 所補助學校之一，被視為香港傳統名校之一。

8　在過往的專訪中，范鴻齡表示李老師有時會帶他和幾個同學，到老師家中研究功課，亦師亦友，畢業後仍與李老師聯絡。惜李老師已在是次訪談前不久去世。〈范鴻齡：香港不會死！〉，頁 P042–046。

9　當時香港大學未有社會科學院，經濟系仍歸屬文學院。

Teach Yourself Calculus 的微積分讀本，但范鴻齡坦言微積分難以無師自通，所幸老師會因應同學的數理能力，調整教學節奏。相比之下，計量經濟學（Econometrics）後來逐漸成為經濟系學弟必修的學問，當中涉及大量複雜的統計分析、數學計算。

范鴻齡入讀港大不久，就遇上 1967 年的左派暴動。他仍記得有一次到陸佑堂考試的路上，就遇上寫有「同胞勿近」四字、疑似藏有土製炸彈的紙箱，警察在場戒備，以長繩圍封紙箱，他看過兩眼後就繞路離開。他甚至在九龍城目睹防暴警察開槍打死市民，死者更在街上陳屍一段時間。目睹死人、炸彈等景象，他最初都會感到害怕，但家人無力移民，只有習以為常，並從中學懂韌力。

六七暴動期間人心惶惶、經濟疲弱，可謂他一生中在香港經歷過的最艱苦的年代，但范鴻齡相信後來豬籠入水的香港富商，不少都在暴動期間仍有勇氣趁低吸納、大舉投資地產。

早年以法律為志趣

聽審作為暑期消遣

范鴻齡就讀中學時，對法律日漸產生興趣。中五升中六的暑假期間，更時常遠赴中環，在最高法院（Supreme Court）[10] 旁聽法庭聆訊，藉此消磨時間。他往往在法院內流連整日，覺得沉悶就到另一個法庭繼續聽審，更可享受免費冷氣，並在法院飯堂以相宜價錢用膳，聽審因而成為他少年時的最大樂趣。

他表示 60 年代的最高法院多數處理刑事案件，民事官司則不多。作為對法律深感興趣的高中學生，他在法庭樂於欣賞控辯雙方盤問證人、雄辯滔滔的風采，大律師質疑證人撒謊時「丟眼鏡」的動作尤其印象深刻。

---

[10]　當時最高法院位於中環昃臣道 8 號，即今終審法院大樓。

從兼讀到執業之路

雖然范鴻齡早年已愛好法律，但港大法律系直到 1969 年才成立，此前投身法律界只有兩條門徑 —— 一則負笈英國，學成後回港掛牌執業；二則在律師樓拜師五年，考試及格後自立門戶。有別於現今在律師樓受訓的有薪文員（articled clerk），當年當大律師的學徒不但沒有收入，每年更索價三萬元。無論是留學英國的盤川學費，抑或律師樓拜師的收費，對范氏而言都是無法負擔的天文數字。因此他在中學畢業後並未投身法律界，而是修讀經濟學。

由於家庭環境不好，范鴻齡大學畢業後即開始工作、投身商界，但始終未有放棄成為律師的理想，以函授形式攻讀英國林肯法律學院。半工讀的日子維持了十多年，期間忙於工作、結婚生子，一時放下學業，一時又重拾法律書籍，直到 1983 年才成功考取大律師資格，兩年後的 1985 年，他正式執業。[11]

法律對從商的幫助

在早年各種工作經歷中，范鴻齡最喜歡成為執業大律師的日子。他認為這個職業的獨立性強，更視維護法治為一個崇高理想。全職投身法律界兩年半後，他在 1987 年被獵頭公司看上，應邀加入中信泰富，出任董事總經理。

范鴻齡坦言自己完成經濟學位後，不能想像自己日後會投身船務、地產等行業，成為大律師的日子更鞏固了他開放兼容的性格，以及宏觀的視野。他表示執業期間不斷參與訴訟，往往會突然收到律師樓大批案件卷宗，即使完全不懂案件原委，無論如何都必須在短時間內消化所有文件，找出答辯重點。在中信泰富的日子，

---

11 范鴻齡曾經表示半工讀法律最大的挑戰，在於案例推陳出新，自己又時常放低學業，遲遲未有考試，之前讀過的東西往往過時；及後他將法律書籍撕成多份，趁等待坐車、開會的空檔閱讀，從而累積每日兩小時的溫習。正式執業前，他曾成為馬道立大律師的學徒，馬氏在 2010 至 2021 年間出任終審法院首席法官。〈打工皇帝范鴻齡〉，頁 A078–082。

石油、礦業等投資項目突然接踵而來，他的投資團隊同樣要迅速查究背景資料，分析利弊、衡量風險後依循常識決定是否參與某個項目，如此流程與在律師樓接手案件時非常相似。

環球南豐的寧波緣

任職環球輪船六年

范鴻齡表示其工作事業的起步，與寧波人甚有淵源。他大學畢業後，曾在荷資的渣華輪船公司（Royal Interocean Lines）[12] 工作，但與公司內的荷蘭人同事不合，半年後即辭職[13]。1970 年他在環球輪船得到首份長期工作，公司東主包玉剛同樣祖籍寧波；當時環球延聘訓練生（management trainee），早已辭去渣華工作的他順利考上。

在環球輪船任職了六年，除在香港總部的首半年外，其餘五年半范鴻齡都被派往日本分公司工作。當時包老在東京的船運生意頗有規模，陸續建造多艘新輪船，並將之租予當地客戶，他就在當地協助公司在當地的營運，亦因而懂一點日語。

加入南豐集團

1976 年，范鴻齡離開環球輪船，加入另一個寧波人主理的企業，即陳廷驊[14] 的南豐集團。南豐集團最初以紡織生產起家，他最

12 渣華輪船公司在 1902 年於阿姆斯特丹成立，原名 Java-China Japan Lijn，1947 年改稱 Royal Interocean Lines，總部設於香港。1970 年，渣華與另外三間荷蘭船公司合組 Nedlloyd 集團，至 1996 年與英資鐵行輪船公司（Peninsular and Oriental）合併為鐵行渣華（P&O Nedlloyd），再再 2005 年賣盤予馬士基（Maersk）。

13 包玉剛（1918–1991），浙江寧波鎮海人，早年在上海安利洋行從事保險，曾加入中央信託局、上海市銀行。1948 年移居香港，創辦環球航運集團（本格森環球前身），被譽為世界船王，並為 70、80 年代香港首富。

14 陳廷驊（1923–2012），浙江寧波鄞縣人，1949 年到香港定居、經商，1954 年創辦南豐紡織有限公司，1969 年南豐改組，逐漸進軍地產、證券投資，有「棉紗大王」、「地產大王」以至「窩輪大王」等譽。

初加入時，陳老有意涉獵輪船生意，曾為包玉剛辦事的他遂主責南豐的船運生意，兼管漸具規模的地產業務。在南豐參與地產項目的經驗，增進了他對香港房地產的理解。

他在南豐服務了九年，直到 1985 年成為執業大律師、自立門戶時，已是坐擁百萬年薪的公司董事[15]。范鴻齡表示自己為環球、南豐辦事期間，先後吸取船務與地產生意的經驗，後來為中信集團制定投資策略時，即首先發展這兩門業務。因此包玉剛、陳廷驊兩名同鄉前輩的提攜對他日後事業的幫助，實功不可沒。

對 家 族 企 業 的 反 思

范鴻齡早年任職的環球輪船、南豐集團，都是傳統華人家族企業，他們在選用人才與繼承業務上，相當重視家族成員的血緣關係。出於家族傳承，華人企業股東與管理層的事權，往往混淆不分；相比之下，西方家族企業的營運比較不受血緣關係干預，例如美國的洛克菲勒（Rockefeller）家族雖然創辦大通銀行（Chase Bank），但家族成員很快都退居銀行股東，不再擔任管理層。

范鴻齡認為華人企業的一大優點，是創業東主通常都非常成功，據他當年的觀察，環球、南豐的管治架構非常簡單，分別由包玉剛、陳廷驊兩人主導企業決策，使他們能夠作出快而準的商業決定，快速擴張業務。

但古語有云「富不過三代」，在范鴻齡眼中，找到合適接班人與否是維持華人家族企業營運的一大挑戰。他觀察到這些企業存有不同傳承業務的形態與結果。有些企業的第二、三代接班人自知不如父輩能幹，就延聘專業人才加入管理層，自己則以非執行主席、股東等身份退居幕後，企業往往能夠持續成長；亦有接班人選擇縮減企業規模，方便管理業務，接班人與父輩假如對業務轉型有共

15　〈打工皇帝范鴻齡〉，頁 A078–082。范鴻齡加入南豐集團之初，及參與鰂魚涌南豐新邨的地產項目。

識、默契，亦有不少成功例子。

亦有部分家族企業的第一代東主自覺無法營運下去，選擇賣盤退場、化整為零，將資金分配予子女，讓他們自由發揮。他認為最壞的情況，是家族企業一直繼承下去，接班人無德無能卻自以為是，為企業作錯誤決策，最終招致滅頂之災。

寧波人營商之道

范鴻齡不肯定自己早年就業的經歷，是否全然源於寧波的鄉誼。他認為環球輪船、南豐集團兩間企業主要是考慮他的學歷與工作經驗，尤其當年投考環球訓練生時，公司聘用了一批新員工，他只是其中之一。但他相信精通上海話[16]可能是一個優點，因為包玉剛、陳廷驊兩位老闆的粵語均不純正，比較喜歡以上海話與人溝通，他甚至形容上海話是早年職場上的「謀生工具」[17]。

范鴻齡認為自己能在兩間家族企業工作順利，乃因與包老、陳老兩位老闆相處融洽，並得到他們的信任。除精通上海話外，他強調自己在公司發言立場明確、言之有物，對某事有強烈看法，甚至持反對意見，都會坦白照宣。他相信包老、陳老分別作為環球、南豐的創辦人兼大股東，十分珍視公司利益，一己的想法亦未必可以面面俱全，對公司有益的合理意見自然會虛心接受，經常進言的范鴻齡亦因而得到信任。

他曾聽過一個笑話，解釋寧波人在商界能袖善舞，乃因為寧波缺乏自然資源，當地人為爭取生計，在外大出噱頭，結果成就大生意。他表示上一輩寧波人可能比較擅長金融，包玉剛來港前亦曾投身銀行業。然而他不認為金融業是寧波人的專利，強調何添、何善衡都是廣東人，也能憑銀號起家，成就恒生銀行的商譽。

16　范鴻齡認為上海話比粵語容易，因為後者有九個音調，發音難以精準。

17　范鴻齡亦表示，後來加入中信泰富時，普通話成為他的主要「謀生工具」。

中信泰富的廿二載

加入「一團兩制」的中信

范鴻齡 1987 年加入中信泰富時,《中英聯合聲明》已簽訂近三年,中信大舉投資香港業務,旨在維持香港過渡期間的繁榮穩定。當時中信集團內部有兩套制度,北京總公司依循內地制度與政策,在香港營運業務、僱用員工,則按香港既有法律行事,他認為如此安排可謂「一國兩制」國策的縮影,亦因而覺得中信的工作具有挑戰性。

被譽為「打工皇帝」的范鴻齡認為,從商的成敗容易衡量,股息、花紅等都與公司盈利掛勾,公司賺錢就算成功。中信集團作為國營企業,在國家支持下資本雄厚;在他服務中信泰富的 22 年間,香港經濟面對過亞洲金融風暴、沙士疫情等衝擊,市場甚為波動。總結主理中信投資的經驗,他表示一盤生意成敗與否,團隊實力、努力,以及對投資風險的分析佔七成,其餘三成則視乎運氣,入市時機是否精準。

中信業務的多元發展

憑藉過往在環球輪船、南豐集團的經驗,范鴻齡甫加入中信泰富,即以船務、地產為公司早期的主要投資;通過這兩門生意滾存一定資金後,再大舉進軍其他項目,分散投資。80 年代末正值港英政府提出「玫瑰園計劃」[18],基礎建設因而是當時中信泰富投資業務的重心,包括航空、隧道、電訊、發電廠等;.基建投資帶來的可觀利潤,逐漸超越地產業務,亦奠定了中信作為綜合企業

---

18 玫瑰園計劃正式名稱為「香港機場核心計劃」,港督衛奕信在 1989 年 10 月的施政報告中,提出在赤鱲角興建新機場,以及青嶼幹線、西區海底隧道等九項配套設施。計劃原預算過千億港元,中國政府擔心新機場造價過高,影響將來香港政府財政儲備而不滿,至 1991 年 7 月中英雙方簽訂諒解備忘錄,新機場工程方始展開。新香港國際機場終在 1998 年啟用,在 2008 年北京首都國際機場落成前一直是世界最大機場。

（conglomerate）的地位。

同一時間，中信泰富除主力投資香港基建項目外，亦參與總公司在內地的地產、基建等項目，但范鴻齡表示參與中信泰富時，香港業務是中信集團整體收入的火車頭。踏入千禧年後，中國內地發展日趨蓬勃，基建、智能工業等進步尤其一日千里，內地投資為中信集團帶來的收入日增，到 2010 年代已經超越香港業務。

2014 年，中信集團向在香港上市的子公司中信泰富注入其所有資產，並將中信泰富易名為中信股份；現時中信股份規模龐大，市值有 3,000 億元，每年盈利達 300 多億，范鴻齡相信當中絕大部分都來自內地業務，相關收入在未來會繼續增長。

出任高層的處事之道

范鴻齡曾在中信泰富任管理層，後來更同時出任不同政府公職，可謂日理萬機，他表示自己能夠兼顧各項職務，在於懂得將自己抽出來，不管瑣碎小事。一個人精力有限，有些人喜歡事事親力親為，其實並不健康，公司管理層尤其要慎戒。他認為高層應將公司事權交託下屬，自己只負責制定公司發展的大策略。

放手不管公司具體營運的同時，管理層亦要有選拔人才的眼光與責任。他的用人宗旨為「用人不疑，疑人不用」，只用可信任的下屬管理公司業務。公司陷入事端時，管理層亦要為用人失當負責。2008 年金融海嘯爆發後，中信泰富的澳元外匯投資失利，公司因而錄得嚴重虧損[19]；范鴻齡表示，雖然外匯事件源於公司財務董事的失誤，但包括自己在內的整個管理層都為此負上責任。

---

19 2008 年 10 月，中信泰富與匯豐及法國巴黎銀行簽訂多份累計槓桿式外匯買賣合約，但因澳元大跌而虧損逾 150 億港元，21 日股價急跌 55%。中信泰富董事長榮智健、董事總經理范鴻齡為事件負責，於翌年辭去中信所有職務，范氏更辭去包括行政會議成員、積金局主席的所有公職。

對香港發展的見解

香港經濟發展面對困境

范鴻齡表示，香港工業以 50、60 年代最為興盛，早期尤其奉紡織為圭臬，陳廷驊、王統元[20] 等從上海南來的紡織企業家均被稱為「紗廠大王」；紗廠下又有布廠、染廠，形成完整的產業鏈。後來塑膠工業異軍突起，李嘉誠等商人設廠致富，他亦記得當年兄弟姊妹在家穿膠花的經歷。

隨着地價、工資等成本日增，本地工業在 70、80 年代遭淘汰，香港過去數十年注重發展金融服務、房地產兩方面，當中投機活動甚多，范鴻齡認同今日香港經濟容易被兩者的興衰左右，日後不能再如此「塘水滾塘魚」、故步自封。雖然政府一直希望分散投資，但始終囿於香港地理環境，難有作為，地價高昂就窒礙新工業的發展空間。

大灣區帶來新工業機遇

范鴻齡認為隨着中國發展一日千里、經濟持續增長，香港只有背靠國家，日後才有前景。國家倡議的粵港澳大灣區[21]，就為香港經濟現今的困境帶來出路。近年香港注重推動創新科技，但香港的創科發展起步較遲，已比內地落後不少。因此他相信政府除創新科技外，亦積極研究籍着大灣區帶來的機遇，以及香港的獨特優勢，推動一些新工業。

他覺得製藥是香港目前最具發展潛力的新工業之一。藥物生

20　王統元 (1908–1992)，浙江寧波人，父親王啟宇為上海紡織大王，王統元在 1930 年出掌寶興紗廠、達記織布廠，並在 1939 年重組成中紡紗廠；其後轉到香港發展，先後在 1947、1948 年成立九龍紗廠與香港紗廠，成為戰後香港最早的紡織企業家之一。

21　粵港澳大灣區包括香港、澳門兩個特別行政區，和廣東省廣州、深圳、珠海、佛山、惠州、東莞、中山、江門、肇慶九市，為近年國家重大發展戰略之一，通過進一步深化粵港澳合作，充分發揮三地優勢，促成區內的深度融合，推動區域經濟協同發展。

產必須建基科研，而科研又依賴大數據，現任醫院管理局主席的他表示，香港正正擁有大數據的獨特優勢。現時中國當局嚴密限制使用醫療數據，內地大學為科研申請使用，亦有重重把關，國外藥廠更無從取得。香港醫管局過去三十多年累積大量以華人人口為主的醫療數據，是全國唯一開放這些大數據、協助研究的機構；即使是銳意發展製藥工業的新加坡，由於當地人口較少，種族分佈亦較混雜，其醫療大數據難以匹敵香港。

除醫療數據的優勢外，香港也不缺製藥工業所需的科研人才，例如理工大學就設有生物科技課程，每年訓練不少相關人才。范鴻齡認為要吸引學生報讀這些課程，栽培他們成為專業人才，就要為他們提供出路，在香港發展製藥工業就能滿足這個需求，令年輕人相信生物科技是前途無可限量的學科。

2019 年冠狀病毒（COVID-19）肆虐下，各國爭相搶購藥物與疫苗，往往為求購得而不問價錢，説明藥廠利潤甚豐。對藥廠而言，坐擁十四億人口的中國為龐大市場，假如成功研發能醫治華人常見疾病的藥物，前景將非常可觀。范鴻齡認為外國藥廠要覓地進行科研，香港甚具吸引力，藥廠可以利用香港的生物科技人才，以及醫管局的數據庫研發適合華人的新藥物。他建議香港政府與相關省市的政府、醫院接洽，將駐港藥廠研發的藥物引入擁有七千萬人口的大灣區，進行臨床試驗，此不但有助國家醫療發展，更為香港建立一門大有前途的工業。

年輕人要謀求新出路

范鴻齡認為年輕人選擇讀書或就業時，應考慮日後的出路，並表示隨着人工智能日趨成熟，假如從事機械式工作，將來有被機器取代之虞。因此，他建議年輕人要與時並進，不能一味投身法律、會計等傳統行業。

「ESG」（Environmental, Social, Governance，可譯作「環境、社

會與企業管治」)成為近來金融界趨之若鶩的學問。現時有一半外
國基金在選擇進行投資時,首先考慮企業在管治上是否符合環境保
護、社會責任等要求;因應 ESG 的受歡迎程度,不少上市公司每
年都會發佈 ESG 報告。范鴻齡表示現時熟悉 ESG 這個新興概念的
香港人不多,相關本地人才非常缺乏,使之成為現時年輕人值得研
究、投身的行業。

在金融服務業,金融科技(financial technology ,簡稱「Fintech」)
則是另一熱門學科。隨着香港經濟融入大灣區發展,跨境金融服務
將日趨重要,當中需要互聯網科技支撐,故香港也十分需要金融科
技的人才。范鴻齡建議仍然有志投身金融業的年輕人,應進修 ESG
與金融科技,對科學有興趣者則可報讀生物科技、化學等與製藥工
業相關的學科,俾能迎接香港的明日工業。

對香港經濟前景樂觀

回顧過去數十年的經歷,范鴻齡認為整體而言,香港發展都是
順風順水。他相信香港自英國殖民以來,一直都是經濟城市,從來
不以政治城市自居,只是回歸前後二十多年間才趨向政治化;如今
香港局勢大致恢復穩定,不再出現 2019 年滿街汽油彈的景象,開
始回到經濟城市的發展步伐。承蒙國家大力支持,加上大灣區種種
新際遇,香港經濟日後將會繼續欣欣向榮,范氏對香港經濟前景仍
感樂觀。

范鴻齡覺得在商言商,一個地方只要環境穩定、有利可圖,自
然不會放棄投資;現時香港銀行存款的資金仍然維持淨流入,他看
不到外資大舉撤出香港的跡象。他相信即使外資真的離開香港市
場,中資企業將很快取而代之。當年中信集團進軍香港,正正希望
通過各種投資,維持香港繁榮穩定;至今更多中資機構已經在香港
紮根,其他內地企業有需要時,亦隨時可以加入香港市場。因此,
外資撤出香港與否實不太重要。

如何看待身份問題

中國人的身份認同

范鴻齡視自己為中國人，認同「四海之內皆兄弟」，上海人、廣東人、福建人等族群分野實無必要。他憶述成長時，香港南北族群涇渭分明，本地人往往籠統歸類蘇浙滬移民為「北方人」，內地移民與本地居民偶有言語不通，後者更以「撈鬆」[22]戲稱他們。他早在四歲已到香港，一直接受香港教育，與本地人相處融洽，也不覺得「北方人」、「撈鬆」等稱呼存有敵意。他表示自己一輩大多都在香港長大，已經完全融入香港社會，鮮有過問祖籍何處。

范鴻齡的飲食習慣並不受上海的地緣影響，笑言在上海的四年間只會吃奶。他表示自己甚麼都吃，紅豆沙是他的「舒心食物」（comfort food）。他曾時常在上海總會午膳，品嘗上海菜餚，尤其習慣在會所包廂進餐，方便與朋友交談。他始終覺得上海菜相當油膩，近年開始注重控制「三高」，已經很少在上海總會用膳，現在比較偏好西餐，因為可以吃到比較健康的沙律，也毋須把餸菜挾來挾去。

投身公職服務香港

他縱橫商界、法律界外，多年來出任不同公職，包括行政會議非官守議員、強制性公積金計劃管理局主席、紀律人員薪俸及服務條件常務委員會主席、證監會非執行董事、香港交易所獨立非執行董事、外匯基金諮詢委員會成員等。現時是醫院管理局主席、西九文化區基金會董事局主席、行政長官創新及發展策略顧問團成員與香港金融發展局董事會成員。范鴻齡表示自己作為沒有家庭背景的「窮小子」，在香港長大，生命中的一切知識、財富都來自香港，如今有機會服務香港的話，他定必全力以赴。

---

22 「撈鬆」為北方話「老兄」之諧音，操粵語的香港本地人用以揶揄「北方人」發音不準確。

上海總會所見所感

與上海總會的淵源

　　范鴻齡相信自己是在 90 年代加入上海總會，當時王劍偉[23] 仍主掌總會，自己則與李和聲[24] 比較熟絡。加入上海總會後，一直都只是普通會員，視總會為應酬用餐的場所，較少參與其他會務、活動。至 2019、2020 年，他答應現任理事長李德麟[25]，出任名譽會長至今。范鴻齡不時收到上海總會的會議紀錄，稱許現時諸位領導、理事，將上海總會各項會務辦得有聲有色。

　　上海總會的理事及會員大多都是他的朋友。當中金維明[26] 是他在拔萃男書院的同學，兩人共處時相當友好、健談。金維明自幼就跟隨保險、銀行起家的祖父金宗城與蘇浙鄉里打交道，因此非常熟悉香港的蘇浙滬人際網絡，祖上三輩的族群中人他都認識，能夠清楚指出各人的夫妻、兒女等關係；范鴻齡形容金維明是自己的「蘇浙字典」，只要向他詢問某「蘇浙人」的底細，就知道該人是否穿鑿附會之輩。

總會日後發展方向：成為政府與基層間的橋樑

　　隨着中央政府完善香港選舉制度，同鄉社團的政治責任與影響力日增[27]。范鴻齡相信下一屆政府會專注改善民生；選舉制度改

23　上海總會第一至八屆理事長，任期由 1978 年至 1994 年。

24　上海總會第九屆至第十四屆理事長，任期由 1994 年至 2006 年；有關李和聲的個人事跡，可見本書 36 頁。

25　上海總會第二十屆理事長，任期由 2016 年至今。

26　有關金維明的個人事跡，可見本書 238 頁。

27　全國人民代表大會在 2021 年 3 月通過《全國人大完善香港選舉制度的決定》，改革香港特區各級選舉，修改行政長官、選舉委員會、立法會候選人參選資格與議席產生辦法，以配合落實「愛國者治港」的管治模式。選舉委員會經重組後，60 個席位由廣東社團總會、福建社團聯會、浙江省同鄉會聯合會、江蘇社團總會等 24 個指定同鄉社團，以及相關縣級同鄉社團互選產生。〈選舉委員會界別分組 - 32. 同鄉社團（新）〉，香港特別行政區完善選舉制度網頁，https://www.cmab.gov.hk/improvement/filemanager/content/pdf/tc/ceo-ele-committee/32.pdf，擷取於 2021 年 7 月 14 日。

革後，過往反對派勢力大減，香港政治架構將由建制派擔綱，回歸行政主導，有需要構建其他適當渠道，俾能反映民意，避免政策與民間脫節。近年上海總會積極推動慈善，舉行派利是、派口罩等活動，范鴻齡認為這些善舉雖然以捐贈為主，但總會與基層組織的交往已經有一定基礎。

因此，即使上海總會現時未參與重組後的選舉委員會，他建議總會日後進一步加強與民間基層的連繫，通過慈善與各種社交活動蒐集民情，就民生政策諮詢大眾，向政府上達民意。

心目中的成功之道

工作勤奮

范鴻齡認為一個人要達致成功，有三個原則非常重要。第一是勤奮，這亦是最基本的原則。無論讀書、工作都必須刻苦耐勞，否則一事無成。他觀察到時下有些年輕人害怕吃虧，只會朝九晚五上班，不願加班工作；他覺得這樣其實很愚蠢，認為一個人正值青春，工作越多自然學到更多，他憶述年輕時會全力以赴，甚至通宵達旦留在辦公室，完成上司指派的工作。他以母親的教誨寄語年輕人：「吃虧就是便宜」。

保持韌力

相比勤奮，一個人更要有韌力，在惡劣環境下克服困難，不輕言放棄。他表示一個人成功得意之時，凡事都輕而易舉，往往以為自己一路向上、飄飄然地踏在世界之上，但任何人的事業不可能完全一帆風順，無論是事業、家庭、健康，乃至身邊的人，總會遇到挫折，面對失敗時如何重拾步伐，就體現韌力之可貴。

他在中信泰富任職二十多年，事業持續一帆風順、平步青雲，公司每年盈利過百億，卻在 2008 年迎來畢生最大的挫折，當時只

有坦然面對、重新起步。

范鴻齡明白現今年輕人競爭很大,未必見到上流機會,有些人更在逆境下失去工作,無從勤奮。他勉勵年輕人不要氣餒,切忌蹉跎歲月、坐株待兔,認為在困境中更能展示一個人的韌力;不幸失業就自我增值,找一門有興趣、有前途的學科進修,或學習一門技能,努力渡過艱難時期,堅信經濟終有一日會復原,日後總有機會發揮自我。

為人正直

比勤奮、韌力更重要的,則是正直。君子愛財,取之有道,絕對不能接納任何來自他人的引誘,尤其是金錢利誘。范鴻齡認為假如人們都不重視正直清廉、嚴守公私規矩,作弊蔚然成風,社會秩序就無從維持。

范鴻齡認為商界中人大多高估自己抵抗名利誘惑的能力,自詡不會貪污賄賂、收受黑錢,卻往往犯禁而不自知。例如有員工公幹後向公司報銷的士費用,實則乘坐公共交通工具,從中賺取差額;又例如公司容許員工以公款宴請客戶,有員工卻用以報銷私人飯局。他們通常覺得自己對公司有貢獻,這些舉措道義上沒有問題、無關痛癢,但其實都是不正直,甚至違法的行為,習以為常、積少成多就會容易闖下彌天大禍。

更甚者,有些公司在國外經商時,聘用當地中介顧問處理手續,即使牽涉洗黑錢,只要不沾上官非即可。當年中信泰富曾有意在印尼興建發電廠,中間人辦妥一切後,要求發電廠日後用煤必須由他經手,意味他會以黑錢疏通關係,結果項目無疾而終;范鴻齡表示中信一直與國泰航空、大東電報局、中華電力等正當企業合作,根本不愁生意,毋庸鋌而走險。范氏提醒年輕人,當發覺一件事不再正直,就要懂得到此為止。

王緒亮

既是接棒，也是傳承

職銜

第八至十一屆上海市政協委員（一九八〇年代）

上海市常務委員會委員（一九八〇年代）

上海總會第十五屆至第十九屆理事長
（二〇〇六年至二〇一六年）

保良局前總理

香港寧波奉化聯誼會監事長

香港中文大學聯合書院校董

　　上海總會 45 周年誌慶，大會主題定為「薪火相傳」，誌慶活動安排了一個簡單的玉璽交接儀式，但意義卻是來得深深重重。對於自己曾出任上海總會第十五至十九屆理事長，我曾是接棒人，又曾經是交棒的人，「承先啟後，繼往開來」寥寥八個大字，讓我有着超出想像的透切領悟。

　　「承先啟後」，總結了我們上海總會一群前輩，包括我父王劍偉先生，一生為慈善事業付出的無私精神，一邊發展自己的事業，一邊回饋社會。

「繼往開來」，我，有幸在這四十五年裡，香港的輝煌歲月之中，在上海總會的擁抱之下和大家一起成長，和會員一起默默為香港的發展而努力。

2020 年至今長達兩年的疫情，改變了大家的生活方式，昔日熱鬧的上海總會有那麼一段時間變得烏燈黑火。我十分想念大家。我相信明天會更好，我祝福大家身體健康。共渡美好時光。

所以我會得講，讓我們像當天，彼此的豪邁笑聲，伴隨着杯杯香醇的陳年威士忌，時而曼舞人生，時而輕歌作樂。使一切人生七十餘載的風雲幻變，來到我們自豪的直腸直肚之間，快樂盡興！乾杯～！

自家人「辣海」「上海總會」，老開心

文章一開始，轉轉氣氛，想想快樂的當年，我來考一考大家的記性，看看你們是不是上海總會的忠實擁躉。撇除上海總會理監事

會，每年到內地的公式拜訪考察團；由 2009 年到 2019 年的這十年間，我和大家一起遊歷過多少中國的古跡名勝呢？（知道答案的老會員們，請你前來當面回答，我定當以「厚」禮侍候。）

十年間，由上海總會理監事會及我一起統籌、帶領的「上海總會內地豪華旅行團」已經到訪過神州大地的 11 個省市，可謂足跡遍九州。包括：2009 桂林之旅、2010 溫州之旅、2011 廈門之旅、2012 寧波之旅、2013 麗江之旅、2014 台灣之旅、2016 河南之旅、2018 成都之旅、2019 江西之旅及 2019 順德美食之旅。

旅遊期間，我們曾遇上母親節、又有會員誕辰正日、更加有金婚鑽禧的紀念日。既然有緣，我準備玫瑰，準備蛋糕，又當你們愛情長跑的見證人。大家陪伴着我嘗到了地道美食；一起共進美味佳釀。又親眼目睹二、三線省市的日益進步。我是快樂又是恩惠。這一切絢麗美好的回憶，是各位帶給我的。而我也不負上海總會給我的使命，將歡欣及美味回饋給大家。

當了 16 年的會長

自稱會長何其容易；但要當「上海總會」的會長，就談何容易。而且，我還要在先父王劍偉創會會長，當了十六年會長之後；再繼李和聲會長當了十二年之後，被推薦為會長。壓力不言而喻。之不過，多謝大家哥哥姐姐們的賞面和濃濃的厚愛，我最終也全心全意地，和大家一起同心同德、融融洽洽的完成了由 2006 至 2016 年，十年長的會長任期。

大家常常在上海總會碰見我，自然對我十分熟悉，但你們對我尊敬的父親大人，又了解多少呢？可能不講不知道，大家今天在總會能吃得到的翅呀，菜式呀；打牌唱戲的地方呀；甚至去看病聽診的中醫診所都和我父親息息相關，和你的關係可謂十分密切。

我父王劍偉先生，年青時於上海經營大理石及其他貨品的出入口貿易生意，來到香港之後，除了積極的發展自己的生意外，便與

友人黃夢花、張楠昌，董偉及李和聲等創辦了我們的上海總會。

　　大家聽說過，我們這個「會」於 1977 年成立，當時稱作「上海聯誼會」。這個時候會員只有數百人，會址位於九龍尖沙咀漆咸道 22 號海景大廈十樓，入會費更只需要 500 大元。然後，做了半年會長的黃夢花議員卸任，就由我父王劍偉先生接手，兩年一屆的會長，由 1978 至 1994 年，一做就是十六年。

　　我說和大家關係密切，第一個「密切」就是地點。我們今天能方便的在中環雲咸街會所見面，其實就是當時我父的憧憬，他於會內積極倡議，要把會所搬到中環，香港的商業中心區。因此，我們 1978 年首先搬遷來到中環德己立街 30 號德仁商業大廈三樓。然後，1980 年便正式落戶中環雲咸街 1 號南華大廈三樓，其後再擴展至二及一樓（未來或許再會添置地方，說不定有好消息）。為大家吃飯、相聚及消遣找到了一個好地方。

　　第二個「密切」就是名堂。來到南華大廈後，我們便正式改名為「香港上海總會」，並註冊為非牟利機構，實踐慈善公益工作，回

饋社會。自此逐漸的構成今天總會的人脈網絡，會員大多是專業人士，如醫生、律師、商人、會計師、銀行家等，成為香港屈指可數的高級會所。

歡迎大家介紹新朋友給我認識，哪怕他們不是上海人，只要他們能夠說得出一兩句上海話，便算通過我這關，之後由理事會審批處理入會申請。現時 2022 年，上海總會的會員人數已達至 6,000 人，個人會籍入會費已達到 70,000 元，但仍然相較其他會所相宜。所以，大家應該趁着會籍升值之前，趕快入會，這是我給你們的小小提示。

第三個「密切」就是菜式。我父也算得上是一名食家，而且他經常親自烹調美食，有多款拿手菜式，例如：紙包龍蝦、雞燉翅、紅燒大烏參、新鮮豆瓣燎鴨腰，清燉圓菜等等。就連當時冠有「川揚菜第一名廚」美譽的胡寶元上海總會大師父，也甘拜我父為「海味店街市的大買辦」。

我父縱使喜歡入廚，這又與大家來總會用餐有甚麼關係呢？又怎可以算得上是關係「密切」呢？原來，背後有一段鮮為人知，甚少會員知道的故事。

「火膧雞燉大排翅」的本名

我父創立的出口貿易公司名為「大偉行有限公司」，他於 1978 年前後，於南華大廈六樓購入一個單位作為辦公室。「叮～～～！」故事說到這裡，大家有察覺到關鍵了嗎？我來給大家提示一下「1980 年上海總會的會所餐廳來了南華大廈；1978 年前後我父的辦公室也來了南華大廈。」

關鍵就是：「身為上海總會理事長的我父，他每天都在總會吃‧午‧飯‧及‧晚‧飯。」

由於我父的辦公室就在上海總會的樓上，所以天天下樓食飯十分方便。故此，就是從這個時期開始，我父主力發展會所的餐廳。

王緒亮與來自歐洲的玩具生意夥伴合照。

由於他熱愛飲食，對會所餐廳的食物及服務質素都十分講究，午膳後便召集廚師及餐廳經理，檢討當天的菜餚及服務有何改善之處。他對各方面要求都非常嚴謹，且賞罰分明，餐廳上下的員工都既敬且畏。

時至今日，上海總會仍然有每一個星期召開一次餐廳管理委員會會議，綜合檢討會所的食物出品及服務水平。而我本人，也會收集各位會員的意見，於會上反映。說精益求益的傳統，由我父帶領，實不為過。

至於研發新菜式方面，我父會親自與廚師一同研究。我舉一經典實例，烹調魚翅。懂得「發」翅並不難，重點在於如何使魚翅的高湯「濃而不膩、清而回甘、齒頰留香、能使人回味無窮」。就這個方向，他們經反覆嘗試之後，得出以下的方法。（此乃商業機密，信得過大家，才告訴你。）

用老雞二隻和火腿蹄膀（火膧）一起熬湯，逐去油；又用如香

烟般長，足二十四兩的翅針，將其熬煮。湯既成，雞和煨酥火腿蹄膀放在大盆中，讓食客撥開，隨意選肥選瘦，翅和湯每人分上。還需要選用一隻二十四碗大瓷四腳煲上桌。

雖然其他飲食集團相繼效仿，如漢宮、金冠、珠城、新都城等，都未能做出這種不惜工本的菜來。初時，得名「王劍偉翅」；後名「火膧雞燉大排翅」，屬本會四大名菜之首。至於，上海總會有哪四大名菜，你見到我的時候，我再告訴你。

此道名「翅」一出，上海總會旋即賓客如雲。在任理事長的我父，更加熱心招待前往會所用膳的貴賓，如：邵逸夫、包玉剛、李惠利、陳庭驊、董浩雲、趙安中、董建華、楊元龍等，並親自為他們點菜，使餐廳的業務蒸蒸日上。

我父與上海老廚子一起打拼，將傳統上海手藝引進會所餐廳；我則與上海老廚子的揚州徒弟繼續打拼。有很多餐廳為了迎合現代年輕人口味的潮流，菜式大多已變調，儘管現時社會倡議不吃魚翅，我出任理事長的時期，堅持餐廳有魚翅菜式供應，讓餐廳的食品至今仍能保留傳統上海風味。

就我父對飲食的詣藝，從以上經歷可見一斑。我雖然自小時常看父親下廚，在耳濡目染的情況下也略懂得烹飪；但是，我絕不是食家，最多只可以稱作「看似食家」，或擁有「食家」的身形罷了。

我為上海落淚

作為一個慈善團體，任理事長的我父，王劍偉和董之英、李惠利、周忠繼、陳存仁等名譽會長、及李家昶、王惟翰、董偉、孫烈輝等副理事長，於 1977 年創會之初已經定下清晰的發展方向。而我在 2006 年，剛上任第十五屆理事長一職的時候，亦加以宏揚這套宗旨，是甚麼呢？大家一起看看我和我父這一次的經歷，便會心領神會。

1978 年，即總會成立的第二年，我父便組織及帶領上海總會的

世界文化遗产福建南靖田螺坑土楼留念

理監事會、會員們回到內地，探訪上海、寧波、奉化。猶記當時得抵達上海機場時，發現機場設備簡陋，乘客需自行攜取行李辦理入境手續。離開機場至市中心，沿途看見街上沒有街燈，漆黑一片。不論是汽車還是自行車，政府都不許車輛長時間亮燈。看到這樣一番落寞的實況，我和我父甚為感觸。

再加上，當時國外人士消費只能使用代用券，不能隨便兌換人民幣。看見當時中國的貧窮現象令我十分傷感，希望中國有強大繁榮的一天。

於是，我父回到香港後，便牽頭向上海總會的會員募捐來建設家鄉。當時得到會內的人仕支持，並籌得善款 15 萬至 20 萬不等。我們就着手聯絡安排轉贈內地。我還記得這一次初訪上海之後，我父率先捐贈了 100 輛機場手推車及一部 36 座的小巴予上海市。我父認為，最少要令機場到市區的交通運作起來。自此，我們與上海建立了良好關係。

我父時常提及，要一個地方興盛，要着眼他的未來；而未來

就是指下一代。所以教育是發展一個地方的重點，而上海總會會內都一致同意。每每籌備有關捐資興學的計劃時，大家都是一呼百應的。我們希望透過捐助，讓家鄉的小孩有良好的學習環境，增廣他們的知識及見聞。因為他們是國家的未來。

隨後，來到 1985 年，父親與奉化政府合作，為奉化大橋初級公立中學捐資擴建學舍。我們在上海總會籌得 150 萬元人民幣，而奉化政府就出資 130 萬元人民幣，合資建造新校舍，並將學校定名為奉港中學。

在中國改革開放以後，國家進入了全新的發展面貌。所以，我一直主張會員應多了解今日的中國。我於總會每年舉辦內地旅行團，一方面可以和大家聚聚舊，另一方面又可以了解今天內地的發展。讓各位會員和我一起，親身體會現時中國內地發展一日千里，開放初期的落後景象已不復見。

你又認為，包括我在內的上海總會會員，我們有沒有做到「關心社稷、服務社群、聯絡鄉誼、團結互助」呢？

上海總會熱心關愛家鄉，將繼續以回饋社會為發展目標。

我的「三高」人生

「血壓高、血糖高、血脂高！」才不是，在 50 年代根本還未興起這樣的名詞。這是我創辦的貿易公司名稱才對。

但的而且確，在我的生命之中有着三個迫使我要勇往直前，不可後退的「Go」時刻。青年時代的「美國留學」、中年時代的「隆麗絲花廠」和晚年時代的「香港三高洋行有限公司」，每一段經歷都改變我一點，使我進步。

一 Go：美國留學

回顧一下人生，我在上海出生。1952 年，我才 4 歲的時候，

記得還要在上海帶備小木椅子，於清晨五點鐘起床，目的是要上街輪候政府配給雞蛋等的糧食，生活困苦。至 1956 年，我 8 歲從上海來港，大約在我讀高中時候，我父母離異，而我與生母相依為命。

我初來香港時，對粵語完全一竅不通，常被校長懲罰，歷時半年方能聽懂粵語。我先就讀位於羅便臣道的聖貞德，後轉讀聖保羅男女附屬小學下午校，再升讀聖保羅男女中學。

至 1968 年，我滿 20 歲，赴美國紐約升學（Franklin & Marshall College, Lancaster）。因為我之前就讀的中學以英文授課，所以我抵美初期，已可以用英語溝通，並無語言障礙。而且很快便適應當地生活。

回想四年的大學生活，我當年在紐約乘搭地鐵只需一角美元，在紐約時代廣場購買一份牛扒，亦只需 1.32 美元。留學期間，我曾以時薪 3.25 美元任中文補習導師。1972 年 24 歲畢業時，時薪已增至 4 美元，當時是為了賺取生活費而工作，也為自己累積一些工作經驗。

快樂的時光飛逝，我畢業後立即回港幫助父親工作，最初只獲發港幣 200 元月薪，而且每每需要經常工作至夜深。

二 Go：隆麗絲花廠

在我父的貿易公司工作了四年後，我便想着要嘗試大展拳腳，於 1976 至 1986 年間，在新蒲崗五芳街創立「隆麗絲花廠」，嘗試自己設廠製造絲花邊學邊做生意，但由於經驗尚淺偶有碰壁。

我的記憶特別深的是 1974 年，一個美國的客戶來電，說有美國顧客來港接洽，欲購買絲花。我初以為絲花需用真絲製造，因而沒洽談生意成功，並將客人轉與台灣廠家合作。後來，我才知道絲花其實可用聚酯纖維（Polyester）製造，而非真的絲質物料。白白錯失了合作的機會。後來了解了情況，我決意自己開廠。

想當年開工廠，每每工作 20 小時趕生產，有時自己要親自做運輸送貨、搬運等等。外發串花至大嶼山，當年需要乘坐渡輪才能到達大嶼山。經營十分艱苦。而製成的玫瑰絲花，一支當時出口售價為一美元，價錢非常不錯。全部經由我父的大偉行負責出口。

這家絲花廠經營了十年，後來，因為本地工人薪金太高，深圳工人的工資較便宜，於是生產工序向北移，香港廠則很難維持現有利的利潤。我便終止了廠房的運作，另謀出路。

三 Go：香港三高洋行有限公司

創立「香港三高洋行有限公司」正值 1980 至 2000 年代，這是我事業發展的黃金檔期。我覺得當時的人只要肯努力，賺錢會比較容易。

1996 年我創辦了這一家公司，以經營出入口貿易生意為主。客戶主要來自南非、加拿大、美國及歐洲等地的連鎖百貨公司，穩定及可靠的客源為洋行帶來良好的發展空間。我一直秉持信譽，相信這就是顧客對你最重要的貿易首要條件。

　　2005 年，我又加入經營傢俱、日用品、廚具等貿易。這前後二十年間，洋行的生意最為暢旺，公司聘請了十多名員工，每年生意額上億港元，利潤回報也算可以。

　　但是，2018 年中美展開貿易戰，中國及美國雙邊貨品入口都額外加徵了 25% 關稅，大大影響了客戶的生意，減少了購買意慾，生意額開始大不如前。再加上市場的變遷，如網購（阿瑪遜、淘寶等）的衝擊下，改變了過往人們利用實體店購物的模式。

　　時下的年輕人喜歡網購的消費模式，在網上選購後，經郵遞送到家，如發現貨品不合用可隨時退貨。網上商店貨品的售價較便宜，大大提升顧客的購物慾，有些貨品鮮有在實體店可找到。於是，這種種的改變下，我於 2019 年決定退休。

回到我的俱樂部

勞碌了大半生，我終於可以慢下來，好好的和家人一起享受天倫之樂，我多會去上海總會用餐，因為大半生的朋友也在這裡，說不定，明天就會碰到你。

大家熟識的王會長、王監事長、Ronald Wong，最近好像還多了一個叫法，是甚麼甚麼「王永遠名譽會長」，我也懶得理是甚麼東東，反正我就是我，你們在總會見到我，和我打個招呼便成，隨便你喜歡怎樣叫。

屈指一算，你熟識的 Ronald 小弟今年已經年屆七十有多。托大家的洪福，我一家生活愉快，蘇州籍的太太依然美麗。兩位小兒也長大成人，大兒子從事金融，小兒子從美國學成歸來，從事高科技 IT 產業。與我相依為命的生母，享壽 103 歲，於 2021 年被愛包圍安詳離世。我亦盡好兒子的責任，好好的陪走最後一段。

至於我尊敬的父親，享年 89 歲，2000 年於加拿大溫哥華安詳離世。儘管他逝世十多年，有部分總會內的友好每年都前往加拿大拜祭他，證明了總會內眾人對他的認同。他對香港上海總會的貢獻至今仍然得到會內成員的推崇。

交棒年青人

全賴前輩、理事長及理事們為總會出謀獻策，今天的上海總會有着穩固的基礎。例如多年前，前理事長李和聲先生及副理事長董偉先生建議以 12 港元一股，購入 5 萬股新鴻基地產發展有限公司股票。至 2019 年 7 月，其股價大概是 127 港元左右，連同股息收入，市值已高達 1,000 萬港元，為總會奠下穩健的財政基礎。

我自 2016 年卸任後，由李德麟先生接任。我盛讚李理事長上任後積極推動香港上海總會發展，例如 2019 年與香港中文大學合作進行一項香港上海總會群體生平學研究計劃，向香港社會推廣香

港上海總會及居港上海人在戰後香港歷史發展中所扮演的角色及
貢獻，以彌補現存資料不足的缺憾。又例如上海企業家因戰爭逃難
到香港，將資金及紡織技術引進到香港，帶動 1950 年代以後香港
的紡織業得以蓬勃發展。

作為前任理事長，我認為總會內尚有很多資深的副理事長及理
事，可以協助現任理事長一同發展會務，我們應該給予更大的發揮
空間。

最後，我寄語年輕人應繼續抱着正面心態，要對將來要充滿
希望，應該確立清晰的目標，努力工作，讓大眾看到他們的潛能，
日後才會有機會成材！而且，你付出了努力，一定會有前人來幫助
你，就像上海總會幫助年輕人一樣。

我對身邊的一些前輩讚歎，他們過去的辛苦經營，實為香港奠
下良好的基礎，並為時下年輕人承先啟後，這和今次總會 45 周年
誌慶的宗旨，互相輝映：

上海總會　薪火相傳

承先啟後　貢獻社會

各位上海總會內外的年青人，努力！

徐立之

港大校長的教育之道

香港科學院創院院長

經綸慈善基金理事長

浙江大學求是高等研究院及國際校區書院院長

加拿大多倫多大學名譽大學教授

香港大學第十四任校長（二〇〇二年至二〇一四年）

加拿大多倫多病童醫院首席遺傳學家（至二〇〇二年）

家學淵源

徐立之教授 1950 年生於上海，祖籍浙江省杭州市，乃家中長子，有三弟一妹。父親徐正旅[1] 出生於杭州名門大戶，是位愛好書法、字畫及京劇的士人，擅寫小楷，曾獲蔣介石賞識其書法的行氣

1　徐正旅先生是杭州旅港同鄉會創會會長，該會成立於 1976 年。徐認為徐父創立杭州旅港同鄉會除聯誼之外對其個人事業發展俾有幫助。

而邀請贍寫族譜。徐立之兒時經常侍奉父親寫字繪畫，替父親備紙、研墨，並從旁觀察學習鑑賞字畫。母親祖籍浙江省蕭山，外祖父乃龕山大地主。由於父親喜愛京劇，1970 年代初，少年時的徐立之經常陪老父排練京劇，但他個人卻比較喜歡歐洲歌劇，欣賞其曲詞的獨特性，有別於中國戲曲一曲多詞的特色。也覺得崑曲的調子太慢，而不太懂得鑑賞。

在香港成長

1953 年徐立之 3 歲時隨家人來港定居。父母來港後難以適應，父最初擔任文員，負責抄寫文件及記賬維生，後來先後擔任人壽保險及互惠基金銷售員，向友人推銷投資，由於銷售對象有限，收入並不穩定。由於家庭經濟環境拮据，舉家自來港後居無定所，曾先後卜居於九龍塘、北角及大磡村等地，甚至寄居於親戚朋友家中，徐立之亦因此曾在四所小學渡過他的童年，其中一所更是小一至小

三複式授課 [2] 的小學，印象最深刻的是在小息時師生合力把課室裡的桌子併在一起，然後在桌子上下鑽來鑽去玩耍的情景。母親認為寄人籬下非長遠之計，攜同弟妹回蕭山投靠娘家。徐立之於小學四年級時遷往牛池灣啟德大廈，生活始穩定下來。

由於曾居於上海人聚居的北角及鑽石山大磡村大觀園農場後面的木屋，經常與上海人接觸，在鄰居家中收聽麗的呼聲除粵語電台外，還有國語、上海話、客家話及潮語其他四種廣播語言的節目，耳濡目染下，也略懂這些語言，尤其是上海話，對上海文化不感陌生。

專攻病毒研究

徐立之對事物充滿好奇心，對微小的事物十分敏感，總愛尋根究底，認為這樣才能深入認識事物，這種觀察入微的天賦也成了他的研究特性。由於兒時居於大觀園農場附近，經常接觸動植物，令他對生物科產生濃厚興趣。雖然家庭收入不穩，但父親非常重視子女教育，努力賺錢供子女讀書。1969 年，徐立之考入中大新亞書院，修讀生物學。後來妹妹也考入香港中文大學，主修社會工作系。由於家境貧困，需向政府借貸方能完成學業。他本科畢業後，隨生物系麥繼強教授從事噬菌體研究，在系裡任助教，亦在當年的珠海書院兼職教授大一生物科，1974 年獲哲學碩士學位。

由於既不喜歡背誦，又不擅長考試技巧，就讀大學時的學業成績平庸，但是同學們皆欣賞他對事物的多元思考及高度的解難能力。徐立之對科研的態度同時引起生化系系主任馬臨教授的注意，馬教授邀請徐參與美國匹茲堡大學（University of Pittsburgh）分子生物學何潛教授在香港中文大學主講有關血紅素結構的三場講座，期間何教授讓在座參與者簡介自己的研究，何教授對他的研究特別感

2　　指將兩個或兩個以上的年級組成一班，由同一老師使用不同教材，在同一節課裡針對不同年級的學生進行授課。

興趣，原因是匹茲堡大學的一名助理教授正進行相關的研究，希望以傳統的生物化學方法研究病毒如何感染細菌成為宿主，從探討基本生命機制，何潛教授引薦徐立之到匹茲堡大學攻讀博士及在其實驗室進行研究，並提供獎學金，解決他出國深造的經濟負擔。他出國由馬臨教授撰寫推薦信，助其完成入學手續。他至今仍銘記馬教授的賞識與關懷。

承導師啟蒙

1974 年，徐立之赴美深造，在實驗室埋首做不同的實驗，並經常參考別人的研究方法，作適當的調整，再應用到自己的研究上，此舉得到導師的讚賞。他曾嘗試以非傳統方法研究生物原理，後來更應用在人類遺傳病的研究上，憑藉其創新思維帶來嶄新的研究成果，成為人類遺傳基因學領域的先驅之一。

徐　立　之　　323

早年在加拿大當博士後研究期間，以為表達能力欠佳，可以讓合作夥伴演講發表其研究成果。意想不到此舉給合作夥伴不少曝光機會，甚至工作聘任，徐立之作為幕後功臣反而被人遺忘。於是下定決心要當一名全面的研究員，除了專注研究外，還要學習如何向外界闡釋研究成果，讓成果得到認同。

徐立之在學術研究上得到導師的指導，與他共享耕耘成果，並容許他利用實驗室的研究成果向外發展。他從導師身上學會將知識傳承的胸襟，當自己成為別人的導師後也盡力以栽培學生為己任。

出任香港大學校長

2002 年 9 月在機緣巧合下獲任命為香港大學校長，任內與多位副校長共同管理校務，大學行政事務均交由各副校長發揮所長，自己則負責督導大學整體的發展。他喜歡團隊合作，一同解決問題，不贊成個人獨享成果，十分重視個人能力能否有助事情總體發展，能否對社會作出貢獻，多於眼前利益。香港的大學教育資助委員會以統一的研究經費分配方法制定資源分配指標，讓理科受惠較多，文科被忽視。徐立之本人雖是理科畢業生，但在擔任校長期間也盡力為文科爭取更多資源。參考加拿大的經驗：加國政府借鑒美國及英國的制度，成立三大學科評議會，分別為醫學評議會（Medical Research Council）[3]、自然科學及工程評議會（Natural Sciences and Engineering Research Council）及社會科學及人文評議會（Social Sciences and Humanities Research Council），各評議會由相關研究領域的專家組成，負責評審及分配研究經費，撥款比例分別為3：3：1，目的在使各學科研究的到均衡發展。可惜香港專上教育制度，遲遲仍未進行改革，導致多年來研究資源重理輕文。

---

3 現更名為「Canadian Institutes of Health Research」。https://cihr-irsc.gc.ca/e/193.html。

二〇一五年，徐立之博士當選為香港科學院院長及創院院士。

　　2004 年，香港專上教育制度進行改革，各大學自 2009 年開始由三年制改為四年制。徐立之認為這正是對大學資源調撥分配進行檢討的契機，於大學校長會（Heads of Universities Committee，HUCOM）會議中向大學教育資助委員會主席建議將各大學的新資源集中作學術研究之用。可惜動議並未獲得與會人士的支持最終被擱置，最後政府以一次性「研究配對補助金計劃」（Research

Matching Grant Scheme）[4] 回應他的建議。由於大學必須獲得外界的捐助方能取得研究配對補助金，隨即檢視香港大學的籌款策略，改變大學以主要商家作為募捐對象的局限，透過校友的人際網絡募捐，同時亦考慮到醫學院校友的號召力較高，能自行籌款，主力協助文、理、社會科及其他學院籌款。

檢討香港教育制度

徐立之指出香港的考試制度是香港教育問題的癥結所在，這並非是香港獨有的問題，整個中華民族的教育制度均存在的普遍現象。儘管科舉制度已廢除，現代的新式教育制度仍普遍存在過往考試制度的弊端，再加上政府的官僚作風，不願改變既有的考核機制，遂令部分香港學生轉而採納外地的評核機制，如 IB、GCE 等，可惜外地的評核近年亦逐趨重視考試評分；此外，院校之間的競爭亦加劇惡化重視考試評分的現象。近年他曾與一些優異學生分享學習經驗，觀察看到學生普遍過份倚重公開考試成績，忽略學習知識的重要性。他質疑現時社會所推動 STEM[5] 教育及通識教育的效用。

他認為大學雖然是一所傳授知識的理想地點，可以說是多數學生選擇人生必經的道路，但投入職業訓練也可以為學生發展前景提供另類的選擇。學生可按其個人興趣而尋找職業路向，各展所長。然而，香港各大學院校的收生及資源分配卻與畢業生的出路及薪酬掛鈎。院校內部為免部門資源遭削減而不願互相合作，導致資源重疊。香港教育制度在種種因素影響下形成現時的困局，要全面改革

4 「研究配對補助金計劃」涵蓋全港八間教資會資助大學（包括其自資／附屬專上教育機構）及 13 所本地自資學位頒授院校。大學／院校從私營機構及慈善家籌募的研發開支和捐款，不限學科，均會獲政府提供配對款項，作研究相關用途。https://www.ugc.edu.hk/eng/rgc/funding_opport/rmgs/index.html

5 STEM 是代表科學 (Science)、科技 (Technology)、工程 (Engineering) 及數學 (Mathematics) 各英文譯寫的首字母縮略詞。推動 STEM 教育是全球的教育趨勢，以裝備學生應對社會及全球因急速的經濟、科學及科技發展所帶來的轉變和挑戰。https://www.edb.gov.hk/attachment/tc/curriculum-development/renewal/STEM/STEM%20Overview_c.pdf

並非一朝一夕可完成，各持份者必先建立清晰的概念，方可逐步推行。徐立之現已卸下教育工作者的身份，慨歎只能提出建議，無力執行。

推動成立新學術獎項

徐立之獲邀加入「呂志和獎」(Lui Che Woo Prize)[6]籌組委員會，籌委會其他成員還有鄭慕智、馬時亨、劉遵義等人。徐建議由本地一個學術機構支持獎項遴選，可以參照 2002 年創立的「邵逸夫獎」(The Shaw Prize)[7]；逸夫獎是馬臨校長與楊振寧教授共同推動的，為表彰在科學研究取得「對人類生活具深遠影響」成果的科學

6　呂志和獎由本港企業家呂志和於 2015 年 9 月成立，共分三個獎項類別，分別是促使世界資源可持續發展、促進世人福祉，以及倡導積極正面人生觀及提升正能量以振奮人心。http://www.luiprize.org/zh-hant/home

7　邵逸夫獎是按邵逸夫先生的意願而設，於 2002 年 11 月成立，並由「邵逸夫獎基金會有限公司」管理及執行，設有三個獎項，分別為天文學獎、生命科學與醫學獎和數學科學獎。https://www.shawprize.org

家，所以該獎項的成立與香港中文大學有很深厚的淵源。然而曾任香港中文大學校長的劉遵義教授卻斷然否認這關係，結果呂志和獎終於以獨立模式運作。

對創新科技的見解

徐立之指出中國內地提倡科技創新，香港卻冠以創新科技之名，兩者意義並不相同。香港以經濟效益為首要目標，希望利用創新的科技帶來經濟收入。然而，內地則要求科技發展上的突破，例如以內地因缺乏美國出口晶片，導致無法生產科技產品為例，國家大力提倡自行研發製造晶片，解決外國用保護知識產權禁止輸出晶片技術的掣肘。由於知識產權是源自日積月累的科研所建立，成本相當高昂。香港企業多着重即時經濟效益，將重點放在短期利潤，對投資時間長及經濟資源龐大的科研項目開發並不積極，缺乏制定科技開發與研究的長遠目標，投資目光短淺令香港難以推行科技創新。

香港的上海地緣組織

徐立之認為上海人在香港創立同鄉會，因人在異鄉，希望透過同鄉會發揮互助精神，以便適應在港的生活。除了香港上海總會外，相同地緣的組織還有蘇浙滬同鄉會。前者成立之初以開設會所餐廳供會員聯誼凝聚同鄉，招收會員並不限於上海人，加上餐廳地點便利，客源不絕，後來以餐廳盈餘籌辦慈善服務，回饋社會；後者則以推行教育、醫療及安老服務為主，餐廳是次要業務。

他擔任香港上海總會名譽會長，從該會的內部文件知悉上海總會多年來十分支持香港中文大學，每月均捐款予中大，用作培育青年。徐立之認為香港上海總會與香港中文大學的淵源早在馬臨教授任中大校長期間建立；中大具濃厚的傳統中國人念舊、重視人與人之間的關係的觀念，亦令中大與香港上海總會的友好關係得以維繫之今。

成功之道

徐立之笑言自己十分幸運，在不同的人生階段總是得到貴人幫助或遇上適當的時機。慶幸自己有自知之明，了解自己的缺點，能把握機遇，以謙遜態度將勤補拙，迎接挑戰。

曹其東

從學徒工到引領團隊科技報國

　　說得一口流利上海話和廣東話的曹其東是已故香港毛紡大王、港龍航空公司創辦人曹光彪的幼子。早在上世紀 1949 年，曹光彪便舉家自上海遷往香港，開始在舉目無親的香港謀生和重新創業。1957 年曹光彪夫婦送走大兒子曹其鏞赴日留學，次年曹其東母親攜當時在香港就讀的二子二女共四子女回上海定居，自那時起直到 1978 年內地改革開放長達 20 多年裡，曹其東和哥哥姐姐們在內地讀書，走南闖北，上山下鄉務工務農，和那個動盪時代的內地青年大眾一樣，歷盡政治運動衝擊和人間滄桑。文革期間在三位哥哥姐

姐相繼被國家分配遠赴東北務工務農之後，曹其東成了家中唯一留守上海陪伴母親的兒子，在剛剛渡過 17 歲生日後，他被分配到上海化工機械廠拜師學徒，持續了 7 年之久的「早中晚三班倒」繁重的重體力勞動。每每回憶他踏入社會的第一段經歷，曹其東感慨地說：「世界上任何人包括我在內，只有深深沉浸到社會底層摸爬滾打，才會真正了解世界和國情，才會領悟世事真相和人生真諦。人生有這樣經歷對家境較為富裕的後代尤為重要。」

1978 年內地迎來改革開放的浪潮。曹其東於 1979 年 10 月告別持續 21 年的內地生涯，負笈日本求學。談及留學日本，曹其東感恩父母和長兄曹其鏞的鼓勵和安排，使他成為改革開放後日本政府批准的第一位自費赴日留學的內地生。 1979 年 10 月的一天曹其東赴日本駐上海總領事領取赴日簽證，日本總領事親自在領事館門口迎接了曹其東，祝賀他成為第一個取得赴日自費留學簽證的中國內地人。自此之後，內地掀起一股赴日留學的高潮，短短數年在上海一地就有近十萬青年學子赴日自費留學。

自踏足東京的第一天開始，曹其東深深地被日本的現代化與繁榮文明所震撼。日本人的勤勞敬業，日本社會的崇尚教育、謙恭有禮，還有東西文化交匯等見聞，使他下定決心一定要在最短的時間裡掌握日語，把握每一個機會讀懂日本。學校放假期間，他經長兄曹其鏞安排，屢次到位於日本關西山區的針織廠和東京的毛紡廠見習勞動，和工廠的日本人同工共餐打成一片。曹其東在日的學習、工作和生活經歷，開啟了他的國際視野，對他的人生觀和世界觀產生了巨大的變化。1981 年他選擇赴美繼續學業，半工半讀完成了工商管理碩士課程。

1984 年底曹其東應父親曹光彪徵召，舉家回香港參與籌辦港龍航空和公司成立之後的運行管理工作，1986 年起出任港龍航空董事，負責和中國民航總局和港英政府就航權問題的洽商和談判，開拓港龍航空飛往內地二線城市的航線，主持與二線城市政府部門之間就航線安排的具體洽談和落實工作。

港龍航空問世初期步履艱難，飽受香港政府和內地行業內抵制航空業改革開放勢力的排擠和打壓，香港政府為保護英資國泰航空而壟斷香港天空，在港龍航空成立後，匆忙拋出了針對港龍航空而量身定製的「一條航線只准一家航空公司運營」的航空政策，明確規定凡是國泰航空已經通航的北京、上海、日本、英國等的定期航線，港龍航空一概不能飛航，留給港龍航空的生存空間只是當時尚未成熟，或根本不具備民航服務的地區和內地二線城市航線。港龍航空經營面臨巨大困難，存亡危急，每月經營虧損五百萬港幣以上。

在坎坷的創業路上，曹其東遵從港龍航空董事會的決定，鼓足勇氣，廣交朋友，勇於面向阻力，善於攻克難關，將打開香港連接內地省會城市為公司優先發展方向，四處奔波考察訪問，深入實地調研，創下了一個月搭乘飛機 26 次的紀錄。皇天不負有心人，在領導和朋友們的支持幫助下，港龍航空在短短三年內陸續開通了香港往返廈門、大連、杭州、南京、海口、桂林、成都、重慶等 13 個內地城市的定期或定期包機航線。1988 年港龍航空的定期包機航班首次相繼降落北京和上海，國家領導人榮毅仁、姬鵬飛、吳學

曹其東年青時，於日本富士山前留影。

謙、鄒家華和當年上海市領導汪道涵、朱鎔基都出席了慶祝港龍航空首航京滬的晚宴，朱鎔基和中國民航領導都發表了熱情洋溢的講話。

港龍航空的誕生和成長，是香港發展史上的一件大事，她的出現打破了香港航空業被英資長期壟斷的局面，為建立香港和內地的航空紐帶，推動內地與港台的民間交往，為國家的改革開放做出了積極的貢獻。曹其東自 1986 年起至 2006 年整整二十年間出任港龍航空的董事。

1990 年後，曹其東被曹光彪委以家族永新集團中國業務總經理，參與整頓重組集團自 80 年代起在內地自北到南多達幾十項的各類投資項目，擔任當年中日港合資，位於深圳蛇口的「永新印染」的總經理，同時肩負多項上海舊城改造項目的重任。

曹光彪家族的永新集團專長紡織品製造和品牌開發，公司成立後從未在港澳和其他國家涉足地產投資和開發。上世紀 90 年代開始，上海政府雄心勃勃推行舊城改造，但政府財政卻困難，舊城

改造所取資金嚴重不足，於是上海政府多次派官員到香港舉行招商引資，寄望香港大地產商的支援，但礙於種種原因當年的招商引資計劃實際收效甚微。1995 年間上海內外銷房並軌銷售的政策出台，時任上海市徐匯區張正奎區長再次來到香港招商引資，這次他試打「同鄉牌」，透過朋友輾轉聯絡上同是寧波人的曹光彪，懇求他看在寧波老鄉的情面上，帶頭參與上海徐匯區的舊城改造項目。兩位老鄉餐聚酒飽後，曹光彪叮囑曹其東要盡力幫助徐匯區，並要他赴上海實地了解情況，爭取投地參與上海徐匯區的舊城改造。

曹其東牢記父親的囑託，參加徐匯區召開的舊城改造招商會，最終決定購買位於上海徐家匯地區的「永新花苑」一期土地，開啟了家族生意永新集團在地產開發領域的第一個項目。在面臨困難和挑戰下，曹其東藉助曹其鏞在香港富有地產開發經驗朋友們的啟發和幫助，很快組織項目開發強而有力的班底，全力以赴，攻克難關，在項目的預算期限內和投放資金的範圍內，先後圓滿完成了「永新花苑」、「永新世紀」、「永新坊」前後三期的滾動地產開發，達成銷空所有住宅單位，保留近三萬平方米商業出租面積的良好業績。

在項目的進展過程中，礙於規模較大，交通安排不敷實際使用需求的情況，曹其東主動向徐匯區政府提出在項目的地塊周邊修建一條道路的建議。徐匯區政府支持和同意修建道路的這項動議，但明確表示徐匯區政府缺乏修建道路的資金。為了街區市民生活出入的便利，曹其東經過深思熟慮，向徐匯區政府承諾由永新集團承擔修建道路的所有資金，徐匯區政府為了答謝永新集團的義舉，特賦予永新集團新建道路的命名權。在得知這個消息後，曹其東電告曹光彪，並建議使用家父曹光彪幼時的乳名來命名道路，曹光彪聽到這個消息非常高興，想了一下後説：「你們做這個項目很辛苦，就取名『辛耕路』吧！」曹光彪家中別名「心耿」，取用音同字不同的「辛耕路」，實在是非常巧妙的選擇。到 2015 年為止，曹其東在上海共領導主持開發了六個大型地產專案，累計為社會提供了近 3,000 個住宅單元，數棟商業大廈和商場。

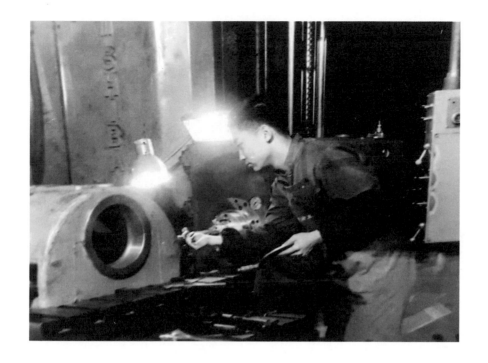

　　2000 年後，曹其東先生回到祖籍寧波參與「寧波永新光學」的經營運行。在 1997 年，已 77 歲高齡的曹光彪投資了當時經營困難的寧波光學儀器廠。曹其東說，那時寧波光學儀器廠設備陳舊、技術落後，只能生產單一品種的傳統低檔教學顯微鏡。就在寧波光學儀器廠經營每況愈下，幾近破產之際，曹光彪又應寧波政府的請求毅然接盤。問起父親何故進入高端科技光學這個全新的新行業，曹其東先生說：「一是父親一生有前瞻性，凡事喜歡創新，1964 年成立永新企業有限公司，就是要走『日新又日新』的路；二是父親堅信科技興國，更想造福鄉梓。」

　　曹光彪一直認為，改革開放初期，國家最急迫的事是解決人民的衣食住行；進入上世紀 90 年代，國家要強大，必須發展高端科技。永新光學在 2004 年前由曹光彪先生親自管理公司，儘管年事已高，他還是堅持每年回到寧波。而當年為延攬人才，老先生更親自到浙江大學求才，在 1997 年浙江大學的百年校慶上，經校方領導的推薦，從南京國家重點光學企業請來了 36 歲的毛磊，擔任寧

波永新光學儀器有限公司總經理兼總工程師。2005 年，年近耄耋之際，老先生把永新光學傳給曹其東，儘管當時寧波永新光學仍然處在發展的困難初級階段，但父親希望曹其東能把這份事業做實做強，發揚光大，有朝一日趕超家族的紡織業。

肩負着父親的期盼，承繼着父親實業報國和科技報國的家國情懷，曹其東在 2007 年全面接掌永新光學，擔任董事長，全心全意投入公司的經營、重組、規劃和人才庫的建立。曹其東回憶說，當年為開拓市場和向外國同行取經學習，他和總經理毛磊曾經前往日本尼康公司考察，當時的尼康對來自寧波的他們是毫無顧忌，打開尼康所有的生產基地，讓他們近距離觀看查問尼康所有的技術、製造和研發，當時在日本人心目中，永新光學與尼康的差距十萬八千里，根本不用擔憂這樣的同行。

曹其東至今仍深深記得，參觀完尼康的那晚，他在床上輾轉了一夜難以入睡，腦海中反復出現的問號是：「寧波永新何年何月才能追近尼康這樣世界頂級的光學企業？」出訪尼康後，曹其東和他的團隊明白了一個寧波永新從此尊崇的真理，那就是公司要強起來，首先必須專注專注加專注，必須持續加大技術設備的投入，必須加快步伐吸引國內外有志有識有才之士加入永新光學的事業，必須加大和內地大學、科學院和合作，必須瞄準跟蹤世界頂級光學企業的發展蹤跡，加強和他們建立合作的互利關係。

現在，浙江大學在永新光學的新廠區內成立運行了浙江大學光電學院的寧波分院，每年培養超過四十個博士、碩士生。在 2020 年，曹其東更捐資 200 萬美金設立「浙江大學教育基金會永新吉科求新發展基金」，旨在支持浙江大學光電學院高層次人才引進、培育和幫助學科的發展；獎勵對浙江大學光電學院發展有突出貢獻的教師、獎勵浙江大學光電學院表現優異的學生和資助學生開展海外交流、創新創業等活動。

曹其東接棒後，銳意革新，不僅守業，更求發展。2005 年，他用兩年時間併購了當時內地顯微鏡生產製造的龍頭企業南京江

南光學儀器廠，收購後易名南京江南永新光學有限公司。該輪收購極具挑戰，當時江南光學工廠員工高達 2000 多人，但實際生產僅需 500 人左右。曹其東遵守收購時的承諾，沒有解聘任何一位老員工，到他們退休之前一直支付他們的薪水和四金，這對公司而言，是天文數字的負擔，但是曹其東和他的團隊做到了。如今，寧波永新光學股份有限公司於 2018 年在上海證券交易所主板上市，成為市值超百億的公司。今天，永新光學擁有 NOVEL 、 NEXCOPE 、江南等自主品牌，生產光學顯微鏡和各類核心光學部件。

永新光學有三個廠區，分別位於寧波國家高新區、鎮海區和南京經濟技術開發區。公司產品近七成銷往美、日、德、俄等 100 多個國家和地區，成為徠卡、蔡司、索尼等國際知名企業的核心供應商。但曹其東認為任何企業都必須不斷挑戰自己，開拓新業務。現時永新光學是內地為數不多、具備高端顯微鏡製造能力的國家級製造業單項冠軍企業，主導制訂了內地首項 ISO9345 顯微鏡國際標準，還榮獲 2019 年度國家技術發明獎二等獎。

「永新光學開發的弱視人士 AI 眼鏡鏡頭等高端光學組件已開始量產，我們的生物醫學顯微鏡賣到 100 多萬一台。」曹其東自豪地說。他還表示，由於內地的高端精密儀器目前 80% 是進口的，所以目前永新的目標是聚焦高端顯微鏡，逐步讓國產替代進口高端顯微鏡，走進國際市場。他亦預告，永新光學未來的爆發點——將是車載鏡頭領域。而永新光學製造的鐳射雷達鏡頭已被深圳地鐵採用，相信不久的將來，會更廣泛運用在不同的交通工具上。

曹其東說，企業傳承是繼承、轉型、升級的過程，不僅僅要完成守業，更要攀登更高的山峰，開創更為廣闊的天地。在他的帶領下，永新光學的確攀上一個又一個的高峰。永新光學從 2010 年開始就與浙江大學進行合作，先後承擔了「嫦娥二號」、「嫦娥三號」、「嫦娥四號」星載光學鏡頭，還承擔了一系列國家科研項目，解決了我國在光學領域的樽頸技術，主導制訂了 ISO9345 顯微鏡國際標準。2010 年 10 月 2 日 3 時 59 分，「嫦娥二號」從中國奔月衛星上

遙望地球第一次拍攝了高清視頻；2013 年 12 月 14 日 21 時，裝在「嫦娥三號」探測器上的降落相機記錄了中國航天器首次地外天體軟着陸震撼人心的六分鐘，是「嫦娥三號」在月球上拍攝的第一張表面照片，全國人民為之激動。而這兩次拍攝的監視相機鏡頭和降落相機鏡頭，都是永新光學與浙江大學多年潛心研製的成果。

曹其東說，當永新光學用五年時間研發的太空顯微實驗儀，隨着天和核心艙「飛天」時，他的興奮是難以言語的，尤其是當中國空間站核心艙的畫面傳回地面時，他見到永新光學研製的中國第一台無重力太空顯微實驗儀出現在畫面中，心情是異常激動的。他興奮地說：「就是王亞萍在空間站講課時用的那台顯微實驗儀。」這台無重力太空顯微實驗儀，將長駐在「天和」空間站供科學家們用於航太醫學研究。

談及永新光學，曹其東神采飛揚一臉的非常自豪，言談之間充滿對父親的崇敬。他認為永新光學的成就不是他一個人的，除了有一群志同道合的夥伴，多年來兢兢業業，勤勤懇懇、埋首研究、無私奉獻的成果外，更要歸功於曹光彪當年的高瞻卓見。

謝湧海

從上山下鄉到金融興國

職銜

香港證監會諮詢委員會委員

香港中華總商會副會長

香港中資證券業協會永遠名譽會長（創會會長）

第十二屆上海市政協委員

香港特別行政區金融發展局前非官方委員

SBS 銀紫荊星章

家庭背景與成長經歷

與上海的淵源

祖籍浙江省寧波市的謝湧海，1952 年 11 月 30 日在上海出生，祖父母從浙江慈溪移居上海，懸壺濟世，外公外婆從鎮海移居上海，他們說的上海話都帶有濃重的寧波口音，雙親分別在上海出生，已是地地道道的上海人了。

　　他在上海完成小學和中學教育，先後入讀方濱中路第一小學 [1] 與上海市求是中學 [2]。學校除教授語文數學及其他基礎課程外，還有珠算等科目，謝湧海對打算盤情有獨鍾。他自幼喜愛數學，從小學一年級起，學業成績便一直名列前茅，就讀中學期間數學科目更穩拿全年級冠軍。他相信自己對數學的興趣與基礎，對後來從事金融業有莫大的幫助。

　　上海少年宮 [3] 是專為兒童與青少年而設的公共教育基地，需憑票入內。一個十分偏愛謝湧海的小學老師，經常贈送少年宮門票與他，少年宮因而成了他小時候遊樂、學習小科技和培養興趣的重要課外場所。

1　位於城隍廟附近，原為 1943 年由張天石、張榮均創辦的育新小學，後來因舊城改造而停辦、拆卸。

2　位於上海黃浦區，1962 年創辦，2006 年改名為上海市大同初級中學。

3　少年宮是專為兒童與青少年而設的公共設施，兒童可在內參與補習、運動、音樂等課外活動，以促進其求知慾。位於上海的中國福利會少年宮在宋慶齡倡議下，1953 年於原嘉道理家族大宅成立。

「下鄉插隊」歲月

1968 年《人民日報》引述毛澤東指示，知識青年到農村「接受貧下中農再教育」，大批學生從城市到農村參與「上山下鄉」運動[4]。1969 年就讀求是中學期間的謝湧海，以知青身份被派往長興島[5]「插隊落戶」。長興島孤懸長江口，由於水路交通不便，島上居民雖然都是上海人，但有很多人卻從未踏足上海市區。

謝湧海在長興島擔任「土記者」，撰寫文章報導春耕、秋收等農事、宣傳島上的好人好事，然後送到公社的有線廣播站播出；同時他又兼任會計，利用所學珠算處理生產大隊的帳目。由於他打得一手好算盤，人稱「銅算盤」。謝湧海與島上農民打成一片，工作之餘免費助人理髮，深受農民歡迎。他的品行更獲大隊書記陸永康器重，被委任大隊民兵副連長、公社團委委員等職，時常被推薦到公社與縣裡講述自己在島上「插隊落戶」的經驗，以及分享學習毛主席著作的心得。

外語的專業訓練與實踐

入讀上海復旦大學外語系

自 1971 年起，不少已經落戶農村的知青逐漸被召回城市。由於謝湧海在長興島表現良好，曾多次得到調回城市的機會，例如他獲生產隊推薦到煉油廠工作，到上海大飯店擔任廚師等機會，但都被從空四軍[6]轉業的大隊陸永康書記壓下來了，他建議謝湧海暫不要上調，等待上大學的機會。

---

4 〈在毛主席革命路線指引下，會寧縣部分城鎮居民紛紛奔赴生產第一線，到農村安家落戶。他們說：「我們也有兩隻手，不在城市裡吃飯！」〉，《人民日報》，1968 年 12 月 22 日，頁 1。

5 位於上海長江入海口的三座小島之一，另外兩座為崇明島、橫沙島。

6 即解放軍華東軍區空軍第四軍。

　　果然在 1972 年，當上海各大學招收第一批新生 [7] 時，陸書記即舉薦謝湧海往公社報名，他所屬的公社有三個學位名額，分別是大連海運學院無線電專業、上海第二醫學院醫科專業與復旦大學外語專業。由於謝湧海的祖父與伯父均為醫生，伯父更在上海第二醫學院擔任教授，故選擇醫學院作為第一志願，但可惜未獲醫學院取錄，卻獲分配到復旦大學外語系。

　　接過通知後，謝湧海曾向領導查詢，領導表示查閱過他的家庭背景及個人表現，認為他更適合修讀外語。因當時國家希望培養

7　1970 年北京大學及清華大學作為試點，以推薦制招收工農兵學生，1972 年於全國高等院校推行，推薦制至 1976 年被取消，期間被取錄的學生被稱為「工農兵學員」。1977 年全國恢復高考。

外交人才,對外語學生的政治要求很高。雖然修讀外語並非自己選擇,但能在復旦大學學習英文,為謝湧海後來在外國工作打下良好的基礎,成為人生一個重要轉折點。

畢業後獲分配到北京

從復旦大學畢業後,他被分配到北京中國社會科學院外事局工作。1976 年前中國社科院的學者大多被指是「走資派」或舊知識分子而遭受打擊,1976 年後的社科院百廢待興,外事局雖得以恢復,並由前國家主席劉少奇遺孀王光美任局長,謝湧海等新生代亦參與重建。然而當時中國仍鮮有對外交往,尤其是涉及政治的社會科學,學術交流幾乎陷於停頓,外事局幹部因而沒有事情可做。謝湧海等人經常被借調到旅行社接待外國旅客,兼任導遊,帶外賓遊覽長城、故宮、天壇等景點。雖然有時因工作能夠品嚐到烤鴨、茅

台酒[8]等，但每天都去相同的地方，重覆類似的說話，日復如是的工作逐漸變得沉悶。

改革開放初期內地的交通及其他條件均遠遜今日，沒有高速公路與空調車，導遊工作非常辛苦。從北京市區到長城需時三小時，汽車只能走小路一路顛簸，還會遇到馬車、牛車與拖拉機；長城上的廁所髒亂不堪，接待社雖然乾淨，但也只有沙發與電風扇，空調、冰箱等設備均欠奉。身為旅行社的導遊，他每天早上四時便起床，到北京飯店廚房為每位團員領取裝有兩個麵包、兩隻雞蛋、一個蘋果和一瓶汽水的午餐盒子，餐盒放在車尾箱，上午爬完長城後就在休息室用午餐盒，用餐後再帶旅行團坐長途車到十三陵參觀，回到北京飯店已是晚上六時多了。

成為復業中國銀行的一員

中國銀行恢復業務

文革期間前中國人民銀行集所有金融職能於一身，既是中央銀行、發鈔銀行，又是商業銀行、保險公司等，原有的交通銀行、中國銀行、建設銀行、中國農業銀行等，以及保險公司均被納入人民銀行。中國銀行在人行內只是一個國際業務部。

1978年後人民銀行的各項商業業務被分離出去，只保留中央銀行職能，工、農、中、建銀和中人保重新獨立掛牌。中國銀行獨立後，專業幹部奇缺，尤以外語幹部為甚。謝湧海兼任旅行社導遊三年後，正值中國銀行面向社會大量招聘外語幹部，他遂參與了招聘考試，1979年獲聘成為中國銀行文革後第一批社會招聘的外語幹部。

8　當時一瓶茅台酒只售8元人民幣，一隻北京烤鴨則索價6元。

在倫敦分行隨經濟學者皮萊學習

加入中國銀行後，謝湧海首先在北京總行的資金部從事外匯頭寸管理和全球資金調撥業務等。兩年後，即 1981 年，被派往中國銀行倫敦分行工作。由於原先任職研究室的同事被調往法國巴黎代表處，負責組建巴黎分行，時任倫敦分行總經理的金德琴[9]安排精通外語的謝湧海接任，主責撰寫研究報告、編譯英國報章文稿寄回北京總行。當年由於內地比較封閉，這些文章和財經消息還頗受歡迎的。

金德琴悉心栽培青年幹部，刻意安排謝湧海及另外兩名同事，在研究室跟隨倫敦分行經濟顧問皮萊（Vella Pillay）[10]學習。皮萊也希望為改革開放的中國培養經濟學人才，於是在往後的兩年間，每周二、四下午都為他們三人授課兩個半小時。作為皮萊的入室弟子，三人定期做作業，撰寫論文請皮萊親自批改，皮萊經常帶他們逛書店買書，甚至實地考察北海油田等，教學態度之嚴謹與大學無異。皮萊每天上午茶時間與他們在茶室一起喝咖啡，縱論世界大事。

問學皮萊的兩年間，謝湧海既要聽課做功課，亦要兼顧研究室的工作。在赴倫敦前，他從未參與研究工作，加入研究室之初也只能翻譯英文文稿。但在接受皮萊的學術培訓後，開始活學活用，進步很快，撰寫不少有關英國、國際金融與銀行業的研究報告，其中不少文章被內地《經濟導報》轉載。

9 　金德琴（1921–）出任中銀倫敦分行總經理後升任該行行長，至 1985 年免職。翌年，中國國際信託投資公司收購香港嘉華銀行，時任中信副董事長的金氏赴港兼任嘉華銀行董事長，接管並重組該行。

10 　皮萊（Vella Pillay，1923–2004），印度裔南非經濟學者與社會運動家，1949 年前赴英國，在倫敦經濟政治學院（London School of Economics）修讀國際經濟，前後曾積極參與南非共產黨、南非印度人大會等政治組織，並推動反種族隔離運動的地下與宣傳工作。定居倫敦以來，皮萊一直在中國銀行倫敦分行任職研究員，期間與中國政府保持密切的友好關係，曾八度訪華，甚至獲毛澤東、周恩來等國家領導人接見；至 1977 年升任中銀倫敦分行經濟顧問，更在 1978 至 88 年成為該分行的助理總經理。"Vella Pillay," South African History Online, https://www.sahistory.org.za/people/vella-pillay，擷取於 2021 年 6 月 4 日。Ronald Segal, "Vella Pillay (obituary)," *The Guardian*, 3 August 2004, https://www.theguardian.com/news/2004/aug/03/guardianobituaries.southafrica，擷取於 2021 年 6 月 4 日。

　　皮萊的教學激發了他對經濟、政治與國際事務的濃厚興趣,這兩年也是他畢生最難忘的時光。皮萊不但是他的啟蒙老師,也深深啟發其往後的工作與著述。他認為作為政治經濟學家,皮萊政治思想進步和活躍,有正義感,除擁有專業的經濟學知識外,對社會議題具真知灼見。金德琴離任總經理後,中銀倫敦分行出現多番人事變動,謝湧海從研究室轉到外匯資金部,負責分行的外匯交易結算工作,但與皮萊的師生關係始終維繫,每天上午茶繼續,「一日為師,終生難忘」。

派駐外國的體驗

　　從研究室到資金部,謝湧海在中銀倫敦分行任職五年。對當時修讀外語的年輕人而言,能有此機會實屬難得,但人在國外不免掛念內地的親人。由於當時倫敦與中國之間的長途電話費用高昂,一

般人難以負擔，他只能靠書信與在北京的妻子維持聯繫，妻子收信需兩星期，而他要再等兩星期才接到妻子的回信。當時寫信只為表達一種思念之情，完全沒有時效性。謝將妻子五年信中描寫兒子的成長片段全部剪裁保留下來，當作一種甜美的回憶。

1980 年代正值中國改革開放初期。其時中國經濟亟待改革，出國工作不但機會難逢，而且待遇也較留在北京優越，助他改善家庭的經濟狀況。謝湧海在出國前月薪為 56 元人民幣，派駐外國的月薪遠高於在國內的收入；加上駐外的薪金以外匯結算，家人可利用外匯購買各類進口家電，有時亦可以購買舶來品如朱古力、香煙、飾品等小禮品送贈親友和同事。當時派駐外國的人員購買外國商品均有配額，每年只能購買一小件（例如相機）、一大件（例如電視機、雪櫃），每次回國只能攜帶十盒卡式錄音帶或遊戲帶，比起無法負擔進口貨品、即使有錢也沒有途徑購買舶來品的普通百姓，條件已相當不錯。

1986 年謝湧海從倫敦調回北京總行，再次加入資金部。他回國後留意到中國社會出現不少變化。60、70 年代人們都唱着節奏激昂的革命歌曲，80 年代改革開放後，鄧麗君等歌手的作品被引入中國，人們開始接觸及欣賞外國流行音樂。在派駐倫敦期間，一位好友李壯飛幫他在當地複製了不少西洋古典音樂帶回國，這些錄音帶至今仍被謝珍藏。

回北京總行工作 3 年後，他獲派駐東京分行，負責外匯交易和資金拆放。在東京的兩年，正值日本經濟的黃金時期，炒賣風氣盛行，日經指數高達 38,000 點，樓價高昂；日本同業瘋狂借入資金投資當地房地產與股票。1992 年離開東京分行後，日本經濟泡沫開始爆破，股市、樓市跌近九成，市場自此元氣大傷，一蹶不振；20 年後謝湧海再次到東京時，驚奇地發現一碗拉麵（800 日圓）與一盤壽司（2500 日圓）的價格與當年工作時相若。

加入永新實業有限公司

出任項目經理

1993 年 1 月謝湧海移居香港，加入曹光彪 [11] 創辦的永新實業有限公司，擔任項目經理。永新實業專事投資，在內地參與投資的項目有四十多個，旗下企業包括「上海永新彩色顯像管股份有限公司」[12] 等。永新實業由董事長曹光彪直接掌管，並不隸屬永新集團 [13]。曹光彪經常到公司指導業務，當時個別項目更親自考察，甚至

---

[11] 曹光彪（1920-2021），浙江寧波人，香港紡織業企業家，先後創辦太平毛氈廠、永新集團、南洋針織廠、港龍航空公司等企業。有關曹光彪及其家族的相關事跡，可見本書 178 頁。

[12] 上海永新彩色顯像管股份有限公司成立於 1987 年 12 月 18 日，主要業務為生產彩色顯像管、顯示器及相關產品。

[13] 永新企業有限公司（Novel Enterprises Limited）於 1964 年成立，1987 年上市，至 1995 年私有化，為曹光彪家族的主要企業，以紡織、印刷等為主要業務，並管理在澳門、毛里裘斯等地的海外投資。

與市長、書記見面，洽談投資事宜。

謝湧海覺得曹光彪思路敏捷、為人親切，在永新實業跟隨他做事，學習到營商之道，對自己的影響深遠。謝湧海曾請教做生意的成功秘訣，曹老用「交朋友」三個字來涵蓋。謝湧海覺得曹老做生意時十分輕鬆瀟灑，下屬心目中的大問題落到他手上，變成沒有問題，尤善於與人交往，吃飯、喝酒與跳舞應酬客戶，日常工作非常信任下屬，放手讓同事幹，指點教導之餘，又不會給他們太多壓力。

曹光彪做生意的目標遠大，不會過於計較眼前成敗得失，常以國家為念，只要對國家有好處的話，自己吃點虧也不計較。1978年11月曹光彪在珠海設立的香洲毛紡廠，就是中國改革開放後，首家港商投資的中外合資企業。另外，當年曹光彪發現《中英聯合聲明》沒有限制民辦航空，由此萌生創辦一家華資航空公司，銳意打破英資國泰航空的壟斷，促成港龍航空[14]的成立。為港龍購買飛機後，發現沒有航線，有一段時間白繳飛機在停機坪的停泊費，後來找到中信注資，並共同解決了港龍的航線問題[15]。

謝湧海視曹光彪為實業家。曹光彪在1949年帶着資金從上海到香港，之後一直開辦毛紡廠等實業，信奉「實業興國」，從不沾手房地產投資，畢生未曾自置物業，一直租住金鐘太古廣場的服務式公寓，這也影響謝湧海對實業與地產業的看法。改革開放以來，中國發展出完整的產業鏈，小至一根針，大至飛機均可由中國製造，更從「世界工廠」發展成研發中心；謝湧海認為國家在世界立於不敗之地，在中美貿易戰中保持優勢，乃依靠工業及科技的底蘊。雖

14　在時任新華社香港分社社長許家屯牽頭下，曹光彪、李嘉誠、霍英東、包玉剛連同中銀集團、華潤集團、招商局等中資企業成立港澳國際投資有限公司，並在1985年創辦港龍航空。

15　1985年11月，港英財政司彭勵治宣佈，每條航線只能由一家本地航空公司經營，當時高利潤的航線（例如香港－北京、香港－上海等）由國泰航空壟斷，港龍只能經營往來內地二線城市的航線。1989年12月，港澳國際將港龍航空26.6%股權售予中信集團，至1990年初，中信在港龍的持股量增至38%，成為最大股東（曹其鏞、國泰航空與太古集團則分別持股22%、30%及5%）。〈彭勵治談空運政策〉，《大公報》，1985年11月21日，第5版；〈國泰航太古斥資三億餘購入港龍約三成半股權〉，《大公報》，1990年1月18日，第19版。

四十年後，重返長興島。前左二為陸永康書記。

然不少中國人在同一時間通過房地產致富，但謝湧海質疑炒賣物業的風氣無助國家發展，中國需要更多像曹老這樣的優秀實業家。

在順隆行向李和聲學習

1995 年底，曹光彪斥資 7,500 萬，收購順隆證券行[16] 五成股份。當年香港金融界有「順隆三劍客」：李和聲[17]、應子賢、徐國炯。他

16　順隆證券行在 1948 年有陳亦農、邵長春等上海商人創辦；1968 年，在順隆行工作的李和聲聯同徐國炯、應子賢集資購入香港股票交易所的交易牌照，開始投入香港股票交易。2001年，順隆證券併入李和聲、李德麟創辦的大唐金融集團，二人在兩年後將順隆售予上海商人周正毅。

17　有關李和聲相關事跡，見本書 36 頁。

們均從解放前的上海證券交易所起家，後輾轉到香港發展，接手順隆行。徐國炯曾任蘇浙滬同鄉會會長，經常在外交際應酬，為順隆公司招攬客戶；應子賢在順隆主責財務及公司內務，而市場運作、股票買賣與投資管理是李和聲的專長。

曹光彪原先是順隆行買賣股票的大客戶，三位老闆鑑於年事漸高，特意邀請曹光彪入主順隆。由於謝湧海在永新實業工作已有三年，曹光彪收購順隆行後，便委任他擔任順隆行副總經理，代表自己管理順隆業務。

謝湧海雖然曾從事外匯債券，但未曾接觸股票市場，於是把握在順隆工作的機會，請教總經理李和聲，同時跟徐國炯胞弟從零開始學習股票交易，以及買賣股票的技巧和眼光。他形容李和聲為人和藹謙遜，沒有架子，對市場的判斷與處事作風，尤其如何處理客戶借貸、孖展技巧，讓人佩服。謝湧海加入順隆時，正值1997年亞洲金融風暴前夕，股市從瘋狂飛漲到股災，箇中經歷增加了他對風險的認識。而李和聲竟然提前預測到了1997年的亞洲金融風暴。

謝湧海覺得自己甫進入股票市場，已在證券行居高位，又能向幾位高手學藝，能深受李老及其作風影響，自覺非常幸運；他更形容自己在復旦學習外語，在倫敦搞過研究，在中國銀行做過資金管理，在順隆行接觸股票，這一切為後來在中銀國際從事投資銀行業務打下良好的基礎。

中銀國際十年磨一劍

拓展財富管理業務

2002年謝湧海擔任中銀國際副執行總裁，直至2013年1月退休。中銀國際早年資本金35億，每年盈利兩億多，收入主要來自買賣高息票據的息差，以及部分中銀香港的股票交易佣金收入。中

銀國際當年雖有幫企業進行首次公開招股（IPO），但為數不多。主因是無分銷渠道和成本過高，投行項目的人員薪酬待遇很高，如果缺乏強而有力的銷售隊伍，配股能力不足，利潤有限。

為了增加公司盈利，謝湧海甫加入中銀國際，即一手組建證券與銷售研究團隊，從租賃位於上環新紀元廣場的寫字樓，到聘用新人；從零售逐步涉獵財富管理、私人銀行等業務，可謂從零開始，十年磨一劍。

中銀國際以高端客戶為業務定位，提供客戶所需產品與服務。在謝氏團隊拓展與管理下，中銀國際的業務日漸多元，更是首家辦理私人銀行的香港中資金融機構，至今仍保持香港華資券商中規模最大的股票零售業務。

謝湧海表示在中銀國際拓展證券銷售的信心，來自順隆證券行的經驗，覺得證券零售作為中介業務，有利可圖之餘，只要管理有道，風險可控。因此在他任職的十年間，中銀國際未曾錄得客戶壞賬，年度盈利最高達 20 多億，更順利渡過 2003 年因非典引發的股災、2008 年環球金融海嘯等難關，亦未曾被監管機構調查處罰，證券零售至今仍是中銀國際的龍頭業務。

「港股直通車」胎死腹中

為推動國家金融改革，逐漸開放人民幣自由兌換，2007 年中國人民銀行在天津渤海新區[18] 推行試驗政策，允許當地人自由兌換人民幣、購買外匯。恰逢 2006 年起香港股市再度興旺。鑒於以上兩個條件，謝湧海建議在香港中銀國際與天津銀行之間建立一個「封閉式」管理的港股買賣渠道，即「港股直通車」。內地客戶可以

---

[18] 渤海新區地處河北東南沿海，於 2007 年 7 月成立，下轄「一市四區」，即黃驊市、中捷產業園區、南大港產業技術開發園區、國家級臨港經濟園區和港城區，常住人口 100 萬。〈新區概況〉，滄州渤海新區管理委員會，http://www.bhna.gov.cn/SortHtml/1/List_9.html，擷取於 2021 年 6 月 11 日。

在天津分行和中銀國際開設專門戶口買賣港股，戶口的資金與股票全程封閉管理，不能轉到其他銀行；客戶買入股票時，中銀天津分行會將人民幣兌換成港幣，交由中銀國際經手購股，沽售時則由中銀國際將資金轉回天津，天津分行再將港幣換成人民幣交回客戶。

買賣港股的建議從渤海新區傳到天津市政府後，主管金融的副市長崔津度接見謝湧海一行人等，並由市長出面，邀得天津外匯管理局、人民銀行與證監會的官員座談，希望落實「港股直通車」。北京的國家外匯管理總局亦支持提案，希望「藏匯於民」，讓老百姓動用部分外匯，緩解央行人民幣墊款的壓力。「直通車」亦得到香港證監會、港交所，乃至曾蔭權領導的特區政府全力支持，希望早日開通。

中銀國際為「港股直通車」提升資訊科技系統、擴充容量等準備。2007 年 8 月 20 日，國家外匯管理總局正式對外公佈，「港股直通車」方案後，引起全社會關注。一方面工、農、建行亦準備「港股直通車」預案，另一方面，外界出現各種批評聲音，質疑中國銀行壟斷「直通車」，亦質疑「直通車」為何設在天津，更有一些不清楚實況的經濟學家批評，容許百姓持有外匯會造成資金外流。謝湧海等人為此穿梭於香港、北京、天津，向有關部門解畫，但時任總理溫家寶最終表示內地投資者對香港市場認知有限，風險防範意識仍然薄弱，「港股直通車」因而被無限期擱置。

「港股直通車」胎死腹中後，針對溫總理提到的內地投資者教育問題，謝湧海等人認為有必要向內地投資者介紹香港證券市場。在時任中聯辦副主任郭莉和經濟部副部長巴曙松牽頭下，中資金融機構組織研究與寫作班子，謝湧海為編委會委員，並在 2009 年編撰八十萬言的《香港證券市場全透視》一書[19]，印刷數 10 萬冊，透過

19 　郭莉主編，王丙辛、巴曙松副主編，《香港證券市場全透視》。（北京：中信出版社，2009）

內地銀行和券商網絡派發贈閱，促進兩地證券業互通合作。這是一本為內地投資者介紹香港證券市場的專著。

參與行業組織與擔任公職

創立香港中資證券業協會

2007年，時任中銀國際副董事長林廣兆[20]邀請謝湧海擔任香港中國企業協會轄下證券行業委員會主席，謝湧海在受邀前一直專注中銀國際業務，未曾涉足香港社會事務。

當時證券行業委員會以上海實業、中國移動、華潤集團等上市公司為主體，謝湧海建議調整證券行業委員會成員，將大牌的上市公司從委員會退出去，改邀中資證券商成為會員，該建議得到中國企業協會同意，中銀國際、申銀萬國、建銀國際、廣發證券、招商證券、交銀國際、國泰君安、工銀國際、光大證券等九家券商重組證券行業委員會，謝湧海擔任委員會主席。

證券行業委員會在往後一年間擴大規模，更多券商落戶香港並加入其中，2009年10月該委員會從香港中國企業協會獨立出來，成立為香港中資證券業協會，謝湧海擔任創會會長。香港中資證券業協會由公司會員組成，都是兩地證監會認可的證券、基金或期貨公司，後來該會又分拆出中資基金業協會、中資期貨業協會兩個組織。

香港中資證券業協會至今共有136家公司會員，他們在港在

---

20 林廣兆（1934–），福建漳州人，現時是中銀國際控股有限公司副董事長、香港福建社團聯會榮譽主席、旅港福建商會永遠榮譽會長、香港中華總商會永遠榮譽會長、香港中國企業協會顧問等職。

商言商，在商言政，積極推動一帶一路[21]、大灣區[22]、滬港通[23]、深港通[24]、中港基金互認[25]等政策，撰寫專著與建議書[26]，擔當中港監管機構之間的溝通橋樑，在兩地金融融通中發揮重要作用。謝湧海在2013年獲港府頒發銅紫荊星章，中資證券業協會往後的三任會長：閻峰、譚岳衡、林涌等都被授予太平紳士稱號，足以證明特區政府認同他們的貢獻。

參 與 公 職 與 社 會 事 務

2010年，在林廣兆推薦下，謝湧海加入香港中華總商會，其後出任會董、常董、長三角委員會主席、內地委員會主席等職位，2020年出任該會副會長。

除中資證券業協會、中華總商會等行業組織外，他亦擔任多項政府公職。2012年謝向競選行政長官的梁振英建議成立金融發展局，2013年1月該局建立後，謝湧海獲任命為籌備委員會五名委員之一，並在其後擔任該局的理事。2021年6月起，謝湧海擔任

21　「一帶一路」指「絲綢之路經濟帶」和「21世紀海上絲綢之路」，為中國於2013年倡議並推動的跨國經濟戰略，涵蓋中國大陸、中亞、北亞和西亞、印度洋沿岸、地中海沿岸、南美洲、大西洋地區的國家。

22　粵港澳大灣區包括香港、澳門兩個特別行政區，和廣東省廣州、深圳、珠海、佛山、惠州、東莞、中山、江門、肇慶九市，為近年國家重大發展戰略之一，通過進一步深化粵港澳合作，充分發揮三地優勢，促成區內的深度融合，推動區域經濟協同發展。

23　「滬港通」全稱「滬港股票市場交易互聯互通機制試點」，於2014年11月17日開通，上海證券交易所和香港交易所技術連接，使內地和香港投資者通過當地證券公司或經紀商買賣對方交易所上市的指定股票。

24　「深港通」全稱「深港股票交易互聯互通機制」，於2016年11月25日開通，容許內地和香港投資者在當地互相買賣香港交易所與深圳證券交易所上市的指定股票。

25　中國證監會、香港證監會於2015年5月22日簽署監管合作備忘錄，開展內地與香港公開募集證券投資基金的互認，通過對等設置互認條件，促使互認基金在兩地市場互利發展和資金流出入基本均衡。基金互認的初始投資額度為資金進出各3,000億元人民幣。

26　例如香港中資證券業協會在2016年出版專書，分析「一帶一路」戰略的投資機遇與風險，並討論香港如何在「一帶一路」國策中發揮重要作用。譚岳衡、謝湧海主編，《香港如何「帶」「路」？》。（香港：中華書局，2016）

證監會諮詢委員會成員[27]。他亦經常在香港報章財經專欄撰文，在我們採訪他的當日，《經濟日報》就刊有他一篇有關中美貿易高層對話的評論文章[28]。

香港實業發展之興衰

上 海 企 業 家 帶 來 工 業 發 展

謝湧海認為香港經濟在過去數十年的發展中，實業起着關鍵作用。香港曾經只是一以轉口貿易為主的「小漁村」，1949 年以後，不少祖籍江蘇、浙江、安徽的上海移民，帶着資金、技術，甚至勞動力到香港，是戰後開拓香港的企業家，他們興辦的各類型實業為香港工業發展奠定良好基礎。觀塘、土瓜灣、北角、荃灣等地至今仍留有不少工廠與倉庫，見證着早年上海人對香港工業發展的貢獻。

摒 棄 實 業 與 炒 賣 風 氣 泛 濫

及至中國改革開放初期，內地勞動力價格低廉，租金便宜，營運實業的成本遠低於香港，導致不少工業北移；加上港英政府以「小政府、大市場」為經濟理念，未有為香港經濟發展建立一個明確定位，在沒有外匯管制，資金自由流動的情況下，不少企業家離開香港，改在內地或東南亞等地投資設廠。

工業北移時，香港政府無刻意保存一定的工業生產。航運、金融、保險、旅遊等專業取代工業成為香港經濟的支柱。謝湧海指出新加坡、韓國、日本等國縱使生產成本高昂，工業仍佔這些國家本地生產總值兩成多；香港工業僅佔本地生產總值的 1.5%。他認為摒棄工業令香港經濟結構變得脆弱。

27　〈政府委任 12 名證監諮委會成員〉，《信報》，2021 年 5 月 27 日，頁 A4。
28　謝湧海，〈中美貿易高層通話 3 方面解讀〉，《經濟日報》，2021 年 6 月 3 日，頁 A10。

對今日香港發展的見解

謝湧海認為今日香港擁有多所全球名列前茅的大學,但卻缺乏工業,大學畢業生落腳之地不多。另一方面,香港政府財政儲備非常充裕,除 2020 年因為疫情而出現赤字外,一直都有盈餘,但政府對科研的投入只佔本地生產總值的 0.9%,遠遠不及深圳的 4.9% 與全國整體的 2.7%。政府應該致力建立基於信息、數據與人工智能的「第四產業」,提出規劃方向,並制定各種配套政策,以鼓勵、吸引人才與企業到香港發展。

他指出香港目前有四千多名國際一流的大學研究員,撰寫大量在國際學術期刊發表的論文,但香港申請的國際專利只是新加坡的零頭,且缺乏技術人員,意味着研究成果對香港本身沒有得益,往往拱手相讓與其他地區。因此,他提倡香港融入粵港澳大灣區,協同深圳等地的實業、技術,發揮科研優勢。

論及香港土地問題時,謝湧海並不認同香港缺乏土地的看法。他指出香港有大約五成土地由政府擁有,其餘業權大部分屬發展商。問題癥結在政府長期未有更新土地政策,疏於管理,令新界不少土地被侵佔,成為停車場、農地、垃圾堆填區等,加上丁權問題,回收這些土地變得相當複雜。他雖然認為填海造地未嘗不可,但這是遠水解近渴。當下規劃好北部都會區,建設科創中心和高端工業產業,對香港經濟民生,乃至青年發展至關重要,也有利於發揮香港所長,服務國家所需。

對香港上海總會的評價

謝湧海蒙李和聲、李德麟父子推薦加入香港上海總會。他讚賞總會成就。香港上海總會的菜餚廚藝精湛,價錢合理,環境十分整潔、舒適,會員因而樂於到總會用膳,為香港的蘇浙滬同鄉好友聚首一堂,建立了一個良好的社交平台。除提供餐飲外,香港上海總會亦組織不同類型的文藝、娛樂和康樂活動,從流行歌曲歌星青

山[29]，到京劇泰斗梅葆玖[30]等均曾應李和聲等元老之邀，到香港上海總會獻藝，他有幸與梅葆玖在總會會所合影。香港上海總會曾多次在北角新光戲院舉辦京劇表演[31]，會所更設卡拉 OK 設備，讓會員同歡。

謝湧海認為香港上海總會是一個愛國愛港的社團，擁護香港特區政府依法施政。近年來，無論是反對街頭暴力，乃至支持實施《香港國安法》[32]、新選舉制度[33]等措施，總會的政治立場均與中央及特區政府保持一致。

他又讚許香港上海總會的慈善工作，例如參與公益金百萬行，在香港設立安老院[34]，並資助內地貧困地區各項教育、醫療項目，李和聲家族向香港中文大學捐款，於 2007 年創辦和聲書院。謝湧海認為香港上海總會主要由商界人士人組成，他們出錢出力，不謀自身利益而致力服務社會，實踐「取之社會，用之社會」的公益責任，為社會帶來正能量，亦為總會建立信用。

---

29 青山（1945– ），本名張鐵嶽，浙江諸暨人，台灣著名流行音樂歌手。

30 梅葆玖（1934–2016），江蘇泰州人，京劇表演藝術大師梅蘭芳之幼子，為家中唯一繼承梅派藝術的成員，工旦行，中國國家一級演員、梅蘭芳京劇團團長。

31 例如香港上海總會為香港回歸十周年，其京劇組聯同訪港的中國京劇少年團，在 2007 年 6 月 30 日假新光戲院聯袂演出一場，李尤婉雲等在李和聲親自抄琴下，演唱《坐宮》、《穆桂英掛帥》等唱段，而少年團演員則演出《扈家莊》、《雁蕩山》、《林沖夜奔》等武戲片段。〈李和聲优儹扶持京劇新苗〉，《文匯報》，2007 年 6 月 27 日，頁 A33。

32 全國人民代表大會常務委員會在 2020 年 6 月 30 日通過《中華人民共和國香港特別行政區維護國家安全法》，該法以全國性法律形式，納入香港特別行政區《基本法》附件三，自翌日起在香港實施；《香港國安法》明文禁止、懲治在香港特區實施分裂國家、顛覆國家政權、組織實施恐怖活動和勾結外國或者境外勢力危害國家安全等犯罪。

33 全國人民代表大會在 2021 年 3 月 11 日通過《全國人大完善香港選舉制度的決定》，修改香港特別行政區各級選舉，包括行政長官、選舉委員會委員、立法會議員的候選人參選資格與議席產生辦法，以配合香港特區落實「愛國者治港」的管治模式。

34 香港上海總會分別於 2010 年及 2015 年，為社會福利署屬下一間位於何文田的護理安老院，以及協康會一間康復中心出資，分別為「鄰舍輔導會上海總會護理安老院」及「協康會上海總會油麗中心」。

成功之道

不斷學習

謝湧海的成功之道有四，首要是不斷學習。他認為古希臘思想家梭倫「活到老，學到老」的格言知易行難；又引「書山有路勤為徑，學海無涯苦作舟」之古訓，勸勉自己唯有不斷勤奮用功方能實踐「活到老，學到老」。

他進一步指出，當今世界進入資訊爆炸的信息社會，知識更新速度迅速，一個即使在學校時曾是高材生的人，若不持續學習，定必落後。大學所學的知識對於投身社會雖然有用，但用不到幾年就會變得落伍；因此學校主要教導的應是學習方法，一旦掌握學習方法，往後必須努力勤奮，不斷學習，方能有所成就。

學以致用

謝湧海認為學到的知識需要應用才有價值。一個人在小學、中學及大學學到的知識，使自己能在未來找到一份工作，但一輩子能夠吸收的學問始終有限，窮盡精力亦只可覓得知識大海的一滴水。因此開始工作後，應有目的地學習，思考如何將新知識結合工作與社會責任，將知識轉化為實踐；無論是工科、理科還是文科，只要與工作有關就必須學習，尤其要致力在工作上應用知識、發揮創意，而非單純空談理論。

大局觀念

謝湧海認為一個人在學以致用之餘，亦應學會顧全大局，不能只着眼自家一畝三分地。假若所有國民都單只謀求個人的生計，缺乏國家大局與服務社會的觀念，國家就會變成一盤散沙，難有前途。因此個人在工作崗位上也要關心國家政策。他退休後卻退而不休，仍然擔任諸多社會職務，在就人民幣國際化、大灣區、一帶

一路等國策進言獻策。他認同能者多勞,覺得如今中國人在顧及自己小我的同時,更應有國家的大局意識;尤其在中美貿易戰等背景下,要充滿民族感。

懂得感恩

一個人的成功固然是個人努力使然,但謝湧海認為,一生之中有很多幫助過自己的人,亦是成功不可或缺的。因此他會好好記住每一位曾扶持過自己的人,對他們始終存有一份感恩之心。

他的一生之中,有幾位需要道謝的人:首先是「插隊落戶」期間賞識他在公社的工作表現,給他機會上大學的大隊書記陸永康;派駐倫敦時經濟學啟蒙老師皮萊;安排他問學的中銀倫敦分行總經理金德琴;在永新實業傳授「交朋友」的投資之道,後來更讓他到順隆行的曹光彪;讓他認識股票與風險管理的李和聲;派遣他到中銀國際任職的中國銀行行長劉明康[35];邀請他參與香港中國企業協會,後來更介紹他加入香港中華總商會,使他十多年來投身社會事務的林廣兆。最後,他也要感謝幾十年如一日幕後關心和支持他工作的妻子周小妹。

回顧個人的成長經歷,深感自己有不足之處,但在關鍵時刻總會有賢人相助,給自己力量與教導,成就如今的他,讓他學會感恩。感謝祖國在過去數十年營造一個和平、興盛的環境,把香港建設得如此繁榮。因此每當國家出現地震、水災、疾病等災害與困難,從汶川地震到武漢疫情,他都義無反顧,踴躍捐輸。

35　劉明康(1946−),福建福州人,2000 年 2 月至 2003 年 3 月任中國銀行、行長、黨委書記。

上海的黃浦江（左）與香港的維多利亞港（右）。

蒼茫滬港

儂上海閑話講得來伐？

聽是聽得懂一眼眼，

講是講勿來個。

張宗琪

拓展美國市場的香港

訂製男裝洋服

職銜

上海總會副理事長
寧波同鄉會常務理事
香港奉化聯誼會會長
寧波市政協委員
上海海外聯誼會理事
寧波海外聯誼會理事

家庭及教育背景

　　張宗琪（Tony Chang）1956 年生於香港。現為本地著名訂製男裝洋服「詩閣」（Ascot Chang）的董事總經理，祖籍浙江奉化，父親張子斌，1923 年生於浙江奉化，1953 年在香港創辦「詩閣」品牌。張宗琪在家中排行第四，有兩位姊姊，一位哥哥和一位妹妹。夫人乃人稱「順隆三劍俠」（李和聲、應子賢、徐國炯）[1] 之一應子賢的千金，二人育有二子一女：大兒子張奕庭（Justin）、二兒子張奕衡（Ian）和小女兒張奕琳（Janith）。

1　李和聲、應子賢、徐國炯是股票交易商順隆集團的共同創辦人。

　　張宗琪在香港接受基礎教育。小學就讀於一所教會學校——牛池灣聖約瑟小學，初中升讀聖約瑟中學。由於父親沒有接受良好教育的機會，寄望下一代能透過教育改變命運，故十分重視子女的教育。他在香港完成初中後，就遠赴加拿大多倫多寄宿學校升讀中四，入讀胞兄較早前已就讀的同一所寄宿學校，兄弟倆互相照應。張宗琪在寄宿學校讀了三年，高中畢業後考入魁北克省蒙特利爾的著名學府麥基爾大學（McGill University），主修數學和計算機工程。張宗琪述說當時的所謂「計算機」（電腦）非常落後和笨重，像今天普遍使用的桌面電腦的記憶體，需用一個房間來儲存，而且要用不同打孔卡紙來操作相關程式，編寫一個很簡單的電腦程式，需耗費大量的時間和心力。他在大學的主修科與畢業後從事的男裝洋服業雖無直接關係，但在大學學會了邏輯思維和獨立思考能力，這對日後管理公司具實際作用；此外，他就讀大學期間信奉了基督教。

　　1973 至 74 年間，張父確診心臟病，1975 至 1976 年間往美國接受心臟搭橋手術，身體自此大不如前，無法再處理公司繁重的業務，急需接班人。由於兄長已在加拿大開展資訊科技工程事業，姊

姊也在芝加哥加入銀行界，1977年張宗琪剛好大學畢業，與父親商量後便回流香港幫忙打理家業，減輕父親的負擔。他當時希望先在家族公司工作三至五年，評估自己能否適應再作長遠打算。但接管父親的生意後，張宗琪發現自己漸漸愛上該行業，更從海外及本地的老顧客口中，知悉父親卓越的裁縫技藝和敬業樂業的精神，深受父親建立家族企業的堅毅精神感動，決定繼承父業，成為第二代接班人，全情投入家族生意。

艱苦創業：張父南來香港奮鬥的歷程

1937年，年僅14歲的張子斌，從奉化到上海拜師學習縫製男仕襯衫[2]，滿師後協助師傅打理裁縫生意，遊走上海與南京之間。1940年代末上海經濟動盪，通貨膨脹十分嚴重。其時張子斌新婚燕爾，大姊也剛臨盆，為了維持家計，毅然隻身從上海遷往香港謀生。一家人很不容易籌集了約10元美金給他作盤川，又得到友人的協助，找到俗稱「屈蛇」的途徑藏匿在前往香港的輪船艙底，從上海偷渡到香港。到達香港後，張子斌投靠一名做洋服的親戚，暫居於港島銅鑼灣糖街的唐樓，更以「朝行晚拆」的形式在騎樓開了一人工場，提供訂製恤衫服務。張子斌最初在中環商業區招攬生意，服務對象以上海商人為主。因具備上海裁縫的手藝，能操上海話，又掌握南來上海商人的衣着風格，生意發展漸上軌道。1951年，張子斌的妻子也從上海來香港定居，一家人先住在糖街，後搬到灣仔。

創立「詩閣」（Ascot Chang）

1953年張子斌用自己的洋名在香港創辦了男裝洋服品牌（Ascot Chang），公司英文全名是：Asoct Chang Underwear Co. 中文

2　香港慣用英語 shirt 的拼音「恤衫」

名稱為「新星公司」。後期才命名「詩閣」為其品牌的中文名字。始創店位於九龍尖沙咀金巴利道，當年傳統英式訂製恤衫專門店被定為內衣公司，因為所有穿着在西式外套（俗稱西裝）裡面的衣物都被視為內衣，包括恤衫、短內褲，另加晨褸和睡衣等。傳統英式洋服可分為西裝和恤衫兩大類別，而詩閣早期主要提供恤衫的訂製服務。英國倫敦市中心的薩佛街（Savile Row）便以代客度身製造西裝馳名；至於附近的傑明街（Jermyn Street）則是代客度身製造男裝恤衫和各類英式紳士用品和服裝配件的集中地。

1950 年代香港的金巴利道是訂製西裝和恤衫的集中地，大概有十多家風格和款式不同的洋服舖，大都由南來的上海裁縫經營，店舖彼此之間往來頻繁，維繫着同鄉鄰里之情，各店更不時會按顧客的需求互相推介，發揮經濟的連鎖功能。張宗琪指出香港倘能像倫敦般，保留金巴利道作為代客度身訂製男洋裝的集中地，相信金巴利道今天也能成為一條甚具香港特色的「裁縫街」。

業務的擴張：從上海顧客到歐美常客

　　詩閣的業務發展是戰後香港經濟發展的一個縮影。詩閣以度身訂造高級男裝定位，顧客非富則貴，客源從本地到外國的上流社會菁英，隨着不同時代轉變，見證着戰後香港不同年代經濟發展的特色。

　　1950 年代初期，大量上海商人南來香港發展，在中環工作的上海商人是詩閣的主要客源。上海素有「十里洋場」的稱譽，是中國最早對外開放的城市之一，西化程度冠絕全國，訂製西裝在上海早已發展成熟，上海人對衣着品味緊貼外國潮流，要求也比較高。南來香港發展的上海商人如包玉剛、邵逸夫、王統元等抵港後，發現在香港要找到能與上海裁縫師傅手工媲美的西裝甚難，張父的精湛手藝開拓了訂製恤衫生意的發展空間。礙於早期英語能力較弱，張父並未積極開拓外國市場，生意網絡以上海顧客為主。

　　上海和廣東裁剪技法並不盡同。張宗琪認為廣東裁縫縫製恤衫為了配合身材較瘦小的廣東顧客，在剪裁上會較為平板，工藝上較簡單，而價格方面也較大眾化。上海裁縫受外國文化影響較深，擅長剪裁尺寸較大的恤衫和西裝，講究恤衫的立體程度，尤其要凸顯胸部和腰部的立體形態，剪裁時會因應顧客的體型，身材的優點和缺點，相應調整恤衫各接駁位置，並採用密針（20–22 針）和單針包骨的英式傳統技法來裁和縫製，盡量突出顧客最美好的體態；恤衫也會按照顧客肩部的斜度調整，按需要解決斜肩的問題；並特別關顧衣領，因衣領是一件恤衫的靈魂，領形要跟臉形和身材配合，量度領圍更要準確，務求讓顧客不但穿得舒適，外觀也大方得體，亦是裁剪刀功和車線技巧的展現，絕不會出現「衣不稱身」的情況。這種嚴格按照顧客體型和要求裁製的恤衫，並非一般成衣所能比擬，訂製恤衫使顧客穿起來「四平八穩」，大方得體，這是訂製恤衫時至今日仍在市場穩佔空間的關鍵。

　　1960 年代，詩閣生意漸趨穩定，並擴展業務至兩家門市，舖面面積由 400 至 500 平方呎增加至約 1,000 平方呎。而來自歐美的遊

一九五三年，Ascot Chang 位於香港尖沙咀金巴利道三十四號的第一個店面櫥窗，店前面二人的右邊是張子斌先生。

客也逐漸取代上海商人成了詩閣最主要的客源。由於在香港訂製恤衫價格遠比倫敦、紐約等大城市相宜，因此很多歐美旅客來港時會順道大量訂製不同顏色和款式的恤衫，詩閣的生意也愈來愈好。1963 年，詩閣在世界各地遊客雲集的尖沙咀半島酒店開設分店。1960 年代是香港製衣和輕工業發展的黃金時期，不少歐美來港訂購加工製品的買家，也會到詩閣訂製恤衫。此外，不少國際時裝品牌的設計師會把設計圖樣交予詩閣的裁縫裁製，將完成的設計樣版交香港廠家生產。憑着良好的品質和服務信譽，詩閣在歐美各國的高級訂製恤衫市場嶄露頭角。

1967 年，香港爆發六七暴動，歐美遊客大減，詩閣的生意亦大受影響。雖仍有外國顧客透過電報訂製恤衫，但難以彌補損失，單

靠中環商業區的本地生意並不足以維持詩閣的營運成本。張子斌遂與隔鄰西裝店的東主一同遠赴美國，尋找新的商機。他在臨出發前致函美國各主要客戶告知公司將在美國各大城市舉辦展銷會（Trunk show）[3]，請各客戶繼續支持詩閣。

張子斌在美國逗留了三個月，除了在紐約、洛杉機等大城市開展銷會外，也到訪各地的鄉郊城鎮，發掘具潛質的新客戶。由於初到美國，不熟悉當地地理環境和交通狀況，往來各城市與郊區耗費了大量的交通時間，效果不彰。遂改動行程，把展銷會集中在紐約、洛杉機和邁阿密等商業大城，這些推廣活動成為詩閣日後在美國開設分店的基礎。

子承父業：擴展美國市場版圖

1977 年張宗琪回流香港學習家族生意，先在生產部門工作了一年多，學習裁衣和車衣技巧，透過參與生產工作了解生產流程各項細節及顧客的需求，這對他日後管理公司帶來了莫大的裨益；另一方面，張也在公司的寫字樓，學習處理營運的行政事務。

在張子斌的努力下，詩閣在美國當地的高級訂製恤衫市場已建立起一定的聲譽，客戶數量數以千計，張宗琪認為這是在美國開設分店的最佳時機。1985 年，他代表公司到美國紐約開設新店，負責選址、設計裝修、優化品牌形象和宣傳等工作。後又在洛杉機開設第二家分店。

在美國營運期間，張宗琪對紐約猶太裔顧客印象最為深刻，他們對恤衫的品質要求極高，諸如恤衫的物料，剪裁技巧，以至設計，也獨樹一格，這些衣着品味是經年累月由家庭培養出來，上海話講是「着客」；此外，他們一般相當富裕，對每件縫製費用高達

3　Trunk show，中文翻譯為「行李箱秀」，一般是指高端服裝品牌，為重要客戶專設的非公開產品展示會。

160 至 300 美元的恤衫從不吝嗇，亦曾有客人寧願要求分期付款，也不會退而求其次，購買檔次稍遜的恤衫，可見個人對衣着的要求非常執着。

1970 至 80 年代，詩閣的客源也隨着時代有所改變，香港的出口產品也漸趨多元化，故此歐美電子產品和塑膠玩具商家的顧客愈來愈多。1980 年代末，隨着香港工業北移，本地顧客轉以從事金融的菁英為主，尤以外資投行如瑞銀集團（UBS）、摩根士丹利（Morgan Stanley）等外國駐港的歐美專才為多。因此，張認為「詩閣」顧客的轉型也是戰後香港經濟發展的縮影，公司的服務對象反映着各行各業的興衰。

創業難，守業更難：家族生意的傳承

自 1977 年接管家族業務後，張宗琪遇到不少困難。一開始接手時，作為「太子爺」的他需要督導很多年資和經驗比他豐富的員

工和老師傅，壓力很大，唯有凡事親力親為，以行動證明他的誠懇和願意學習的態度，並經常與老師傅溝通，在表達自己的意見時，以尊重前輩的經驗為大前提，邊做邊學，才逐漸取得員工的信任。

資深員工對公司忠心耿耿，與公司關係密切。時至今天，美國紐約的分店仍由張子斌的高徒打理，前半島酒店分店的經理亦是張子斌的徒弟，至於香港廠房則由張子斌的徒孫接任廠長，公司在內地寧波也設有廠房。現時香港廠房約有 60 位員工，分為多個部門，主要是恤衫和西裝兩大部門，工序方面則有選料、繪畫紙樣、裁衣、做衣領和熨衣等，負責熨衣的員工需要把每個工序的布料熨得貼服以確保縫製的衣服順滑，確保後續工序能夠裁製出優質產品。張宗琪指出公司現時最大的問題是人手短缺，裁縫師傅出現青黃不接的情況。過去十年，香港基本上難以吸引新人入行，不少新入職的年青人上班不到幾天便放棄，要求離職。公司只能在內地招聘裁縫學徒。

至於家族生意的傳承，張宗琪沒有期望子承父業，但出人意表地，大兒子 Justin 在康乃爾（Cornell University）大學修讀與紡織相關的學科，2008 年畢業時遇上金融海嘯，答應聘用他的體育服裝公司突然宣告倒閉，Justin 其後在一家國際時裝採購公司實習，同時周末往詩閣在紐約的分店幫忙。在紐約分店工作期間，建立了對家族生意的興趣，並選擇加入公司長期協助打理業務。

近年來，年青一代對恤衫和西裝的需求有所改變，追求更為輕便和半正式的恤衫服裝。張宗琪的兒子有見及此，便協助公司開發了新的產品線，以半正式休閒裝（Smart casual）的風格為重點。他認為半正式休閒裝（Smart casual）風格於 2001 年起流行，事源日本東京的年青一代男仕追求復古，對傳統英式和意式恤衫產生興趣，再結合年輕人的生活模式和品味，使高級優質的訂製恤衫和西裝產生了新需求，這潮流也為高級訂製恤衫和西裝帶來新的客源。

張宗琪認為高級訂製男裝以顧客需求為主導，成衣的款式和用料未必能滿足高端顧客的要求。以恤衫衫領的款式為例，可以有數

一九八八年，Ascot Chang 位於美國紐約五十七街七號的店舖。

以百計的變化和配搭，比如「八字領」可以有很多不同的種類，訂製恤衫彰顯個人品味。一直以來訂製服務的顧客仍然以年紀較長的商人和專業人士為主，但近年因網上資料豐富，吸引時下並培養出新一代的着客，有一批也成為詩閣的新客戶。

這兩年的社會運動和全球疫症大流行，對張的業務帶來極大的挑戰和困難。在疫症肆虐下，環球旅遊中斷，商業差旅大幅減少，加上在家工作興起，市場對訂製西裝和恤衫的需求大減。香港政府封閉關口，禁止外國商人和遊客入境，詩閣亦受到很大的衝擊，業績滑落。雖然有些商場業主願意調減租金，但租金成本仍然佔公司開支的重要部分。故公司也被逼收縮業務以保留實力。疫症為公司帶來另一項的負面影響，就是在控制成本和維持員工生計之間出現

第三章　薈萃滬港　　　　　　　　　　　　張宗琪　　373

了兩難的局面，老一輩的員工很多在這一波疫潮中退休了，可幸公司仍能保留香港和寧波自置廠房和一班較年輕的師傅，確保有足夠的人手應對復甦後可能增加的訂單。

張宗琪進一步明白在疫境中家庭支持的重要性，基督教信仰是他積極面對難關的動力。公司的經營之道在上下團結一心，建立良好的團隊，方能按照顧客的要求，準確地完成任務，貨銀兩訖，顧客滿意加單，才能稱之為成功地做好一張訂單。因此，他強調訂製服裝行業必需要以客為先，滿足顧客的需求，才會有生存及持續發展的空間。

上海文化的邂逅和承傳

張宗琪在香港土生土長，廣東話是母語，成長的歷程與地道的香港人無異。雖然父母多以上海話溝通，自己能夠聽得懂上海話，但在會話方面並不是太流利。父親與上海友人如應子賢（後成為親家）、李和聲等主要以上海話溝通，因此廣東話遠不及兒子流利，時常鬧出笑話。他憶述父親有一次要乘坐的士到半島酒店，上車後以上海話跟司機說「半島」，而他說的「半島」讀音與廣東話的「富都」相近，結果司機把父親載到油麻地的富都酒店[4]，而不是尖沙咀的半島酒店。

張宗琪自 1977 年入行後，與上海顧客交往更為密切，上海話逐漸有所進步。在 1990 至 2000 年代，公司在上海和鄰近地區開設分店，需常常與上海當地的顧客和員工溝通，講上海話的機會也多了，變得更流利，但他所說的上海話仍然帶有強烈的廣東口音。

張宗琪透過長輩介紹認識祖籍同樣是浙江寧波的妻子，二人在 1984 年結婚。岳丈是上海南來的金融家應子賢，妻子從小便以上海話與岳父母溝通，因此上海話比他流利。

4　香港富都酒店位於油麻地彌敦道，1994 年時被拆卸，今已改建為永安九龍中心。

他認識的上海文化，飲食佔重要位置。在出國到加拿大讀書前，常吃到母親在家裡烹調的上海菜；1970年代回流香港後，家裡聘請了一位廣東家傭，除了會燉廣東老火湯和做粵菜外，也會燒百頁紅燒肉、烤麩等傳統上海菜。岳丈是一位美食家，其家傭練得一手好廚藝，烹調的上海菜既美味，也非常正宗，岳丈常常在家宴請各方好友，共享美食。張宗琪獨自在國外生活時，心中最惦記的卻不是上海菜，反而是一碗港式雲吞麵，這也許與他在香港成長有關，足見他心繫香港。加入香港上海總會對像他並非在上海土生土長的「上海人」而言，顯得格外重要，因為這給予他們重新認識和承傳上海文化的機會。

香港上海總會的社會功能和展望

張宗琪認為香港上海總會在香港具有承傳上海文化的使命。約在1982至1983年間，他在父親推薦下加入總會。最初只是一名普通會員，由於香港上海總會中環會址地理位置方便，他常常與生意友好在會所聚餐；而香港上海總會餐廳供應的上海菜式的水準甚高，當中以前會長命名的「王劍偉翅」尤為突出。

2015年張宗琪加入香港上海總會理事會，2017年成為副理事長，擔任公共關係委員會主任委員，負責總會的公關事務。他很認同李德麟會長要確立總會社會形象，為總會「正名」的目標。目的是改變目前社會大多數人認為總會是一間很成功的上海餐廳，但鮮有人知道它是一家服務香港社群的本地慈善組織。張宗琪認為香港上海總會既然投放了大量資源在各項社會服務，如資助老人服務、捐助本地大學、協助內地大學生融入香港生活等，應該提醒香港政府和社會各界總會對香港社會所作的貢獻，並加以發揚光大。

展望將來，張宗琪認為總會應該進一步年輕化及多元化。上海和香港都是多元化的國際大都會，總會在如何融合香港和上海兩地的文化，促進年青一代的交流發展這兩方面，未來應會發揮更重要的角色。

趙亨文

放下投資計算的投資者

家庭及教育背景

　　1957年生於香港的趙亨文，雙親皆為浙江寧波人，他在家中排行第三，上有兩位兄長。於香港基督教學校聖保羅書院完成中小學教育後，中六、中七升讀新法書院；1977年預科畢業後，赴美國留學；1980年於印第安納大學（Indiana University）取得商科學位；畢業後於美國通用公司（General Electric Company）工作，1985年取得芝加哥大學（University of Chicago）商業管理碩士（MBA）學位；碩士畢業後加入芝加哥第一銀行（First National Bank of Chicago），前後工作了四年，旅居美國的生活長達十年。1987年回港，繼續任職芝加哥第一銀行，1990年赴泰國，發展創投（私募）基金。

　　1985 年，趙亨文與於 1975 年相識的女友 Winnie 在香港結婚。二人在新法書院唸書時認識，彼此交往長達十年。Winnie 是香港理工大學及印第安納大學畢業生，後亦赴芝加哥大學修讀商業管理碩士課程。她並非寧波人，與趙亨文育有兩女，長女 April 於 1985 年在美國出生，幼女 Cherie 則在香港出生。2000 年，Winnie 不幸因病逝世。

　　趙亨文及後與 Elaine 再婚，育有一子一女。Elaine 畢業於香港中文大學會計學系，曾參與審計及中資機構的財務管理工作，婚後除照顧家庭亦全力支援趙亨文的投資事業。2022 年女兒 Evelyn19 歲，曾就讀聖保羅男女中學附屬小學及中學，高中畢業於新加坡聯合世界書院，兒子 Evan 比女兒小 3 歲，亦曾就讀聖保羅男女中學附屬小學，現就讀於聖保羅男女中學。

旅居泰國發展私募基金

趙亨文在銀行累積融資經驗，思考下一步想做些什麼，雖然父親在香港已有豐富的人脈網絡，但他更想獨立發展事業。他的初心想通過基金資源及融資等去發掘有潛質及熱誠的企業家，有成長空間的行業，從而扶持及協助這些企業發展及實現他們的潛在價值，於是決定加入創投行業。當時私募基金尚未流行，機緣巧合趙碰到芝加哥留學時同學 Mr. Chali Sophonpanich，他的家族在泰國經營盤谷銀行，並且聯同漢鼎創投（H&Q Asia Pacific）[1] 在泰國創立創投基金，趙亨文加入了此創投基金。公司主要投資美國、亞洲、以及中國內地等地。

其時趙亨文決心離開自己在香港的舒適圈，全家搬到泰國定居，全情融入當地的社交圈子，全方位融入泰國文化，他與當時的妻子 Winnie，還有女兒均學習泰文，女兒在當地國際學校讀書，結識本地朋友，Winnie 雖有與趙同等學歷，不惜錯過自己事業發展機會，在工作及家庭上全力配合丈夫的事業發展。他們喜歡泰國人友善及當地美食及節日，治安及居住環境良好，加上生活水平較低，生活節奏並不緊張，雖然交通經常堵塞，但大家都習以為常。

當時由於泰國對外國投資沒有太多限制，資金可以自由進出，外資公司可百分百全資擁有廠房及土地，公司亦可靈活聘用外地人，因此趙亨文選擇在泰國發展，沒有兼顧在中國內地的投資。其時投資內地所需的人際網絡與泰國並不相同，金融法規與其他地區不同。要建立內地人際網絡，不是一時三刻可做到，而是要長時間在內地經營的，因此未有兼顧發展中國市場。

私募基金的任務，主要是協助旗下所投資的公司的發展路線的

---

1   漢鼎亞太（H&Q Asia Pacific）1985 年由徐大麟博士（Dr. Tsu Ta-lin）創立，初時為美國投資銀行 Hambrecht & Quist 屬下機構，為亞洲第一間美國式的風險投資公司。見「漢鼎亞太」網站：https://www.hqap.com/index.php?version=tw，擷取於 2019 年 11 月 1 日。

二〇一九年與李德麟、貝鈞奇在北京出席七十周年國慶活動。

管理及成長、籌措上市，上市後出售股票，再將所得利潤回饋投資者。簡單來說，即集合資金投資具有潛力的私營企業。要物色具投資回報的企業，除人脈關係以外，更須懂得分析一間公司是否有具備發展潛力，了解其可以改善的地方。漢鼎創投的投資對象以每年營業額達數千萬至數億美元的中型企業為主。

趙亨文負責洽商項目、蒐集及分析資料，並擔任注資公司的董事，協助公司改組、改革、上市融資。雖然他未必熟悉行業運作，但對財務管理、本地人際網絡均具豐富經驗。在融資方面，基金協助公司與銀行洽商，加強銀行對公司的信心：例如向銀行分析公司的營業狀況，與銀行高層如主管、行政總裁及董事局成員洽談。雖然泰國人有自己的生意網絡，但他們亦樂意透過趙亨文取得外來的機會，因此他扮演着重要的橋樑角色。

在工作上，趙亨文懂得以靈活的方法居間解決一些外資公司及本地公司的問題，例如銀行一般要求外資公司簽署大量複雜的以

第三章　薈萃滬港　　　　　　　　　　　　　　　　　　　　趙亨文　　379

泰文為主的文件，但有些外資公司則希望手續儘量簡化。他適當地把文件簡化，將一份繁複的投資文件簡化為三頁，只列出條款的重點，讓有興趣的投資者很快能掌握重點。

經由盤谷銀行家族，他漸漸透過不同家族之間的關係建立網絡，泰國商場較重視家族關係去建立的人際網絡，面對泰國人及外國人彼此價值觀的差異，趙亨文以變通及平衡各方的做事方式，於是取得泰國人的信任，讓泰國人感到他是真心提供協助。同時間亦得到外國人的信任，並建立互信基礎。

他認為處事公正、廉潔是成功的關鍵，因為信譽很重要，在行內工作一段時間後，同業開始認同他的專業意見。累積了三至四年經驗以後，逐漸開始建立個人的聲譽。並開拓與台資電子企業的合作關係。1989 年民運後台商到內地投資的意欲減低，而 1990 年代泰國的生產成本較低，台商轉往泰國投資。由於台資企業不熟悉泰國當地銀行的融資環境和上市程序，需要中介公司協助，於是他扮演重要的角色。

趙亨文透過漢鼎的良好人際網絡，接觸及認識在泰國的台資企業，這些企業非常欣賞他的人際網絡，彼此合作關係很有默契。他幫助一些台資企業發展，例如高效電子（群光電子）等。透過漢鼎創投基金獲得共同投資機會，讓他賺了人生的第一桶金。

他亦協助泰金寶的上市工作。泰金寶業務遍佈全球，主要生產打印機等多種電子產品，現時是這些產品全球最大生產商。其於1990 年代末在泰國上市，公司的規模及營業額龐大，但相對的利潤顯得微薄，趙亨文支持泰金寶轉型，從代工生產，轉型為兼營產品設計，包辦整個設計及生產過程，令公司附加值增加。泰金寶在台灣創立，其後在大陸、菲律賓、巴西等地開設子公司，規模漸趨龐大，並成為泰國五大出口商之一。至目前為止趙亨文仍為泰金寶的董事。

1997 年亞洲金融風暴，泰國首當其衝，一夜之間泰幣大幅貶值，趙亨文在市場恐慌時謹慎投資股票，幾年間的經營令投資價值

倍翻，這讓他賺了人生的第二桶金。這曾是趙亨文津津樂道的「戰績」，但回頭看來，在風口中賺錢亦為他增加了很多壓力及憂慮。

回港照顧雙親、發展政協及社會公益事業

趙亨文在事業努力向前終有成就時，妻子 Winnie 卻因患惡疾，身體在幾年之間漸趨衰弱，終於 2000 年病逝。Winnie 與自己一齊渡過艱難時間，卻未能共同享受成果，使趙亨文感到十分愧疚。

雙親在 Winnie 患病期間幫忙照顧，直到 Winnie 過身。他有感雙親已年邁，自己應負起照顧他們的責任，遂和女兒們回流香港定居。2001 年遇上第二任妻子 Elaine，結婚後趙亨文繼續忙於香港與泰國之工作之旅，把照顧女兒及父母的工作交給了 Elaine。

2003 年母親中風臥床，父親亦相繼患病，趙亨文負起照顧雙親的責任，在幾年間逐漸減少在泰國的投資業務與工作。

趙亨文開始關心國家的發展，機緣使他獲邀成為省及市政協委員，並得到很多學習機會了解國家政治、經濟及社會的政策及發展。同時間亦參與不同鄉氏聯誼會的社會公益事業。

投資研發太陽能技術及投資獨角獸企業

2009 年趙亨文認識華籍工程師黃世壬，開始投資研發銅銦鎵硒合金薄膜太陽能生產設備，並成立生陽太陽能科技集團，公司宗旨是在中國發展新一代的太陽能產業，自創銅銦鎵硒合金薄膜太陽能（copper indium gallium selenide，簡稱 CIGS）核心技術。當年投資太陽能行業的氣氛火熱，很快就能籌措資金，股東除了趙亨文及黃博之外，亦包括盤谷銀行及他的朋友們。

這投資項目與趙亨文以前所做的很不一樣，他除了是投資者，亦肩負管理的角色，帶領整個研究工作的研究成果，並轉化為商業化生產。他原以為這是以前創投的模式，包括發展重組壯大、上市及套利，低估這工作的難度及資金的需要，但趙亨文及妻子 Elaine 也全情投入，踏踏實實工作，努力克服一關關難題，希望為國家發展獨有的 CIGS 的生產設備及制程技術。

公司最初在香港科學園設立研究所，香港政府亦投放了一些資金[2]。當時市面上普及的太陽能板是晶硅技術，其好處是生產已經標準化，可以量產，成本甚低，但不足之處是生產過程中的材料清理涉及很多水和電的消耗，電的投資期長達 8 年等。生陽集團嘗試開發的是銅銦鎵硒（CIGS）的生產設備及制程技術，這種技術有機會

---

2   2010 年，趙亨文在香港創立生陽集團，研發銅銦鎵硒（CIGS）技術生產太陽能板，獲香港政府創新科技署資助 340 萬美元，又獲泰國盤谷銀行注資作第二大股東。翌年，生陽集團於寧波市鎮海區設立首條中試線。2014 至 2016 年間，生陽集團收購了奧地利企業 Ebner 的光伏部門、熔爐設計及相關專利，又與德國研究機構 ZSW 及 PVcomB 合作研發 CIGS 技術。〈趙亨文：新一代寧波幫人士引領者〉，《寧波幫：僑鄉鎮海》網站，2014 年 8 月 1 日，http://nbb.zhxww.net/gaer/ddnnb/dd_rw/201408/20140801091046.asp，擷取於 2019 年 11 月 4 日。

突破及優化的太陽能轉化率及解決方案。2011 年生陽集團在寧波鎮海設立研究所及中試線,與鎮海中科院有長期合作關係;2014 年收購奧地利的 CIGS 生產設備的技術,同年亦在德國成立研究所,建立一支橫跨歐洲及中港台的團隊,亦與國際級的太陽能研究所包括深圳中科院、荷蘭 Solliance 有合作項目;曾代表寧波參加歐洲德國的寧波周。

由於要同時研究發展 CIGS 生產的生產設備及制程技術,牽涉一定的技術複雜性,集團所需資金規模龐大,在幾次的融資中,趙亨文及股東包括盤谷銀行等的支持參與,總資金投入 3,000 千萬美元。當時的研究成果已在籌備商業化生產方案,趙亨文及團隊 2018

年及 2019 年走訪全中國有機會讓生陽落戶的科學園，亦拜訪很多的投資者，由於 2019 年宏觀能源環境，石油能源價格較低，環保能源包括太陽能價格也一樣，這嚴重影響投資太陽能的市場，趙亨文籌措資金以實現商業化不成功。他雖對整合國際性的團隊感到可惜，但是總算已經為股東及團隊努力奮鬥過，投入大量人力財力，對寧波鎮海本地經濟、科研有貢獻，以及推廣中國的技術作出努力，也為國家、社會作出了貢獻，理應已沒有遺憾。但這失敗對趙亨文有很大打擊，項目失敗令他覺得對支持自己的股東有所虧欠，使他失去信心。

2019 年至今，趙亨文把興趣投放以個人投資者身份去投資基金。基金投資一些專門投資獨角獸公司（Unicorn）[3]，基金公司提供一個視窗給 Unicorn 之員工能以合理市價賣出手上股票套現，而基金可以在公司不同的成長階段和價錢投資。而基金公司亦樂於提供基金投資者直接投資獨角獸公司。他認為獨角獸公司融資能力相對大，資金鏈斷裂的機會相對細，所以全資損失的風險可能相對比較低。2010 年全球只有一間獨角獸公司，至今 2022 年已超過一千間，有一些私人公司仍未上市。

受父親趙安中的薰陶

父親趙安中對趙亨文三兄弟的影響很大。趙安中於 1950 年代由上海來港，經營紡織廠。雖然在上海未曾涉足紡織業，仍敢於香港投身棉紡業。來港後首先買賣日本棉花，1960 年代用少量資金開設紗廠，1970 年將紗廠遷往印尼。大哥生前在南非經營房地產，而二哥曾在印尼經營紗廠。

祖籍寧波的雙親，皆不會說廣東話，母親尚能聽得懂，因此亦沒有強逼趙亨文學寧波話，在家時父母照舊說寧波話，而讓趙亨文用廣東話與他們交流。

3　Unicorn 指市值 10 億美元以上的公司。

父親對他的影響主要在於身教,而非刻意栽培他從事指定行業或成為社團領袖。父親對家鄉、對教育事業相當有感情,曾任香港上海總會名譽會長。多次在家鄉捐獻,甚至臥病在床時,想起捐獻的事時,精神有所寄託,病情會好轉一陣子。父親雖沒有刻意強調一定要愛國,但跟着父親回鄉,目睹父親長期以他母親的名義,在家鄉興辦教育事業,讓他們幾兄弟十分感動。到了父親晚年,幾兄弟亦開始以父親名義繼續辦學。

父親給予三兄弟很大自由,只要求各人做好自己本份,從來沒有規限他們的事業發展,亦沒有積極推動他們參與社團事務,而是給予支持。趙亨文憶述從事投資的初期,父親告訴他不用凡事徵求父親同意,可以自己大膽嘗試,失敗過以後就會知道應該如何應對。父親支持他不是因為他聰明,反而是讓他學會從失敗中吸取教訓,日後更謹慎行事。父親沒有規限他們的發展方向,而是鼓勵他們追求自己的理想。

人生領悟

趙亨文如今已 65 歲,年紀不算很老,但是身心疲累,自覺最近精神及體力亦衰老不少。

回首人生,他因為父親成就一番事業,在家鄉創造的榮譽,父親悉心的栽培,對他造成一定的壓力,恐懼自己不成功或者成就不夠好,會讓父親失望。趙亨文當初下定決心離開香港這個舒適圈,舉家到泰國發展事業,抱着好奇心前往發掘及希望扶持有潛質的企業家,實現他們的價值。當賺了人生第一桶金後,壓力及恐懼下他希望繼續拚搏努力,爭取更多的投資回報。這無形的枷鎖令他更專注去追逐事業上的成就,有時會忽略了自己對工作的興趣及熱誠,只希望所付出的努力一定能獲得成果。當得到回報就興奮開心,否則就會失落,自己的心情與事業的成就掛鈎。同時他亦忽略了身邊妻子及家人的需要。第一任妻子 Winnie 曾想出外工作,但趙亨文希望她能夠協助自己發展事業,Winnie 亦因此而放棄自己的理想,

最後她因病去逝，他回想起來，覺得未能讓她如願發揮所長，為此而一直耿耿於懷，感到愧疚。

趙亨文在 Winnie 生病時，其實已經感到恐懼，因為她是趙的心靈靠山。但趙亨文選擇抑壓自己的恐懼情緒，在事業上衝刺。1997 年金融風暴期間，他利用股票市場因外圍環境迅速改變而得到套利機會，這讓他嘗到甜頭而賺取第二桶金，當時的趙亨文為了獲利而樂在其中，如今回望，當時在市場動盪時進行投資，其實內心已儲存了更多的恐懼，開始偶爾會出現徨恐不安的感覺。

Winnie 過身後，趙亨文沒有停下對事業的追逐，選擇了壓抑自己失去愛妻的哀痛，甚至忽略了女兒們失去母親的痛苦。2001 年他很快便投入第二段婚姻，讓 Elaine 承接 Winnie 的角色，去支持自己的事業發展及照顧父母及女兒們。

2001 至 2008 年，趙亨文專注於投資很多金融衍生工具，曾經賺取很多回報。2008 年金融海嘯，令不時產生惶恐感的他更不安，對金融市場的大幅波動，他沒有如 1997 年般反應過來，最後蝕了不少錢，幸好還是站住了腳。

他開始參與浙江省及寧波市政協工作，參加不同鄉氏聯誼會的社會公益事業，專注關心社會的服務及國家的發展。這段期間母親中風臥床，父親患病，他開始肩負照顧雙親的責任。

2009 年至 2019 年投資太陽能項目，趙亨文以為這是以前創投的模式：重組壯大，上市，套利。他低估這工作的難度及資金的需要，只希望為國家創建獨有 CIGS 太陽能薄膜核心技術。趙亨文及妻子 Elaine 因此而全情投入，踏實工作，創建跨國團隊，最後因太陽能源價格等因素令融資失敗。這次挫折令趙亨文對支持他的朋友感到虧欠，也讓他嘗到了失敗的滋味。這次是一次很大的打擊，也使他對經營項目失去動力，失去信心。

1999 年末，趙亨文認識了 David。David 在 Winnie 人生最後階段，幫助她舒緩及減輕了不少所受的痛苦，趙亨文非常感激，及欣

賞 David 對生命研究的熱誠及理想,於是兩人一起創立思覺基因研究學院 [4]。趙亨文一直以另類治療看待 David 的療法,當自己身體有甚麼不適,或是工作遇上困難便會找 David 幫忙,但沒有正視自己的心態問題。

究竟問題出在哪裡?他得到 David 的協助及指引,重新檢視自己的價值觀,了解自己基於恐懼去用力追求外在的成功,將快樂建築於別人的認同或者是金錢的回報上,這些外在的認同及回報只是片刻喜樂,並不持久,要不斷維持這快感,要追逐的名利是愈來愈多,總有機會失敗。同時間,趙亨文沒有認真理解自己天生性格產生的恐懼,而導致要不停地拼搏、經歷失落等心態,引發身體五臟六腑不停發放微弱的輻射而引致衰老。

人生遇上失敗其實是一種福氣,往事如煙,只要不沉溺於失敗的情緒當中,對過去妻子、女兒、朋友們的愧疚,只要徹底反省,有動力尋求改變,能夠徹底改變自己那些核心價值,才有機會放下枷鎖可以重新上路,這是報答他們的方法。

趙亨文現在重新審視自己生命的價值觀,不再恐懼,離開自己的舒適圈,生活從簡,享受工作的過程而不期望結果,從而着力改正自己所有對人對事的處理方式,重拾初心去扶助對國家有貢獻的企業去發揚光大。他精於投資計算,以前投資努力工作尋找人脈關係,希望獲得投資回報,現在投資自己的資源及時間做一些自己有興趣及有意義的工作,例如參與社會公益組織,參與思覺基因的工作,響應教育青年人,致力人類減少情緒的排放,謀求大家和諧幸

---

4 思覺基因研究學院於 2000 年成立,在香港、西安及成都開設辦事處。創辦人 David 在這 20 多年來研究生命運作的機制,了解到每個人天生的性格,原來都是父母上至祖先所寄存在基因裡面的「人生資料」,遺傳給後代,帶動情緒心態,影響我們一切生命中之價值觀,帶動我們生命中的思維格式、偏好、對人對事的邏輯,原來這些情緒、性格,而產生的偏激、畏懼、狠勁、煩惱、怨心,都會不停發放微弱的輻射,引發我們人類的種種病痛,導致我們的生老病死。思覺基因希望幫助年青一代了解生命背後的奧秘,為何人生百態會帶給我們那麼多的痛苦,怎樣改正自己的價值觀去應對頑疾,利用一個正確的心靈去改正自己的思緒行為,這樣才可以為國家創建更精銳的一班新力軍,將重點放在怎樣做好人類的和諧,撤除自我、自傲、私心、貪念、腐敗去為將來鋪墊強國的支柱,好好為國、為人類的進化服務。

福而令國民得到健康的身心。能夠服務社會及國家而獲得的滿足感已是最好的回報。

這個新的旅程令趙感到身心正一步一步的好轉，亦開始嘗到真正的安逸自在。

香港上海總會及江浙地方組織的特色

2000 年前後，李和聲出任會長期間，趙亨文加入香港上海總會。他在飯局中獲鄭仲河理事邀請，加上父親和創會會長王劍偉相熟，大家均為寧波人，因此而加入香港上海總會。對於香港上海總會，趙亨文認為財務健全，又能按照財力參與慈善事業，理財方面出色。

除了香港上海總會外，他較熟悉的組織包括香港寧波同鄉會、香港蘇浙滬同鄉會[5]，及香港浙江省同鄉會聯合會[6]，他曾任這些組織的理事，以及寧波同鄉會會長[7]。寧波同鄉會十分注重寧波本地文化。例如趙亨文擔任會長時，該會創辦了一本《寧波人》雜誌，介紹寧波的美食、景點等，曾獲獎無數，甚至獲得世界性的雜誌獎狀。寧波同鄉會有兩間學校，創會會長李達三投放了很多資源興辦這兩間學校。蘇浙滬同鄉會則以社會事務為主。包括興辦診所、老人院、學校這三項服務。蘇浙滬同鄉會轄下設有兩間老人院，及幾

5　蘇浙滬同鄉會，前身為 1941 年香港淪陷後成立的蘇浙同鄉遣送歸鄉委員會。該會於 1943 年改稱蘇浙旅港同鄉會，並於 1946 年香港重光後重組。該會於 1993 年再改稱為香港蘇浙同鄉會，2006 年改稱為香港蘇浙滬同鄉會。見《香港蘇浙滬同鄉會七十周年會慶特刊》，頁 3。（香港：香港蘇浙滬同鄉會出版委員會，2016）

6　香港浙江省同鄉會聯合會於 1998 年成立，李達三於 1998 至 2002 年間出任第一至第二屆會長。見〈歷任會長〉，《香港浙江省同鄉會聯合會》網站，https://zhejiangunited.hk/chairman，擷取於 2019 年 11 月 22 日。

7　香港寧波同鄉會於 1967 年成立，由李達三任創會會長，初期以尖沙咀寶勒巷 1 號為會址，現位於中環德己立街 2–18 號業豐大廈。趙亨文曾於 2013 至 2015 年間，擔任該會第二十四屆會長。見〈關於我們〉、〈歷任會長〉，《香港寧波同鄉會》網站，http://www.ningpo.com.hk/zh-hant/about、http://www.ningpo.com.hk/zh-hant/about/detail/1，擷取於 2019 年 11 月 22 日。

所學校：學校成績屬 Band 1 、 Band 2 。以社會服務來看，蘇浙滬同鄉會比較全面。浙江省同鄉會聯合會專注社會事務，因此與浙江省政協及國家關係比較緊密。香港上海總會的李德麟會長亦曾任浙江省同鄉會聯合會會長。

與以上三者相比較，香港上海總會沒有局限發展某一方面，良好的財務狀況，使營運十分成功。李和聲會長在香港上海總會表現出色，2003 年沙士期間主張，購入總會現址的物業[8]，甚具投資眼光及魄力，而這亦成為總會發展的佳話。

李德麟出任會長[9]後，趙亨文加入財務委員會，其後又加入投資委員會，參與討論財務運作，分享有關風險方面的意見。趙亨文認為總會建立了一個機制，使總會能繼續尋找新的資源。總會雖沒有固定的學校、老人院等服務，但亦定期舉辦其他慈善事業。例如總會購入了一個廚房，以低價出租予慈善組織營運以服務社會。香港上海總會的寧波考察團，實地考察了當地李惠利醫院、曹其東科技發展項目等等[10]，以增加會員經驗為主。

---

8   香港上海總會自 1980 年 5 月起以中環雲咸街 1 號南華大廈七樓為會址，至 1982 年遷往三樓的自置物業。2003 年，理事長李和聲再購入南華大廈的二樓，作為會址至今。見〈上海總會歷史〉，《上海總會》網站，http://www.shfa.com.hk/about-us-history.php?lang=tc，擷取於 2019 年 11 月 22 日。

9   李德麟自 2016 年起，出任香港上海總會理事長至 2022 年。見〈創會會長及歷屆理事長〉，《上海總會》網站，http://www.shfa.com.hk/about-us-founder.php?lang=tc，擷取於 2019 年 11 月 22 日。

10   2019 年 10 月 16 至 18 日期間，李德麟理事長、王緒亮監事長等十多位香港上海總會成員曾前往寧波考察，期間曾參觀李惠利東部醫院等設施，該會曹其東副理事長亦曾帶領參觀他擁有的寧波永新光學股份有限公司廠房。見〈寧波拜訪團〉，《上海總會》網站，http://www.shfa.com.hk/event-detail.php?id=150&lang=tc，擷取於 2019 年 11 月 22 日。

沈祖堯

兼顧醫學與教育的專科醫生

家庭背景

　　1959年生於香港的沈祖堯，祖籍浙江寧波，是戰後的新生代，家中還有一位弟弟，與他同樣在香港土生土長。他曾任香港中文大學校長（2010–2017）、香港中文大學逸夫書院院長（2008–2010）、香港中文大學莫慶堯醫學講座教授（2008–2021）。

　　沈祖堯的祖父早年從寧波到上海營商，是珠寶、證券、酒店業界翹楚，全盛時期擁有三間酒店，如薄有名氣的上海南京飯店，地理位置優越，設有中餐廳和西餐廳，是一家頗具規模的酒店，現雖已易手，但舊建築至今依舊屹立於上海南京東路。由於生意不俗，

沈家不愁衣食，全家居住在飯店頂樓，一日三餐都由飯店餐廳打理，生活優悠。沈家更特地聘請專業裁縫進駐飯店，為一家人按照氣候縫製四季衣裳，不論是衣料、顏色，或仔細如鈕扣，都相當講究，凸顯老上海家族的海派風格[1]。1949 年，沈家的部分產業，包括南京飯店被收歸國有，政府安排沈家遷至上海北京東路[2]居住。面對政權更迭，家族生意一落千丈，生活也日趨艱苦。

　　沈父名大偉[3]，1930 年生於上海，1949 年南下香港，後來於茂昌眼鏡工作期間認識了擔任會計文員的太太，二人於 1958 年結婚，

1　衷心感謝沈大偉夫人 2020 年 10 月 24 日接受訪問，提供有關沈大偉伉儷鮮為人知的資料，讓我們可以更深入了解沈祖堯教授的家庭背景。

2　北京東路位於今上海黃浦區北部，是一條東西走向的主要幹道。始建於 1849 年，曾經屬於英租界地區，並設有英國駐華領事館，故原名為領事館路，沿路可見不少英租界年代洋行和銀行的遺跡，屬於黃浦區的精華路段之一，1945 年易名為北京東路至今。

3　有關沈大偉的個人事跡，見本書 76 頁。

婚後居於灣仔由沈祖堯外公外婆經營的汽車修理廠樓上，對沈祖堯
疼愛有加的叔公（外公的弟弟，被他暱稱為「小外公」），也在該汽
車修理廠工作。

地道的香港人

1960 年代的灣仔

　　1960 年代的灣仔是香港著名的紅燈區，酒吧林立。越戰（1969
年至 1979 年）期間，不少美國軍艦都以香港為中轉補給站，水手和
士兵在軍艦停泊期間趁機上岸消遣，帶動灣仔一帶的酒吧餐飲生意
以及黃色事業[4]。著名的荷里活電影《蘇絲黃的世界》[5]拍攝了灣仔紅
燈區一帶實景，描繪了當時美國人的香港印象和那特殊的「東方情
懷」。

　　隨着灣仔紅燈區的興旺，外公選擇結束汽車維修廠的生意，把
舖位分租予從事縫製洋服和專門服務美國水手士兵的商舖。沈祖
堯還記得當時不少水手及士兵喜歡訂造金屬鈕扣和皮帶扣，請裁縫
把自己喜愛的圖案例如雄鷹刻在他們的衣扣和皮帶扣上，顯示個人
風格。

[4]　第二次大戰結束後，世界旋即進入「冷戰」格局。香港位處中國邊陲，同時受英國殖民統治，
順理成章地成為了西方資本主義陣營和社會主義陣營之間對抗的橋頭堡。「冷戰」期間兩次
主要的「熱戰」：朝鮮戰爭（1950–1953）及越戰（1969–1979）皆發生在亞太地區，香港憑
着特殊的政治地位和地理位置，成為了美軍在亞太地區的主要補給站。遠洋來港的軍艦太多
停泊在灣仔分域街碼頭，上岸的水手士兵便就近消遣，促成了駱克道、杜老誌道一帶酒吧、
餐廳、洋服裁縫店乃至色情事業的發展，可見灣仔紅燈區的興起與「冷戰」爆發息息相關，
也從另一角度說明了香港在「冷戰」格局的特殊時代地位與角色。

[5]　《蘇絲黃的世界》（*The World of Suzie Wong*）是英國小說家 Richard Mason 的作品，出版於
1957 年。該愛情小說以戰後灣仔紅燈區為背景，描繪了一名英國白人男子與華裔妓女蘇絲
黃的愛情故事。這名著後來被改編為電影《蘇絲黃的世界》，1961 年 8 月 17 日在香港首映。
該電影由威廉 · 荷頓（William Holden）和關南施主演，並且在 1960 年代的天星小輪、中
環、灣仔六國飯店等港島的地標建築物，以歐美的視角描繪了歐美世界對於東方的異國情懷
和想象，也被視為一套充滿「東方主義」意味的作品。

在灣仔接受基礎教育

沈祖堯在駱克道中國兒童書院附設的幼稚園接受幼兒教育，小學升讀灣仔大佛口附近萬茂里的中國兒童書院[6]。外婆每天帶他步行回校上學。學校校徽採用了青天白日滿地紅的設計，凸顯學校與國民黨的緊密關係。現任保險業監管局主席鄭慕智也是該校的學生。學校課程與當時香港其他主流學校沒太大差別，學科涵蓋了中文、英文、數學、社會等。

沈祖堯的小學老師充滿教學熱誠，在準備升中試期間更安排他和班上成績較好的四五名學生課後去家裡補習中文、英文和數學，老師也會留學生在家裡吃飯。老師的無私奉獻和照顧，使他深受感動，老師留下的深刻印象，也在他腦海中久久不能磨滅，影響了他日後為人師表時的教學理念。

不負師長的厚望，沈祖堯的學業成績優異，從小一到小六只有兩年考獲第二名，其餘四年均獨佔鰲頭。每次他考了第一就會獲得一隻燒鵝脾和一盒顏色筆作為獎勵。升中試時他最終以卓越成績被傳統名校皇仁書院錄取。

1970 年代的「小上海」

10 歲那年，沈家獲批入住北角模範邨[7]（今香港殯儀館對面），舉家遷居北角。不久後沈祖堯升讀中學，每天沿着英皇道，步行至

6　中國兒童書院由前東華三院總理黃達鏗先生（1968–1969 年度）及夫人在 1938 年創辦。最初校址設於深水埗，後在日本侵華期間停辦。1945 年在灣仔駱克道復辦，繼而遷至灣仔萬茂里，並興建一新校舍作小學和幼稚園之用。1977 年遷至灣仔盧押道至停辦為止。見香港基督教循道衛理聯合教會，〈每月特寫：幼兒教育篇〉，《會訊》（香港），2001 年 8 月。

7　模範邨（Model Housing Estate）位於北角英皇道 770 號，是由香港模範屋宇委員會（Hong Kong Model Housing Society）所策劃和興建的廉租屋。香港模範屋宇委員會成立於 1950 年 4 月，雖然功能性質與香港房屋協會相似，但該會並非是法定機構（香港房屋協會於 1950 年成為法定機構）；它是由香港政府及香港上海匯豐銀行共同資助的非牟利志願機構，其宗旨為透過興建較高質素而價格相宜的廉租屋來改善本地工人階級的生活環境。該會首屆主席為本地著名企業家 J.H. 律敦治，主席則為華人企業家及醫生周錫年。模範邨約在 1952 年至 1954 年間落成，時間上與香港房屋協會興建的深水埗上李屋邨相若。

銅鑼灣高士威道的皇仁書院，需時約 30 分鐘。沿途經過北角一帶的著名地標，例如皇都戲院[8]、新光戲院[9]和華豐國貨等。

北角在戰後初期是江蘇及浙江兩省來港者的聚居地，有不少由上海理髮師傅經營的理髮店，和上海大廚主理的菜館如雪園、三六九、四五六、鹿鳴春等，均保留正宗的上海味道，使北角成為一個上海人社群的生活圈子，有着「小上海」的雅稱。

沈家常常光顧不同的上海菜館，也會去新光戲院觀賞不同的京劇和越劇。沈祖堯自幼受到家人薰陶，愛上欣賞各類型的傳統戲曲。最為印象深刻的是黃梅調中的《梁山伯與祝英台》，該劇歌曲及歌詞優美，當年的他還能琅琅上口，哼上兩句。由林黛主演的電影《江山美人》[10]是他鍾情的電影之一，當中〈扮皇帝〉這首黃梅調唱到家傳戶曉。

三個最難忘的人

外婆、外公和叔公（小外公）是沈祖堯成長過程中最重要的人。外婆和外公從小對他的照顧無微不至，讓他在溫暖的環境中成

8　皇都戲院，全名皇都戲院大廈，位於英皇道 279 – 291 號，於 1952 年落成，其前身是璇宮戲院，曾經是港島重要的文藝演出場地。璇宮戲院在 1957 年結業後，該址被改名皇都戲院，除了放映電影外，也會用作粵劇演出。及至 1970 年代，也常用作海外歌舞團表演之用，如日本松竹歌舞團便在此演出。皇都戲院最終在 1997 年結業。皇都戲院建築物的主要特色是一連串的拱橋桁架並行排列，成為一種「拱橋式」的桁架支撐戲院的無柱設計以及戲院外牆上的大型「蟬迷董卓」浮雕等。2016 年，古物諮詢委員會建議皇都戲院評級為一級歷史建築。現時戲院所處的土地已成功被新世界發展強制拍賣成功，新世界發展指該土地會轉作商廈發展並會可能保留戲院原有的「飛拱」的桁架結構。見活現香港，《舊皇都戲院文物價值評估報告》（香港），2016 年；古物諮詢委員會，《第 176 次會議記錄》。香港，2016 年。

9　新光戲院位於北角英皇道 432 號，1972 年開幕。開幕初期由銀都娛樂有限公司經營，第一套上映的電影是《文化大革命出土的文物》。1980 年新光戲院改由新光娛樂有限公司經營。2012 年，戲院經過重新裝修後重新開幕，改名為新光戲院大劇場，至今仍是香港主要大型粵劇的表演場地。載於生生，〈新光戲院 ——「香港粵劇殿堂」〉，《南國紅豆》，第 3 期，2012，頁 62–64。

10　《江山美人》被喻為香港黃梅電影先聲和代表作。該電影改編自民間故事《游龍戲鳳》，描述正德帝與酒家女李鳳之間的愛情故事，由邵氏兄弟有限公司導演李翰祥執導，林黛和趙雷主演，邵逸夫監製。

長；在外公的汽車維修廠工作的「小外公」，因先天性兔唇，偶然會受到歧視，生活相當不容易，在香港又無兒無女，視他如己出，寵愛有加。沈祖堯非常尊重「小外公」。「小外公」在他 11、12 歲時，因年事已高，且在香港沒有其他親人，便乘坐火車離港返滬與留在上海的家人團聚。送行「小外公」當日，縱然沈祖堯有萬般依依不捨，仍含淚送別。

沈祖堯一家搬到模範邨時，外公和外婆後來也隨他們從灣仔遷至北角居住，住處距離模範邨只有一街之隔。中學三年級的一個下午，他突然收到外婆的電話，說外公在家吐血。他馬上跑到外公家中，赫然發現家裡四處都有外公的血跡，包括廚房、廚房等地。見外公吐血不止，沈祖堯立刻打電話報警求助。這是他人生中第一次打 999 報案。救護車到場把外公送到養和醫院急救。醫生動手術打開外公腹腔，證實外公患上胃癌，而且病情相當嚴重，無法用手術切除腫瘤，也無法根治，只好出院等候善終。父母着他搬到外公和外婆家中居住，陪伴外公，外公最終未等及沈祖堯中學畢業便離世。

外公離世後，他繼續與外婆同住，照顧孤身一人的外婆。一個晚上外婆突然不斷嘔吐，嘔吐後頓時失去記憶，不斷追問他是誰，並質問他為甚麼在她家出現。沈祖堯當時內心十分害怕，不明白為何外婆會突然失去記憶。後來在醫學院學習時才明白外婆的中風情況屬於短暫性腦缺血發作（transient ischaemic attack）（TIA），受阻塞的血管剛好壓住了大腦負責記憶的部分，短暫失去記憶，語無倫次。外婆後來從這次 TIA 中風中康復，依舊與他同住。入讀大學後，沈祖堯與外婆搬到鰂魚涌的惠安苑，住了一段頗長的時間，直到他大學畢業當上醫生，外婆才離世，沈祖堯陪伴外婆終老。

二〇一八年沈祖堯出席上海總會春茗，並致送珍藏的國學大師饒宗頤墨寶。

立志學醫與投身教育界

留前鬥後

在中學時親眼目睹外公在家中吐血並確診為胃癌，身體狀況不斷轉差，自己卻無能為力，沈祖堯心中充滿了強烈的無力感，這驅使他立志學醫，希望有一天能救治如同外公的病人。他也曾想過做老師，最終他能兩者兼得，既是醫生又能培育新一代的醫生。

1970 年代末沈祖堯獲香港大學醫學院錄取。當時香港的兩所大學：香港大學和香港中文大學，只有香港大學設有醫學院，且每年只錄取 150 名新生，新生大都是來自香港 8 間傳統名校，如皇仁書院、華仁書院、拔萃書院、拔萃女書院、喇沙書院、聖保羅男女中學的精英。

皇仁書院的中六分四班（Six MSLE），分別是 6 Medicine, 6 Science, 6 Arts, 6 Engineering，專攻醫學、科學、文學以及工程學的大學入學試，沈祖堯是專攻醫學 6M 的學生。在他入讀港大醫學院那一年，新生 150 人當中有 30 人來自皇仁書院的 6M 班；而 6M 全

班共 32 人，近乎全班都能成功入讀港大醫學院，因此他們戲言 6M 班只是「換班房」，把教室從皇仁書院搬到香港大學而已。

沈祖堯入讀中學時成績並非十分卓越，中學一年級的一次考試，全班 40 人，他竟位居 32，敬陪末座。皇仁書院是全港精英雲集的學府，校園佔地廣闊，設備充足，活動多姿多采。學校重視學生的課外活動，經常舉辦各類型的比賽，如常識問答比賽和體育運動比賽，一星期五天裡他總有兩三天的下午參加課外活動，分散了讀書的專注力。自中學二年級起，他便收拾心情，重新發奮，專注學習，學業成績得以逐步改善，在中學五年級考獲全級第二名，發揮昔日的水準。在考入港大醫學院後，又再面對相同的問題，因為考入醫學院的都是當時香港的尖子學生，同儕間競爭異常激烈，沈祖堯在入讀醫學院之初，成績也不太好，到最後兩年時，成績才有所進步，故他笑言自己讀書是「留前鬥後」，到了接近終點時才會發力追趕。

老 師 的 啟 蒙

沈祖堯從事教育的熱誠，很大程度上是受到小學老師的薰陶，因為小學的老師對他非常照顧，他在老師位於灣仔船街的家裡接受過免費補習，老師無私奉獻的精神讓他深受感動。升上中學後，發現皇仁書院是官立學校，老師都是公務員，工作壓力不大，有些老師其實對教學不太熱心。他還記得有一位老師每天上課時只會拿着一疊活頁紙，然後把紙上的內容在黑板上抄寫一遍，便算完成了當天的教學。有一天，突然狂風一吹，把該老師手上的活頁紙從窗吹到街上，該老師便不知所措，不知道如何繼續課堂。同校的老師，尤其是數學和物理的老師卻十分用心教學，讓他可以在數學科和物理科取得佳績，他因此感受老師的重要性。

影響他的教育理念的，最主要是他的啟蒙老師達安輝爵士（Sir David Todd，1928 年 11 月 17 日 − 2017 年 8 月 16 日），人稱「達爺」，在香港醫學界備受尊敬，地位崇高。達醫生本身是一名孤兒，幸得駐廣州美國長老會（Presbyterian missionary）的神職人員達保羅

醫生（Paul Jerome Todd）收養，養母是一名護士。受到養父母的影響，達醫生自小便立志要當醫生。在 1937 年日本侵華，養父送他離開廣州，到香港拔萃男書院升學，自此便在香港繼續求學，日後亦留港行醫。

1974 年，達醫生接替麥花臣（A.J.S. McFadzean）教授擔任港大內科學系系主任，是醫學院的重要領導人物，也是地位崇高的醫生，備受醫生和醫學生的尊重。達醫生一生奉獻給醫學研究和教學，教學態度一絲不苟，對學生要求非常高，桃李滿門，現時年紀40 歲以上的香港醫生都應該認識達醫生，並接受過其指導。沈祖堯還記得他第一天到瑪麗醫院當實習醫生時，達醫生便對所有實習醫生說這裡並沒有所謂的上下班時間，因為「You will be here as long as patients need you.」（只要病人需要你，你便需要留在這裡）。這一句話在講求工作與生活平衡的今天或許已經不合時宜，但卻仍然折射出達醫生的專業態度和醫者對病人的關懷。達醫生的高尚情操成為了沈祖堯的榜樣，達醫生也常常告誡他應該專注醫學的研究與教育，不要老顧着外出開設私人診所執業賺錢。

達醫生終身未婚，也無兒無女，退休後孤身一人到英國劍橋生活。他晚年患上膀胱癌和前列腺癌，身體狀況每況愈下，虛弱到連扭毛巾的力量也沒有，使沈祖堯相當憂心。沈祖堯請在劍橋攻讀博士學位的學生每星期到「達爺」家探望，幫他採購物資和確保他的安全，而自己也會每年到劍橋探望。後來，沈祖堯邀請達醫生回港居住，因為達醫生在香港醫學界門生眾多，即使身體有甚麼狀況，都會得到最好的照顧，總比孤身一人在英國強。達醫生最終聽從建議，回香港安享晚年。

沈祖堯非常尊重達醫生，也會聽從他的建議和教誨。但是2010 年，中大前校長馬臨教授 [11] 邀請沈祖堯競逐中大校長一職時，

11　馬臨教授是香港中文大學第二任校長（任期由 1978 年至 1987 年），祖籍浙江，是一名著名的生物化學家，也是逸夫書院籌辦人。

他就此事專程邀請達醫生到逸夫書院共進晚餐，向達醫生徵詢意見。當時達醫生認為他應該專注醫學研究和教學，校長的行政職務太繁重，不宜接受。這次是唯一一次他沒有聽從達醫生的意見，毅然接受邀請並最終當上了中大校長。沈祖堯笑言在當上校長後常常面對不同的困難和挑戰，就想起當時或許應聽從達醫生的建議，那麼事情就變得簡單許多。

作為沈祖堯的啟蒙老師，達醫生對他影響深遠。為了紀念達醫生的教誨與栽培，在中大 50 周年籌款活動上，他把百萬大道在文物館對開的一棵樹以達醫生命名。

香港的上海式生活

日常生活中的「上海元素」

沈祖堯自小住在上海人聚居的北角，生活裡充滿着濃厚的上海味道。他一家雖然是從上海南來，但都能夠說廣東話，在家中主要

使用廣東話為主，沈祖堯説自己的上海話並不太靈光。外公外婆罵人時會用上海話，因此他對用上海話罵人的用詞並不陌生，例如外公常常罵他是「小賊佬」，類似是「小壞蛋」的意思。

家裡的日常生活中也保持不少上海風俗，例如在農曆新年時，外婆泡製燻魚和寧波湯圓等美食，還有蟛蜞，基本只是用熱水稍為燙過便進食的貝類海鮮。海產本身藏有很多甲型肝炎病毒，1988年上海便因此爆發了甲型肝炎[12]，數十萬人染病。此外，一些上海食物如酒醃黃泥螺和醉蟹都是未經煮熟的海產，醉蟹的肉甚至是透明的，內裡含有很多病毒和寄生蟲。沈祖堯出任中大校長後獲寧波市市政府接待，吃到一道酒醃黃泥螺，雖然味道鮮美，但也不敢多吃。還有一種叫「臭冬瓜」[13]的上海食物，是經過發酵處理的冬瓜塊，也是比較獨特的江浙食物。

與上海社群的密切聯繫

逸夫書院由一群上海精英，如邵逸夫、馬臨等人支持創立，祖籍江浙的沈祖堯曾出任逸夫書院院長，與各校董熟稔。他第一次到訪家鄉寧波是同鄉李達三[14]在他當選中大校長後帶領去的。作為寧波人能當上中大校長，成為香港社會重要的領袖，被視為在港江浙人的榮譽。當時的寧波市政府以較高規格接待他們，寧波市市長和市委書記除設宴招待以外，寧波市當局更幫忙找到祖父的墳墓，由於祖墳多年來未有修葺，隱藏在雜草叢中，市政府需特別開闢通

12　1988 年上海市甲型肝炎大流行主要是由於上海市民進食受到甲型肝炎病毒污染的毛蚶（與蟛蜞屬同類型的貝類海產）。由於上海人進食毛蚶這類海產時為了能嘗盡其鮮味，只會用開水稍灼，然後直接進食半生不熟的蚶肉，當中的各種寄生蟲及病毒未被清除，受污染的毛蚶進入市場後便導致大規模的甲型肝炎爆發，是此疫情共約 30 萬人患病。見俞順章，〈甲型肝炎流行促進了「大衛生」的誕生〉，《上海預防醫學》，29 (2017)，頁 1–3。

13　「臭冬瓜」是江浙地區的特色食物，做法是選取成熟冬瓜切塊煮至八成熟並瀝乾後，加入鹽及臭鹵，封口後置於陰涼處發酵約半個月。

14　李達三，祖籍寧波，現任上海總會名譽會長，二次大戰後南來香港，是商界翹楚，經營業務廣泛，如電器、酒店業等，曾多次捐助中大。

道，讓他回鄉祭祖。祖父祖籍寧波的慈谿沈師橋[15]，沈師橋是沈氏先祖，南宋官員沈恆而所建，從官場退休回到寧波後，做鹽田賣鹽之餘，也建立了一所新的學校，栽培當地莘莘學子，故因而得名。

沈祖堯指江南地區自古便多文人雅士，這可能與中國北方歷朝受到各外族的侵擾，不少原居於山西、陝西的大家族便南遷到長江流域以逃避戰亂。因此最有財力和學養的大戶家族便聚集在富甲一方的江南地區。據聞自中國設有科舉制度以來，三分之一的狀元都來自江南地區[16]。除了讀書考取功名以外，做生意也是江浙人士的強項。沈祖堯的祖父是從寧波遷到上海做生意，生意涉獵證券、珠寶和地產等範疇，最為人津津樂道的便是設於今上海南京東路黃金地段的上海南京飯店[17]。這幢建築物本身呈 L 字型，後了因城市發展被拆了一半，該建築物仍屹立在上海市並保留作為酒店用途。父親沈大偉在日本侵華期間南下香港定居，祖父繼續留在上海生活。

15 沈師橋位於今浙江寧波市慈溪觀海衛城東部。該鎮始建於南宋，南宋年間明州市舶司沈恆退休後居住在當地而得名。南宋乾道六年，沈氏為了增加鄉內子弟的教育機會以及啟迪民智，而在家裡設置「海隅書屋」，鄉內子弟紛紛慕名而來就讀。書屋前方有一河流經，為了方便鄉民出入故在淳熙十三年，沈氏出資建橋，命名為「沈師橋」，後來也成為了村落的名字。沈師橋也是盛產人才的村落。據據明禮科給事中、提督浙江學政的維揚王玉藻所撰的《沈氏師橋記》載：「自南宋迄國朝（明朝）以沈合李數百年間，由周易登鄉書者七人，由尚書登鄉書者六人，由毛詩登鄉書者十五人，登甲第者十人，由春秋登甲第者五人，由禮記登鄉書者五人，餘由郡邑明經入太學者且比比矣。」可見沈師橋人才輩出，歷代著名官員包括沈均儒、沈宸荃、沈一鵬等人。

16 據《歷代狀元地理分佈解析 —— 兼論高考分省定額制度的合理性與改進》一文研究所得，自唐代以後，來自北方的狀元數目便不斷減少，及至明清年間，南方的狀元數已經呈壓倒性的優勢。清代可考狀元數目 112 人中，13 人來自北方，99 人來自南方，南方狀元佔總數80%，而南方以江蘇及浙江所佔的比例最高。造成這種現象的歷史分水嶺是安史之亂，安史之亂後中國的政治、經濟和文化不斷向長江流域南移，大量原屬北方的世家大族遷移至南方，加上兩宋期間中國商品經濟發展發達，南方長江流域變得非常富裕，各個鄉鎮也有能力設立私學，向鄉民提供教育，直接形成南方重視教育和人文知識的社會氛圍，這些都有助解釋江南之地地靈人傑，人才輩出的原因。見陶威、李碩豪，〈歷代狀元地理分佈解析 —— 兼論高考分省定額制度的合理性與改進〉，《寧波大學學報：教育科學版》，卷 38，期 4（2016），頁 19–25。

17 上海南京飯店位於上海黃金地段南京東路，始建於 1929 年，該建築物曾經是中國青年新聞記者學會的會址（1937 年）。戰後曾作為上海市政府接待所所用，也是上海市的文物保護單位。現時的上海南京飯店在 2017 年經歷大型裝修工程，已經更名為錦江都城經典上海南京飯店，由內地著名酒店集團錦江集團持有。

沈祖堯在擔任中大校長後，獲李和聲邀請加入香港上海總會，沈家與李和聲一家是世交。沈父與李和聲都是戰後從上海來港的寧波人，兩人在異地惺惺相惜，互相扶持，並時有往來。沈父來港後在茂昌眼鏡學師，1971年自立門戶，從事證券行業的李和聲是該眼鏡公司的股東之一，在眼鏡公司開幕時更重金禮聘當時的電影紅星何莉莉剪綵。李和聲對沈祖堯照顧有加，主動提出若他考不上香港大學，願出資送他往美國升學。尤幸沈祖堯成功考入港大醫學院，但也感謝李和聲的濃情厚意，足見兩家人關係密切。

宗教信仰的啟示與對未來的展望

　　沈祖堯的人生曾遇上三個最大的困境和挑戰，一是孤身到加拿大攻讀博士學位；二是2003年香港爆發非典型肺炎（SARS）；三是出任中大校長。在困境中，上帝的幫助和指引非常重要。沈祖堯於1975年接觸基督教，作為中六畢業班的學生，他參加了由葛培理牧師（William Franklin Graham）[18] 在香港政府大球場和南華會舉行的大型佈道會。由於大球場離皇仁書院只有約10分鐘的路程，出於好奇心，他便參與了首天的佈道會。自此以後，便深受感動和啟發，接着的一星期，天天都去聽佈道會，並最終在會上決志信主，成為了他們家第一個信耶穌的基督徒。他自此堅持信仰並希望影響家人一起信主，但並不成功，家人仍然堅守燒香拜神等傳統習俗。直至母親希望弟弟入讀衛理幼稚園，聽說作為教徒可以加分有助入學，於是着沈帶弟弟去教會聽道。自此，在沈祖堯的薰陶下，家人包括外婆也逐一倘開心扉，成為基督徒。

　　沈祖堯指基督教的信仰對建立和維持自己的價值觀非常重要。回想人生中遇到各種困難，如在加拿大攻讀博士時，面對攝氏零下

18　葛培理牧師（William Franklin Graham）是來自美國的基督新教福音派播道家，出生於1918年，以舉行大型戶內外佈道會和電視直播而聞名，曾經巡迴到世界各地舉行大型佈道會，與多位美國總統私交甚篤。他分別在1956年、1975年以及1990年三次親自來香港舉辦大型佈道會。

37 度的寒冷天氣，妻子又因天氣和生活過於沉悶而返回香港，讓他要孤單一個人獨自面對學業的挑戰；在 SARS 期間面對嚴重的疫情，同事逐個被擊倒；擔任校長期間每天都要擔心學校的聲譽和面對輿論所帶來的壓力等，都是維持一顆赤字之心來面對重重困難的挑戰，而這種「童心」很大程度上是源於他對信仰的堅持和得到家人與老師的啟發。

現時香港的年青人面對前所未有的挑戰，在工作和房屋等問題上面對沉重的壓力，有着很強烈的無助感和無力感。他寄語香港的年青人需謹記人生充滿了高低起伏，有比物質更為珍貴的東西，希望每一位年青人都能夠超越物質生活的羈絆，致力發揮個人所長，過一個有意義的人生。

梁振志

家庭與教育背景

1959 年已回流香港的梁王培芳[1]於 1966 年重返美國[2]，同年在美國誕下幼子梁振志。梁振志出生後兩星期便隨母親回港，並在香港成長及接受基礎教育，先後入讀拔萃小學（Diocesan Preparatory School）與拔萃男書院（Diocesan Boys' School），中學三年級赴夏威

1　有關梁王培芳女士的個人經歷，見本書 96 頁。

2　梁王培芳親述三名兒子均在美國出生。

夷升學，在普納荷學校（Punahou School）[3] 接受博雅教育，1984 年
於美國布朗大學（Brown University）[4] 修讀應用數學與經濟學（Applied
Mathematics and Economics），1988 年畢業。

3　普納荷學校位於美國夏威夷州，創辦於 1841 年，為現今美國最大的私立學校。設有小學及
中學部，國父孫中山、前美國總統奧巴馬等名人亦是該校中學部的校友。

4　布朗大學位於美國羅德島州普羅維登斯市，是常春藤盟校之一，前身為 1764 年創建的美洲
新英格蘭英屬羅德島和普羅維登斯殖民地學院（College in the English Colony of Rhode
Island and Providence Plantations, New England, America），是美國首家接受任何宗教背
景學生的高等學府。

從美國金融界回流香港發展製衣業

在紐約任職投資銀行

梁振志大學畢業後，在美國紐約一間投資銀行工作了三年。這份工作對他來說是一項頗大的挑戰，因 1980 年代末 1990 年代初，紐約投資銀行競爭激烈，工作氛圍非常緊張。雖然他年輕、精力旺盛，尚能應付工作要求，但因壓力非常大，每晚都無法充份休息。

1990 年代初，家族企業利登製衣廠業務由兄長協助雙親管理，家人沒有要求他畢業後馬上回港參與家族生意，給予他在外接觸不同行業，發掘自己專長的機會。梁振志畢業後便留在美國，嘗試自行創業，除加入投資銀行工作外，亦曾涉獵消費品生意。

回港加入製衣業

梁振志童年時經常隨父親梁焯鏗視察製衣廠業務。在香港讀書時的暑假，他曾在利登製衣廠做過暑期工，但沒有因「太子爺」的身份而得到特別待遇，一切都是從低做起，在裁床、衣車等各個工作崗位學習，與製衣廠各部門的主管亦相處融洽，一起工作、用膳，互相交流，得到公司同寅分享工作經驗，從他們身上學習管理的竅門。在父親與同事的耳濡目染下，他對製衣行業充滿興趣與感到親切，從美國回流香港後便加入製衣業，更自立門戶，創辦高德發展有限公司，從事成衣生產與出口[5]。

梁振志認為經營製衣生意是一項新挑戰。與曾修讀紡織專科的父親不同，他需要在工作中慢慢領悟成衣生產不同環節的細節。由於成衣要跟上時裝潮流，從流行粗領上衣、喇叭褲等設計，到強

5　根據香港貿易發展局的資料，高德發展有限公司（Global Wise Development Ltd.）於 2003 年成立。以歐美、日本為主要出口市場，並在上海、東莞兩地均設有分公司，梁振志現時為該公司的主席兼行政總裁。"Global Wise Development Ltd," hktdc.com Sourcing, https://sourcing.hktdc.com/en/Supplier-Store-Directory/-/1X03JM24，擷取於 2021 年 6 月 16 日。

調舒適輕便的打扮，再回復昔日模樣，周而復始，不同年代會有不同的流行款式，潮流的趨勢不斷轉變。製衣業需要有時尚觸覺，不怕接受新事物、新趨勢，與時並進，難有一套既定的機制。投資銀行則與製衣業性質很不同，投資銀行的運作主要是利用辦公室設施，例如以電腦計算金融發展趨勢，再透過與公司的同事或外界客戶交換訊息達成目標。製衣無論是設計、原料選取、生產工序如裁床、車衣、洗水，乃至市場推廣等每一個環節都要兼顧，整個流程既是產品的生產過程，也是完善產品的機會，每一個環節都必須與不同環節的員工配合，而兩者的共通點在彼此皆注重細節，每個步驟都要仔細到位。

梁振志覺得實業的成品是具體的，與向客戶制定抽象的金融模式不同，一件衣服從構思、生產到上架銷售，每一個環節緊緊相

扣，都需要投入心力，帶來的成功感更為實在，因此他更為喜歡製衣這個行業。今日香港人多追求高回報的投資，如投資金融產品更廣受歡迎，實業的地位大不如前。梁振志認為「衣食住行」以「衣」排首位，衣服是生活必需品，緊貼社會民生的需要，製衣業成為服務社會的好機會。他覺得賺錢雖然是好事，但更重要的是投入工作，享受箇中樂趣，不應只追求經濟利益，視謀取利潤為工作的唯一目標。他認為香港的經濟發展長期局限在金融、地產、旅遊等領域，2019 年爆發冠狀病毒（COVID-19）疫情，全球採取隔離措施，導致上述各行業受到沉重打擊，其實香港可藉此時機，重新檢討香港的經濟發展策略，考慮發展一些實業，振興經濟。

　　在以發展製衣業作為興趣的同時，梁振志亦以企業的經濟利潤為重。由於香港的生產成本高昂，他的公司與內地、柬埔寨、越南等不同地區的廠商緊密合作。以上海一帶的合作夥伴為例，公司選擇了擁有豐富製衣經驗，出品質素比較精良的廠商，這些廠商為減

低內地近年租金、工資高漲而增加的成本，將生產線移到近郊，務求爭取最高的成本效益。

梁振志注意到現時客戶的心態與父輩營商年代的客戶有所改變，公司因而需要審時度勢。1970 年代流行「一褲走天涯」，製衣廠的客戶往往就流行的款式訂購大批產品，一張訂單往往可達數萬件成衣。現時每張訂單對產品的設計要求甚高，每件產品都要有獨特的風格，訂購成衣的數量因而大減。過往製衣廠與客戶之間有份濃厚的人情味，相熟的客戶十分忠誠，會持續向同一廠商訂貨，即使沒有買賣關係仍會維持交往，現時的客戶則比較現實和不穩定，一般選擇產品時，只會考慮的價格是否便宜、產品有否優惠等，客戶已經沒有新舊之分了。

近年保護環境是製衣行業發展的一大難題。成衣生產流程中布料的洗水工序[6]，會製造大量污水，生產時須兼顧污水處理的問題，現時各地廠商對污水的處理，均以減少環境破壞為的首要條件。製衣廠選擇織布、染料等製衣原料時，亦要講究環保（go green）概念，儘量避免使用不能自然分解的物料，這都是 21 世紀發展實業需要關注的問題。

對滬港的身份認同

作為戰後的新生代，梁振志自稱是香港人。曾經在美國留學及工作的他表示，香港的環境遠較美國舒適，加上親人大都在這裡，因此較喜歡香港。父親雖然祖籍廣東，但在上海長大，生活習慣早已入鄉隨俗，依循上海作風，上海話亦十分流利，與一般上海人無異。父親對他的影響很深，當被問及是廣東人抑或上海人時，梁總覺得自己是後者。因他能聽懂上海話，雖然只能說上幾句，但香港上海總會元老開會時以上海話交談，他亦能掌握談話的內容。

6　製衣工序中，洗水代表人工做舊的工藝，包括石洗、砂洗、漂洗等方式，尤其常見於牛仔布料的衣褲；由於牛仔布落水洗滌時會產生不同程度的落色，營造不同類似自然磨損的痕迹。

對香港上海總會的看法

　　除經營自己的製衣生意外，梁振志近年積極參與公共事務，在
2020 年獲政府委任為輸入優秀人才及專才諮詢委員會委員，並獲頒
太平紳士[7]榮譽。現時他亦是香港上海總會理事，是家中在香港上
海總會最為活躍的成員。

　　由於平日在中環上班很難找到理想的地方用膳，香港上海總會
是上班一族解決午飯的好去處。香港上海總會餐廳的員工待客親切
友善，與他頗為熟稔，到總會用膳有回家的感覺。餐廳菜餚精緻美
味、水準穩定，且保留着傳統的上海口味。正宗的上海菜並不如坊
間想像般油膩，菜式非常多元。香港上海總會以餐飲見稱，主要是
一個用膳之地，雖然不如其他會所般有健身室、游泳池等體育運動
設施，但沒有影響總會的發展。梁認為總會作為歷史悠久的地緣組
織，應該努力維持現有的服務、傳統與特色。

　　香港上海總會會員與職員之間相處亦相當融洽，職員即使是上
海人，亦能操粵語，會員不會因不懂上海話而受到歧視。總會亦不
時為會員舉辦旅行，如上海之行、講座等活動，這些文娛康體活動
十分有意義，推廣工作到位，甚受會員歡迎。香港上海總會現任理
事長李德麟[8]主理會務有道。2019 年冠狀病毒在 2020 年初首度在香
港大爆發時，市面上口罩等防疫用品難求，香港上海總會就向每名
會員派發口罩，雖然他們一家並非特別需要口罩，但香港上海總會
此舉實反映李會長對總會及會員之用心。

7　〈政府委任輸入優秀人才及專才諮詢委員會成員〉，香港特別行政區政府新聞公報，2020
年 6 月 29 日（https://www.info.gov.hk/gia/general/202006/29/P2020062900412.htm，
2021 年 6 月 25 日瀏覽）；〈根據《太平紳士條例》（第 510 章）第 3(1)(b) 條獲委任的人士（通
常稱為非官守太平紳士）〉，香港特別行政區政府太平紳士網頁，https://www.info.gov.hk/
jp/tc/JPList_g.htm，擷取於 2021 年 6 月 25 日。

8　香港上海總會第二十屆理事長，任期由 2016 年至 2022 年。

成功之道

　　梁振志認為無論是個人的事業發展，參與各種政府公職，甚或地方社團組織的服務，做任何事都要必須謹慎考慮個人能力與興趣，下定決心以後，必須認真看待，全力以赴、不遺餘力，才會有所成就。

曹眾

從演員到生活——學而不倦

職銜

第九屆溫州市政協委員

浙江省政協及浙江省旅遊形像大使（二〇〇七年）

衛斯曼防癌基金會執行會長（二〇一七年）

亞太絲路投資有限公司執行董事（二〇二〇年）

溫州肯恩大學華僑學院和商學院的名譽教授（二〇二〇年）

上海總會理事

　　上海總會創會 45 周年誌慶，活動籌委會早前密鑼緊鼓地準備晚宴慶典的同時，也特別策劃了本書。因此，小編我也相繼走訪了不同地點，把握每一個捕捉會內會員人生故事的機會。時而企業董事長室，時而布廠車間，一會兒大學教職員宿舍，又到過古色古香的典雅庭院。而今天，我單人匹馬，靜悄悄地來到了表演舞台後面的化妝間。

　　房門半掩的室內，一位身穿棗紅色連身長裙的女士在落地鏡前踱步斟酌主持稿，她高挑均勻的身段看得出修養的沉澱。只聽她

輕聲細語地說:「馬克,你來了。快進來,我們可以乘這個空檔聊一會。」

　　這位素有「小鄧麗君」之稱的女士緩緩坐下,在化妝鏡的光束下更顯端莊典雅。她於 2000 年音樂劇《心願縈我心》飾演一代歌后鄧麗君;又於一年一度的大型慈善晚會「星光熠熠耀保良」中演唱《月亮代表我的心》;英國杜莎夫人蠟像館更邀她作為鄧麗君的塑身模特兒。

　　這位溫婉動人、笑容甜美、氣質高貴的女士,就是我今天訪談的對象 ── 曹眾(Jojo)。

人生圓舞曲

　　在我腦海中的曹眾,出演過不少電視劇及電影,從事影視圈跨界文化旅遊,投資餐飲及生物科技,熱衷公益及學術文化,出任浙江省政協委員;擔任浙江、安徽黃山等省市的旅遊形象大使,世界

眼科組織光明大使，世界微笑行動大使，這些數不盡的頭銜都是她作為社會一份子，心甘樂意的點滴奉獻。

萬事總要先開個好頭，我事先準備了好幾個問題，就開門見山開始今天的訪問：「Jojo 姐，您滿意自己目前的生活嗎？」

她略思片刻便爽快地點點頭：「我一直想通過努力過一種無需在意別人眼光的生活。其實這需要一步步完成，因為之前大部分時間都處於水銀燈下，而現實生活需要接地氣，尤其在家庭中，一位女主人的心理狀況直接影響家庭的和諧，我挺慶幸終於可以實踐這種無拘無束卻又不斷提升自我的狀態，感覺不錯。」

今天的曹眾返樸歸真，對自己的定位簡單平淡，但如果我們翻開她獨特的成長歷程，便能夠更立體地發現她多姿采的人生。

在錢塘江南岸的蕭山，一位女嬰呱呱墜地，為人師表的母親端詳着這位帶着靈氣瞪着烏溜溜大眼睛的三千金，不油然地浮起一個念頭：「給老三取名為眾，既深入群眾，日後爭取超眾。」母親的一番期許似乎已奠定小女兒人生的方向。

曹眾父母長年在溫州工作，撫養孩子的重擔就落到勤快能幹的曹奶奶身上。至到 6 歲那年，父母把她接到身邊，曹眾的啟蒙教育在溫潤情暖的溫州開端。母親看到小女兒身體有些瘦弱，便早早地鍛煉她的體能，「溫州少藝校」一直以來都是培養溫籍藝術家的搖籃，深受大家推崇。小曹眾有緣從事藝術之旅離不開少藝校良師們的用心栽培。時逢 1978 年，中國人民解放軍北京國防科委文工團在全國招一批舞蹈學員，經驗豐富的孫老師帶隊從北京出發，逐個省市嚴格選拔，經半年時間的篩選，10 歲的曹眾成為浙江省唯一被錄取的女孩，1979 年春天，她和另一名男孩在解放軍王叔叔的帶領下乘搭火車輾轉數日終抵首都北京。

國防科委文工團座落於北太平莊大院，這裡聚集了來自全國各地千挑萬選的 30 名少男少女，不久他們將開始以軍人的身份接受嚴格的素質培訓。然而 80 年代的中國，改革開放的春風催生大刀闊斧的改革，軍隊百萬裁軍，曹眾所在的歌舞團被通知整個編制解

散。這班小學員何去何從？

少年曹眾暗下決心「沒有退路，只能前進，決不放棄事業」。好在天無絕人之路，遠在千里之外的廣州軍區戰士歌舞團正愁青黃不接，他們及時擁抱了這批學員。廣州地處南陲，面鄰港澳，一直是中國改革開放的風向標。曹眾在廣州初出茅廬，以優異成績畢業於廣東舞蹈學校，並在熱播的廣告影片中嶄露頭角。大家驚喜地看到一個清麗脫俗的活潑女孩形象走進千家萬戶，她成為炙手可熱的電視廣告明星。

我看着眼前神采飛揚的曹眾，便找緊機會，問起 1988 年被媒體稱為中國的第一次選美——「美在花城電視模特大賽」的參選過程。

「您當年直值青春少艾，自然愛出風頭，不知這是參加選美的原因嗎？」

曹眾哈哈大笑，侃侃而談：「當初的我只覺得好奇，看到全國那麼多年青人前來參加，我覺得自己也不應錯失良機，但是根本沒想到會一關闖一關，雖然因為是軍人的緣故在總決賽當天退出……」

小編緊接追問：「當時內地的媒體報道您為無冕冠軍，您最後不得不在決賽時灑淚退賽，會否成為人生一憾？」

曹眾意味深長地說：「塞翁失馬，焉知非福。人生許多事情當時覺得不如意，經過一段時間後回看，反覺感恩。當年我發生了一宗車禍，左腳骨折，臥床半年，但如此才能決心轉行影視。」1989年，入伍十載的曹眾從軍隊轉業，同年參加拍攝廣州電視台開台之作《商界》，並應廣西電影製片廠導演之邀，拍攝神話電影《百鳥衣》任女主角古納，初試啼聲便獲得1991年度電視金鷹獎最佳女配角提名，及第十三屆百花獎最佳女主角提名，前途似錦之際，曹眾卻毅然選擇赴港發展。

我們的話題從天南地北轉到香江：「講到香港的影視大亨，當然首屈一指邵逸夫先生。您在 TVB 多年，會怎樣形容他？」曹眾深深呼吸一口氣，輕柔地回答：「邵先生是我的伯樂和恩人。我來香港發展這些年，十分幸運在邵先生、方姐的厚愛下學習成長，學他們做事的認真，做人的豁達。」

邵逸夫爵士是上海總會的永遠名譽會長，曾於 2005 年上海總會中環雲咸街南華大廈新置會所主禮揭幕典禮，邵爵士亦與上海總會多位理監事關係密切。他創辦的香港邵氏兄弟電影公司和電視廣播有限公司，引領影視業。

曹眾繼續說道：「馬克，你知道 JoJo 這個英文名字是誰幫我取的嗎？」

曹眾告訴我，她由朋友推荐在邵氏影城見邵逸夫先生，他正在自己的電影院看片子，邵先生看過她出演《百鳥衣》等資料，有意推荐她面試 TVB 藝員部。有一天，邵先生邀請曹眾到家晚飯，問她有沒有英文名字，因為香港藝員都有一個讓觀眾耳熟能詳的英文名。邵先生認真地說：「儂叫曹眾，眾同 Jo 諧音，就叫 Jojo 吧。」邵先生繼續說：「我的名字是仁楞，和 RunRun 諧音，起英文名字要容易上口，好讓別人馬上記得。」曹眾向我道出了這則故事，讓小編從中看到邵逸夫老先生提攜晚輩平易風趣的一面。我接着問：

「香港影視圈的競爭很大，您簽約 TVB 達 20 多年，是不是覺得要走紅真不容易？」

回顧自己的演藝生涯，曹眾十分感慨：「戲如人生，人生如戲。我把自己的青春奉獻給戲劇情境中的各類人物角色，學習香港藝員的專業操守和製作分工，這些有序高效的態度都令我愈來愈對香港有歸屬感。」

其實，90 年代的香港娛樂圈對內地演員並不重視，而且內地劇集也不像今天因為網絡而受香港觀眾所歡迎。曹眾當時不純正的粵語，要在香港當女主角，說實在話是很難的。

曹眾沒有失望的神色，反而欣然地強調：「TVB 給我策劃主持旅遊節目的機會，我也特別重視。從小我就喜歡當導遊，在參與衛星頻道開台時曾編輯主持了近百集的《大江南北》，頓悟自己作為一名中華兒女，對傳統文化的根源所知甚少，深感慚愧。做旅遊節目充分發揮我擅長溝通及協調的能力。向世界展示中華民族丰富多樣的風俗，相信這將成為我永不停步的探索。」常言道，書到用時

方恨少，自小離家的曹眾雖自修不懈，但苦於無系統知識的根基，令她的發展常遇瓶頸。

2006 年曹眾終於如願以償考入香港科技大學商學院進修 EMBA 商業高管碩士課程，她如飢似渴地吸收及完成 18 個商業模塊，全面領略世界一流教授的課程魅力，感受來自各行業高管們的經驗匯集，為此曹眾在畢業典禮致辭感言：「科大的師生校友將成為我終身的知識寶庫。」

小編我饒有興致地了解這位旅遊大使是如何進入餐飲業的：「您當初合作的餐廳為什麼選擇做寧波菜呢？」

曹眾答：「我對寧波這個城市情有獨鍾，有緣擔任寧波親善大使促使我必須名副其實地了解當地文化，美食自然是聯結人們最好的方法。記得我參與周星馳先生的作品《長江七號》的策劃工作，陪同他寧波尋根考察，因為一道『十八斬』令他確認自己就是寧波人，這就是食物的力量！香港有幾十萬的上海寧波人，寧波菜一定大有市場。正好寧波向陽漁港掌舵人也有此意，我便搭上這艘駛向東方之珠的美食輪。」2011 年春，裝修典雅清新的「文鼎壹號」引來許多文人雅士、名流食家的捧場，大導演李安每次來港，他的好友都會在這裡為他接風，言語間流露出曹眾由衷的感謝。

用知識為自己掌舵

目睹曹眾的營商之路，我感覺到能文能商的她定有一套自己的經營模式。

「JoJo 姐，大家都說您是女強人，創業之路一帆風順，有甚麼秘訣？」

曹眾誠然回答：「一腳踏進飲食界才發現餐飲從業員遠比藝人辛苦得多了。餐飲有關口腹，許多餐飲成功案例都在於創辦人初心如一，堅持自己的風格。我只是一名美食愛好者，為行業搖旗吶喊而已。中華美食緣源流長，是世界公認的文化符號和遺產，我們可

以從中挖掘無窮靈感並發揚光大。」

2014 年，影視大亨邵逸夫先生與世長辭，享年 107 歲。三年後邵太太方逸華女士相繼離去。曹眾懷着沉重的心情感恩説：「邵先生夫婦勤儉一生，對中國的教育貢獻不憾餘力，逝者如斯，邵逸夫基金及精神會感召一代代人，他曾説：中國強盛必須依靠學識，民族興旺須有健康體魄。」

邵逸夫先生等前輩對社會的貢獻，深深留印在曹眾心間，她希望自己也能為社會盡綿薄之力，於未來的日子能夠多貢獻國家。

和曹眾的交流輕鬆愉快，時間漸逝，我只能拋出最後一個提問：「今後您有什麼打算？」

曹眾：「我希望多讀一些書，多做一些研究。之前和溫州肯恩大學有一個合作意向，編輯一套有關中華傳統禮儀與中西比較的叢書，卻感覺力不從心，但正因為這樣，我又有了努力的目標。」

曹眾話音剛落，場務已催我離場。不久，我站在後台幕側，再次一睹她從容登場的特有魅力。

爲
家
族
生
意
注
入
新
思
維

車弘健

家庭及教育背景

家庭背景

　　車弘健 1964 年 6 月生於香港。父親車越喬[1] 在 1950 年從紹興
來港謀生，1955 年創辦香港科學儀器社，成為今天的家族生意，

1　　有關車越喬先生的個人經歷，見本書 118 頁。2019 年車越喬接受本計劃訪問時，次子車弘
　　　　健亦列席，補充父親的一些回憶，並簡述自己當時在上海總會的職務，及他對上海的看法，
　　　　本訪談稿可與車老先生訪談稿互相呼應。

1959 年父親與祖籍廣東的母親結婚，育有兩子一女，他為家中次子，尚有一姊一兄。祖父約於 1978 年去世，父親從紹興接祖母到香港定居，自此三代在香港落地生根。

2004 年車弘健與祖籍浙江寧波奉化的妻子結婚，現育有一對 13 歲的孿生女兒。岳父在上海同濟大學畢業後到香港工作，岳母為廣東人。

教育背景

車弘健在香港接受幼稚園到中學五年級教育，先後就讀聖若瑟小學（St. Joseph's Primary School）與聖若瑟書院（St. Joseph's College）[2]。

2　聖若瑟書院於 1875 年由天主教喇沙會教士創辦，為香港其中一所傳統名校，1918 年遷到中環堅尼地道 7 號現址；聖若瑟小學則為聖若瑟書院的附屬小學，早年聖若瑟書院只開辦小五、小六，隨着戰後適齡學童增多，教會有意擴充書院的小學課程，聖若瑟小學在政府撥地與資助下於 1968 年 12 月成立，校址位於灣仔活道 48 號（鄧肇堅醫院隔壁）。 "School History," St. Joseph's Primary School, http://www.sjps.edu.hk/school-history/ ，擷取於 2021 年 5 月 14 日。

1982 年車弘健讀完中學五年級後，赴加拿大多倫多升讀第十三班（Grade 13）即預科班，翌年考入約克大學（York University），主修經濟，在 1987 與 1989 年完成本科及經濟學碩士（M.A. in Economics）課程；其後在多倫多大學（University of Toronto）繼續深造，並在 1992 年取得工商管理碩士學位（Master of Business Administration）。

父親非常重視教育，期望子女擁有高學歷。大姊在英國修讀碩士，其後在香港大學教育系取得博士學位。父親原先希望他完成經濟學碩士後再攻讀博士，但車弘健卻因自己擔心修讀博士需時，而選擇讀工商管理碩士。1992 年 12 月決定回港，幫忙打理家業。

接手管理家族生意

推動公司管理電腦化

1993 年 1 月，車弘健參與管理香港科學儀器社。當時公司訂單紀錄、存貨管理等工序仍以人手操作。他到任不久，即連同數名熟悉資訊科技的同事推動公司電腦化，將存貨、客戶等資料輸入電腦系統；點算存貨、打單等改用電腦操作，以增加工作效率；其後引入電子郵件系統，教導職員（包括年屆六、七十歲的資深同事）收發電郵，使電郵逐漸成為公司主要通信方式，傳真機亦由 1990 年代的數部減至現時的一部。

由於儀器社代理不同品牌與品種的儀器，電腦化對管理公司存貨尤其重要。過往單憑個人經驗決定訂購新貨數量，造成「死貨」[3] 囤積的風險。將既有存貨資料輸入電腦，不但能更準確地點算貨物，更可就數據進行分析，了解市場供求實況。

3　假如個別型號的進口儀器在市場不受歡迎，或規格隨着型號更新轉變，往往造成供過於求，滯銷的商品即使大幅減價仍難以覓得買家，結果在貨倉囤積，徒添公司營運成本，是為「死貨」。

車弘健在大學主修經濟與工商管理，並非電腦科技，但父親認為兒子既然在大學學有所成，應能勝此重任。但對於當時是企業管理新手的他來說，電腦化工作是一項十分吃力的挑戰。他認為儀器社歷史悠久，公司能否持盈保泰關鍵在於與時代接軌，故不畏艱辛，積極推動管理現代化。

科學儀器業務的發展實況

車弘健形容儀器社這盤家族生意相當幸運，公司業務發展十分平穩，自父親經營以來從未虧蝕；這實有賴科學儀器的客源廣而穩定。公司客戶不但包括實驗室、電子業、玩具業、食品業、建築業、醫院、超級市場等行業與機構，甚至政府部門、大學、中學也是顧客。公司歷史悠久商譽良好，並為其代理的儀器提供售後保養、維

修等服務，公司代理的產品價錢未必是市面上最便宜，但仍獲不同
買家支持。

以儒家思想作為營商之道

　　父親車越喬是香港科學儀器社的創辦人，公司重要的決定大多
尊重父親的意願，車弘健也會對公司重大發展方向會發表建設性的
意見，讓父親權衡利害，作適當調整。例如中國改革開放後，香港
工業陸續北移，他主張發展內地科學儀器代理業務，隨着內地對儀
器需求增加，車越喬放手讓兒子發展內地業務[4]，彌補因香港工業式
微造成公司利潤下降的損失。車弘健推崇儒家論資排輩，長幼有序
的決策機制，體現華人企業實行家長式經營管理的精神。

　　自參與管理家族生意後，車弘健一直抱着自己既是車家一員，
就要努力為家庭付出的態度，從不計較自己的工作時間與實際收
入，即使父親事無大小，事事過問亦會接受。他認為自己生於小康
之家，又可出國讀書，父親從不虧待子女。父親早年一星期七天都
要工作，每晚十點多才能回家，如此辛勞方能成就一番家業，對此
車弘健深感家中一切得來不易，故凡事願意接受父親安排。對於以
血緣關係為本，不計較地為家庭付出的心態，現今不少同輩已不接
受或不願繼承家業，他個人卻仍然認同這種營商觀念。

　　車弘健不但認同長幼有序，家族成員應無條件為家族企業付
出等觀念，並在繼承父業後付諸實行，更將這些觀念傳授予兩名女
兒。他時常教導女兒要謹記父親、祖父的付出，個人須時常緊記要
為車家作出貢獻。他亦鼓勵女兒多陪伴祖父母，時刻感恩今日生活
如此安逸，乃祖父當年辛勤工作，打好家業基礎換來。

　　除父子同心經營外，車弘健更推崇視公司如家的觀念，公司管
理着重人情味、善待員工，可令公司上下齊心地發展業務。現時儀

4　車氏父子在 90 年代先後於紹興、上海、廣州等地開設紹興瑞越儀器有限公司、上海香科儀
　　器貿易有限公司、浙江科通儀器有限公司、浙江科通儀器廣州分公司等。

器社最資深的員工在公司工作已達五十年，亦有多位年資超過三、四十年的老臣子，可見員工對公司也極具歸屬感。

面對挑戰改變發展方向

香港科學儀器社創於 1955 年，在這六十餘年的歷史中，歷經多次轉型。隨着 1970 年代末香港工業起飛，公司業務的重心由教育、實驗室儀器轉向工業機器，至 1990 年代香港工業萎縮，開始將各種儀器售予內地各大廠商或代理商。雖然儀器社生意一直穩健，但近年仍面對種種挑戰。眾多挑戰中，以水貨競爭最為棘手。

2019 年冠狀病毒（COVID-19）在兩三年來肆虐全球，不同企業的客戶聯絡、帳目管理等工作需遙距進行；疫情下的儀器社亦緊貼時局，改以網上視像會議與外國供應商聯繫，公司仍要適應、摸索進一步遙距營運的細節。隨着科技更趨發達，車弘健有意改變自父親經營儀器社以來，家庭成員親力親為的工作模式，嘗試減少事事親身參與的時間，俾能抽身參與不同的社會事務。

香港與紹興的身份認同

早年隨父母回鄉省親

　　車弘健形容自己是一個香港土生土長,「讀番書嘅香港仔」(接受西方教育的香港人)。父親是一名典型愛國愛鄉愛港商人,兒子幼時便向他灌輸浙江紹興的地理、歷史、古跡與名人的知識。1975年車弘健就讀小四、小五時,便曾隨父母乘搭火車回紹興探望祖父母。當時中國尚未對外開放,一家人擔當「運輸大隊長」的角色,攜帶大批衣服及日用品等回鄉。一家五口在 1970 年代曾多次在暑假回鄉,於紹興逗留一、兩個星期。現在乘坐飛機回鄉,快捷方便,與 1970 年代回鄉路途奔波勞碌,真有天淵之別[5]。車弘健感慨過去數十年來中國的發展一日千里,叫人讚歎。如今自己身為人父後亦仿效老父,特意安排兩名女兒入讀本地主流小學,學好中文,並在家教授浙江紹興的歷史文化知識,要她們從小謹記自己的根在紹興車家弄,並帶她們回紹興尋根,關注女兒與故鄉的聯繫,把熱愛家鄉,奉獻家鄉的家風傳承下去。

參與上海總會等同鄉社團

上海總會的會務工作

　　車弘健在 2010 年加入上海總會,2012 年成為理事,曾擔任青年委員會主任。有鑑於理事會成員年事漸高,王緒亮[6]、李德麟[7]兩任理事長均致力推動年青化,鼓勵更多年輕會員籌辦不同活動。2017

5　　到近年回鄉,都是先乘搭飛機到杭州,再轉往紹興。

6　　上海總會第十五至十九屆理事長,任期由 2006 到 2016 年。有關王緒亮的個人經歷,見本書 306 頁。

7　　上海總會第二十屆理事長,任期由 2016 年至 2022 年。

二〇一九年在北就參加慶祝中華人民共

和國成立七十周年聯歡活動。

　　年 5 月 24 日，車弘健與高鼎國兩位帶領青委會籌辦[8]在中環四季酒店舉行的上海總會 40 周年晚宴暨第二十屆理監事會就職典禮。擔任主委期間，青委會亦為上海總會舉辦講座[9]、親子活動、旅行等。主持青年工作期間，他一直希望能夠培養會員對總會的歸屬感，使他們投入參與會務，建立人際關係。擔任青委會主委多年後，車弘健因自己年屆五十有餘，希望將機會留給更年輕的會員，於是在

8　晚宴由全國政協副主席董建華、時任行政長官梁振英、中聯辦副主任林武、上海市政協副主席方惠萍、上海海外聯誼會副會長嚴軍等擔任主禮嘉賓，當晚李德麟正式接任上海總會理事長；有報章形容「當晚現場佈置好有心思，重現典雅、大氣嘅海派風格，負責籌備嘅總會青委聯席主席高鼎國同車弘健功不可沒」。〈上海總會慶創會 40 周年新一屆理監事會同日就職〉，《信報》，2017 年 5 月 27 日，頁 B12；〈無懼恐襲 丁毓珠照幫愛孫撲飛〉，《東方日報》，2017 年 5 月 30 日，頁 A9。

9　這些講座均在上海總會會所一樓舉行，邀請各界名人演講（以 2019 年為例，上海總會就邀得香港中文大學前校長兼上海總會名譽會長沈祖堯教授、前商務及經濟發展局局長蘇錦樑先生等擔任講座主講），演講後有會員問答環節，然後在會所共膳。

2019 年卸任該職。卸任青委會主委後,他與張宗琪一同獲選為公共
關係委員會主委。由於兼任浙聯會常務副會長的事務繁忙,他目前
在上海總會只任常務理事[10]。

紹興、浙江同鄉社團與內地公職

　　車弘健積極參與其他同鄉社團的事務。2004 年擔任紹興旅港
同鄉會理事,其後升任常務理事、副會長,至 2013 年擔任會長;
任期至 2017 年[11],至今仍任榮譽會長;擔任會長的四年間,正值紹
興等市轄下的縣區同鄉會相繼成立,有需要整合管理各縣區的同鄉
組織[12],紹興旅港同鄉會成為「大紹興」的同鄉社團,而車弘健當時
的主要工作包括聯絡轄下屬會,並擴充同鄉會的規模。除紹興同鄉
會外,他在 2009 年[13]加入浙江省同鄉會聯合會的管理層,先後出任
理事、青年委員會主席、副秘書長等職,現任該會常務副會長。

　　車弘健加入紹興同鄉會後,先後成為紹興市政協委員、浙江省
政協委員,2017 年,紹興市政府更向時任紹興旅港同鄉會會長的
車弘健頒發「紹興市榮譽市民」[14]稱號;表彰其帶領紹興同鄉會進一
步發展,聯合轄下縣區同鄉組織,齊心參與社會事務的貢獻。他亦
是中華海外聯誼會理事、香港特別行政區第六屆選舉委員會委員和
香港中文大學逸夫書院校董。

　　車弘健形容自己全身投入社會事務,參與同鄉社團佔了他工
作時間一半,他認為要投入、認同同鄉社團及其事務,最重要的是

10　目前車氏在上海總會亦兼任秘書處、青年委員會與公共關係委員會的委員。

11　〈紹興鄉會理事就職 李魯王文序倪善貴等主禮車弘健任會長〉,《文匯報》,2013 年 3 月 16
日,頁 A30。

12　以紹興市為例,其轄下即有越城區、柯橋區、上虞區、諸暨市、嵊州市及新昌縣。2010 年
11 月,香港紹興越城同鄉會成立,車弘健擔任創會會長,他至今仍是該會永遠榮譽會長。
〈紹興越城同鄉會成立〉,《文匯報》,2010 年 11 月 28 日,頁 A12。

13　〈浙江鄉聯新屆理事會誕生〉,《文匯報》,2009 年 5 月 13 日,頁 A31。

14　〈我市表彰新一批「榮譽市民」〉,浙江網,2017 年 4 月 9 日,http://www.shaoxing.com.cn/
xinwen/p/2617730.html,擷取於 2021 年 5 月 21 日。

個人是否願意付出,以及在這些圈子中是否開心。雖然同鄉社團的社交網絡對他自身企業發展幫助不大,畢竟科學儀器乃一門冷門生意,但從紹興同鄉會、浙聯會到上海總會一路走來,他的最大得着是認識到一大群志同道合的朋友,與他們一同辦理會務、互相學習,甚至合力辦出一間成功賺錢的餐廳(浙江軒),對此車弘健感到十分高興。

同鄉社團在香港社會的角色

在香港定居的浙江社群有三十萬人,浙江同鄉組織透過文娛康樂活動與社會服務,聯繫定居香港的鄉親,並進一步吸納更多尚未加入,或不了解同鄉會運作的的鄉親,擴大並團結在港同鄉網絡。作為以上海為中心的地緣組織,上海總會亦同樣擔當聯繫香港會員與上海之間的橋樑,這尤其體現在總會每年舉辦一次的上海之行。

近年各種服務香港社會的工作,尤以青年工作為重。同鄉會的青年服務有以下兩個方向 ——

土生土長的香港青年：同鄉會為未曾踏足中國內地的香港青年舉辦各種內地旅行，通過價錢相宜的旅行團，鼓勵他們主動認識國家，感受國家近年高速發展，培養對國家的歸屬感。

在港升學的內地青年：同鄉會是內地到香港讀書的同鄉青年的橋樑與後盾，照顧莘莘學子適應香港生活，並建立對家鄉的歸屬感。早在 2000 年，上海總會與香港中文大學合辦「家在香江」計劃，每年農曆新年均在總會會所設宴款待過百名中大內地本科生[15]；車弘健亦在紹興旅港同鄉會，創辦紹興留學生聯誼會（現稱「紹興新生代」），通過定期茶聚、旅行、微信群組等，聯繫同鄉會與正在香港就學，甚至留港工作的紹興畢業生凡二、三百人，就日常生活、工作、簽證等事交換各種信息，互相幫助接濟。

身為比較幸運的一輩，他希望幫助香港年輕人發展。上海、浙江同鄉會目前積極推動青年工作，下一步應注重於推廣粵港澳大灣區[16]。香港作為一個去工業化城市，工作機會已比過往減少，而樓價、房租卻不斷攀升陷於失控，完全與香港經濟脫節，令不少年輕人不知所措，甚至趨向頹廢。既然這些問題短時間內無法解決，國家提倡的大灣區規劃，可成為香港年輕人的一條出路；雖然當地薪水可能比香港低，年輕人未必習慣在廣東生活，但內地生活費用較低，目前中山、惠州等地的房價不高，適應當地生活後不但較易置業，日後甚至有機會盈利。

---

15 〈香港中文大學與上海總會合辦「家在香江」成立典禮〉，香港中文大學新聞發佈，2000 年 11 月 3 日，http://www.cuhk.edu.hk/ipro/001103.htm，擷取於 2021 年 5 月 21 日；〈2019 己亥年「家在香江」中文大學內地本科生新春聯歡〉，上海總會，2019 年 2 月 23 日，http://www.shfa.com.hk/education-detail.php?id=13&source=hkHomeActivity，擷取於 2021 年 5 月 21 日）。

16 粵港澳大灣區包括香港、澳門兩個特別行政區，和廣東省廣州、深圳、珠海、佛山、惠州、東莞、中山、江門、肇慶九市，為近年國家重大發展戰略之一，通過進一步深化粵港澳合作，充分發揮三地優勢，促成區內的深度融合，推動區域經濟協同發展。〈概要〉，香港特別行政區政府粵港澳大灣區建設網頁，https://www.bayarea.gov.hk/tc/about/overview.html，擷取於 2021 年 5 月 21 日。

對上海總會未來發展的期望

　　車弘健認為今日的上海總會是一個很成功的慈善團體，有賴諸位理事對總會管理有道，一直在上海總會推動青年工作，車氏樂見其成，且與有榮焉。觀乎會員與總會資產的比例，每名會員在總會的平均資產價值高於會員加入時所付的數萬元會費[17]，可見上海總會的會籍是物超所值，總會擁有雄厚的資產支撐，規模不但不會因經濟衰退而縮減，更有進一步發展的空間。

　　他建議總會可與政府或其他機構，例如香港中文大學合作，建立一個更大規模、類似鄉村俱樂部的會所，除了餐飲服務外，並提供游泳池、網球場等戶外康體設施。他認為蘇浙滬同鄉會等組織的教育、醫療事業已有相當規模，上海總會再開辦慈善設施與之競爭的空間有限；相比香港其他聯誼組織，上海總會具有足夠人力、財力，向戶外康體會所的方向發展。通過康樂與社交活動，不但能促進會員之間的凝聚力，更可突破外界認為上海總會是中環一家餐廳的認知，有助提升上海總會的名聲。

17　上海總會會籍分為公司會籍（四位提名公司會員）及個人會籍（主卡及配偶附屬卡）。個人會籍當中，分為普通性質（可享用會所設施、服務及活動）及永久性質（額外再擁有會員大會的投票權）。

北望神州的海歸派

姚祖輝

港區人大代表
滬港經濟發展協會會長
上海香港聯會榮譽創會會長
上海市工商聯副主席
香港嶺南大學校董會主席

家庭背景

　　姚祖輝生於 1965 年，祖籍浙江寧波。父親姚樹聲被譽為「鋼鐵大王」，是上海著名實業家，年少時離開故鄉浙江前往上海經商，後因在台灣工作而認識姚母。姚祖輝在香港出世，家庭背景讓他熟知海峽兩岸暨香港的文化，因而自稱是海峽兩岸暨香港的「結晶品」：他能操流利的粵語，通曉上海話和台語等方言。雖然如此，仍自覺兒時在香港的經歷與本地年輕人無異。令他印象比較深刻的

上海文化，是家裡的日常飲食，因祖母經常烹調上海傳統菜餚如烤麩等，默默為家人守護着傳統的上海文化。

　　姚祖輝在香港接受基礎教育，於聖若瑟書院完成中學四年級課程後，遠赴美國升學。他利用兩年時間完成高中課程，其後升讀加州大學柏克萊分校（University of California, Berkeley）工商管理學院，獲取學士學位。畢業後在美國中信集團從事金融投資工作，之後在哈佛商學院（Harvard Business School）繼續深造，並取得工商管理學碩士學位。

留美感受

　　他在美國生活十多年。美國雖然説是人人平等，但是中國人過去仍然是二等公民。作為一個生活在異鄉的中國人，姚祖輝在讀書和工作期間，感受到香港未回歸之前，作為被殖民的教育不足。回想在香港接受中學教育時，在國民教育方面尤其是中國歷史教育及中國地理的相關課程明顯缺失，反而是認識了澳洲的地理知識；另

香港青少年缺少對中國歷史與中國文化的歸屬感和認同感。他在美國生活深深感受到華人難在當地出頭,明白到國家強大的重要性,因而學會了「大局思維」。他認為與其在美國當「少數份子」,倒不如趁着國家改革開放的勢頭,回到中國「當家作主」,尋找新的發展機會。

香港與上海的聯繫

　　姚祖輝覺得自己不單是香港人,也是上海人,具有「港人在滬」和「滬人在港」的雙重身份,所以自稱為「滬港人」,也對這個定位十分自豪。 2012 年他把家族企業萬順昌集團易名為滬港聯合控股有限公司,深信滬港兩地若能通力合作,定必能夠創造更大成就,就如匯豐銀行的全稱是「香港上海滙豐銀行」,英文名稱為「The Hongkong and Shanghai Banking Corporation Limited」(HSBC),匯豐銀行在香港和上海創立而日漸壯大,滬港兩地緊密相連的關係,造就了其在金融界的領導地位。類似的企業還有友邦保險控股有限公司(AIA),這家始創於上海,在世界第二次大戰後遷往香港發展的

出席「滬港明日領袖實習計劃」活動。

保險公司，今天成為世界最大的保險公司之一，足以證明香港與上海之間的緊密聯繫有利兩地的經濟發展。

　　戰前上海順風順水，是中國的國際都會和對外窗口，對內資外資的吸引力遠超香港，經濟發展也比香港更成熟。戰後香港經濟有了飛躍的發展，戰後初期至 1950 年代之間是上海人南來香港的高峰期，此時香港的發展也得力於南來的上海人和老一輩的上海企業家，他們把資金和技術帶到香港，積極推動香港經濟的高速發展。到了 1980 年代內地實施改革開放政策，經濟迅速發展起來，內地人民的生活水準不斷提高，從上海移居香港的上海人也相對較少。除了推動香港的工業和經濟發展外，在港的上海人對慈善事業也有很大的貢獻，香港上海總會便是其中一個典型的例子。姚祖輝認為香港是一個多元化城市，除了上海人以外，也有福建人、潮州人等來自不同省市的族群在香港定居，共同為香港的繁榮發展作出貢獻。

「學做人」與「接地氣」

　　中國改革開放後的上海對姚祖輝影響甚深，他的個人經歷與上一代南來香港發展的前輩不同。1992 年，他從美國回到香港接手家族鋼鐵生意，當時家族企業雖已佔據了香港本地建築鋼鐵物料市場的一半份額，但他認為與全中國相比，香港的市場實在太小，公司需要北望神州尋找更大的發展空間。1993 年他赴內地創立自己的事業，三十多年間，穿州過省，創辦不同類型的公司如地產、建築、金融等，經歷了屢敗屢戰的經驗。作為一名香港出生，在外國接受高等教育的「香港仔」，在內地創業時確實是「水土不服」。哈佛的教育讓他學懂了如何做事，但沒有教他如何做人，而在內地則需要先學做人，再學做事。為了讓自己更「接地氣」融入內地的生活文化，不再做逢周二和周五往返內地的「二五仔」，而是要在內地落地生根，他於 2003 年舉家落戶上海，讓三名子女入讀上海當地學校，在上海重新「學習做人」。

姚祖輝率領滬港經濟發展協會參與香港抗疫活動。

初入內地發展，令姚祖輝印象深刻。因為不懂國情，不曉文化，走了很多冤枉路。2003年，廣東地區和香港爆發沙士（SARS）疫症，他前往天津公幹。在入住酒店時，前台工作人員請他量度體溫，他二話不說便按香港的慣常做法把溫度計放入口內，工作人員見狀忍俊不禁，他初時不明所然，後來發現另外一位顧客將溫度計放在腋下，才知道自己被工作人員取笑的原因。他深刻明白到香港與內地之間文化有着很大的差異，生活上的種種經歷進一步推動他了解國家的國情，融入內地文化，讓自己「更接地氣」，「看國情，跟政策」，包括如何書寫公文、閱讀和理解「紅頭檔」等。

企業家精神

姚祖輝憶述在2000年瘋狂追捧科網股 tom.com 熱潮期間，曾協助亞太地區網上鋼材交易平台「亞鋼網」（iSteelAsia.com）上市。後來科網股爆破，公司業務遭受沉重打擊。他自覺因擁有中國企業家的誠信與開拓精神，即使手頭上資金不足，創業者仍雖以不畏懼怕失敗的精神勇往直前，克服當前的困難。

他認為處事的兩大重點：第一是要成就大事，必須做好每一件小事，認真做好每一件小事才有機會成就大事；第二是培養個人的

逆商（AQ），即是應對危機的能力，任何人都需要經過逆境磨練方可成功。他著有《煉造滲透力》和《百煉成鋼：Ironman 激活戰鬥心的法則》兩本書，闡述其做人做事的成功之道，希望通過自己的經驗和教訓，能幫助到現今的青年人在發展道路上少走彎路。

姚祖輝形容自己與父親的關係「特別」，甚少與父親商討業務，記憶中最多只有五次，每次都少於十分鐘。個人是因為父親的身體欠佳而放棄在美國的事業回到香港，之後靠自己的努力建立事業。他認為家傳祖業可以為下一代提供一個很好的平台和起步點，但祖業的延續必須靠下一代創新的能力。如今自己已為人父，感到父子之間的交流相當重要，但不會給予子女太多物質上的幫助及支持，個人累積的財富大部分會在逝世後回饋社會，不會留下太多財產予下一代。

對國家未來及香港上海總會的期許

姚祖輝希望自己可以回到 20 歲，利用自己的青春來貢獻國家。他認為今日的中國已是強國，為年青一代締造了無限的發展機遇。國家對教育投入的資源高達全國國民生產總值（GDP）的 4%，而在能源、高新科技等領域均投入大量的資金，中國正為全面建設成為社會主義現代化強國而奮鬥，自己有幸為祖國建設貢獻綿力，共同見證祖國的繁榮發展。

他加入香港上海總會已有二十多年，一直以來都是最年輕的會董，樂見香港上海總會慈善事業的成就。總會積極資助香港中文大學的教研工作並成立和聲書院，有目共睹。像香港上海總會這樣的地緣組織仍然有很大的發展空間，正如他所創辦的上海香港聯會一樣，在未來仍會在兩地交流中擔當聯絡橋樑的角色。他希望總會未來能夠吸納更多畢業於復旦大學、華東師範大學、上海交通大學等在香港工作的畢業生作為會員，增進滬港兩地各種交流，共同為融入國家發展作出更大的貢獻。

姚珏

以西洋樂器弘揚中華文化

玉不琢不成器

　　出身音樂世家的姚珏，1964年生於上海，是個土生土長的上海人。父親姚笛是中國著名指揮家，家裡有一個弟弟，也會彈鋼琴。姚父早已視音樂為終身事業，可惜夢想因文化大革命的發生而落空，只好將理想付託於子女身上，悉心栽培下一代成為音樂家。小時候的姚珏不能說是熱愛音樂，只是遵從父親嚴格訓練的學員。她自4歲開始便跟隨父親學音樂，每天在督導下辛勤彈奏，稍有違背父親指令或表現不佳，會被罰跪在洗衣板上至少半個小時。姚珏笑言其音樂感召是被父親「打出來」的，幸好她聽從教誨，努力不懈地學習，漸漸對小提琴產生興趣，自己對音樂的領悟力加上後天的培養，最終踏上音樂家之途；其弟因經不起父親的嚴格訓練，沒有當上音樂家。

嚴校出高徒

　　1976年，11歲的姚珏考入上海音樂學院附屬中等音樂專科學校（簡稱上音附中）。該校的入學要求非常高，是年全國招生，只

弦動人生，用音樂書寫香港故事。

錄取了 12 名新生,她能通過嚴格考試實不容易。上音附中乃寄宿學校,學生需每天早上六時起床,用 15 分鐘梳洗及整理床舖,之後便開始上課。音樂課一般都排在上午,下午則學習其他文化科目,生活非常有規律。她還記得 1970 年代末的音樂課主要是學中國作品,西方樂曲尚未在內地普及。為了讓學生學習用西洋樂器演奏,老師會將中國樂曲改編,例如名曲《梁祝》就是典型的改編作品。姚珏讚歎箇中的創意。隨着中國改革開放,西方樂曲漸漸被引入中國乃至得到推廣,人們有更多機會接觸西洋音樂。姚珏的童年及青少年的生活幾乎全部都被音樂佔據了,根本無閒暇參與其他活動。

上音附中對學生的要求非常嚴謹,每個學期都有考試,而且每位學生的考試成績均會被公開。由於同儕盡是尖子,在濃厚的學習氛圍下,姚珏絲毫不敢怠惰,每天下課後便專心一致練習,炎炎夏日拉得渾身是汗,凜冽寒冬照樣顫動着琴弦,手指的破損、脖子的疲累,也絲毫沒有動搖她的鬥志。姚珏感恩上音附中各位好老師的輔導,讓她在啟蒙時期有所領悟,慢慢學懂如何用音樂表達情感,激發對音樂的熱誠,奠下日後發展的良好基礎,邁向音樂家之途。

學貫中西

1980 年代初,國民出國必須獲得政府批准。那時候姚珏仍居於內地,從沒有出國的念頭。1981 年,中央音樂學院[1] 與上海音樂學院[2] 選拔優秀學員赴美深造,她參加遴選會中,最後憑藉出色的演奏脫穎而出,成為五名出國留學的學員之一。同年,16 歲的姚

1　中央音樂學院是中國內地最高等級的專業音樂教育學府。1949 年 11 月始建於天津,1958 年校址遷往北京。首任院長為著名小提琴家馬思聰。

2　上海音樂學院前身為建蔡元培和蕭友梅於 1927 年在上海成立的國立音樂院,是中國最早建立的高等音樂院校。校址位於上海市徐匯區。

珏隻身從上海遠赴美國舊金山音樂學院（San Francisco Conservatory of Music）[3] 深造，接受西洋音樂的薰陶，開拓音樂視野。初到美國，以英語作為日常生活主要語言是這群學員初到埗的一大困難，學院刻意為他們安排英語班，以便適應留美生活。

　　姚珏學音樂多年，既精通中樂，也受西洋音樂薰陶，個人並沒有特別偏好哪一類音樂，反而覺得在人生的不同階段對某派別的音樂有較強烈的感覺。比如年輕的時候會比較喜歡浪漫派音樂的那份激情感；當人生練歷漸漸豐富，思想較成熟，便會懂得欣賞旋律簡明、節奏變化統一的巴洛克（Baroque）[4] 音樂。

3　　舊金山音樂學院（San Francisco Conservatory of Music）成立於 1917 年，是美國西部歷史最悠久的音樂學院。

4　　巴洛克時期音樂乃音樂史上較為著名的「四大音樂時期」之一，於歐洲在文藝復興之後開始興起，且在古典主義音樂形成之前所流行的音樂類型，大約 1600 年至 1750 年間。巴洛克音樂創作的發展中心以貴族的宮廷、私人組織的學會以及天主教教會為主，其中又以宮廷最具影響力。故其特點是極盡奢華，節奏強烈、短促而律動，旋律精緻，加入大量裝飾性的音符。

有些較傳統的音樂家不喜歡運用現代科技創作或製作音樂，姚珏卻對新事物有較高的接受能力，原因是她覺得世界很大，任何東西都可以互通共融，所以時刻提醒自己要抱開放態度認識新事物，不要設下框架，要透過學習、吸收、消化，才會勇於創新，給聽眾帶來新的作品。

人長大了，她對自己身為中國人的身份認同更加強烈，覺得自己應肩負推廣中華文化的使命，通過藝術弘揚中華文化。雖然小提琴是西洋樂器，但只要好好掌握樂器的特點，通過演奏者的創造力，便可奏出多元化的樂曲。

移居香港

1980 年代，雙親移居香港。姚珏在美國讀完音樂專業後，經常外地巡迴演出，並未跟隨。直到結婚後，1996 年底才與丈夫移居香港。她喜歡香港的生活，尤其欣賞這個城市高效率的生活節奏，這推動她加快發展音樂事業的步伐，很多計劃都能迅速執行。另一讓她喜歡香港的原因是飲食文化的多元。

有說香港是文化沙漠，姚珏曾帶領香港的年青音樂家與內地音樂學生作交流演出，香港樂手展現將中西音樂融會貫通的特質，表現令人喜出望外，她因此並不同意香港是文化沙漠的說法。

姚珏覺得上海是開啟其音樂旅程的起點，留學美國讓她大開眼界，擁有廣闊的視野，提升其創造力；而香港給了她更大的舞台去成就夢想，定居此地更讓她認識自己，找到存在價值，思考如何運用自己的音樂天賦回饋社會，因此，來港後她便積極參與多個本地藝術團體的管理及顧問工作。

她在香港建立家庭亦為人生添加色彩。婚前她的生活只有音樂，每天努力練琴，為個人理想而奮鬥。生了女兒後，她的心態有了重大變化，工作上更加要求自己以有效率的方法辦事，以便騰出更多時間陪伴家人。

對於時下大學生到畢業時仍迷失方向，未能充份掌握大學教育提供的豐富資源發展事業，她感到婉惜。有見及此，姚珏早已向兩名女兒灌輸有關觀念。她的一名女兒剛大學畢業，為了認清未來的發展路向而準備休學一年（Gap year），姚珏十分支持。然而，她認為時代不同，不會強迫她們當音樂家，只會鼓勵她們為理想奮鬥，定立人生的目標。

培育新一代音樂人才

姚珏的父親自小教導孩子要及早認定自己的興趣和志向，這樣才有學習的動力及目標。她在父親的教育下慢慢掌握如何學習音樂，很早便立志當小提琴家。在父親的嚴格訓練下，她自小養成每天自律練琴的習慣，因此她認為做自己喜歡的事情是十分重要的，

二○一三年創立香港弦樂團，為青年人提供發展的平台。

對事情存有一份熱愛就會推動自己不斷進步。2002 年，她創辦姚珏天才音樂學院以及成立香港兒童室樂團，2013 年創立香港弦樂團，以培育本土音樂家為目標，這也是她近年的工作重點之一。

承蒙香港賽馬會慈善信託基金捐助，香港弦樂團於 2015 年開展「賽馬會音樂能量計劃」，由全港各政府津貼小學校長推薦具音樂潛質，來自基層家庭的學生參與遴選。獲選學生可獲三年的免費弦樂訓練課程及公開演出機會。此計劃每三年一屆，至 2021 年，合共約 540 名學生受惠。計劃並非單是培訓音樂技巧，而是希望透過音樂陪伴學員成長，燃亮其生命，改變他們的人生，甚至改變家長們對孩子的看法，以至孩子與家庭的關係。同時，姚珏亦希望透過音樂教育令青少年人加深認識中國文化，從音樂中得到啟發。看着學員們逐漸成長，姚感到非常欣慰，覺得犧牲一點個人練習的時間也十分值得。

生活中的上海元素

雖然年少時已離鄉別井開啟她的音樂家旅程，但姚珏至今仍心繫故鄉，對自己是地道的上海人感到自豪。已在香港定居的她，每當遇到同鄉，總會覺得以上海話溝通份外親切，她與居港的上海社

群稔熟，敬重他們為香港作出貢獻。她同意上海女性着重打扮這觀點，認為上海女性很早已開始接觸西方的時尚文化，比較懂得展示外表優美的一面，然而她個人比較專注發展音樂事業，覺得只要打扮得宜便可。

姚珏加入香港上海總會最初是被餐廳的美食吸引，最喜歡的食物包括鍋貼和小籠包，她認為其他餐廳也做不到如此好的質素及味道。後來有機會參與香港上海總會的善款捐贈儀式，親身接觸受益者，感觸良多。她十分欣賞香港上海總會推行全方位慈善工作，不僅向長者提供多項捐獻及服務，在教育方面更是不遺餘力，例如總會曾贊助音樂演奏會門票供基層家庭孩子入場欣賞，竭力關顧弱勢社群，對香港社會作出貢獻。

成功之道

對姚珏來說，成功之道就是每天不斷用功學習。她認為如希望開心地活在世上，應該養成每天學習新事物的習慣，用開放的態度接受新事物，對事物觀察入微，且反復調適，每天都能累積一點新知識，便會感到快樂及滿足，自然感受到存在的意義。

儘管外界認為其琴藝已達到爐火純青的境界，姚珏依然沒有放鬆操練琴技，目的是希望琴藝能精益求精，力臻完美，故此，她認為勤奮十分重要。由於自己熱愛音樂，才會有動力天天潛心練琴，不斷改善琴技，為求完美，對工作細節要求更是一絲不苟，不時對自己的表現作出審視，自己至今仍不斷調整彈奏的技巧，不會覺得自我檢討是苦差。

姚珏的音樂家旅程中最感難過的就是找不到進步的空間，慶幸自己本性樂觀，遇到挫折不會輕易灰心，稍作整理失落的情緒便重新振作，尋找突破自我的方法，因此，樂觀面對困境，也是她克服困難的動力。

李可莊

滬港明日領袖的領頭羊

職銜

新龍基投資集團總裁
滬港經濟發展協會副會長
中國人民政治協商會議上海委員會委員
滬港青年會榮譽會長
香港上海總會常務理事

個人教育背景

　　李可莊家族祖籍山東，但於上世紀初移居上海。李可莊出生於上海，1970 年代由上海移居香港，並在香港接受教育，入讀蘇浙公學小學部。蘇浙公學是當時本地少數以普通話教授中文的學校。李可莊在香港完成中學二年級課程後，便到美國洛杉磯繼續升學，先後完成高中和大學本科學業，1993 年畢業於加州州立大學洛杉磯分校，主修金融和會計學系。

李可莊出席「慶祝中華人民共和國成立七十周年」活動，於北京天安門前留影。

在法國求學經歷

　　李可莊在加州大學畢業之後，加入美國一家資訊科技初創公司；工作兩年後，於 1995 年返回中國香港，在匯豐銀行企業融資部任職；2000 年，他毅然前往法國西南部圖盧茲[1]修讀一年法語課程，之後考獲圖盧茲政治學院[2]，修讀國際關係碩士課程。

　　選擇前往法國繼續進修，原因是他在美國讀中學時，已經修讀過法語，有一定語言基礎，後來在匯豐銀行工作時，工餘時間仍在法國文化協會進修法語課程，得法語老師啟發，萌生往法國留學的念頭。李可莊選擇圖盧茲是看中該市人口大多為本地人，外國人的佔比相對較首都巴黎少，有更多機會使用法語，及體驗法國文化。

---

[1]　圖盧茲位於法國西南部，是世界重要的航天工業中心，空中巴士（Airbus）的總部便設於當地。

[2]　圖盧茲政治學院（Institut d'études politiques de Toulouse）與巴黎政治學院（Ecole des Sciences Politiques de Paris）是兩所獨立的高等院校，始建於 1948 年，是戰後法國政府所興辦的政治學院（Instituts d'études politiques, IEPs）之一。

初到圖盧茲時，李可莊的法語並不十分流利，當地人又不說英語，溝通上出現了很大的困難，需要花很多時間心力，才慢慢適應當地的生活，改善了法語，尤其是口語的能力，往後生活漸上軌道。

李可莊成功考入法國圖盧茲政治學院，主修國際關係碩士課程。在圖盧茲留學期間，他住在一對法國年長夫婦家中。法國夫婦的兒子年紀與他相若，早已離開了圖盧茲往英國倫敦發展，家中因而有房間騰出以放租。李可莊與法國夫婦同住一屋簷下，得到親身體驗法國生活和感染法國文化氣息的寶貴機會。

圖盧茲政治學院的課程需進行課外實習，李可莊選擇到非洲中西部的喀麥隆濱海區薩那加州（Sanaga-Maritime）[3] 實習，實習項目主要是幫助當地政府就工業和基建發展進行研究，對未來發展提出建議。李可莊和實習團隊花了約六個月的時間實地考察，就研究專題發表研究報告。他在圖盧茲完成指定課程，並透過實習取得高級專業研究文憑（DESS, Diplôme d'études supérieures spécialisées），相當於一年制碩士學位。

從紐約回流香港

離開法國後，李可莊 2003 年前往紐約大學修讀另一個與金融相關的碩士課程。他在紐約半工讀，白天上班負責投資和私募基金的工作，晚上上課和做作業。李可莊將香港、法國和美國三地的生活簡單作一比較，他個人較喜歡紐約的活力和文化多樣性。香港和紐約都是國際金融中心，是世界重要的大都會；但紐約的人口構成畢竟比香港來得更多元化，是一個文化大融爐。李可莊很嚮往紐約的文化多元，積極向上和機會處處的都會氣息。

他本打算留在紐約發展，家裡卻期望他回港落地生根，成家立

3　濱海薩納加州（法語：Sanaga-Maritime），是喀麥隆的 58 個州份之一，位於該國西部，由濱海區負責管轄，西面是武里州，面積 9,311 平方公里，2001 年人口 167,661，人口密度每平方公里 18 人。

業，所以最終在 2005 年回流香港。回港後，他在法國農業信貸銀行（Crédit Agricole）香港的投資銀行部門工作，受益於自己在法國留學和生活的經歷，讓他更能深刻地了解公司的作風和工作文化，以及法國人對於生活品味的重視和追求。

由於當時內地與香港之間經貿關係非常密切，有很好的發展機會。李可莊於 2010 年由農業信貸銀行轉職加入中國中信集團，負責資產管理和私募基金運作。因為他對中資央企的企業文化、管理和業務模式感到好奇，所以希望透過加入中信集團以了解企業的營商模式。

2013 年，李可莊離開了中信集團，自立門戶，成立了香港新龍基資本有限公司，從事金融投資業務。公司不少業務與內地有關連，在新冠疫情爆發前，他每年大約會有一半時間遊走於大江南北，業務覆蓋的範圍不限於上海。

李可莊十分享受創業擁有的「自主權」（Ownership），能夠按自己的意願來從事不同生意，雖然風險較高，又要照顧員工的生計，但整體而言，創業帶給他成功感和滿足感。他以連鎖超市的分店經理和「士多」老闆來作比喻，指無論超市的經理所處理的業務規模有多大，考慮問題的角度和視野與「士多」老闆截然不同。倘重新選擇，他仍會選擇創業當老闆。

源於上海的企業家精神

李可莊生於上海，與上海結下不解之緣。近二十年來，更積極參與上海的經貿往來，見證了上海的高速發展。他認為現時上海的發展勢頭非常好，上海市政府管治科學化，水平很高，又願意嘗試各種新的城市管理方式，不少曾在上海工作的官員都被調任至其他省市擔任要職，希望藉助上海的管理經驗來改善其他省市政府的管治質素。今日的上海發展潛力無限，與 20 世紀初和二戰後初期的紐約很相似，遍地都是發展機會，整個城市充滿了積極向上的氣氛和活力。香港發展相對成熟，因此我們要向外開拓發展機會，加

李可莊與時任上海市委書記韓正先生會面。

上上海的文化包容性也可媲美香港。李可莊認為,上海的城市特性與自己的勇於冒險、勇於嘗試新事物的企業家精神很相似,因此很享受在上海工作和生活,並有幸在不同國家和地區遊歷、求學和工作,瑧至事業有成,希望能回饋社會,為香港下一代的年輕人創立更好的發展條件和空間。

李可莊自 2009 年加入一間新註冊成立非牟利民間組織——滬港青年會——開始從事青年工作。十幾年來透過滬港青年會舉辦的「滬港明日領袖」系列,以上海暑期實習計劃及學長制度(Mentorship Programme),讓新一代年青人能夠從他的經歷中獲得啟發,勇於接受新的事物,不懼怕失敗的風險,爭取和珍惜出外探索和學習的機會。

有見於中國內地經濟發展迅速蓬勃,以及為了擴闊年青一代的就業及創業之機會,李可莊在擔任滬港青年會主席期間,籌辦一項命名為「敢創未來——滬港青年就業創業計劃」,此計劃為香港青

年於上海三年內提供 100 個長期就業機會，並安排創業導師指導 30
個香港青年創業項目。該計劃受到滬港兩地政府的認可和支持，並
在香港特首林鄭月娥和上海市長應勇的共同見證下啟動。李可莊希
望藉着此就業創業計劃能協助香港新一代，更深入透徹地認識內地
的工作文化，擴闊他們的就業選擇及創業機會，藉此累積人脈，擴
闊人際網絡，促進滬港兩地的交流及友誼，蓄發更多發展機遇，透
過於上海中的工作、生活、社交及見識去拓展更豐盛的人生。

對香港上海總會未來的展望

2018 年李可莊加入香港上海總會，現在是香港上海總會青年
委員會主任委員，也是公關委員會和物業管理委員會的成員。他認
為香港上海總會是一個積極參與慈善項目 —— 尤其對於老人以及
教育服務貢獻良多 —— 的慈善機構，在教育方面，與香港中文大
學亦是多年合作夥伴，在社會上有良好聲譽。

李可莊的母親是福建人，不太會煮上海菜，但全家人卻非常
喜歡吃上海菜，而家傭也懂得烹調上海菜，自己每星期總會有機會
吃到獅子頭、百頁結燒肉等上海菜，他又得到香港上海總會和在港
上海人網絡的認同和支持，日常生活總離不開上海文化。至於工作
方面，雖然上海人的網絡有助拓展其人脈網絡，但金融行業講求專
業，因此處理公司業務時不會僅以同鄉的地緣身份來建立信用網
絡。他期望香港上海總會能夠繼往開來，凝聚各行各業的滬藉菁英
以及承傳獨特的「海派文化」，讓更多的在港的上海人，尤其是年
輕一代認識和體驗「海派文化」的內涵。

陳喆燁

融會三地文化的精神科醫生

在上海成長

　　陳喆燁生於上海，是家中獨女，在上海接受啟蒙教育，移居香港時仍未完成小學課程。她在上海渡過童年，所以無論是知識，抑或是日後個人成長，都深受上海文化的薰陶，直到初高中階段完全適應香港的教育環境，上海的影響才逐漸減少。

在香港接受全人教育

　　陳喆燁十多歲離滬遷港,頭一年壓力最大。她插班入讀香港小學,英語及粵語是學習的兩大障礙。由於內地小學並無正規英語教育,她來港前完全不懂讀寫英語,入學後須進行惡補;另一方面,初到港時又不諳粵語,完全跟不上課程內容,幸得熱心的老師輔導,及班上精通普通話的同學幫忙,例如告知她每日需做的功課,好讓她準時呈交作業。雖是新移民,但與同學相處融洽,並未受到欺凌。除語言外,在香港的學習困難不大,而數學更是她的強項,因為內地數學課程度較香港深,讀寫中文對她來說亦不難,比較難適應的應該是繁體字。

　　她在英華女學校(Ying Wa Girls' School)[1] 接受中學教育。該校完全沒有採用死記硬背的「填鴨式教育」方式,反而注重培訓學生獨立學習和思考的能力,更利用體育課、周會等推廣全人發展。陳喆燁在就學期間積極參與學生會,印象比較深刻的總是圍繞着課外活動。她個人十分重視學業,從不需父母擔心自己的學業成績,要

1　英華女學校為倫敦傳道會於 1900 年創辦的女子中學,是香港傳統教會名校之一;現由中華基督教會香港區會營運,校址位於中環羅便臣道 76 號,為香港補助學校議會 22 所補助學校之一。

爭取好成績自然有不少壓力，但遠不及初來港時適應學習環境的壓力大。

　　早在中三、中四時，陳喆燁已對醫科產生興趣，故高中時選修理科，高中畢業後，考入香港大學醫學院。當年醫學院男女生比例為六比四，女生的數目稍遜。醫科生家境頗為多元，有居於天台屋、家境清貧的基層，亦有來自國際學校、家境富裕的學生；與她一般來自普通學校的學生只要努力讀書、成績優異，就有機會進入好的學校，繼而升讀醫學院。

　　當時港大醫學院採用五年制（現增至六年），在取得內外全科醫學士後，需在醫院擔任實習醫生[2]，方能選擇專科。就讀港大期間，她曾往英國進修，成為劍橋大學精神醫學系（Department of Psychiatry, University of Cambridge）選修生，留英學習獲益良多。她

2　香港兩所大學（即香港大學與中文大學）醫學院的畢業生，需經過一年的全科住院實習醫師（Houseman）培訓，方可成為註冊醫生。

愛與人聊天、聆聽別人的故事,且對心靈、情感、與大腦結構的繁複關係感到興趣。後來便選擇了精神科作為專業。

對她來說精神科有其獨特之魅力,理解精神病患不能單憑病人的身體狀態判斷,亦要考慮社會環境等外在因素,而且是一門需要具有理性思考和解決問題的能力,同時保持對人生痛苦的同理心的一門科目。最初接觸精神醫學時,她覺得這是一門難以理解、充滿挑戰而且深奧的學問。但看到病人在接受治療後能康復,對她來說是非常大的鼓舞,讓她希望能以精神醫學為志業,當然這個過程也得益於各位恩師的悉心栽培。

負笈英國劍橋習醫

從香港大學醫學院畢業後,陳喆燁順利進入本地精神醫學專科醫生的帶職訓練,一年半後往英國繼續深造精神醫學,並在劍橋大學取得哲學碩士及英國精神醫學專科醫生執照。在英國的六年間,進行學術研究的同時,亦兼顧精神科的專業培訓,包括在當地的精神科醫院問診;如同最初到港讀書的經歷,抵英的頭一年亦要面對適應環境的挑戰,加上培訓期間需通過多項考核,最為辛苦。

留英初期,她需要克服兩大困難。一是提升語文水平,即使她在香港已有一定英文基礎,但仍不足以應付當地病人問症的要求,畢竟與精神科病人談話及診斷的技巧,語言是最重要的一個環節;二是精神科醫生必須了解當地文化,問診時方能確切明白病人的描述與需要,因而要掌握英國的時事議題、通俗文化、教育制度、政黨特色等社會、文化知識。

回港執教鞭

陳喆燁在英國完成學業後,便重回香港大學醫學院,任教精神醫學系,專注教學與研究,現為該系臨床副教授,並在相關的公營醫療機構為精神科病人問診,至今已十多年。回港執教之初,陳喆

燁再次面對語文的挑戰，需要克服大為退步的粵語，因留英期間，主要以英語溝通，在家習慣以上海話與家人交談，當年旅居英國港人不多，疏於使用粵語，亟需重新學習。

她發現十多年來香港精神醫療服務有很大的改善，當中最大的突破是社區服務。猶記在港執教初期，公營醫療系統仍由醫院向精神科病人提供服務，近年政府在社區投放資源發展精神科治療、復康等服務。整體而言，雖然香港的精神科醫生的數目已大幅增加，但相比外國，香港精神科醫生與病人的比例仍然較低，未能完全滿足病人的需求，服務仍有很大的改善空間。

無論是香港或世界各國，近年精神病患出現年輕化的趨勢，成為當今精神醫學的一大重點。陳認為除非罹患長期疾病，青少年的身體一般都很健康，精神困擾是阻礙他們正常學習與生活的主因。現今香港年青人之間的競爭非常大，自我要求亦很高，生活各方面的因素使他們長期承受壓力、產生精神困擾。

她認為大眾探討精神問題時，應着重精神健康，而非精神疾病。精神健康的概念容易被忽視，大部分香港人都未有妥善處理壓力，乃至忽略較輕微的早期精神症狀，直到精神問題趨向嚴重才會正視，接受治療。作為一名精神科醫生，她覺得人與人之間建立關係、互相幫助對於促進精神健康至關重要。她憶述小時候在上海鄰里間互助，父母上班時她會到鄰家玩耍，鄰居亦樂於照顧，鄰里之間十分熟絡、和睦相處，甚至覺得自己是鄰居養大的；初來香港時又有在港親戚照顧，上海同鄉接濟，甚至有懂得普通話的小學師生向她伸出援手。今天的大城市均缺少了她早年經歷過的人際關係與互助精神。

親戚、鄰居、鄉里、朋友之間互相幫助、溝通、融合的特質不但是中國傳統文化的精粹，這些人際關係可成為現代人改善孤獨、焦慮、無所適從等困擾的可行辦法。她認為香港不同社會組織（包括香港上海總會這類型的地緣組織）不但能夠鞏固內部成員的關係，以及組織之間的聯繫，更可為改善精神健康、為改善香港社會作出貢獻。

現代人忙於追求心目中的進步、新奇與完美，造成心理壓力之餘，往往失去從簡單事物發掘及欣賞美感的能力，享受餘暇。要改善個人的精神健康，應該返璞歸真，重拾簡單之美，小至日常食物、窩心說話都會起一定的作用。

個人的身份認同

陳喆燁遊走上海、香港與英國劍橋三地，三地文化對她均有不同的影響，她亦曾深入思考自己的身份認同問題。她覺得自己過往的經歷及三地文化，都融入了現在的生活方式乃至內在的自我認同。她在上海出世，並在那裡度過童年，對這個城市深厚的歷史底蘊感到自豪之餘，上海給她帶來的熟悉和親切感是不可言喻的；香港是她讀書、成長與工作的地方，本地的醫療制度與其他優勢，她認為值得不同地方學習；她亦欣賞英國的文化特色。每個地方都有優劣，能有機會讓自己浸淫於不同文化氛圍中，她認為是一種幸運。

不同城市與文化的經歷讓她可以更靈活地與不同群體相處，亦能明白不同背景人士的經歷和心態，這有助於她的臨床工作。

移居香港後，陳喆燁仍維持着上海人的生活方式。隨着時間的推移，城市面貌迅速轉變，往日熟悉的環境已不復存在，只能憑藉各種文化物象尋覓和回憶昔日上海的生活片段。

一直以來，語言與飲食是維繫故鄉感情的兩大元素。陳喆燁在家中以上海話與父母溝通，自幼品嘗的上海菜式也只懂得上海地道的名稱，無法將之翻譯成粵語，同樣亦只懂得以粵語點廣東菜式。日常與節慶的飲食習慣，都依循着上海傳統習俗；她的口味偏重，更稱上海菜餚是她的「舒心食物」（comfort food）。端午節時，會與家人一起吃上海糭子，上海的糭子口味較甜[3]，肉糭不會加入鹹蛋

3　上海甜糭主要以糯米與赤豆或豆沙為材料，並蘸上白糖食用。包裹則多以蘆葦葉卷為漏斗或四角狀，糭身一般較長；廣東糭則以箬葉包裹，形狀接近三角錐體。

黃、綠豆等廣東鹹肉糉常見的食材，上海糭子與廣東糭子的包裹方法亦略有不同。對於近年流行的上海融合菜，她表示這些新派菜餚往往帶來新鮮感，可以一嚐，但遠遠不及傳統口味，無法取代地道上海菜作為「舒心食物」的地位；不過相比父親堅持在某個時節吃指定的上海食物，她的口味已經相對開放。

雖然上海的城市外貌已不再熟悉，但回鄉時定必品嚐各家老店的生煎包，通過自己喜歡的地道食物追思童年美好的回憶。記得在劍橋留學期間，她十分想念家鄉食品——烤麩，這一道最具代表性的上海食物，由於自己不懂得烹調，故每當思念故園時，就會到當地唯一的上海菜館，大快朵頤，藉以紓解鄉愁。

參與香港上海總會會務

陳喆燁有不少親戚早年從上海到香港，從事棉紡生意。由於香港上海總會位處中環，位置方便，親戚們都是香港上海總會會員，並時常到會所用膳。她來港讀書，時有參與長輩在香港上海總會的飯局，這是她對香港上海總會最早的印象。

後來得到前理事長李和聲的推薦，在 2017–2018 年加入香港上海總會。現為香港上海總會理事，並任社福慈善委員會、青年委員會與婦女委員會。她參與的三個部委中，婦女委員會為香港上海總會屬下新成立的組織；雖然總會內有一些元老級女士，她們作為會員、理事，過往亦貢獻良多，但整體而言男性會員仍然較多，婦女委員會的成立凸顯了女性在總會的角色。

香港上海總會會議，會眾多以上海話發言，總會會員之間（尤其是長輩）日常亦多以上海話溝通。陳喆燁認為這現象十分有趣，在香港鮮有社團以上海話為主要溝通語言。

她認為現時香港上海總會積極服務香港社會服務，尤其關注香港不同本地團體的聯繫，並投放資源，在力所能及的範圍內支持及推動各項慈善活動，回饋社會。她希望總會日後能夠繼續發揮融合

香港人、上海人等不同社群的核心精神，使上海社群為香港作出貢獻，讓社會上有需要的人得到更多幫助。

香港上海總會即將迎來 45 周年，步入修成正果的中年階段，陳寄語總會砥礪前行，繼續發揮、堅持當下的各種長處。她有信心香港上海總會在未來十、二十年會有更豐碩的成果，會務有更可觀的成就。

成功之道

陳喆燁認為年青人達致成功的秘訣有五：

首先，個人需充份了解自己的性格、能力、喜好等。年青人有時未必有機會認識自我，倘能充份認識自己，當面對人生各個階段的選擇時，就能擇善固執，日後不會輕易言悔，為自己製造不必要的壓力。

其次是書本以外，應把握青春，學習和開闊視野，尤其不要為自己設限。一個人在青少年階段，應知道人生潛能無窮無盡，年青人抱持這種心態，便能像海綿一樣不斷吸收新知識、新事物。

與此同時，年青人要懂得向前輩學習，常存謙卑的心，虛心聆聽別人意見，從前輩或其他人身上吸取經驗，幫助自己選擇人生正途，避免多走冤枉路。

第四是意志堅定，年青人明定志向後，就要堅持下去。無論是事業或事情，達致成功永遠不是一朝一夕的事，可能需時十年八載，年青人將目光放遠，不要計較執着於一時成敗。一個人無論何等聰明、選擇如何正確，中途而廢就永遠得不到真正的成功；反之願意為理想投放心力、長期堅持奮鬥，不斷為自己製造機會，便會有所得着，邁向成功。

最後的秘訣是健康的體魄，年青人奮鬥之餘，必須注重個人的身心健康，不能過於操勞，忽略身體健康。

歷屆理事長及
永遠名譽會長名錄

歷屆理事長

黃夢花（已故）

創會會長黃夢花先生

任期　1977–1978

黃夢花，1920 年生於上海，畢業於成都華西協合大學，1945 年於美國紐約州立大學獲得醫學博士學位。於 1948 年來港定居，1967 至 1986 年擔任市政局議員。在中英談判期間與北京接觸，為《中英聯合聲明》提出建議。服務香港社會公職包括：香港房屋委員會委員兼行動委員會主席、香港政府醫務委員會委員、香港中文大學崇基學院常務校董。是上海總會創會會長之一。

王劍偉（已故）

榮譽創會會長王劍偉先生
第一屆至第八屆理事長

任期　1978–1994

王劍偉，祖籍浙江寧波奉化。17 歲赴上海洋行做學徒，後開辦石材公司。1952 年移居香港，創辦大偉行有限公司，經營進出口業務，及琪娜織品有限公司經營紡織業。他是奉化市僑聯名譽主席，資助興建寧波市教研中心大樓、捐助建設奉化奉港中學，1993 年獲「寧波市榮譽市民」稱號。1977 年創辦上海總會，創會初期，為拓展會務，自置物業，致力敬老扶貧，籌募教育基金等，後榮任上海總會創會會長和永遠名譽會長。

李和聲（已故）

第九屆至第十四屆理事長
任期　1994–2006

李和聲，原籍浙江寧波，生於上海，14歲出道從事金融業務60餘年，為香港順隆集團有限公司創辦人，歷任大唐投資國際有限公司董事會主席及大唐金融集團有限公司主席。是上海總會前任理事長暨永遠名譽會長。1979年主演京劇義演籌募「助學運動」教育基金。亦推動上海總會京劇票房。1994年資助香港中文大學成立上海總會科研技術中心；2000年成立「家在香江」親情計劃，並於2004年成立「香港中文大學內地本科生聯合會（MUA）」，創本地同類組織先河。2003年，成功推動購置南華大廈現址兩層相連單位，擴充會所。

王緒亮

第十五屆至第十九屆理事長
任期　2006–2016

王緒亮，寧波奉化人。1956年赴港，完成中學後赴美留學。他曾加入父親「香港大偉行有限公司」工作，後來創立「香港三高有限公司」從事工藝品進出口業務。曾任香港中文大學聯合書院董事、第八至十一屆上海市政協委員及上海市常務委員會委員等公職；出任上海總會理事長期間，設立「上海總會慈善基金」幫助社會基層、邊緣青年、老人院長者、振災救國等慈善事業。

李德麟

第二十屆至第二十二屆理事長
任期　2016–2022

李德麟，祖籍浙江寧波，年輕時自上海移居香港。1989 年在港創辦大唐金融集團。2001年任大唐金融集團子公司行政總裁及集團副主席。2003 年將公司於香港主板上市。2008年首創香港金銀業貿易場電子交易平台，使黃金交易市場電子化。歷任金銀業貿易場理事長及永遠榮譽會長、第十二屆全國政協委員、浙江省政協常委。2016 年獲任上海總會理事長，秉承前輩們的宗旨，「不忘初心」共濟群力，「再創輝煌」績效斐然。於 2012年獲授銅紫荊星章。

曹其東

第二十三屆理事長
任期　2022–

曹其東，在上海長大。1949 年隨父曹光彪舉家遷往香港。1979 年負笈日本留學，翌年轉到美國繼續學業並獲得工商管理碩士學位。1984 年全程參與創辦港龍航空公司。其後前往上海發展徐匯區，永新花苑、永新城、永新世紀等項目相繼落成。2000 年參與寧波永新光學的經營事務。2007 年全面接掌永新光學，成為董事長。2020 年捐資設立「浙江大學教育基金會永新吉科求新發展基金」。2022 年獲任上海總會新一屆理事長。

邵逸夫（已故）

第二屆至第十八屆
1980—2014

陳廷驊（已故）

第二屆至第十八屆
1980—2012

李家昶（已故）

第二屆至第二十屆
1980—2018

周忠繼（已故）

第十九屆至第二十一屆
2014—2020

李和聲（已故）

第十五屆至第二十二屆
2006—2022

王緒亮

第二十二屆起
2022—

上海人在香港｜人物誌

策　劃	上海總會　SHANGHAI FRATERNITY ASSOCIATION HONG KONG LIMITED
編　者	上海總會成立 45 周年誌慶編輯委員會 李德麟　王緒亮　曹其東　婁芝伊　林家軒

責任編輯	洪永起
書籍設計	霍明志
排　版	周　榮
印　務	馮政光

出　版	香港中和出版有限公司 Hong Kong Open Page Publishing Co., Ltd. 香港北角英皇道 499 號北角工業大廈 18 樓 http://www.hkopenpage.com
香港發行	香港聯合書刊物流有限公司 香港新界荃灣德士古道 220–248 號荃灣工業中心 16 樓
印　刷	美雅印刷製本有限公司 香港九龍官塘榮業街 6 號海濱工業大廈 4 字樓
版　次	2022 年 11 月香港第 1 版第 1 次印刷
規　格	16 開 (180mm×230mm) 464 面
國際書號	ISBN 978-988-8812-65-3 © 2022 Hong Kong Open Page Publishing Co., Ltd. Published in Hong Kong

上海總會大事記

成立上海總會慈善及教育基金（2022 年）

河南水災捐款（2021 年）

2022

45 周年誌慶出版上海總會人物誌

成立上海總會慈善及教育基金
募捐 $8,100,000

2021

河南水災
捐款 $1,000,000

2020

成立上海總會滬港同進助學金
資助 $1,000,000

2018

香港中文大學少年學院 STEM 課程
捐助 $1,150,000

2013

四川雅安市蘆山縣大地震
捐款 $500,000

得生團契戒毒再培訓計劃
資助 $9,700,000

2012

聖雅各福群會育苗奶粉計劃
資助 $200,000

2011

成立上海總會慈善基金
撥款 $1,000,000

設立協康會柴灣現大肌肉活動室
贊助 $330,000

2002

贊助京劇晚會賀香港回歸 5 周年及董建華連任特首

本會京劇票房為朱鎔基總理等貴賓表演

2000

與中文大學合辦家在香江計劃

1997

贊助慶回歸京劇大匯演

1994

本會於中南海懷仁堂家領導人表演京劇

捐助香港中文大學少年英才科學院 STEM 課程（2018 年）

英才科	香港中文大學上海總會中 西醫結合醫務中心 出資 $2,000,000	創立上海總會香港中文大 學本科生暑期職場體驗資 助計劃，資助 $480,000	得生青年燃亮計劃 資助 $30,000	協康會上海總會康苗 幼稚園 資助 $3,000,000	協青社慈 資助 $15

	2010	**2009**	**2008**	**2006**	
翠中心	鄰舍輔導會上海總何文田 會護理安老院 資助 $2,000,000	台灣八八水災 捐款 $500,000	四川汶川八級大地震 捐款 $4,000,000	以京劇招待各國駐港領事	贊助京劇 成立 8 周

	1990	**1986**	**1983**	**1982**	
堂為國 劃	助演紀念徽班進京 200 周年	上海總會醫療中心遷往灣 仔盧押道修頓大廈	上海總會醫療中心在荃灣 南豐中心成立	改名為香港上海總會有限 公司，自置南華大廈三樓 作為會所	會址遷 華大廈

捐助香港中文大學上海總會中西醫結合醫務中心（2018年）

資助協康會上海總會康苗幼稚園（2018年）

2017　　　　　　　**2016**　　　　　　　**2015**　　　　　　　**2014**

善行	創立中文大學上海總會奮進助學金	會所重新裝修	協康會上海總會油麗中心	提供惜食堂柴灣廚房
000	資助 $1,300,000		資助 $2,350,000	資助 $1,500,000

2005　　　　　　　　　　　　　　　　**2004**　　　　　　　**2003**

演出賀香港特區	開辦書法班、唱歌班及	上海總會新置會所舉	贊助成立內地本科生聯合	購買南華大廈一及二樓擴
年	滬語班	行揭幕	會 MUA	充會所

1980　　　　　　　**1979**　　　　　　　**1978**　　　　　　　**1977**

雲咸街一號南	義演國劇籌款 $1,300,000 設教育基金及建造中大上海總會科技研究中心	自此年起每年派發春節利是	第一屆理監事會誕生	成立非牟利社團上海聯誼會

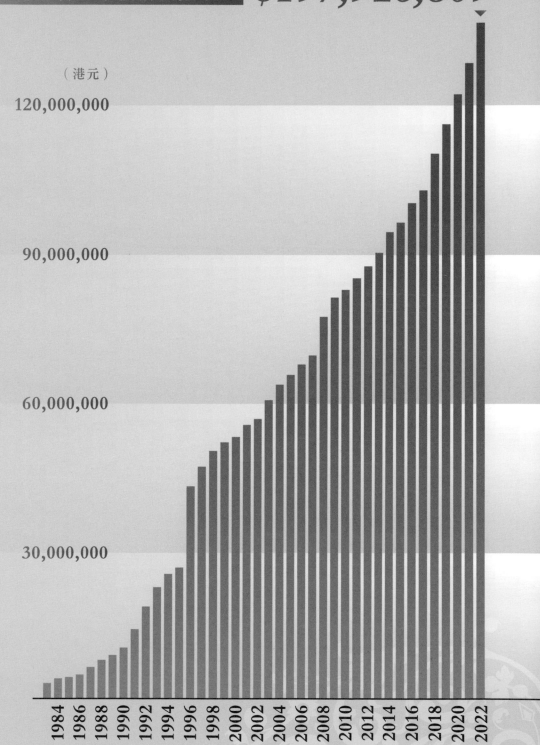

上海總會・累積捐款數字： **$137,326,809**

（港元）

120,000,000

90,000,000

60,000,000

30,000,000

1984 1986 1988 1990 1992 1994 1996 1998 2000 2002 2004 2006 2008 2010 2012 2014 2016 2018 2020 2022